DENGJIHE BIANJIE YUANFA—LILUN YU DAIMA

等几何边界元法——理论与代码

陈磊磊　李永松　陈秀云　著

河南大学出版社
HENAN UNIVERSITY PRESS
·郑州·

图书在版编目(CIP)数据

等几何边界元法：理论与代码 / 陈磊磊，李永松，陈秀云著. －郑州：河南大学出版社，2023.8(2025.9 重印)
ISBN 978-7-5649-5608-0

Ⅰ.①等… Ⅱ.①陈…②李…③陈… Ⅲ.①几何-边界元法 Ⅳ.①O241.82

中国国家版本馆 CIP 数据核字(2023)第 174485 号

责任编辑 陈国剑
责任校对 李亚涛
封面设计 陈盛杰

出　版	河南大学出版社		
	地址:郑州市郑东新区商务外环中华大厦 2401 号		邮编:450046
	电话:0371-86059715(高等教育与职业教育分公司) 0371-86059701(营销部)		网址:hupress.henu.edu.cn
排　版	郑州市今日文教印制有限公司		
印　刷	河南瑞之光印刷股份有限公司		
版　次	2023 年 8 月第 1 版	**印　次**	2025 年 9 月第 2 次印刷
开　本	787 mm×1092 mm　1/16	**印　张**	13.75
字　数	309 千字	**定　价**	69.00 元

(本书如有印装质量问题,请与河南大学出版社营销部联系调换。)

前　言

在计算力学数值计算及分析中，有限元法（finite element method，FEM）和边界元法（boundary element method，BEM）是较为常见的两种计算方法。FEM 是一种求解偏微分方程边值问题近似解的数值技术，求解时对整个问题区域进行分解，每个子区域都成为简单部分，通过变分方法，使误差函数达到最小值并产生稳定解；BEM 是在经典积分方程和 FEM 基础上发展起来的求解微分方程的数值方法。

针对现代工程技术的发展，仿真分析不断追求针对更复杂的问题模型获得更高的计算精度。一方面这需要 CAD（computer aided design）与 CAE（computer aided engineering）不断发展更新，另一方面更依赖于二者之间的结合程度。以 FEM 为代表的数值方法其提出时间要早于 CAD 建模方法，而几何建模却是进行分析计算的基础，因此这也间接导致了目前 CAE 与 CAD 中不同的几何表达状态：在 CAD 软件中可以实现精确的几何建模，但是到 CAE 软件中却使用网格数据来近似 CAD 中建立的模型。反映到分析流程中则是先在 CAD 中建模，再进行网格离散并提取相关数据到 CAE 中进行物理问题分析。然而，随着工程问题的复杂性不断增强，CAE 分析中所对应的网格数据处理量也越来越庞大，并且大部分情况下网格的生成都不是自动操作的。

此外，设计分析也是一个反复修改更新的工程，每修改一次结构设计，就需要依据 CAD 建模重新处理生成新的网格数据，这也导致了工程问题中大量的时间被花在网格生成处理上（占总时间的 80%）。CAE 中网格离散的一个明显缺点是其只能近似模拟几何模型，而只有在精确几何模型基础上进行的分析计算才能够真正反映实际问题结果，特别是对于几何缺陷很敏感的问题（如薄壳结构等），几何模拟的误差可能会严重影响仿真分析结果的准确性。这些问题可归结为由 CAD 与 CAE 之间的分离状态所导致，所以有必要寻找一种方法来打破二者之间的壁垒。

考虑到目前 CAD 的产值规模及其建模优势，研究者结合等参变换的思想提出了等几何分析（iso-geometric analysis，IGA），即将 CAD 中的精确几何模型直接作为 CAE 的分析模型。目前,CAD 软件中两种典型建模方式为曲面建模和多面体建模。曲面建模即使用非均匀有理性 B 样条(non-uniform rational B-spline,NURBS)建立曲线或曲面,已经成为工程设计中最广泛使用的建模工具,研究者主要使用 NURBS 来进行等几何分析研究。

此外,T 样条插值和细分曲面方法等也被发展应用到 IGA 中。其中,T 样条(T-spline)有效解决了局部细化及 NURBS 片之间的缝隙融合问题,细分曲面(subdivision surface)则进一步解放了对控制网格的拓扑限制。NURBS 建模的核心构成要素包括节点矢量、控制点及权重因子。其中,几何模型通常由少量的控制点及节点参数空间等就可精确构建,但物理场分析通常需要较大的计算自由度(degrees of freedom,DOFs)以保证计算结果的准确性,因此网格细化技术如 H 细化、P 细化以及 K 细化等也被发展应用到等几何分析中。

由于 FEM 是目前工程问题中使用最为广泛的方法,IGA 也是在 FEM 中首次提出并应用,从而形成了等几何有限元法(iso-geometric analysis-finite element method,IGA-FEM)。这也是目前数值仿真计算领域的研究重点之一,研究者已经成功地将 IGA-FEM 应用到弹性问题、流体与结构耦合问题及电磁学和波传导问题中。然而,对于三维问题,FEM 采用的仍然是实体建模。但在 CAD 建模中,通常是用曲面拼接并通过“填充”来将其转化为实体。同时,在使用 FEM 分析无限域问题(如外声场问题)时,往往需要完美匹配层(perfect matched layer,PML)以及无限元方法(infinite finite element method,IFEM)等处理。

BEM 与 FEM 同样是基于网格离散的思想,但由于其具有仅在边界上离散(降维)、使用解析的基本解作为权函数及自动适合无限域问题分析等优点,相对来说与 IGA 的匹配程度更高。传统 BEM 已经在弹性力学、断裂问题和声场问题等领域得到较多应用,研究者同样将 IGA 与 BEM 结合形成等几何边界元法(iso-geometric analysis-boundary element method,IGA-BEM),其处理方式与 IGA 在 FEM 中的应用类似,即使用 NURBS 插值代替传统的 Lagrange 插值来进行计算分析。

等几何边界元的思想最早于 2009 年提出,涌现出了一些重要研究成果和经典著作,这些研究成果展示了 IGA-BEM 在形状优化设计领域的显著优势。目前,三维声学 IGA-BEM 的形状优化研究所使用的模型较为简单,主要为单片建模 NURBS 模型,其实际应用意义较弱,而相应的 BeTSSi 潜艇这类复杂模型已被应用于声场等几何分析中。因此,本书也将依据 IGA-BEM 实施复杂结构的优化设计,进一步展示 IGA-BEM 处理复杂工程问题的潜力。

限于作者的学术水平,书中难免存在不妥与可改进的地方,敬请专家和读者不吝指正!

陈磊磊

2024-03-29

目 录

1 绪论 …………………………………………………………………… (1)

1.1 研究现状 ………………………………………………………………… (2)

1.2 本书主要内容 …………………………………………………………… (8)

2 等几何边界元弹性力学分析 ………………………………………… (10)

2.1 二维热弹性力学 IGA-BEM ………………………………………… (11)

2.2 基于 IGA-BEM 的受压裂纹扩展模拟 ……………………………… (24)

2.3 基于正交分解和 RBF 的 IGA-BEM 的断裂力学随机分析 ……… (36)

3 等几何边界元声学分析 ……………………………………………… (47)

3.1 细分曲面几何模型构造 ……………………………………………… (47)

3.2 基于细分曲面的等几何边界元声学分析 …………………………… (59)

3.3 基于细分曲面 IGA-BEM 的吸声材料拓扑优化 …………………… (75)

4 等几何压电材料分析 ………………………………………………… (89)

4.1 压电陶瓷结构静力学问题的不确定性量化分析 …………………… (90)

4.2 压电陶瓷结构自由振动问题的不确定性量化分析 ………………… (104)

4.3 压电陶瓷结构并发多尺度分析 ……………………………………… (113)

5 等几何边界元声振耦合分析 ………………………………………… (124)

5.1 基于 Loop 细分曲面的 IGA-FEM/BEM 声振耦合分析 ………… (125)

5.2 SVD-RBF-DNN 加速声振耦合系统的声学响应分析 ……………… (135)

5.3 SVD RBF-DNN-MCs 加速声振耦合系统的不确定性量化 ……… (146)

6 等几何边界元结构声学优化分析 …………………………………… (152)

6.1 级数展开加速基于 BEM 的二维声学宽频分析 …………………… (153)

6.2 AT-SOAR 法加速基于 IGA-BEM 加速的三维声学宽频分析 …………………（164）
6.3 AT-SOAR 法加速吸声材料的宽频优化分析 ……………………………………（180）
参考文献 ……………………………………………………………………………（196）
致谢 …………………………………………………………………………………（214）

1 绪 论

在力学计算及分析中，相较于有限元法（finite element method，FEM）较强的适用性，边界元法（boundary element method，BEM）有其独特的优势——降维、高精度、边界解等性质，在某些领域有着较好的表现。基于有限元中的离散形式，传统边界元根据精度要求和具体求解问题的不同，可将边界划分为不同阶次的单元（如常量元、线性元等），从而形成能够利用数值积分计算的离散形式边界积分方程（boundary integral equation，BIE）。随着计算需求的增加，计算规模日益增加，网格划分这一过程将消耗大量的人力和时间成本，使得从CAD（computer aided design）到CAE（computer aided engineering）之间存在非常烦琐的转化过程，当遇到动态计算过程时又需要不断地重构网格。等几何分析（iso-geometric analysis，IGA）[1]采用CAD中常用的样条基函数替换传统插值形式中的Lagrange基函数，由于同CAD的表达形式的同一，成功地消除了从CAD到CAE之间的转化过程。同时，消除了几何误差，计算精度得到显著提高。IGA最初在有限元的背景下提出，成功地应用于各个领域。而有限元域内点的参数化又是IGA中较难解决的问题[2-3]，边界元边界离散的特性能够与IGA很好地结合，故形成了等几何边界元法（IGA-BEM）[4-7]。IGA-BEM既保留了BEM降维、高精度等优势，同时也使得数值分析能够直接从CAD中直接进行，统一了CAD和CAE的表达形式，实现了CAD和CAE分析的无缝结合，大大提升了计算效率。基于非均匀有理性B样条（non-uniform rational B-spline，NURBS）、T样条（T-spline）和细分曲面（subdivision surface）的等几何方法已广泛应用于弹性力学、电磁场、温度场及位势问题等研究领域。

BEM是一种对结构表面进行网格离散的数值分析方法，相对于FEM来说更适合处理无限域和半无限域的问题。BEM求解主要有两个部分：一、由控制微分方程及其基本解得到BIE；二、划分边界单元得到完全离散的BIE。对于求解精度和不同问题情况下，划分单元时根据阶次的要求可分为常量元、线性元和二次元。在常规的边界积分处理中采用的是Gauss-Legendre数值方法计算，奇异积分项通常采用极坐标转换和正则化的解决方法，最后由线性代数方程组得到求解的边界未知量。

1.1 研究现状

1.1.1 等几何边界元算法

自 Hughes 等的开创性著作以来，IGA 在工程科学领域受到了广泛的关注。IGA 的核心思想是利用 CAD 中构造几何模型的样条函数，如 NURBS[8]、T 样条[9]、层次 T 网格上的多项式样条(polynomial splines over hierarchical T-meshes，PHT)[10-11]、细分曲面[12]等，作为离散偏微分方程的基函数。IGA 的主要优点在于它可直接从 CAD 模型中进行数值分析，而不需要网格划分，从而避免了传统数值方法(如 FEM 和 BEM)所遇到的烦琐的预处理程序和几何误差。其他优点包括高阶连续性、灵活的细化方案等。IGA 在弹性力学[13-14]、流体力学、声学[15]等领域都有广泛的应用，解决了诸如流固耦合[16-18]、形状优化[19-21]、结构振动[22]、壳体分析[23]、接触[24]和复合材料[25]等问题。此外，利用 T 样条、PHT 样条和细分曲面在 IGA 中取得了进展，允许分析复杂的几何形状。Bézier 等[26]提取技术的引入进一步简化了现有 FEM 代码对 IGA 的实现。

IGA 最初是在 FEM 的背景下提出的，它需要体积参数化，故与 CAD 中主导的边界表示相冲突。这一问题成为 IGA 在工程实践中应用的瓶颈。一种绕过这一瓶颈的有效方法是将 IGA 与 BEM 相结合，形成所谓的 IGA-BEM。BEM 只需要离散化与 CAD 模型自然兼容的分析域边界[27-36]，这使得 IGA 可以和 BEM 自然地结合。同时，边界元的这个特性降低了问题的维度，减少了计算量。此外，边界元的半解析性保证了计算精度。IGA-BEM 作为 IGA 的一种变体继承了传统 BEM 的优点[37-42]，具有如下特点：一、数值分析可直接从 CAD 模型中进行，不需要烦琐的网格划分过程；二、保持了几何的精确性；三、高阶连续性提高了精度；四、对裂纹扩展路径进行了显式参数化。IGA-BEM 成功应用于诸多领域，适用于位势问题[43]、热传导问题[44]、线弹性问题[25-26,45-46]、断裂力学问题[47-49]、波阻抗问题[50]、弹塑性夹杂物问题[51]、声震耦合问题[52]、电磁波问题[53]、声学问题[54-57]、形状优化问题[37,39-40,42,58]和拓扑优化问题[41]的研究。

随着计算机技术的快速发展，国内对于 IGA-BEM 的研究在近些年也得到了快速发展。刘程等[59]和陈磊磊等[60]利用 IGA-BEM 进行了声学敏感度分析和声学优化，董春迎课题组[61]对于 IGA-BEM 中奇异积分的计算及其在势问题、热传导问题、非均质材料力学问题、含夹杂的裂纹扩展问题研究的应用等方面做了较为丰富的工作，程长征等[62]针对等几何算法中常用的 NURBS 单元中的近乎奇异积分提出了半解析形式的新算法。

1.1.2 热弹性力学分析

在弹性力学中，热应力在许多工程应用中起着至关重要的作用。然而，利用 BEM 进行热弹性分析并不是一项简单的工作，因为它会增加一个需要仔细处理的域积分项[63-64]。虽然可像 FEM 那样直接离散分析域，但 BEM 在降维方面的优势被牺牲了。因此，为了保持边界元的边界表示性质，需要借助一些特殊的技术将域积分转换为边界积分。为达到转换的目的，已经开发了各种技术(详细的研究可参阅 Becker[65] 和 Kane[66] 的著作)。利用散度定理，Cruse[67] 给出了离心载荷效应的第一个变换。Rizzo 和 Shippy[68] 及 Tan[69] 提出了一种将离心力表示为标量的微分的域-边界转换方法。Danson[70] 基于 Galerkin 矢量和 Gauss-Green 定理，提出了重力、离心力和热弹性力的一般计算方法。Henry 等[71] 和 Banerjee 等[72] 提出了一种不同的方法，该方法基于使用一种特殊积分方法来处理任意的物体力。Nardini 和 Brebbia[73] 在 1982 年开发了如今被称为双重互易法(digitai rights management，DRM)的程序，该方法利用一系列规定的基函数来近似物体力效应量，利用特解将域积分变换到边界。自从 Partridge 等[74] 出版了关于 DRM 的著作以来，这种方法通过利用坐标中的多项式来增强径向基函数(radial basis funcation，RBF)而得到了广泛的应用[75-77]。作为 DRM 理念的延伸，Nowak 和 Brebbia[78] 开发了一种强大的技术，称为多重互易法(multiple rights management，MRM)，来求解 Poisson 方程和 Helmholtz 方程。随后，该方法被 Neves 和 Brebbia[79] 推广到求解 Navier 弹性方程，并被 Ochiai 和 Nisitani 等[80] 推广到求解任意物体力问题。Fang 等[81] 利用 IGA-BEM 中的 Galerkin 矢量进行热弹性计算，但该技术仅适用于稳态导热，即温度变化应满足 Laplace 方程。最近，Wen 等[82] 提出了一种不同的一般变换方法，用径向基函数来近似体力项。Cheng 等[83] 提出了一种基于径向基函数和特解格式的统一技术。高效伟等[84-87] 提出了一种简单而稳健的技术，称为径向积分法(radial integration method，RIM)，它能够用于处理复杂的内力引起的域积分。由于该方法是基于纯粹的数学处理，可应用于将任何类型的域积分变换到边界，而不需要使用 Laplace 算子和问题的特解。对于由已知函数组成的域积分，变换是准确的，而对于包含未知变量的域积分，变换是通过使用多项式增广的 RBF 来近似 DRM 中的未知量来完成的。该方法最吸引人的特点是变换公式非常简单，对于二维和三维问题都有相似的形式。

1.1.3 细分曲面造型技术

细分曲面法的历史可追溯到 20 世纪 70 年代末，它源于 B 样条，但与 NURBS 方法不同。细分方案有很多种，但基本思想是从初始多边形网格出发，通过重复细化达到收敛极限的过程，利用细分和拟合生成光滑的曲面。与 NURBS 曲面建模相比，细分曲面可构建整体连续光滑的曲面模型，同时也可拓扑到任意复杂的几何模型，现已广泛应用于游戏动画、多分辨率分析、生物医学和实际工程。

国外学者 Bezier 在 1971 年首先提出一种由控制多边形来定义曲线的方法，根据顶点的权因子很方便地改变控制曲线的形状，但是曲线上任意顶点的改变都会影响到曲线的整体形状。Catmull 和 Clark[88] 最早在 1978 年提出细分曲面的模式，一种四边形 1-4 分裂生成三次 B 样条曲面的模式。Doo 和 Sabin[89] 也在 1978 年提出基于四边形生成一阶光滑曲面的细分模式，对于不存在奇异顶点的正则网格生成二次 B 样条曲面。Loop 最早在 1987 年提出一种基于三角形的基本型细分模式，做到了对箱样条的一种推广应用。改进的 Butterfly 模式是由 Dyn 等[90]在 1990 年提出的一种面具像蝴蝶的三角形 1-4 分裂的细分模式，在极限曲面处达到 C1 连续。之后，Lai[91]、Zorin 等[92]和 Jos[93]分别提出，将箱样条应用到三角形单元块中来得到规则顶点的基函数、几何设计细分方法的权值简化和一种基于细分矩阵的特征分解来求解不规则顶点的问题。Cirak 等[94-95]提出，将细分曲面与有限元方法相结合求解薄壳结构的变形等问题。Green 等[96]针对大规模的薄壳工程提出一种基于细分的多层次方法，加速了这类问题的数值计算。Bandara 等[97-98]提出，将多分辨率细分曲面用在结构的形状优化中，求解电磁场等问题。

国内关于细分曲面造型技术的研究总体起步较晚，但随着计算机图形学和等几何分析的迅速发展，对该方面的研究呈现逐年递增的趋势。李桂清[99]、周海[100]和周怡[101]研究了细分曲面造型在图形学中的应用。朱巍[102]提出的基于平均化思想和非平均化思想的两种自适应细分曲面算法，具有更加明显的几何直观性和更强的模型光滑区域分辨力。庄超[103]将细分曲面造型的边界元应用于求解三维位势和线弹性问题，并基于 ParaView 提出一个功能丰富的边界元可视化后处理方案。Zhang 等[104-105]提出完整实体在 CAD 上建模用于 CAE 分析，边界积分和场变量的插值都是在曲面参数空间里进行。文立华等[106]将细分技术求解 BIE 应用于简单的二维声场辐射和散射。覃先云等[107]提出参数空间的曲面单元用边界面法分析三维薄型结构。Wu 等[52]提出基于细分曲面法与耦合有限元和 BEM 相结合进行薄壳结构声振耦合问题求解。

1.1.4 多尺度分析

随着非均质材料（诸如复合材料和合金等）的广泛应用，越来越多地研究采用多尺度方法来预测材料的宏观结构行为，通过对材料内部的微观结构特征和细节的分析，实现对整体材料性能的预测。多尺度方法通过将不同尺度的信息进行耦合，并在不同尺度之间建立起联系，可以更准确地预测和解释材料的性能和行为。多尺度方法是材料力学研究中的重要方法，可分为平均场（mean field）和全场（full field）两种方法。平均场方法使用微观结构描述宏观行为，例如 Mori-Tanaka 方法[108-109]和自洽方法（self-consistent scheme）[110-113]，适用于线性问题，但不适用于涉及非线性本构方程的复杂力学问题。此外，平均场方法只能描述整体的宏观力学响应，无法描述材料内部的局部响应及其相互作用。这就需要开发全场多尺度方法,用非线性双尺度分析来模拟非均质材料结构,以适用于更加复杂的力学问题,从而更好地预测材料的行为和性能。

FE^2 是一种非线性多尺度方法,用于描述或模拟材料微观结构对宏观结构行为的影响,是一种与材料无关的通用计算均匀化方法[114]。Smit 等[115]提出了多级 FEM 的概念,后来由 Feyel 等[116]提出了 FE^2 术语。FE^2 常用于非均质材料应力分析,包括宏观尺度和微观尺度两个嵌套级别的有限元模拟。在宏观尺度上,整个非均质材料或结构被离散为均质连续有限元。而在微观尺度上,则是在宏观结构的代表性体积单元(representative volume element,RVE)的多个计算模型上进行有限元模拟,其中非均质材料的不同组成部分被明确建模。每个宏观单元的 Gauss 积分点与相应的微观 RVE 相关联,从而实现了两个尺度之间的信息传递和耦合。传统的 FE^2 实现策略需要大量的用户干预来管理不同规模之间的信息交换,限制了缺乏经验的研究人员或工程师采用 FE^2 方法解决实际工程问题。即使利用商业 FE 软件也需要编写复杂的子程序,这对于缺乏编程经验的人来说是一项挑战。此外,在商业 FE 软件中,从宏观 Gauss 积分点到微观 RVE 的数据读取和写入通常会消耗大量的计算时间,进一步降低了 FE^2 方法的实用性。因此,需要开发新的自动化 FE^2 实现策略,以降低用户的干预和提高方法的实用性。

Direct FE^2 方法是一种更为便捷的多尺度分析方案[117],该方法突破了传统并发多尺度分析方法必须依赖控制脚本进行宏-微观跨尺度信息传递的固有框架。它通过有限元的控制方程和并发多尺度分析所需的 Hill-Mandel 均质化条件,推导出可直接实现宏观与微观信息实时传递的多节点约束(multi-point constraints,MPCs)方程。这种方法成功地将并发多尺度分析所需的宏观结构模型和微观 RVE 模型合并为一个有限元模型,可通过成熟的有限元求解器直接求解,提高计算效率。该方法已成功应用于结构力学[118]、振动力学[119]、热力学[120]及复合结构[121-123]等领域的多尺度数值模拟,具有广泛的应用前景。

1.1.5 IGA-FEM/BEM 算法

水下大型复杂结构的声学响应预测通常涉及多物理场的耦合。随着研究实体对象的复杂化,在求解这类耦合问题时通常需要用到数值方法。结构声学耦合分析涉及无限域和壳体分析,最常用的数值方法是由 Everstine 等[124]首次提出的耦合 FEM/BEM 算法。该方法一经提出,就受到了许多学者的广泛关注[125-129]。国内学者陈乐佳等[130]采用 Ansys 有限元软件对潜艇双层壳体结构流固耦合振动频率及响应进行了计算,并用边界元软件 Sysnoise 计算了双层壳体的声辐射特性,为研究外壳振动及声辐射提供了一定的参考依据。石焕文等[131]建立了两端带平底板的加纵肋圆柱壳水中声辐射计算的 FEM/BEM 三维模型,对水下结构辐射噪声预报和噪声抑制具有重要意义。方斌等[132]提出了水下结构声辐射 FEM/BEM 简化计算方法研究,提高了水下结构声辐射 FEM/BEM 方法的计算速度。国外学者 Fritze 等[133]提出了一种对壳体几何形状进行灵敏度分析的快速方法,简化了耦合过程。

Mascotto 等[134]提出了一种在变声速介质中时谐声散射的 FEM/BEM 耦合方法。这些研究表明，FEM 与 BEM 是目前结构声学耦合分析的有力工具。然而，现有研究大多采用 Lagrange 函数进行几何场与物理场插值计算，对复杂模型问题的适用能力还需提高。

为了实现对复杂模型问题的高效求解，Hughes 等[135]首次将 IGA 应用于壳 FEM 中，实现了 CAD/CAE 集成分析。然而针对实体结构或声学问题，需要进行体参数化操作，这对基于边界表示的 CAD 模型来说，是一件困难的事情，被视作 IGA-FEM 的瓶颈。BEM 仅需在结构表面进行网格离散和积分计算，因而与 IGA 天然兼容。近些年，IGA-BEM 已成功应用于位势问题[136]、热传导问题[137]的研究和弹性力学[138]、断裂力学[139]、声学[140-141]等领域。为了进一步提高对复杂模型的适用能力，采用细分曲面法构造几何模型，并与 FEM 或 BEM 相结合进行偏微分方程的求解[142-143]，这些研究反映了细分曲面 IGA 的独特优势。在此基础上，很多学者又开展了关于细分曲面 IGA 的 FEM/BEM 耦合分析[144]研究，为本书关注的复杂结构声振耦合系统的响应分析提供了有力支持。

1.1.6 不确定性量化

多物理场耦合问题中通常存在大量不同类别、不同范围的不确定参数。这些参数大多数来自于外界环境，如制造误差、荷载条件[145-146]和材料性能等。对复杂系统进行建模时，输入参数的不确定性通常会导致系统响应预测的不确定性。因此，要评估与各种不确定因素有关的风险，就必须进行不确定性量化，或称随机性分析[147]。不确定参数又被定义为随机变量。随着数学模型研究的深入，人们提出了多种不确定性量化方法，主要包括蒙特卡罗模拟(Monte Carlo simulations，MCs)[148-153]、扰动法[154-157]和随机谱法[158]等。其中，基于样本的 MCs 是最简单和最通用的方法，通常被作为验证其他不确定性量化方法有效性的参考。随着样本点的增多，MCs 的结果会逐渐收敛至某个稳定值。但 MCs 的精度严重依赖于样本点的数量，尤其对于大型复杂系统，大量样本点的获取将使得计算量急剧增加。因此，研究如何通过构建代理模型提高 MCs 的采样效率并进行不确定性量化成为一项重要的课题。

目前广泛使用的代理模型，如 Gauss 过程[159-162]、多项式混沌扩展[163-165]和 RBF[166-167]等，已经在许多应用中取得了成功，但随着不确定参数维度和规模的增加，这些方法的适用性有所降低。因此，许多学者尝试利用当下较为先进的方法，如运用深度神经网络算法(deep neural network algorithm，DNN)来克服维度诅咒。已有学者开展了将 DNN 用于构建代理模型，进而加速不确定性量化的相关研究。Tripathy 等[168]提出了一种基于 DNN 的随机扩散系数椭圆偏微分方程不确定性量化的代理模型。Zhu 等[169]开发了一个基于 Bayes 卷积神经网络的代理模型，用来预测具有高维随机输入系统的响应。这些研究都表明，深度学习算法具有作为不确定性量化代理模型的巨大潜力。但深度学习算法的精度依赖于训练数据的数量和质量，通过传统数值方法迭代获取训练数据依旧是耗时的，因此如何架起传统数值方法与深度学习之间的桥梁也是我们要考虑的重点。

奇异值分解(singular value decomposition,SVD)是常用的模型降阶技术[170-172],也被称为主成分分析或本征正交分解。Lian 等[173]将 SVD 与 RBF 相结合(SVD-RBF)加速了断裂力学的随机性分析,在减少采样点的情况下保持了良好的精度,为本书架起传统数值方法与深度学习之间的桥梁提供了有效参考。

1.1.7 声学 BEM 及 AT-SOAR 加速算法

声学 BEM 是指应用直接 BEM 解决声学问题时而形成的一种数值模拟方法。BEM[174]是一种基于积分方程并只需离散边界的数值方法,具有降维、计算精度高等优点。同时,Helmholtz BIE 能自动满足无限远处的 Sommerfeld 辐射条件[175]。因此,BEM 是一种比较适合用于声学分析计算的数值模拟方法。直到 20 世纪 60 年代,BEM 才得到学者们的重视,学者们最初用它解决二维位势问题[176-178]。随后,Rizzo 等[179]在其博士论文中把 BEM 应用于二维弹性分析,并在 1967 年的刊物上发表了研究成果。20 世纪 60—70 年代,众多学者将 BIE 及其求解方法应用于力学研究领域。几十年以来,BEM 已被广泛用于位势问题[180]的研究和弹性力学[181-183]、断裂力学[184-185]、电磁学[186-187]和声学[188-190]等领域,成为区别于 FEM 的另一重要数值方法。在我国,BEM 的研究工作起步较晚,但随着计算机技术的快速发展,对于 BEM 的研究在近些年也得到了快速发展。郑昌军[191]、陈磊磊[192]和赵文畅[193]等利用 BEM 进行了声学拓扑优化分析,董春迎课题组[194]将 BEM 应用于位势问题、热传导问题、非均质材料力学等研究。

对于外声场来说,BEM 单个积分方程的解不是唯一的。这种现象不是真实存在的,而是由于采用 BIE 的数学方法造成的。因此,需要采用 Burton-Milier 公式来消除非唯一解的影响[195]。

当场点和源点重合时,BIE 中会出现 $O(1\backslash r^2)$的奇异性,其计算精度对最终计算结果的影响较大。当引入边界积分的导数方程来消除外部问题的非唯一性时,方程中会出现 $O(1\backslash r^3)$的超奇异性,进一步增加计算的困难。因此,这种积分通常需要特殊处理,目前常用的方法是 Cauchy 主值和 Hadamard 有限部分积分法[196-197]。

BEM 中的系数矩阵是稠密、非对称满秩和频率依赖性的,其内存使用量为 $O(N^2)$,N 表示离散模型的自由度(degrees of freedom,DOFs)。由于频率依赖性,宽频段内的每个频点处都需要重复构造系数矩阵,造成了储存量增大和计算效率降低。

在实际工程中,激励频谱一般具有较宽的频带,经常需要进行宽频分析。然而,由于系数矩阵的频率依赖性,直接对原始边界元(boundary element,BE)模型在宽频范围内进行系统级仿真是极不可行的,迫切需要能够以低成本预测日益复杂系统的声散射特性的计算方法。在声学宽频分析中,众多学者已经开发了一些加速算法来提高求解大规模问题的效率[198-201]。Kirkup 等[202]利用正弦和余弦函数的 Taylor 级数展开将频率相关项从积分核中分离出来,减少了数值积分的工作量和计算时间。此外,Li[203]和 Wang 等[204]还将 Taylor

级数展开应用于声学多频分析。因此，为了消除系统系数矩阵的频率依赖性，本书采用 Taylor 展开从 BEM 的被积函数中提取频率依赖性项。

BEM 的另一个隐式缺点是系数矩阵是不对称的和满秩的，由于内存和计算时间的限制，使得大规模声学问题的分析难以实现。为了弥补这一缺点，使用模型降阶(model order reduction，MOR)已成为大规模声学问题分析中不可缺少的技术[205-206]。该方法试图构造原始系统的低阶近似，以减少数值模拟的总体计算负担。适当正交分解(proper orthogonal decom-position，POD)是由 Pearson[207]提出的一种广泛应用的多模态分解技术[208]，可以用于加速 BE 模型的求解。但是，在 POD 方法中，近似的质量在很大程度上取决于样本的选择，并且还需要对快照(或主频率)进行多次高保真评估，这在许多实际应用中是不可取的[209]。此外，方程组的降维归结为确定一个合适的投影子空间，将全阶模型投影到该投影子空间上，从而建立紧凑的降阶模型。矩匹配研究领域中最有效的一类方法是基于 Krylov 子空间的构造[210-211]。这种迭代方法具有简单、可用性和快速收敛的优点，已用于 BE 系统的降阶建模[212-213]。上述文献中提出的所有方法都可直接应用于 BE 模型的正交基构造。然而，投影步骤相当麻烦，因为它需要首先在每个新的频率值处形成底层全阶模型(full-order model，FOM)，然后将该模型投影到降阶基上。因此，为获取原始 FOM 的动态特性而构建的降阶模型(reduced-order model，ROM)随着频率的变化而不断更新，不利于系统的动态性能。而由 Bai 等[214-216]提出的二阶 Arnoldi 算法(second-order arnoldi，SOAR)可直接利用二阶 Krylov 子空间作为投影子空间，既减少了数值模拟的工作量，又保留了原模型的重要二阶结构形式和基本性质。此外，SOAR 算法广泛用于二次特征值问题[215-217]、二阶动力系统模型[218]研究和结构声学分析[219-220]。

由于获得更好的近似和更小的模型尺寸是模型降阶过程的目标，一个重要的开放问题是如何以一种自适应的方式，以令人满意的精度确定降阶模型的阶数，以供实际工程使用。

1.2 本书主要内容

第 1 章是本书的绪论。

第 2 章主要开展基于 IGA-BEM 的裂纹扩展数值模拟算法研究。一、开发能够在 IGA-BEM 框架下计算热应力的弹性力学数值计算方法，并进行热应力分析。二、应用基于 IGA-BEM 的裂纹扩展模拟算法进行水力压裂的模拟分析。三、针对随机性裂纹扩展问题开发出一种仅利用小规模计算样本即可近似分析大规模问题的蒙特克罗模拟。

第 3 章主要开展结构散射声场的优化算法研究。一、运用 Loop 细分曲面和 Catmull-Clark 细分曲面与 BEM 相结合进行求解。二、进行结构声学敏感度分析和结构表面粘附吸声材料的拓扑优化分析。

第 4 章的研究主要集中在压电陶瓷结构静力学问题不确定性量化分析、压电陶瓷结构自由振动问题不确定性量化分析和压电陶瓷结构的多尺度建模与力学性能分析三个方面。一、采用基于 IGA-FEM 和广义 n 阶摄动法(generalized n-order perturbation method, GNP)的方法,对压电结构静力学问题进行了不确定性量化分析。二、采用基于 IGA-FEM 和 MCs 的方法,对压电结构自由振动问题的进行了不确定性量化分析。三、采用基于 Direct FE^2 方法的多尺度分析方法,对压电陶瓷复合材料结构的力学性能进行了研究。

第 5 章主要开展基于 IGA-FEM/BEM 的声振耦合问题相关研究。一、采用 IGA-FEM/BEM 耦合算法评估全阶模型的响应。二、采用两层采样放大器构建加速声振耦合系统响应求解的代理模型 SVD-RBF-DNN,并在代理模型的基础上加速基于 MCs 的不确定性量化(SVD-RBF-DNN-MCs)。

第 6 章主要开展基于 IGA-BEM 的结构表面粘附吸声材料宽频优化加速算法(AT-SOAR)研究。一、应用 Taylor 理论将频率依赖项从 BIE 中提取出来,从而消除系数矩阵的频率依赖性。二、利用 AT-SOAR 法构造保留原始模型基本属性和关键特性的降阶模型,自动确定展开点的位置和标准正交基的阶数,从而为 BEM 在声屏障的设计等大规模复杂结构的声学优化提供便利。三、运用 Catmull-Clark 细分曲面与声学 BEM 相结合进行求解声学响应,之后进行结构表面粘附吸声材料的拓扑优化分析。

2 等几何边界元弹性力学分析

目前,已有各种计算模型被提出来完成脆性断裂的分析。虽然 FEM 在数值分析中占主导地位,但模拟断裂行为对其提出了重大挑战。原因如下:一、裂纹附近的网格应该比应力分析中使用的网格细几个数量级;二、裂纹扩展过程中网格重构是不可避免的;三、需要捕捉应力奇异性或高应力梯度。扩展有限元法(extended finite element method,XFEM)在求解空间中加入了加强函数,从而允许裂纹在固定网格中扩展,但它仍然依赖于良好质量的网格,需要像水平集法那样的特殊技术来表示裂纹表面。

相比之下,BEM 已经证明是一种有用的裂纹模拟工具。由于 BEM 仅离散域的边界,它不仅降低了 DOFs,方便了网格的生成,更重要的是,可以通过在裂纹简单的前端添加新元素,来增加裂纹面的 DOFs。此外,作为一种半解析方法,BEM 能够更准确地评估应力,这对于提取应力强度因子(stress field intensity factor,SIFs)是至关重要的。更重要的是,IGA-BEM 下的等几何分析继承了 IGA 在 CAD 与数值分析集成方面的优势,以及 BEM 在降维方面的优势。BEM 与 IGA 的结合也是很自然的,因为它们都是由边界表示的。自被提出以来,IGA-BEM 成功地应用于诸多领域。IGA 因其采用与 CAD 领域中相同的样条基函数作为插值基函数,故能够保持几何精度,同时避免了复杂的网格划分过程,针对类似裂纹扩展这种多阶段性的计算过程避免了烦琐的网格重构。IGA 使得从 CAD 设计到 CAE 分析这个过程无缝连接。

在复杂工况下,热应力是不可忽略的,故在数值模拟中的很多情况下,都应考虑到温度对结构的荷载起着至关重要的作用。同时,由于不确定性是普遍存在的,它可能来自于不同的来源,如固有的材料随机性、几何尺寸、制造误差和动态加载,而确定性分析不足以表征随机场,为了增强不确定性问题计算预测的可信性,随机分析技术得到了广泛的研究。在对结构进行可靠性分析时,需要合理地定量处理这些不确定性因素。因此,综合考虑结构系统实际随机性的影响,才能使可靠性分析和评估接近工程实际,由此得出的可靠性指标置信度高。

2.1 二维热弹性力学 IGA-BEM

2.1.1 B样条和 NURBS

2.1.1.1 B样条

NURBS 是 CAD 领域中普遍存在的一种方法，被应用于当前的工作中。在引入 NURBS 之前，有必要先介绍 B 样条的概念。

B 样条曲线表示为

$$X(\xi)=\sum_{i=1}^{n}N_{i,p}(\xi)\ P_i。\tag{2-1}$$

式中，X 为曲线上某点的 Descartes 坐标，ξ 为参数空间的坐标，n 为基函数或控制点的个数，p 为多项式阶数，P_i 为控制点，$N_{i,p}$ 为 B 样条基函数。给定一个结向量

$$\boldsymbol{\Xi}=[\xi_0,\xi_1,\cdots,\xi_m],\quad \xi_i\in\mathbb{R}。\tag{2-2}$$

式中，$\boldsymbol{\Xi}$ 是参数空间中的一组非递减实数，实数 ξ_i 表示为第 i 个结点。一个有效的结向量的结点数 $m=n+p+1$。半开区间 $[\xi_i,\xi_{i+1})$ 称为结跨度。在结向量内，结点可以重复，具有不同值的结点可看作是将一维参数空间划分为不同单元的不同断点。

利用结向量的概念，用 Cox-deBoor 递推公式定义基函数[221-222]：

$$N_{i,0}=\begin{cases}1, & \xi_i\leqslant\xi<\xi_{i+1};\\ 0, & \text{otherwise}。\end{cases}\tag{2-3}$$

$$N_{i,p}(\xi)=\frac{\xi-\xi_i}{\xi_{i+p}-\xi_i}N_{i,p-1}(\xi)+\frac{\xi_{i+p+1}-\xi}{\xi_{i+p+1}-\xi_{i+1}}N_{i+1,p-1}(\xi)。\tag{2-4}$$

本质上，B 样条基函数是一个分段多项式函数，在单元内为 C^{∞} 阶连续，在单元边界上为 C^{p-k} 阶连续，其中 k 是节点重复次数。B 样条基函数具有以下性质(图 2-1)：

1) 非负性。对于任意的 i、p 和 ξ，$N_{i,p}(\xi)\geqslant 0$。

2) 归一性。对任一 ξ，$\sum_{i=1}^{n}N_{i,p}(\xi)=1$。

3) 局部支撑。$N_{i,p}(\xi)$ 在结跨 $\xi\in[\xi_i,\xi_{i+p+1}]$ 内是非负的，这对于交互设计很重要，即改变一个控制点只会影响曲线的局部部分，为曲线的修改提供了灵活性。

4) 弱克罗内克性。表示 $N_i(x)=0$ 且 $N_i(x_i)\neq 1$，这对于在工程分析中加强边界条件是有用的，因为只需要考虑与边界相对应的控制点。

5) 线性无关。这个性质对于构造数值分析的近似空间是必要的。

B 样条基函数的导数

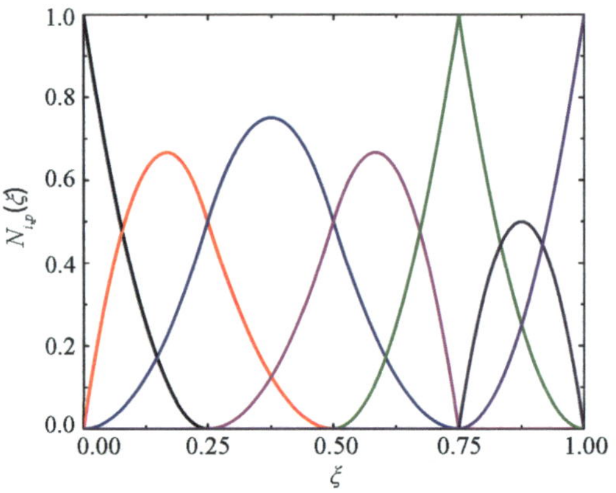

图 2-1　$p=2$ 且节点向量为{0,0,0,0.25,0.5,0.75,0.75,1,1,1}的 B 样条基函数

$$\frac{\mathrm{d}N_{i,p}(\xi)}{\mathrm{d}\xi}=\frac{p}{\xi_{i+p}-\xi_i}N_{i,p-1}(\xi)+\frac{p}{\xi_{i+p+1}-\xi_{i+1}}N_{i+1,p-1}(\xi)。\tag{2-5}$$

2.1.1.2　非均匀有理 B 样条

作为 B 样条曲线的一种泛化，NURBS 曲线（图 2-2）加入权重系数 w_i，参数化表达式为

$$x(\xi)=\sum_{i=1}^{n}R_{i,p}(\xi)\,P_i。\tag{2-6}$$

其中，$R_{i,p}(\xi)$ 为 NURBS 基函数，记作

$$R_{i,p}(\xi)=\frac{N_{i,p}(\xi)\,w_i}{W(\xi)},$$

$$W(\xi)=\sum_{k=1}^{n}N_{k,p}(\xi)\,w_k。$$

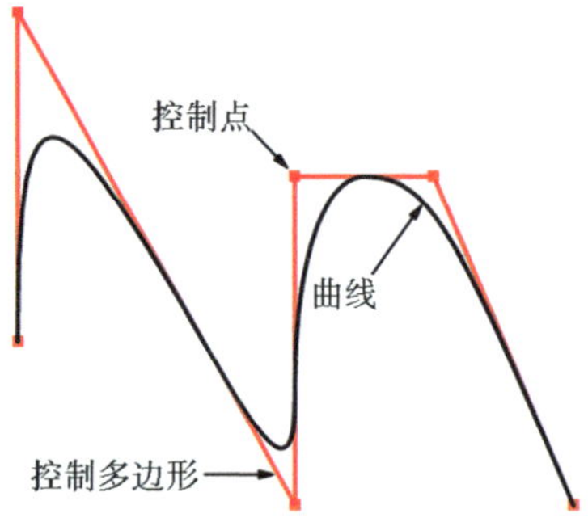

图 2-2　非均匀有理 B 样条曲线

NURBS 基函数的导数可表示为

$$\frac{\mathrm{d}R_{i,p}(\xi)}{\mathrm{d}\xi}=w_i\frac{W(\xi)\dfrac{\mathrm{d}N_{i,p}(\xi)}{\mathrm{d}\xi}-\dfrac{\mathrm{d}W(\xi)}{\mathrm{d}\xi}N_{i,p}(\xi)}{W^2(\xi)}。\tag{2-7}$$

其中，

$$\frac{\mathrm{d}W(\xi)}{\mathrm{d}\xi}=\sum_{k=1}^{n}\frac{\mathrm{d}N_{k,p}(\xi)}{\mathrm{d}\xi}w_k。$$

NURBS 曲线相对于 B 样条曲线的优点是通过引入权系数 w，可准确地表示所有的二次曲线，也可灵活地控制曲线到控制点之间的距离。以 1/4 圆为例，如图 2-3 所示，权系数 $w_0=w_2=1$，其中 w_1 的值是变化的。可以看出，w_1 越大，NURBS 曲线越靠近控制点。当 $w_1=1/\sqrt{2}$ 时，构成 1/4 圆弧[223]。当所有权值都等于 1 时，NURBS 曲线简化为 B 样条曲线。

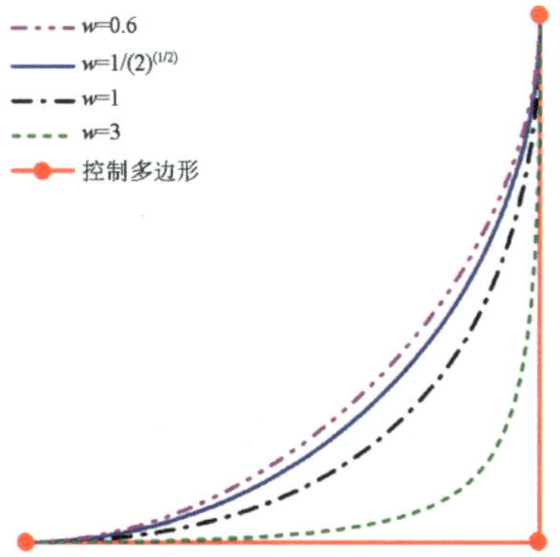

图 2-3　不同权重系数下 NURBS 曲线的比较

H 细化是指在原始的结向量的基础上插入一个新的结点 $\bar{\xi}$。该过程在不改变原有几何形状的情况下增加控制点，最终达到增加模型 DOFs 的目的。假设新插入的结点 $\bar{\xi}$ 在区间 $[\xi_k,\xi_{k+1})$ 内，则新控制点对应的权系数可定义为

$$\bar{w}_i=\alpha_i w_i+(1-\alpha_i)w_{i+1}。\tag{2-8}$$

式中：

$$\alpha_i=\begin{cases}1, & i\leqslant k-p\ \dfrac{\bar{\xi}-\xi_i}{\xi_{i+p}-\xi_i};\\ \dfrac{\bar{\xi}-\xi_i}{\xi_{i+p}-\xi_i}, & k-p+1\leqslant i\leqslant k;\\ 0, & i\geqslant k+1。\end{cases}$$

对应的控制点可表示为

$$\bar{P}_i=\frac{\alpha_i w_i P_i+(1-\alpha_i)w_{i-1}P_{i-1}}{\bar{w}_i}。\tag{2-9}$$

值得注意的是，尽管基函数的连续性对于给定结点值的每次重复都减少了 1 阶，但曲线的连续性得以保留。

2.1.2 二维热弹性力学 IGA-BEM

2.1.2.1 热弹性力学 BIE

热弹性力学本构关系可表示为

$$\varepsilon_{ij}=\frac{1}{2\nu}\left(\sigma_{ij}-\frac{\nu}{1+\nu}\delta_{ij}\sigma_{kk}\right)+\delta_{ij}kT。\tag{2-10}$$

式中，T 表示温度变化，k 为热膨胀系数，$\delta_{ij}kT$ 为热应力引起的应变。由应力应变关系，应力可表示为

$$\sigma_{ij}=2\nu\left(\varepsilon_{ij}+\frac{\nu\delta_{ij}\varepsilon_{kk}}{1-2\nu}\right)-\delta_{ij}\tilde{k}T,\tag{2-11}$$

$$\tilde{k}=\frac{2\nu(1+\nu)k}{1-2\nu}。\tag{2-12}$$

用于计算 $\tilde{P}$ 点位移的 BIE 表示为[224-225]

$$c_{ij}(\tilde{P})u_j(\tilde{P})=\int_\Gamma\left[u_{ij}^*(Q,\tilde{P})t_j(Q)-t_{ij}^*(Q,\tilde{P})u_j(Q)\right]\mathrm{d}\Gamma(Q)+\int_\Omega\Psi_i(Q,\tilde{P})T(Q)\mathrm{d}\Omega(Q)。\tag{2-13}$$

式中，

$$u_{ij}^*=\frac{1}{8\pi(1-\nu)\nu}\left[(3-4\nu)\delta_{ij}\ln\frac{1}{r}+r_{,i}r_{,j}\right],$$

$$t_{ij}^*=\frac{-2}{8\pi(1-\nu)r}\left[A(\boldsymbol{n}_ir_{,j}-\boldsymbol{n}_jr_{,i})+\boldsymbol{n}_mr_{,m}(A\delta_{ij}+2r_{,i}r_{,j})\right],$$

$$\Psi_i=\frac{-(1+\nu)k}{2\pi(1-\nu)r}r_{,i}。$$

其中：$\boldsymbol{n}_i$、$\boldsymbol{n}_j$、$\boldsymbol{n}_m$ 为法向量分量；$r_{,i}=\frac{\partial r}{\partial x_i}$，$r_{,j}=\frac{\partial r}{\partial x_j}$，$r_{,m}=\frac{\partial r}{\partial x_i}$。$\tilde{P}$ 为源点，Q 为边界场上的场点，$A=1-2\nu$。源点位于内部时，$c_{ij}=\delta_{ij}$；源点位于边界时，$c_{ij}=\delta_{ij}/2$。

用于计算 $\tilde{P}$ 点应力的 BIE 表示为

$$\sigma_{ij}(\tilde{P})=\int_\Gamma u_{ijk}^*t_k\mathrm{d}\Gamma-\int_\Gamma t_{ijk}^*u_k\mathrm{d}\Gamma+T(\tilde{P})\int_\Gamma r\ln r\frac{\partial r}{\partial\boldsymbol{n}}\Psi_{ij}\mathrm{d}\Gamma+\int_\Omega\left[T-T(\tilde{P})\right]\Psi_{ij}\mathrm{d}\Omega-\delta_{ij}hT(\tilde{P})。\tag{2-14}$$

式中，$\boldsymbol{n}$ 为法向量，

$$h=\frac{\nu(\beta+1)(1+\nu)k}{3(1-\nu)},$$

$$\Psi_{ij}=\frac{\nu(1+\nu)k}{\pi(1-\nu)r^2}(\delta_{ij}-2r_{,i}r_{,j}),$$

$$u_{ijk}^{*}=\frac{1}{4\pi(1-\nu)}\frac{1}{r}[(1-2\nu)(\delta_{ki}r_{,j}+\delta_{kj}r_{,i}-\delta_{ij}r_{,k})+2r_{,i}r_{,j}r_{,k}],$$

$$t_{ijk}^{*}=\frac{\mu}{2\pi(1-\nu)}\frac{1}{r}\{2r_{,m}\boldsymbol{n}_m[(1-2\nu)\delta_{ij}r_{,k}+\nu(\delta_{ik}r_{,j}+\delta_{jk}r_{,i})-4r_{,i}r_{,j}r_{,k}]+$$
$$2\nu(\boldsymbol{n}_i r_{,j}r_{,k}+\boldsymbol{n}_j r_{,i}r_{,k})+(1-2\nu)(2\boldsymbol{n}_k r_{,i}r_{,j}+\boldsymbol{n}_j\delta_{ik}+\boldsymbol{n}_i\delta_{jk})-(1-4\nu)\boldsymbol{n}_k\delta_{ij}\}。$$

可以看到,式(2-13)和式(2-14)存在域积分,可使用径向积方法处理。通过径向积操作,域内的任何被积函数都可转化为其边界上的积分,其表达式为

$$\int_{\Omega}f(x)\,\mathrm{d}\Omega=\int_{\Gamma}\frac{1}{r(Q,\widetilde{P})}\frac{\partial r}{\partial \boldsymbol{n}}F(x)\,\mathrm{d}\Gamma。\tag{2-15}$$

式中,$f(x)$ 是一个被积函数,$r(Q,\widetilde{P})$ 表示源点 $\widetilde{P}$ 到边界点 Q 的距离,

$$F(x)=\int_{0}^{r(Q,\widetilde{P})}f(x)\,r\,\mathrm{d}r\tag{2-16}$$

是一个径向积分函数。如图 2-4 所示,Descartes 坐标 x 需要表示为积分变量 r 的函数:

$$x_i=x_{i,\widetilde{P}}+r_{,i}\,r。\tag{2-17}$$

式中,$r_{,i}=\dfrac{\partial r}{\partial x_i}=\dfrac{x_{i,Q}-x_{i,\widetilde{P}}}{r(Q,\widetilde{P})}$。

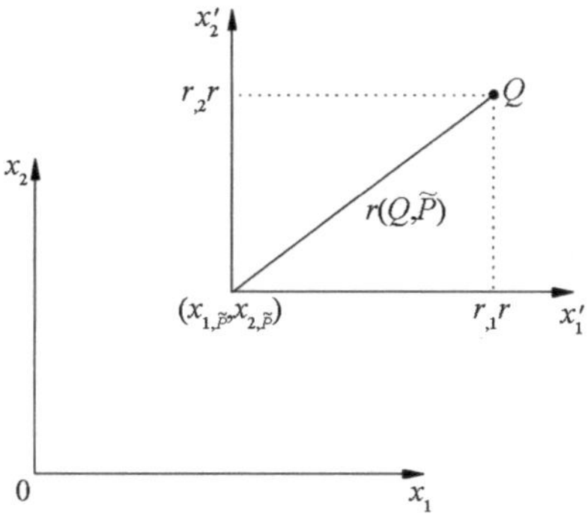

图 2-4 坐标变换关系

将域积分项 $\int_{\Omega}\Psi_i\,T\,\mathrm{d}\Omega$ 代入径向积分公式后,域积分被转换为边界积分:

$$\int_{\Omega}\Psi_i\,T\,\mathrm{d}\Omega=\int_{\Gamma}\frac{\partial r}{\partial \boldsymbol{n}}\Psi_i\,\overline{F}\,\mathrm{d}\Gamma。\tag{2-18}$$

其中,

$$\overline{F}=\int_{0}^{r}T\,\mathrm{d}r。\tag{2-19}$$

将式(2-18)代入式(2-13),得到位移纯 BIE:

$$c_{ij}(\widetilde{P})\,u_j(\widetilde{P})=\int_{\Gamma}[u_{ij}^{*}(Q,\widetilde{P})\,t_j(Q)-t_{ij}^{*}(Q,\widetilde{P})\,u_j(Q)]\,\mathrm{d}\Gamma(Q)+\int_{\Gamma}\frac{\partial r}{\partial \boldsymbol{n}}\Psi_i\,\overline{F}\,\mathrm{d}\Gamma。\tag{2-20}$$

同理，式(2-14)中应力的域积分可表示为

$$\int_{\Omega}[T-T(\widetilde{P})]\,\boldsymbol{\Psi}_{ij}\,\mathrm{d}\Omega=\int_{\Gamma}r\,\frac{\partial r}{\partial \boldsymbol{n}}\,\boldsymbol{\Psi}_{ij}\,\widetilde{F}\,\mathrm{d}\Gamma。\tag{2-21}$$

式中，

$$\widetilde{F}=\int_{0}^{r}\frac{T-T(\widetilde{P})}{r}\,\mathrm{d}r。\tag{2-22}$$

将式(2-21)代入式(2-14)，消除边界积分公式中应力计算的域积分项，得

$$\sigma_{ij}(\widetilde{P})=\int_{\Gamma}u_{ijk}^{*}\,k\,t_{k}\,\mathrm{d}\Gamma-\int_{\Gamma}t_{ijk}^{*}\,u_{k}\,\mathrm{d}\Gamma+T(\widetilde{P})\int_{\Gamma}r\,\ln r\,\frac{\partial r}{\partial \boldsymbol{n}}\,\boldsymbol{\Psi}_{ij}\,\mathrm{d}\Gamma+$$

$$\int_{\Gamma}r\,\frac{\partial r}{\partial \boldsymbol{n}}\,\boldsymbol{\Psi}_{ij}\,\widetilde{F}\,\mathrm{d}\Gamma-\delta_{ij}\,h\,T(\widetilde{P})。\tag{2-23}$$

此时，表达式为纯 BIE。

2.1.2.2 等几何边界离散积分方程

在本节中，NURBS 基函数被用于几何生成和物理场逼近。将区域边界离散为 N_e 个不重叠的 NURBS 单元，通过 NURBS 基函数与控制点坐标 x^l 的线性组合，可得到每个 NURBS 单元中任意点的全局坐标：

$$x(\xi)=\sum_{l=1}^{p+1}R_{l,p}(\xi)\,x^{l}。\tag{2-24}$$

式中，l 为控制点个数，ξ 为在[−1,1]范围内变化的局部参数坐标。

为了进行 Gauss 数值积分，需要将变量从物理空间映射到局部坐标空间。因此，采用 Jacobi 变换 $\boldsymbol{J}(\hat{\xi})$。它由两部分组成：从物理空间到参数空间的映射，从参数空间到局部坐标空间的映射。对应的数学表达式为

$$\frac{\mathrm{d}\Gamma}{\mathrm{d}\xi}=\sqrt{\left[\frac{\mathrm{d}x_1(\xi)}{\mathrm{d}\xi}\right]^2+\left[\frac{\mathrm{d}x_2(\xi)}{\mathrm{d}\xi}\right]^2},\tag{2-25}$$

$$\frac{\mathrm{d}\xi}{\mathrm{d}\hat{\xi}}=\frac{\xi_d-\xi_c}{2}。\tag{2-26}$$

式中，ξ_c 和 ξ_d 分别表示 NURBS 单元中第一个点和最后一个点的参数坐标。因此，Jacobi 矩阵可表示为

$$\boldsymbol{J}(\hat{\xi})=\frac{\mathrm{d}\Gamma}{\mathrm{d}\hat{\xi}}=\frac{\mathrm{d}\Gamma}{\mathrm{d}\xi}\,\frac{\mathrm{d}\xi}{\mathrm{d}\hat{\xi}}。\tag{2-27}$$

二次元传统边界元法(quatic traditional boundary element method，TBEM)中使用的 Lagrange 插值用 NURBS 基函数近似物理场可表示为

$$u_j(\xi)=\sum_{l=1}^{p+1}R_{l,p}(\xi)\,u_j^{l},\tag{2-28}$$

$$t_j(\xi)=\sum_{l=1}^{p+1}R_{l,p}(\xi)\,t_j^{l}。\tag{2-29}$$

式中，μ_j^l 和 t_j^l 是与位移和牵引力相关的结点系数。与 TBEM 中使用的 Lagrange 插值不同，NURBS 为弱 Kronecker-delta 性质，因此控制点可能不在边界上，μ_j^l 和 t_j^l 没有直接的物理解释。

采用配点法生成一系列方程，并采用 Greville 坐标[226-227]得到这些配点的坐标，形式如下：

$$\xi_a' = \frac{\xi_{a+1} + \xi_{a+2} + \cdots + \xi_{a+p}}{p}, \quad a = 1,2,\cdots,n。 \tag{2-30}$$

式中，ξ_a' 为第 a 个配置点的参数坐标。将式(2-28)和式(2-29)代入 BIE，则式(2-20)左边化为 $c_{ij}(\widetilde{P}')\sum_{l=1}^{p+1} R_{l,p}^{\bar{e}}(\hat{\xi}')\, u_j^{l\bar{e}}$，其中，$\bar{e}$ 表示包含配点 $\widetilde{P}'$ 的单元，$\hat{\xi}'$ 表示配点的局部坐标。同理，将式(2-20) 右边的第一项离散化为

$$\begin{cases} \displaystyle\int_\Gamma u_{ij}^*(Q,\widetilde{P}')\, t_j(Q)\, \mathrm{d}\Gamma(Q) = \sum_{e=1}^{N_e}\sum_{l=1}^{p+1}\left[\int_{-1}^{1} u_{ij}^*(Q(\hat{\xi}),\widetilde{P}')\, R_{l,p}^{e}(\hat{\xi})\, \boldsymbol{J}(\hat{\xi})\, \mathrm{d}\hat{\xi}\right] t_j^{le}(Q), \\ \displaystyle\int_\Gamma t_{ij}^*(Q,\widetilde{P}')\, u_j(Q)\, \mathrm{d}\Gamma(Q) = \sum_{e=1}^{N_e}\sum_{l=1}^{p+1}\left[\int_{-1}^{1} u_{ij}^*(Q(\hat{\xi}),\widetilde{P}')\, R_{l,p}^{e}(\hat{\xi})\, \boldsymbol{J}(\hat{\xi})\, \mathrm{d}\hat{\xi}\right] u_j^{le}(Q)。 \end{cases}$$

式中，u_j^{le} 和t_j^{le} 为单元 e 中位移和牵引力相关的节点系数。

对于位移 BIE 中的区域积分项，其物理坐标同样用 NURBS 近似。给定一个已知的温度场 T，径向积分可用式(2-17)计算。对于简单的温度场分布，径向积分可用解析的求得，但一般情况下需要用 Gauss 数值积分法计算，积分变量的转换关系为

$$r(q,\widetilde{P}) = \frac{r(Q,\widetilde{P})}{2}(1+\xi)。 \tag{2-31}$$

因域积分中被积函数是已知的，并且该积分项可通过径向积分法近似求得，故这里只需要几何场的近似。利用式(2-17)和式(2-11)，离散化后的域积分可表示为

$$\begin{aligned} \int_\Omega \Psi_i\, T\, \mathrm{d}\Omega &= \int_\Gamma \frac{\partial r}{\partial \boldsymbol{n}} \Psi_i(Q,\widetilde{P}')\, \bar{F}\, \mathrm{d}\Gamma = \\ &\sum_{e=1}^{N_e}\int_{-1}^{1} \frac{\partial r(Q(\hat{\xi}),\widetilde{P}')}{\partial \boldsymbol{n}} \Psi_i(Q(\hat{\xi}),\widetilde{P}')\, \bar{F}(\hat{\xi})\, \boldsymbol{J}(\hat{\xi})\, \mathrm{d}\hat{\xi}。 \end{aligned} \tag{2-32}$$

式中，

$$\bar{F} = \int_0^r T(q)\, \mathrm{d}r = \frac{r(Q,P)}{2}\int_{-1}^{1} T(q(\xi))\,(1+\xi)\, \mathrm{d}\xi。 \tag{2-33}$$

式中，Q 表示边界场点，q 表示内部场点，$\widetilde{P}'$ 表示源点，$q(\xi)$ 是将式(2-31) 中的 $r(q,\widetilde{P})$ 代入式(2-17) 得到的场点坐标。此时，式(2-13) 经过离散化后的完整表达式为

$$\begin{aligned} c_{ij}(\widetilde{P}')\sum_{l=1}^{p+1} R_{l,p}^{\bar{e}}(\hat{\xi}')\, u_j^{l\bar{e}} &= \sum_{e=1}^{N_e}\sum_{l=1}^{p+1}\left[\int_{-1}^{1} u_{ij}^*(Q(\hat{\xi}),\widetilde{P}')\, R_{l,p}^{e}(\hat{\xi})\, \boldsymbol{J}(\hat{\xi})\, \mathrm{d}\hat{\xi}\right] t_j^{le}(Q) - \\ &\sum_{e=1}^{N_e}\sum_{l=1}^{p+1}\left[\int_{-1}^{1} t_{ij}^*(Q(\hat{\xi}),\widetilde{P}')\, R_{l,p}^{e}(\hat{\xi})\, \boldsymbol{J}(\hat{\xi})\, \mathrm{d}\hat{\xi}\right] u_j^{le}(Q) + \end{aligned}$$

$$\sum_{e=1}^{N_e}\int_{-1}^{1}\frac{\partial r(Q(\hat{\xi}),\widetilde{P}')}{\partial \boldsymbol{n}}\Psi_i(Q(\hat{\xi}),\widetilde{P}')\bar{F}(\hat{\xi})\boldsymbol{J}(\hat{\xi})\,\mathrm{d}\hat{\xi},\tag{2-34}$$

或集成为矩阵形式表达为

$$\boldsymbol{H}\boldsymbol{u}-\boldsymbol{G}\boldsymbol{t}=\boldsymbol{y}_p。\tag{2-35}$$

其中,矩阵 $\boldsymbol{H}$ 包含所有的积分核函数 u_{ij}^* 及跳跃项 c_{ij},矩阵 $\boldsymbol{G}$ 包含所有的积分核函数 t_{ij}^*,向量 $\boldsymbol{u}$ 和 $\boldsymbol{t}$ 包含位移场和应力场的节点系数。$\boldsymbol{y}_p$ 是由热应力引起的区域积分(式(2-32))所形成的列向量。在施加边界条件后,式(2-35)转化为一组线性方程,形式为

$$\boldsymbol{A}\boldsymbol{x}=\boldsymbol{b}。\tag{2-36}$$

式中,$\boldsymbol{x}$ 是未知 DOFs 的组成的向量。

2.1.3 数值算例分析

2.1.3.1 承受内外温差的厚壁圆筒

无限长内边界面受热圆筒热应力的计算是一个有解析解的算例,我们以此来验证本节算法的正确性。如图 2-5 所示,圆筒内半径为 1 m,外半径为 2 m。热应力是由内表面和外表面之间的大温度梯度引起的。内边界面温升为 1 ℃,外边界面温升为 0 ℃。线膨胀系数 $k=1.2\times10^{-5}\ \mathrm{K}^{-1}$,弹性模量 $E=210$ GPa,泊松比 $\nu=0.3$。

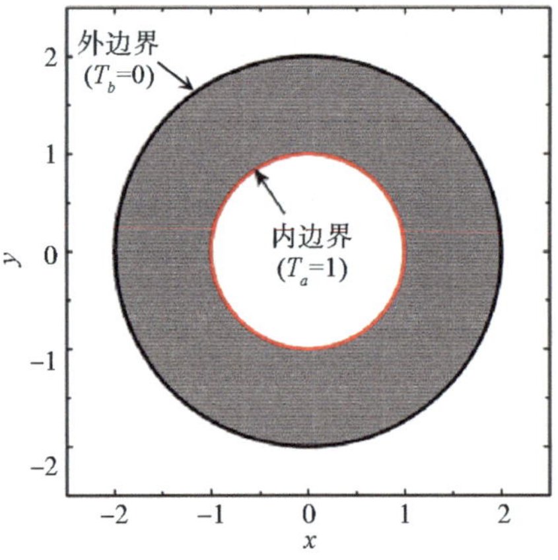

图 2-5 圆筒截面模型

这个问题可简化为平面应变问题。由于结构和温度荷载是轴对称的,数值分析只需要 1/4 的结构模型。该模型由 NURBS 曲线构建,其阶数 $p=2$,控制点为{(1,0),(1.5,0),(2,0),(2,2),(0,2),(0,1.5),(0,1),(1,1),(1,0)},结向量 $\boldsymbol{\Xi}=\{0,0,0,0.25,0.25,0.5,0.5,0.75,0.75,1,1,1\}$,如图 2-6 所示。

由图 2-6 可发现,使用 NURBS 曲线时,精确描述几何模型只需要很少的控制点。然而,对于物理场的近似,它们还不足以捕获未知变量,这可能会对计算结果造成较大的误差。

IGA 最有利的特性之一是在任何时候都能保持精确的几何形状,同时网格可被细化。图 2-7 描述了具有不同细分级别的 NURBS 曲线和控制点。可以看出,通过 H 细分操作,获得了更多的控制点,仍然保持了结构模型的一致性。

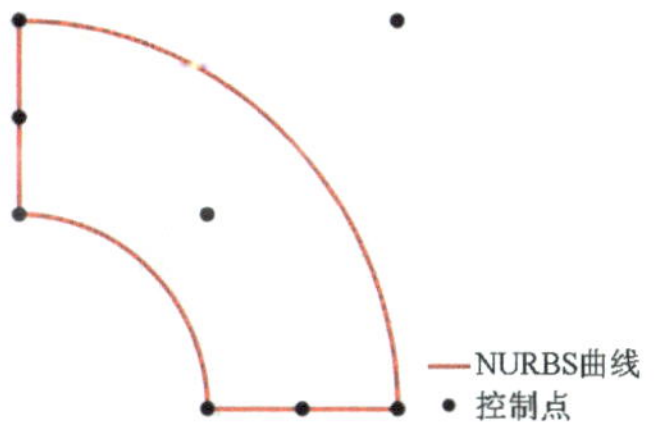

图 2-6　1/4 圆筒截面边界 NURBS 曲线及控制点

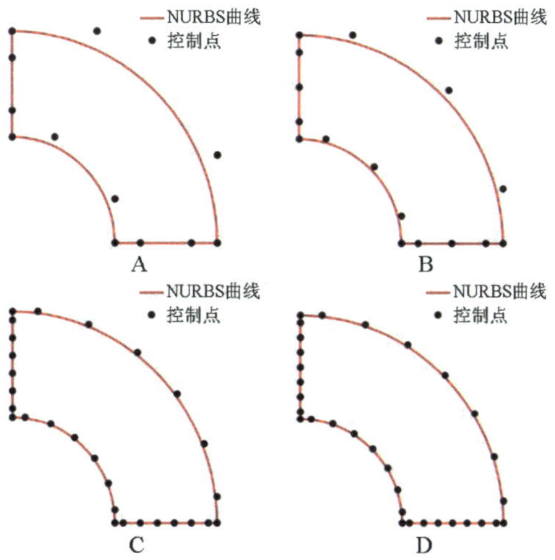

图 2-7　不同细分程度的控制点和 NURBS 曲线

利用传热方程,得到满足初始条件和边界条件的模型上的温度场分布:

$$T=\frac{\ln\frac{2}{\bar{r}}}{\ln 2}。\tag{2-37}$$

其中,$\bar{r}$ 表示计算点到圆心的径向距离。结构上的周向热应力分布解析表达式为

$$\sigma_\theta=1.8\,\frac{1-\ln\frac{2}{\bar{r}}}{\ln 2}-\frac{\left(\frac{2}{\bar{r}}\right)^2+1}{3}。\tag{2-38}$$

采用 200 个 DOFs 的模型进行数值分析。温度场的分布函数决定了最终的位移和应力值。对于简单的温度场分布函数,式(2-19)和式(2-22)中对应的径向积分函数可以解析求得,但对于复杂的情况,应采用 Gauss 求积。

表 2-1 列出了不同径向距离的几个内部点的环向应力数值解和解析解。可以看出,本文算法的计算结果与解析解有较高的一致性。其中:$r=1.5$ m 处达到最小相对误差,

$\delta_{rmin}=-9.0766\times10^{-4}$；$r=1.96$ m 处达到最大相对误差，$\delta_{rmax}=-2.3843\times10^{-2}$。利用 IGA-BEM 计算更多点的应力值，并与解析解进行对比，进一步验证算法的正确性，如图 2-8 所示。由于热应力 BIE 中含有奇异积分，BEM 计算内热应力的精度随着计算点接近边界而降低。因此，可以看到，结果在 $r=2$ m 附近有一个小的跳跃。

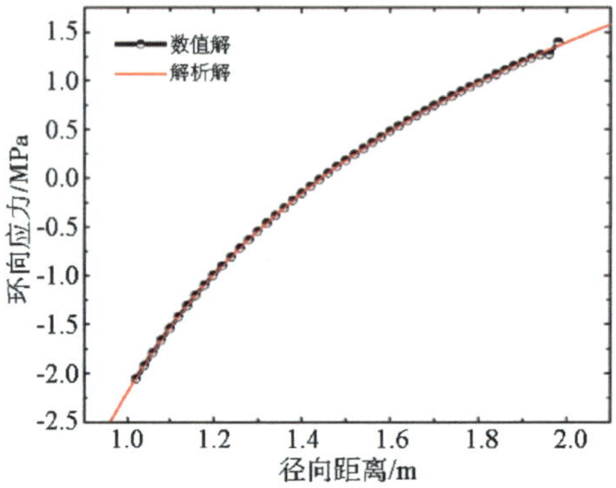

图 2-8　环向应力变化曲线

在该算例中，在相同 DOFs 的情况下，IGA-BEM 比传统边界元具有更高的精度，且当计算点靠近结构边界时，IGA-BEM 的精度更加显著。例如，已知传统边界元在 $r=1.96$ m 和 1.98 m 处的相对误差 δ_r 分别为 3.5205×10^{-2} 和 3.0584×10^{-2}。由表 2-1 可以看出，IGA-BEM 的误差分别为 -2.3843×10^{-2} 和 8.8156×10^{-2}。IGA-BEM 的高精度主要归功于高阶基函数和几何精度。

表 2-1　环向应力

径向距离 r/m	环向应力 σ_θ/MPa		
	IGA-BEM	精确解	相对误差 δ_r
1.10	−1.541 799	−1.539 114	1.7447×10^{-3}
1.20	−0.997 957	−0.996 354	1.6095×10^{-3}
1.30	−0.543 317	−0.541 946	2.5297×10^{-3}
1.40	−0.154 419	−0.153 870	3.5658×10^{-3}
1.50	0.182 951	0.183 117	-9.0766×10^{-4}
1.60	0.480 655	0.479 881	1.6137×10^{-3}
1.70	0.746 553	0.744 364	2.9413×10^{-3}
1.80	0.988 744	0.982 505	6.3501×10^{-3}
1.90	1.217 228	1.198 830	1.5347×10^{-3}
1.96	1.288 183	1.319 648	-2.3843×10^{-2}
1.98	1.370 546	1.358 569	8.8156×10^{-3}

为了进一步探索算法的准确性和稳定性，对算法进行收敛分析，并对模型进行了进一步的细化，包括 400、800 和 1 000 个 DOFs。图 2-9 给出了分别采用 IGA-BEM 和 TBEM 计算

的不同径向距离内两点环向应力值的收敛曲线。结果表明，IGA-BEM 的数值解收敛速度更快，并且误差小于二次元边界元法。

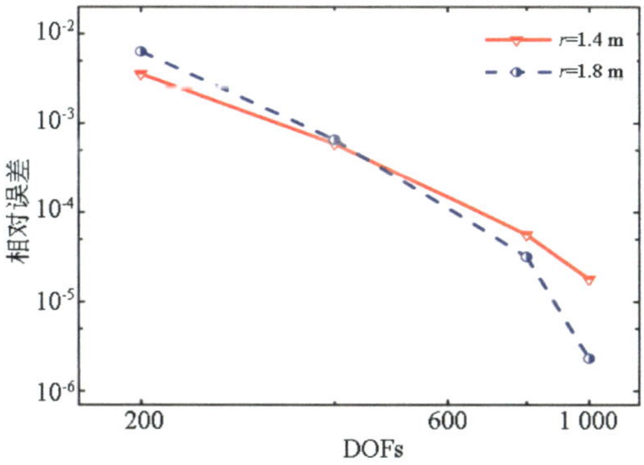

图 2-9　不同内点的误差收敛曲线

值得注意的是，虽然 IGA-BEM 提高了计算精度，但由于其中采用的 NURBS 基函数需要递归求值，这比传统算法中使用的多项式基函数要耗费更多的时间。此处采用 Bézier 提取操作，将 NURBS 基函数转化为 Bernstein 多项式，避免了递归计算，大大提高了计算效率。

2.1.3.2　八叶板模型

为证明 IGA-BEM 处理复杂模型的能力，构建一个二维模型“八叶板”，如图 2-10 所示。其中，阶数 $p=2$，阶向量 $\boldsymbol{\Xi}=\{0,0,0,1,1,2,2,3,3,4,4,5,5,6,6,7,7,8,8,8\}$。

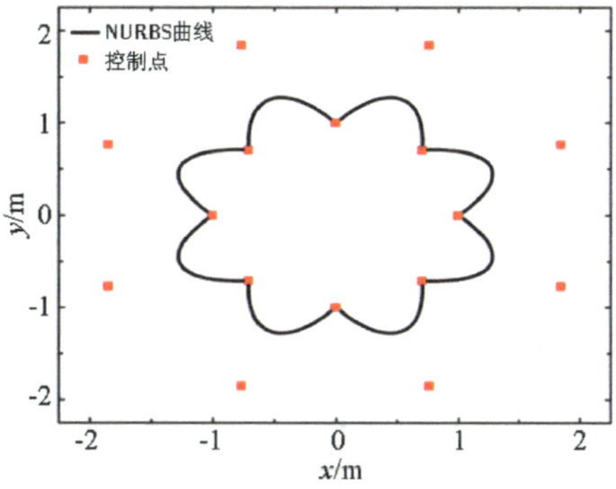

图 2-10　八叶板模型 NURBS 曲线及控制点

在该算例中，几何模型是通过内部软件建立的，使用者可在命令行输入控制点的坐标，或在图形用户界面上直接用鼠标确定控制点的位置。对于更复杂的几何图形，可以借助专业的 CAD 软件(如 Rhinoceros)，将几何信息导入到我们的代码。如果需要的话，也可以执行 H 细化。线性膨胀系数 $k=0.10\times10^{-5}\ \mathrm{K}^{-1}$，泊松比 $\nu=0.3$。温度场分布分别取一个线性函数($T=60y+60$)和一个二次函数($T=40y^2-60y$)。

由于当温度场函数较为简单时，径向积分函数可以解析求得。在该算例中，对于二次温度场函数 $T=40y^2-60y$，位移积分由式(2-19) 中的径向积分函数求得：

$$\bar{F}=r\left[\frac{40}{3}r_{,2}^{2}r^{2}+(40x_{2}^{\tilde{P}}-30)r_{,2}r\right]。 \tag{2-39}$$

同理，应力积分由式(2-22)中的径向积分函数求得：

$$\widetilde{F}=20r_{,2}^{2}r^{2}+(80x_{2}^{\tilde{P}}-60)r_{,2}r。 \tag{2-40}$$

进一步研究不同温度场对结构位移和应力的影响，计算分别为线性和二次温度分布时沿 x 轴方向结构内部点的位移和应力。IGA-BEM 的数值结果如图 2-11 和图 2-12 所示，此时的 DOFs 均为 1 000。

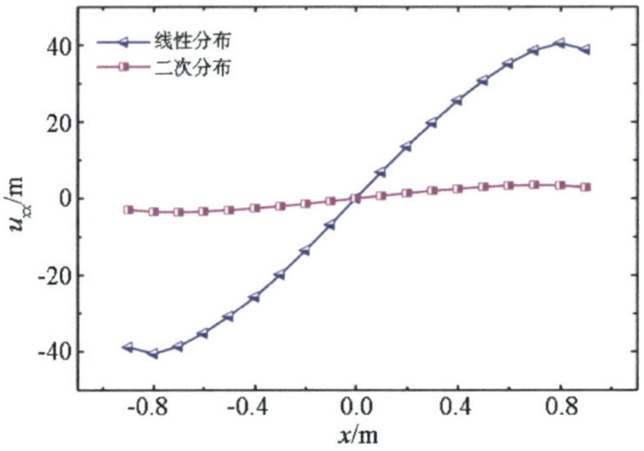

图 2-11　内部点位移变化曲线($\times10^{-5}$)

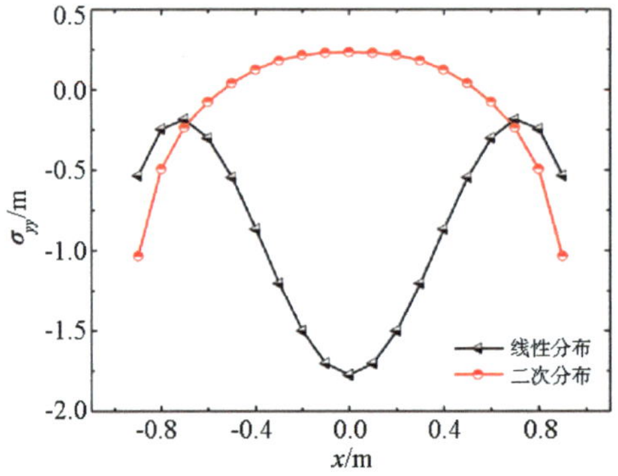

图 2-12　内部点应力变化曲线

由图 2-11 和图 2-12 可以观察到，在离边界最远的内点，位移达到最小值，在线性函数温度场分布下应力最大。而在二次温度场分布下，边界点处应力最大。因结构和温度场是沿 y 轴对称分布的，所以位移和应力计算结果同样沿 y 轴对称。

2.1.3.3　扳手模型

本节使用 IGA-BEM 对图 2-13 所示的扳手模型进行分析。图 2-14 显示了 NURBS 曲线相关控制点,其阶数 $p=2$,结向量 $\boldsymbol{\Xi}=\{0,0,0,1,1,2,2,3,3,4,5,6,6,7,7,8,9,10,10,11,11,12,12,13,13,13\}$。该模型与前面的例子使用相同的二次函数温度场分布以及材料性质。

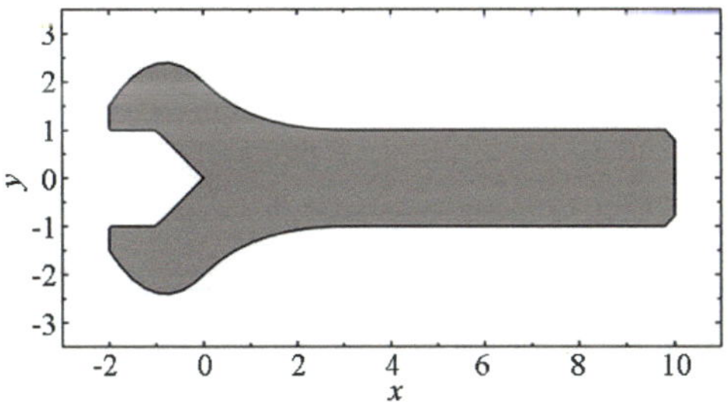

图 2-13 开口扳手的几何模型

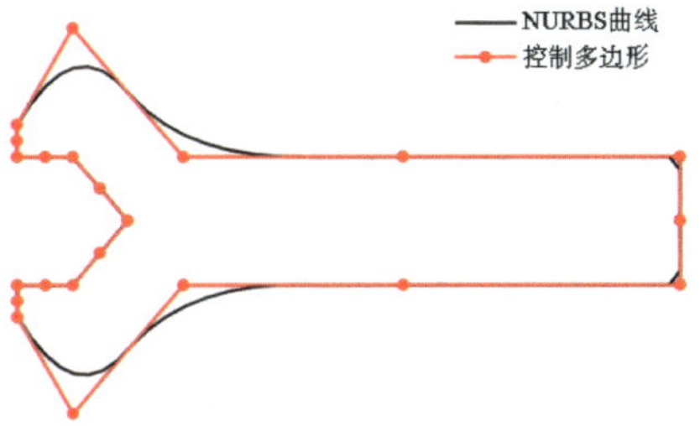

图 2-14 NURBS 基函数构造的扳手模型

选择几个内点,坐标分别为(−1,1.5)、(0.5,0.5)、(1,0)、(4,0)、(0.5,−0.5)、(−1,−1.5)。用 IGA-BEM 和 TBEM 计算它们的位移和应力,结果见表 2-2 和表 2-3)。其中,TBEM 使用二次元。可以看出,IGA-BEM 的数值计算结果与传统边界元法的数值计算结果较好地吻合。

表 2-2 位移计算结果

内部点	位移 u_y/m		相对误差 δ_r
	TBEM	IGA-BEM	
(−1,1.5)	1.1686×10^{-4}	1.1740×10^{-4}	4.5968×10^{-3}
(0.5,0.5)	1.3817×10^{-3}	1.3852×10^{-3}	2.5381×10^{-3}
(1,0)	2.1935×10^{-3}	2.1982×10^{-3}	2.1473×10^{-3}
(4,0)	1.0702×10^{-2}	1.0720×10^{-2}	1.6969×10^{-3}
(0.5,−0.5)	1.3368×10^{-3}	1.3380×10^{-3}	8.7448×10^{-4}
(−1,−1.5)	-1.1475×10^{-3}	-1.1556×10^{-3}	7.1070×10^{-3}

表 2-3 应力计算结果

内部点	应力σ_{xx}/MPa		相对误差 δ_r
	TBEM	IGA-BEM	
(−1,1.5)	3.0789×10^{-1}	3.2534×10^{-1}	5.6674×10^{-2}
(0.5,0.5)	2.0295	2.0280	-7.2677×10^{-4}
(1,0)	3.2361	3.2415	1.6439×10^{-3}
(4,0)	1.8965	1.8964	-2.2674×10^{-5}
(0.5,−0.5)	2.2271	2.2181	-4.0361×10^{-3}
(−1,−1.5)	3.0458×10^{-1}	3.2192×10^{-1}	5.6914×10^{-2}

2.1.4 小结

本节将 IGA-BEM 应用于热弹性分析，充分利用了 IGA-BEM 的优势，实现了 CAD 与数值分析的无缝集成。IGA-BEM 大大减少了网格划分时间，并且由于精确的几何表示，提高了计算精度。为了解决热应力引起的区域积分项，在 IGA-BEM 中采用径向积分方法，成功地将区域积分转化为边界积分。对于简单的温度场分布函数，采用解析法计算径向积分，而对于复杂的温度场分布函数，采用数值法计算径向积分。该方法也适用于三维热应力问题。

2.2 基于 IGA-BEM 的受压裂纹扩展模拟

2.2.1 利用 IGA-BEM 进行加压裂纹建模

2.2.1.1 断裂力学中的 BIE

考虑一个由边界 Γ 包围的任意域 Ω。在边界 Γ_u 上施加位移边界条件，在边界 Γ_t 上施加牵引边界条件。Γ_c 是一个包含两个几何上重叠的表面的裂纹，即上表面 Γ_{c^+} 和下表面 Γ_{c^-}（图 2-15）。由于源点在两个曲面会发生重合，此时对应的 BIE 相同，从而导致系统矩阵的退化。对偶边界元法(dual boundary element method，DBEM)[228] 可以克服这一困难，它规定在裂纹的其中一个边界上(Γ_{c^+})采用应力 BIE，而在另一边界(Γ_{c^-})以及常规边界(Γ)仍采用位移 BIE，如图 2-15B 所示。用边对偶界元法求解二维裂纹问题时，位移系数 BIE(displacement BIE)$c_{ij}(s)$、$u_j(s)$ 和牵引系数 BIE(traction BIE)$c_{ij}(s)$、$t_j(s)$ 分别表示为[228]：

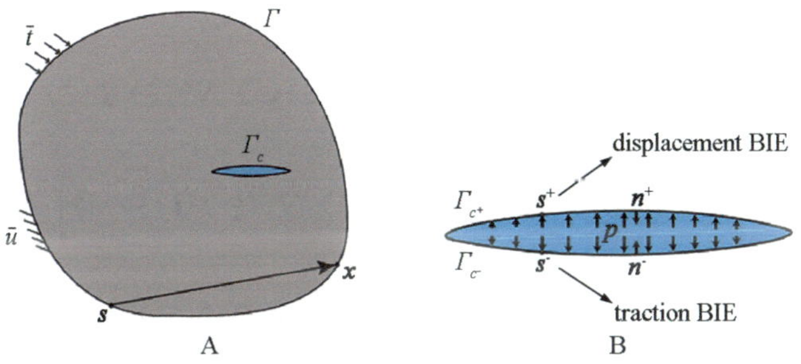

图 2-15　裂纹模型

$$\left.\begin{aligned} c_{ij}(s)\,u_j(s) &= \int_\Gamma [U_{ij}^*(s,x)\,t_j(x) - T_{ij}^*(s,x)\,u_j(x)]\,\mathrm{d}\Gamma(x), \\ c_{ij}(s)\,t_j(s) &= \int_\Gamma [D_{ijk}^*(s,x)\,t_j(x) - S_{ijk}^*(s,x)\,u_j(x)]\,\mathrm{d}\Gamma(x)。\end{aligned}\right\} \tag{2-41}$$

式中，s 和 x 分别为源点和场点。当表面为光滑时 $c_{ij}(s)=0.5\delta_{ij}$。U_{ij}^* 和 T_{ij}^* 为位移积分方程中的基本解，在二维弹性力学中，

$$U_{ij}^* = \frac{1}{8\pi(1-\nu)\nu}\left[(3-4\nu)\,\delta_{ij}\ln\frac{1}{r} + r_i\,r_j\right], \tag{2-42}$$

$$T_{ij}^* = \frac{-2}{8\pi(1-\nu)\,r}[A(n_i\,r_{,j} - n_j\,r_{,i}) + n_m\,r_m(A\,\delta_{ij} + 2r_{,i}\,r_{,j})]。 \tag{2-43}$$

D_{ijk}^* 和 S_{ijk}^* 为应力积分方程中的基本解：

$$\begin{aligned} D_{ijk}^* = \frac{1}{4\pi(1-\nu)}\frac{1}{r}[&(1-2\nu)(\delta_{ki}\,r_{,j} + \delta_{kj}\,r_{,i} - \delta_{ij}\,r_k) + \\ &2r_i\,r_j\,r_{,k}]\,n_k(s), \end{aligned} \tag{2-44}$$

$$\begin{aligned} S_{ijk}^* = \frac{\nu}{2\pi(1-\nu)}\frac{1}{r^2}\{&2r_{,m}\,n_{,m}[(1-2\nu)\delta_{ij}\,r_{,k} + \nu(\delta_{ik}\,r_{,j} + \delta_{jk}\,r_{,i}) - \\ &4r_{,i}\,r_{,j}\,r_{,k}] + 2\nu(n_i\,r_{,j}\,r_{,k} + n_j\,r_{,i}r_{,k}) + \\ &(1-2\nu)(2n_k\,r_{,i}\,r_{,j} + n_j\,\delta_{ik} + n_i\,\delta_{jk}) - (1-4\nu)n_k\,\delta_{ij}\}n_k(s)。\end{aligned} \tag{2-45}$$

其中，$r=r(s,x)=\| s-x \|$ 为场点到源点之间的距离（如图 2-15A 所示）。

2.2.1.2　IGA-BEM 离散

在 IGA-BEM 中，NURBS 基函数被用来逼近几何场和物理场。将区域边界离散为互不重叠的 NURBS 单元。与 Descartes 坐标类似，边界附近的位移和牵引可分段地表示为 NURBS 基函数和节点参数的线性组合：

$$\left.\begin{aligned} u_j(\xi) &= \sum_{l=1}^{p+1} R_{l,p}(\xi)\,d_j^l, \\ t_j(\xi) &= \sum_{l=1}^{p+1} R_{l,p}(\xi)\,q_j^l。\end{aligned}\right\} \tag{2-46}$$

其中，d_j^l 和 q_j^l 分别是与控制点相关的位移值和面力值。将式(2-46)代入 BIE，可得式

(2-41)的离散化公式：

$$\left.\begin{aligned}c_{ij}(s)\sum_{l=1}^{p+1}N_l^{\bar e}(\hat\xi')d_j^{l\bar e}=\sum_{e=1}^{N_e}\sum_{l=1}^{p+1}\left[\int_{-1}^{1}U_{ij}^*(x(\hat\xi),s)\ N_l^e(\hat\xi)\ \boldsymbol{J}(\hat\xi)\ \mathrm{d}\hat\xi\right]q_j^{le}-\\ \sum_{e=1}^{N_e}\sum_{l=1}^{p+1}\left[\int_{-1}^{1}T_{ij}^*(x(\hat\xi),s)\ N_l^e(\hat\xi\ )\ \boldsymbol{J}(\hat\xi)\ \mathrm{d}\hat\xi\right]d_j^{le},\\ c_{ij}(s)\sum_{l=1}^{p+1}N_l^{\bar e}(\hat\xi')t_j^{l\bar e}=\sum_{e=1}^{N_e}\sum_{l=1}^{p+1}\left[\int_{-1}^{1}D_{ijk}^*(x(\hat\xi),s)\ N_l^e(\hat\xi)\ \boldsymbol{J}(\hat\xi)\ \mathrm{d}\hat\xi\right]q_j^{le}-\\ \sum_{e=1}^{N_e}\sum_{l=1}^{p+1}\left[\int_{-1}^{1}S_{ijk}^*(x(\hat\xi),s)\ N_l^e(\hat\xi)\ \boldsymbol{J}(\hat\xi)\ \mathrm{d}\hat\xi\right]d_j^{le}。\end{aligned}\right\}\tag{2-47}$$

式中，$\bar e$ 表示第 $\bar e$ 个 NURBS 单元，$\hat\xi'$ 为控制点的局部坐标。为了进行 Gauss 求积，将变量从物理空间映射到 $\hat\xi\in(-1,1)$ 的局部坐标空间，其中 Jacobi 变换矩阵

$$\boldsymbol{J}(\hat\xi)=\frac{\mathrm{d}\Gamma}{\mathrm{d}\hat\xi}=\frac{\mathrm{d}\Gamma}{\mathrm{d}\xi}\frac{\mathrm{d}\xi}{\mathrm{d}\hat\xi}。\tag{2-48}$$

式中，

$$\frac{\mathrm{d}\Gamma}{\mathrm{d}\xi}=\sqrt{\left(\frac{\mathrm{d}x_1(\xi)}{\mathrm{d}\xi}\right)^2+\left(\frac{\mathrm{d}x_2(\xi)}{\mathrm{d}\xi}\right)^2},\tag{2-49}$$

$$\frac{\mathrm{d}\xi}{\mathrm{d}\hat\xi}=\frac{\xi_d-\xi_c}{2}。\tag{2-50}$$

其中，ξ_c 和 ξ_d 分别表示 NURBS 单元中第一个点和最后一个点的参数坐标。值得注意的是，方程(2-47)中存在弱奇异核、强奇异核和超奇异核。如果忽略它们，则会产生较大的计算误差。即使这样，也可能导致完全错误的结果，故采用了几种不同的方法来处理 BIE 的奇异性。

利用 Telles 变换[229]进行弱奇异积分的计算，用两种不同的方法来处理强奇异和超奇异积分：一种是正则化方法[230-231]，另一种是奇异减法（strange subtraction，SST）[232]。当源点位于无裂纹边界时，采用正则化方法。其基本思想是假定计算体在 j 方向上有刚体位移，此时所有面力均为零，强奇异方程可转化为正则形式：

$$\int_\Gamma t_{ij}^*(s,x)\,[u_j(x)-u_j(s)]\ \mathrm{d}\Gamma(x)=\int_\Gamma u_{ij}^*(s,x)\ t_j(x)\ \mathrm{d}\Gamma(x)。\tag{2-51}$$

离散化后，变为

$$\begin{aligned}&\sum_{e=1}^{N_e}\sum_{l=1}^{p+1}\left[\int_{-1}^{1}t_{ij}^*(x(\hat\xi),s)[N_l^e(\hat\xi)-N_l^e(\hat\xi')]J(\hat\xi)\ \mathrm{d}\hat\xi\right]d_j^{le}=\\&\sum_{e=1}^{N_e}\sum_{l=1}^{p+1}\left[\int_{-1}^{1}u_{ij}^*(x(\hat\xi),s)\ N_l^e(\hat\xi)\ J(\hat\xi)\ \mathrm{d}\hat\xi\right]q_j^{le}。\end{aligned}\tag{2-52}$$

通过这个过程，去掉了奇异项和跳跃项。然而，当源点位于裂纹表面的重合点时，仅去除一个奇异点是不够的。在这种情况下，应采用 SST 来解决这一问题。SST 的基本思想是将配

置点附近的核函数、形函数和 Jacobi 矩阵的乘积展开，将积分转化为正则部分和奇异部分。然后用解析法求奇异部分，用标准 Gauss 积分求正则项。这里以超奇异积分为例：

$$\int_{-1}^{1} t_{ijk}^{*}(x(\hat{\xi}),s)\ N_l^e(\hat{\xi})\ J(\hat{\xi})\ \mathrm{d}\hat{\xi}=\int_{-1}^{1} F(\hat{\xi}',\hat{\xi})\ \mathrm{d}\hat{\xi}。\tag{2-53}$$

其中，$F(\hat{\xi}',\hat{\xi})=t_{ijk}^{*}(x(\hat{\xi}),s)\ N_l^e(\hat{\xi})\ J(\hat{\xi})$。将其右侧项展开为 Taylor 级数：

$$F(\hat{\xi}',\hat{\xi})=\frac{F_{-2}(\hat{\xi}')}{\delta^2}+\frac{F_{-1}(\hat{\xi}')}{\delta^2}+O(1)。\tag{2-54}$$

其中，$\delta=\hat{\xi}-\hat{\xi}'$，$F_{-1}$ 和 F_{-2} 为对每一项进行 Taylor 展开并相乘后的表达式，详见 Simpson 和 Trevelyan 的研究[233]。

将式(2-54)代入式(2-53)，得

$$\int_{-1}^{1} F(\hat{\xi}',\hat{\xi})\ \mathrm{d}\hat{\xi}=\int_{-1}^{1}\left[F(\hat{\xi}',\hat{\xi})-\frac{F_{-2}(\hat{\xi}')}{\delta^2}-\frac{F_{-1}(\hat{\xi}')}{\delta^2}\right]\ \mathrm{d}\hat{\xi}+$$

$$F_{-2}(\hat{\xi}')\left(-\frac{1}{1-\hat{\xi}'}+\frac{1}{-1-\hat{\xi}'}\right)+F_{-1}(\hat{\xi}')\ \ln\left|\frac{1-\hat{\xi}'}{-1-\hat{\xi}'}\right|。\tag{2-55}$$

至此，式(2-55)中的积分变为正则。

2.2.2 SIFs 的提取

SIFs 能有效表征线弹性裂纹尖端混合模式下的奇异应力场，在裂纹扩展模拟中起决定性作用。由于裂纹尖端应力的奇异性，在寻求 SIFs 时需要进行特殊处理。由求解 IGA-BEM 的线性控制方程得到位移场和牵引力场后，我们通过 M 积分[234]来计算 SIFs——它基于 J 积分，是提取 SIFs 的一种有效方法。J_k 积分定义如下：

$$J_k:=\lim_{\Gamma_\varepsilon\to 0}\int_{\Gamma_\varepsilon}(W\,\delta_{jk}-\sigma_{ij}\,u_{i,k})\,\boldsymbol{n}_j\ \mathrm{d}\Gamma=\lim_{\Gamma_\varepsilon\to 0}\int_{\Gamma_\varepsilon}\boldsymbol{P}_{kj}\,\boldsymbol{n}_j\ \mathrm{d}\Gamma。\tag{2-56}$$

式中，$\boldsymbol{P}_{kj}$ 为 Eshelby 张量，应变能密度 $W=1/2\sigma_{ij}\varepsilon_{ij}$。极坐标系统的中心点位于裂纹尖端。极小的积分边界 Γ_ε 是一个以裂纹尖端为中心的开口圆，如图 2-16 所示。

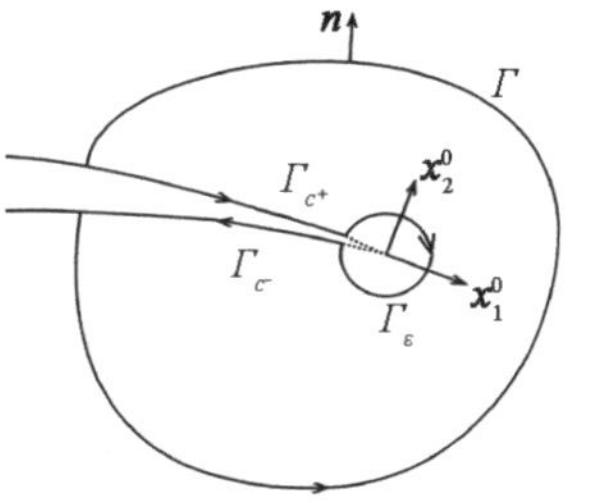

图 2-16　J 积分的积分路径

M 积分的基本原理是引入有裂纹弹性体的两平衡态守恒积分。它需要沿选定的远场轮廓计算一个新的守恒积分，而后根据已知的辅助解和沿选定轮廓线的场变量，得到 SIFs。

M 积分的一个显著特征是,该混合模式可利用远场信息准确、方便地确定裂纹尖端的 SIFs。

考虑弹性变形物体的两个独立的平衡状态——实际状态(上标"1")和辅助状态(上标"2"),把这两个平衡态叠加成一个平衡态。假定裂纹面在半径足够小的轮廓圆内是平直的,可将守恒律简化为沿任意包含闭合于坐标原点的裂纹尖端的路径 Γ_ε 的路径无关的 J 积分,此时叠加态的 J 积分可表示为

$$J^{(1+2)}=\int_{\Gamma_\varepsilon}\left[\frac{1}{2}(\sigma_{ij}^{(1)}+\sigma_{ij}^{(2)})(\varepsilon_{ij}^{(1)}+\varepsilon_{ij}^{(2)})\delta_{1j}-(\sigma_{ij}^{(1)}+\sigma_{ij}^{(2)})\frac{\partial(u_i^{(1)}+u_i^{(2)})}{\partial x_1}\right]\boldsymbol{n}_j\,\mathrm{d}\Gamma。\tag{2-57}$$

将式(2-57)重新排列成如下公式:

$$J^{(1+2)}=J^{(1)}+J^{(2)}+M^{(1,2)}。\tag{2-58}$$

式中,

$$M^{(1,2)}=\int_{\Gamma_\varepsilon}\left[\boldsymbol{W}^{(1,2)}\delta_{1j}-\sigma_{ij}^{(1)}\frac{\partial \boldsymbol{u}_i^{(2)}}{\partial x_1}-\sigma_{ij}^{(2)}\frac{\partial \boldsymbol{u}_i^{(1)}}{\partial x_1}\right]\boldsymbol{n}_j\,\mathrm{d}\Gamma。\tag{2-59}$$

其中,$\boldsymbol{W}^{(1,2)}$ 为弹性体的相互势能密度。

由文献[234]可知,叠加状态下的 J 积分可表示为与 K 相关的函数:

$$J^{(1+2)}=J^{(1)}+J^{(2)}+2\alpha\ (K_1^{(1)}K_1^{(2)}+K_2^{(1)}K_2^{(2)})。\tag{2-60}$$

针对平面应变问题,$\alpha=(1-v^2)/E$;针对平面应力问题,$\alpha=1/E$。将式(2-58)代入式(2-60),可得到新的 M 积分表达式:

$$M^{(1,2)}=2\alpha\ (K_1^{(1)}K_1^{(2)}+K_2^{(1)}K_2^{(2)})。\tag{2-61}$$

式(2-59)和(2-61)中所示的 M 积分只涉及相互作用项,可直接用于求解线弹性固体的混合模式裂纹问题。计算出 SIFs 后,裂纹扩展方向可由最大环向应力准则[235]确定,其判别方程为

$$\theta_c=2\arctan\frac{-2(K_2/K_1)}{1+\sqrt{1+8(K_2/K_1)^2}}。\tag{2-62}$$

式中,θ_c 为裂纹扩展方向,在这个方向下环向应力最大。可以看出,裂纹扩展模拟的精度主要取决 K_2/K_1。

2.2.3 NURBS 裂纹扩展

本节采用一种高自动化的 NURBS 裂纹扩展算法,其基本思想是利用 NURBS 曲线变形技术[236]通过移动控制点以满足断裂参数[237]给出的约束条件来表示裂纹扩展或相交。这里,约束条件为裂纹尖端位置的移动,执行过程见图 2-17。

1) 初始。用 NURBS 曲线模拟裂纹。

2) 指定参数和空间约束。空间约束为断裂判据(见 2.2.2 节)计算得到的裂纹尖端新的物理位置 M'。参数约束来源于旧裂纹尖端 M 的参数坐标 ξ,同时由文献[236]给出的影响函

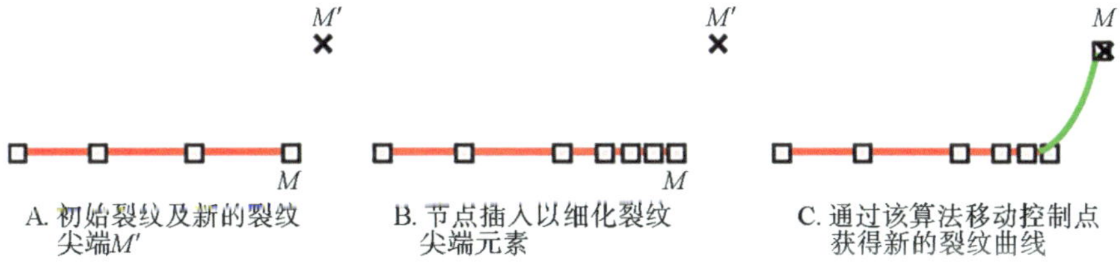

图 2-17　用于裂纹扩展的 NURBS 曲线变形[48]

数 f 得到的相应 NURBS 基函数。

3）计算变形后的新控制点。新的控制点由运动向量 $\boldsymbol{m}(i)$ 得到。

$$\boldsymbol{m}(i)=\frac{f(i)}{\sum_{k=1}^{n}R_{k,p}(\xi)\ f(k)}\boldsymbol{e},\quad \boldsymbol{e}=\overrightarrow{MM'}。\tag{2-63}$$

式中，$f(k)=R_{k,p}(\xi),k=1,\cdots,n,n$ 为 NURBS 基函数个数。

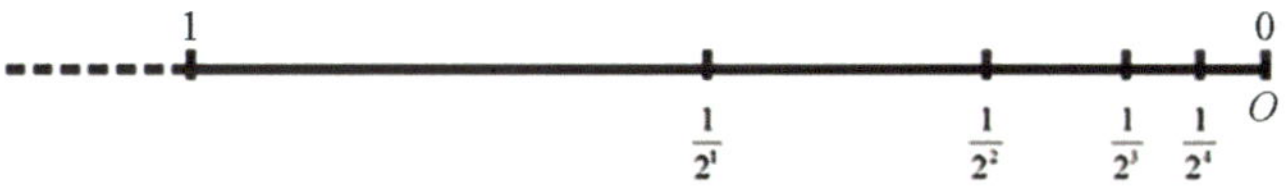

图 2-18　节点分级插入

此外，细化裂纹尖端单元有助于改善裂纹尖端附近的解，捕捉裂纹扩展过程中的局部变化。在本节中，我们通过在裂纹尖端附近单元的$(1/2)^i$ 处插入节点来进行分级节点插入（见图 2-18）。实验证明，当 $i=3$ 或 4 时，该方法的计算精度与 PU（partition of unity）分解法相似[238]。

2.2.4　数值算例

2.2.4.1　单一表面受压裂纹

本节考虑一带有单一水力裂纹的板，如图 2-19 所示。板边缘长度 $L=100$ m，裂纹长度 $2a=2$ m。沿裂纹边界法向位移 D_y 的解析解[239]可写成

$$D_y=\frac{2(1-\nu)\ p}{\nu}(a^2-x^2),\quad |x|<a。\tag{2-64}$$

取恒压 $p=10$ MPa，杨氏模量 $E=2.2$ GPa，泊松比 $\nu=0.1$。初始裂纹表面的 NURBS 单元个数 $n=10$。

由 IGA-BEM 得到的沿裂纹边界法向位移 D_y 的数值结果和相对误差曲线（如图 2-20 和图 2-21 所示）。可以看出，IGA-BEM 的结果与解析解非常接近，最小相对误差 δ_{rmin} 接近 10^{-3}。由于裂纹尖端存在奇异性，由图 2-21 可以看出，结果在 $x=-1$ m 和 1 m 附近有较小的振荡，但仍具有较好的精度。进一步，定义裂纹面张开位移的平均相对误差为

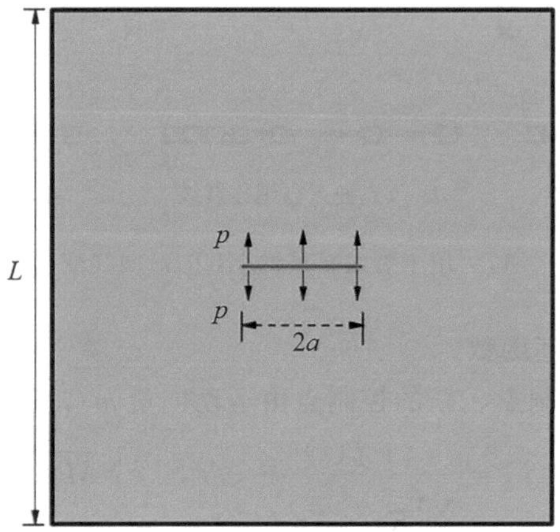

图 2-19　含单一水力裂纹的平板模型

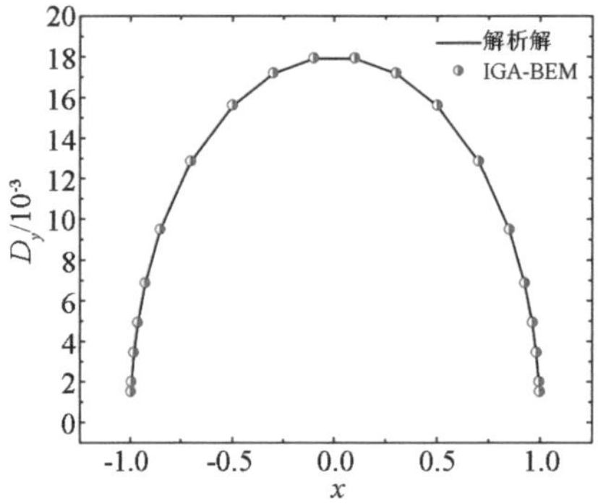

图 2-20　裂纹表面法向位移

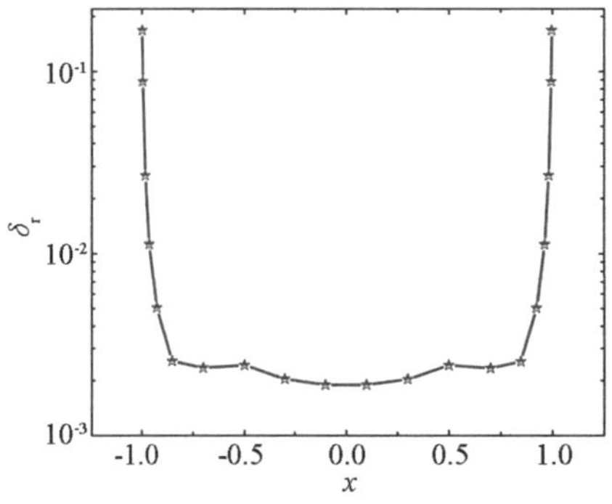

图 2-21　相对误差

$$\bar{\delta}_{\mathrm{r}}=\sqrt{\int_{\Gamma_c}(D_y-D_y^{\mathrm{ext}})^2\mathrm{d}\Gamma\Big/\int_{\Gamma_c}(D_y^{\mathrm{ext}})^2\mathrm{d}\Gamma}\text{。} \tag{2-65}$$

$\bar{\delta}_r$ 随裂纹面单元数目增加的收敛性如图 2-22 所示，说明了算法的准确性和稳定性。

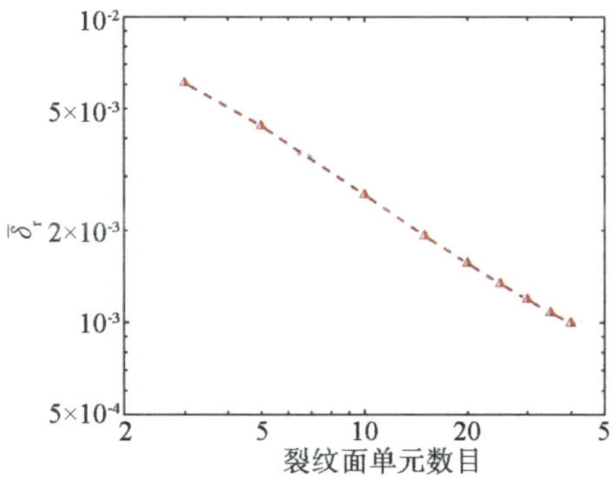

图 2-22 裂纹表面张开位移平均误差的收敛结果

2.2.4.2 多平行裂纹的扩展

本节考虑一正方形区域，其中有 5 条平行的恒压水力裂纹（从左到右编号为 1、2、3、4、5）。如图 2-23 所示，$L=100$ m，$a=2$ m，$\nu=0.1$。σ_H 和 σ_h 分别是水平方向和底部方向上的均布荷载，σ_{h1} 为 2～4 号裂纹中间区域顶部边界上的均布荷载。定义荷载比率为 $\gamma=\sigma_h/\sigma_H$，取 $\sigma_H=\sigma_h=0$，$\sigma_{h1}=100$ MPa，此时荷载比率 γ 视为 0。对裂纹扩展进行模拟，第一步和最后一步扩展的 DOFs 分别为 186 和 666，每步迭代裂纹扩展长度固定为 0.05。

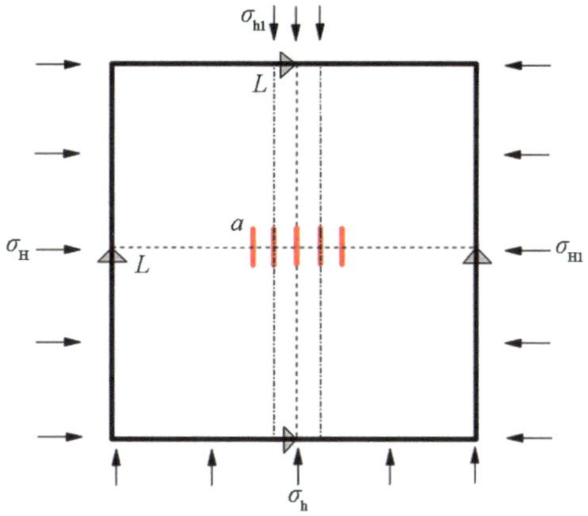

图 2-23 多平行裂纹问题的物理模型

这里总共 16 个扩展步骤，扩展路径如图 2-24A 所示。类似问题的数值解已由 Lo 等[240] 给出，见图 2-25。可以看出，在这个例子中，两种算法的计算结果非常接近。

由式(2-62)可知，K_2 的值是角度 θ_{OB} 的主要影响因素。因此，在每个扩展步骤中，K_2 的值由图中 2-26 给出。众所周知，当上边界压力 σ_{h1} 为零时，这 5 条裂纹在扩展过程中基本不发生扭曲。当施加上部压力 σ_{h1} 后，如图 2-26 所示，压力区两侧裂纹（即 1、2、4、5 号裂纹）的 K_2 值变大。结果表明，此时裂纹的扭曲主要是由上部压力驱动的，上部压力区导致裂纹尖

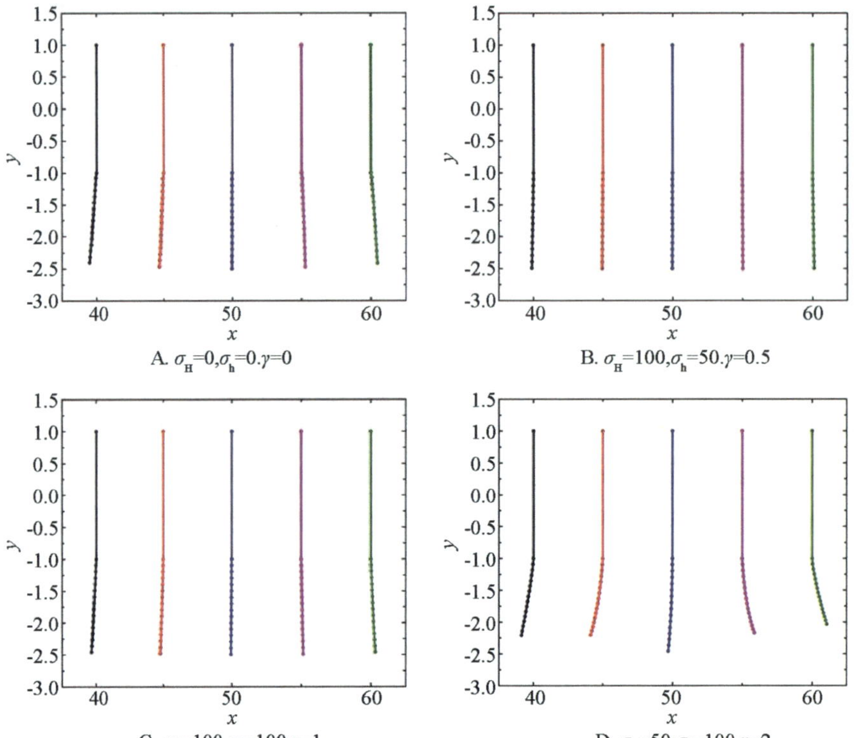

A. $\sigma_H=0,\sigma_h=0,\gamma=0$　　B. $\sigma_H=100,\sigma_h=50,\gamma=0.5$

C. $\sigma_H=100,\sigma_h=100,\gamma=1$　　D. $\sigma_H=50,\sigma_h=100,\gamma=2$

图 2-24　不同荷载比下裂纹拓展路径

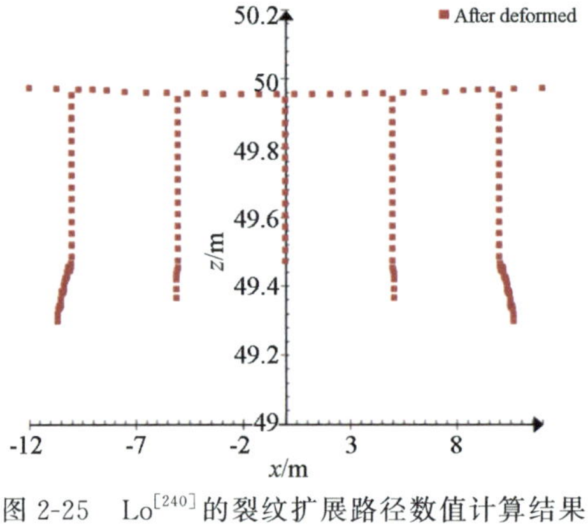

图 2-25　Lo[240]的裂纹扩展路径数值计算结果

端的剪应力增大，K_2 增大。由图 2-24A 中可以看出，压力区两侧裂纹的扭曲程度增加。

接下来，考虑围压应力（σ_H 和 σ_h）的影响，研究当 σ_{h1} 值不变时，不同荷载比 γ 下裂纹扩展路径，见图 2-24。揭示一个一般规则：除上部压力区 σ_{h1} 外，其余三面荷载也会使裂纹发生偏转。随着荷载比的增大，裂纹偏转程度增大。

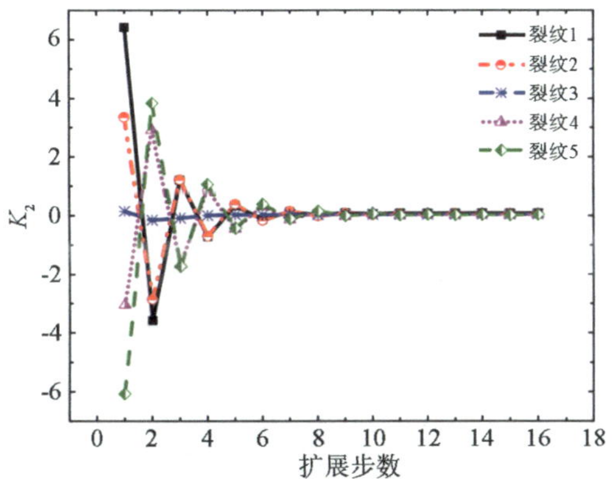

图 2-26 16 步扩展的 K_2 值

表 2-4 不同荷载比率下的偏角

裂纹编号	偏角 θ_{OB}							
	step1				step2			
	$\gamma=0$	$\gamma=0.5$	$\gamma=1$	$\gamma=2$	$\gamma=0$	$\gamma=0.5$	$\gamma=1$	$\gamma=2$
1	−36.724	−5.115	−12.465	−22.141	18.995	0.206	−1.090	−9.210
2	−24.877	−2.332	−6.847	−13.764	17.449	0.078	−0.835	−7.456
3	−1.314	−0.410	−0.933	−2.034	1.046	−0.012	−0.178	−1.423
4	24.922	1.583	5.494	12.116	−19.081	−0.093	0.551	7.399
5	39.811	4.576	12.454	25.520	−23.099	−0.286	0.916	13.036

为了量化裂纹偏转，表 2-4 给出了在不同荷载比率 γ 下，裂纹扩展前两步的偏角 θ_{OB}。可以看出，当 $\gamma=0$ 时，裂纹偏角 θ_{OB} 达到最大值。该研究再次表明，上部压力区是裂纹变形的主要驱动力。随着荷载比 γ 的增加，偏角 θ_{OB} 不断增大，说明侧向荷载具有抑制裂纹扭结的作用，底部荷载也可能是裂纹扭结的驱动力。

2.2.4.3 带有孔隙压力裂纹结构

本节分析孔隙压力的影响，算例基于文献[241]中(图 2-27)的实验结果。几何模型和边界

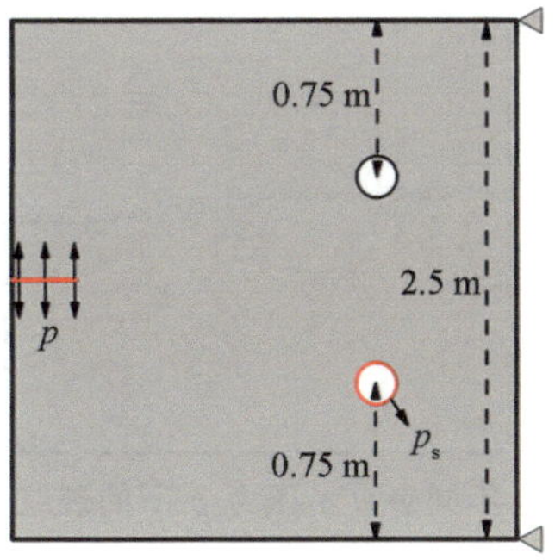

图 2-27 几何模型和边界条件

条件如图 2-28 所示，其中两个圆孔(半径 $r=0.01$ m)可以用 NURBS 曲线简单地建模(方法类似于图 2-3)。材料参数 $E=1$ GPa，$\nu=0.4$。

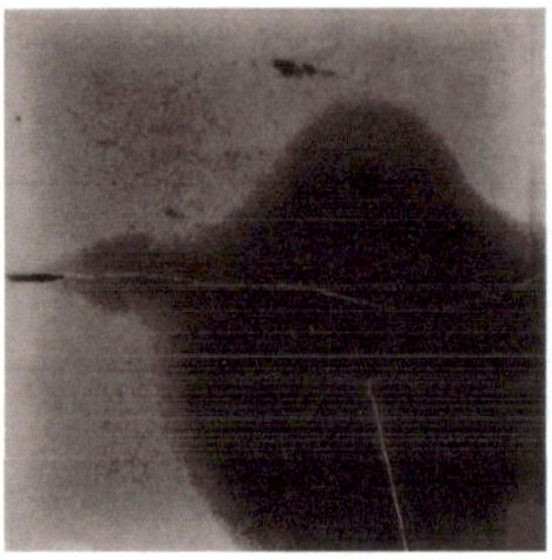

图 2-28　实验室实验结果[241]

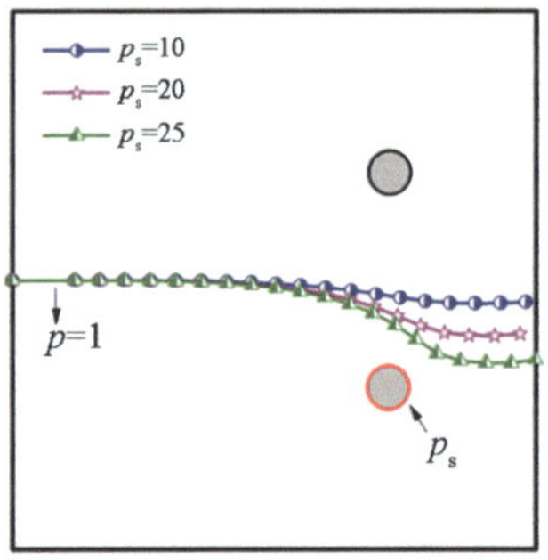

图 2-29　不同孔隙压力 p_s 下的裂纹扩展路径

分别对裂纹和下部圆孔施加恒定水压力 p 和 p_s。图 2-29 表示恒定裂纹水力压力 $p=1$ MPa，不同孔隙压力 p_s 下的裂纹路径。

将图 2-29 与图 2-27 进行对比，可以看出该模型与实验结果吻合较好。此外，我们还发现孔隙压力具有吸引裂纹的作用，且压力越大吸引裂纹的作用越明显。

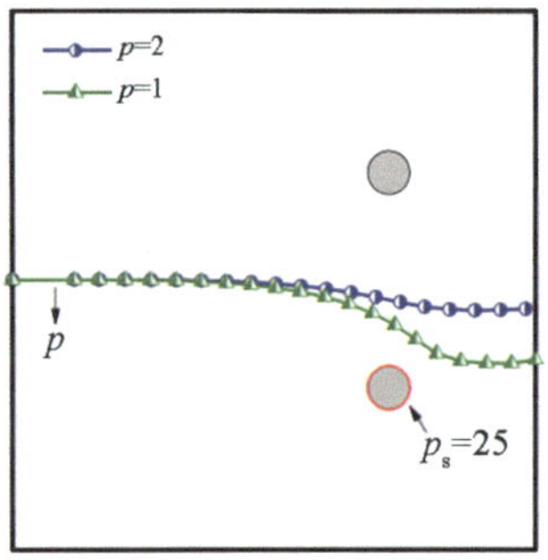

图 2-30　不同裂纹水压力 p 下的裂纹扩展路径

进一步研究裂纹水压对裂纹路径的影响，图 2-30 显示了恒定孔隙压力 $p_s=25$ Pa，不同

裂纹水力压力 p 下的裂纹扩展路径。可见，裂纹水压力 p 也能有效影响裂纹扩展路径。当 $p=2$ MPa 时，路径明显偏离底部圆孔。结果表明，增大裂纹水压力 p 可以有效抑制裂纹向孔隙压力部位偏转。

2.2.4.4 水力裂纹与天然裂纹之间的相互作用

岩石中的天然裂纹对压裂处理的性能有较大影响。为了研究水力裂纹与天然裂纹之间的相互作用，我们采用如图 2-31 所示的模型。

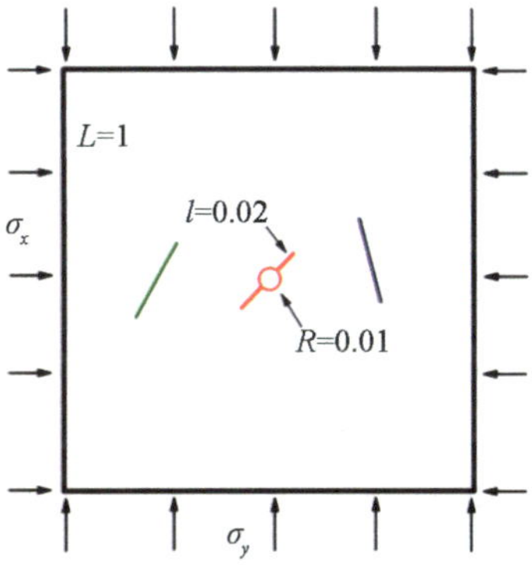

图 2-31　模型与边界条件

该模型在区域中心存在一个带有两条水力裂纹的射孔，同时孔的两侧存在两条天然裂纹。取恒压 $p=10$ MPa，杨氏模量 $E=40$ MPa，泊松比 $\nu=0.2$，孔隙压力 $p_s=20$ MPa。围压应力 $\sigma_y=25$ MPa，$\sigma_x=\lambda\sigma_y$，λ 为荷载比率。模拟裂纹在不同载荷比率 λ 下的扩展路径，结果如图 2-32 所示。

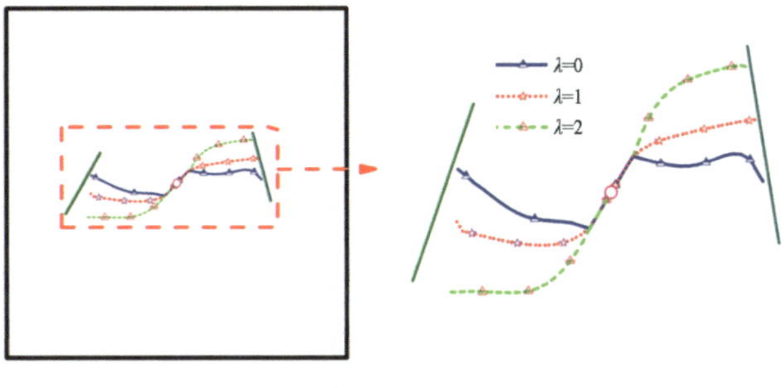

图 2-32　裂纹在不同载荷比率 λ 下的扩展路径

由图 2-32 可以看出，裂纹逐渐偏离预定扩展方向，向自然裂纹方向扩展。荷载比率 λ 进一步影响裂纹扩展路径，λ 值越小，裂纹偏转越快。

根据仿真结果，可以得出以下结论：一、天然裂纹可以吸引水力裂纹使其偏离其原来的方向；二、横向荷载能有效抑制天然裂纹引起的裂纹偏转。

2.2.5 小结

本节采用 IGA-BEM 模拟水力压裂过程。IGA-BEM 采用 NURBS 建立几何模型，离散 BIE，实现了 CAD 模型与数值分析的无缝集成，表明 IGA-BEM 算法在水力压裂方面优于传统算法。我们再次强调以下几点：

1）IGA-BEM 直接从 CAD 模型进行断裂分析，不需要网格划分，因此避免了烦琐的预处理程序和传统 FEM 和 BEM 遇到的几何误差。

2）IGA-BEM 可更有效、更准确地更新裂纹扩展路径的表达。

3）所采用的 NURBS 曲线使模拟结果在需要时产生更平滑的裂纹扩展路径，更符合工程实际。

4）可将裂纹形状和扩展路径显式参数化表示，从而量化裂纹扩展规律，便于与物理实验进行比较，为工程实践提供准确参考。

此外，还总结了一些与水力裂纹扩展有关的研究成果：

1）局部压力和围压的变化会改变 SIFs，从而影响裂纹的扩展路径。

2）孔隙压力具有吸引裂纹的作用，且压力越大，吸引裂纹的作用越明显。

3）裂纹表面的水压力能有效地影响裂纹路径的扩展。裂纹水压力的增大约束了裂纹的挠度。

4）天然裂纹可以吸引水力裂纹，使其偏离原始方向。侧向荷载能有效抑制天然裂纹引起的裂纹变形。

2.3 基于正交分解和 RBF 的 IGA-BEM 的断裂力学随机分析

2.3.1 基于 MCs 的随机分析

MCs 通过计算来自大量样本的期望（expected）和方差（variance）直接表征不确定性问题。对于给定的一组随机场 $f(x)$，其概率密度函数为 $\rho_i(f_r)$。其中：$r=1,2,3,\cdots$；$i=1,2$。定义两个概率矩：

$$\left.\begin{aligned} \mathscr{E}[f_r] &= \int_{-\infty}^{+\infty} f_r \rho_1(f_r)\,\mathrm{d}f, \\ \mathscr{V}[f_r,f_s] &= \int_{-\infty}^{+\infty}\int_{-\infty}^{+\infty} (f_r-f_r^0)(f_s-f_s^0)\,\rho_2(f_r,f_s)\,\mathrm{d}f_r\,\mathrm{d}f_s。\end{aligned}\right\} \tag{2-66}$$

其中，$\mathscr{E}[f_r]$ 表示变量 r 的函数 f_r 的期望，f_r^0 和 f_s^0 分别是变量 r 和 s 的第一概率矩，

$\mathscr{V}[f_r,f_s]$ 为通过 f_r 和 f_s 表示的方差。$\rho_1(f_r)$ 和 $\rho_2(f_r,f_s)$ 分别为概率密度函数和联合概率密度函数。上述积分可通过 MCs[242] 进行计算。

在 $[a,b]$ 内取一组相互独立的随机变量 $\{x_i\}$，它的密度函数是 f_x。对于任意函数 $g(x)$，令 $g^*(x)=\dfrac{g(x)}{f_x(x)}$。$g^*(x)$ 也是一组独立的随机变量，它的期望可表示为

$$\mathscr{E}[g^*(x)]=\int_a^b g^*(x)\,f_x(x)\,\mathrm{d}x=\int_a^b g(x)\,\mathrm{d}x=I。\tag{2-67}$$

根据强大数定律，独立随机变量序列的均值收敛于概率为 1 的分布均值，即

$$P_r\left(\lim_{N\to\infty}\frac{1}{N}\sum_{i=1}^{N}g^*(x_i)=I\right)=1。\tag{2-68}$$

如果定义平均值

$$\bar{I}=\frac{1}{N}\sum_{i=1}^{N}g^*(x_i),\tag{2-69}$$

那么 $\bar{I}$ 以概率 1 收敛到 I，因此 $\bar{I}$ 提供了一个很好的近似期望 I。

假设每个随机变量 α_i 的概率分布函数为 $\rho(\alpha_i)$，且所有的 α_i 是独立的，其联合概率分布函数表示为

$$\rho(\alpha)=\rho(\alpha_1)\,\rho(\alpha_2)\cdots\rho(\alpha_n)=\prod_{i=1}^{n}\rho(\alpha_i)。\tag{2-70}$$

使用 $\lambda(\alpha)$ 表示与变量 α 对应的结构响应，与 $\lambda(\alpha)$ 相关的任意函数 f 的统计特征，例如期望，一般可写成

$$\mathscr{E}[f(\lambda(\alpha))]=\int_\Omega f(\lambda(\alpha))\,\rho(\alpha)\,\mathrm{d}V。\tag{2-71}$$

式中，极小体积元 $\mathrm{d}V=\mathrm{d}\alpha_1\,\mathrm{d}\alpha_2\cdots\mathrm{d}\alpha_n$。根据式(2-69)，函数 $f(\lambda(\alpha))$ 的期望可表示为

$$\mathscr{E}[f(\lambda(\alpha))]\approx\frac{1}{M}\sum_{i=1}^{M}f(\lambda(\alpha_i))。\tag{2-72}$$

MCs 的误差收敛速率阶为 $O(M^{-1/2})$。大量的样本可以提高预测精度，但会导致更高的计算成本。

2.3.2 SVD 与 RBF

如上所述，由于 MCs 需要求解大量物理问题的样本，这将造成很大的计算负担。作为一种被广泛应用于降阶建模的技术，POD 可以加速这一过程。在 POD 的第一步，我们求解了一系列随机变量 α_i 的完整模型。系统响应 $\boldsymbol{\lambda}(\alpha_i)$ 称为快照，可收集到快照矩阵

$$\boldsymbol{\Lambda}=[\boldsymbol{\lambda}(\alpha_1),\boldsymbol{\lambda}(\alpha_2),\cdots,\boldsymbol{\lambda}(\alpha_m)]=\begin{bmatrix}\lambda_{11} & \lambda_{12} & \cdots & \lambda_{1m}\\ \lambda_{21} & \lambda_{22} & \cdots & \lambda_{2m}\\ \vdots & \vdots & \ddots & \vdots\\ \lambda_{n1} & \lambda_{n2} & \cdots & \lambda_{nm}\end{bmatrix}。\tag{2-73}$$

其中，$\boldsymbol{\Lambda} \in \mathbb{R}^{n\times m}$，$n$ 表示任意变量的响应函数个数，m 表示变量α_i 的个数，λ_{nm} 是结构在m 个变量下的 n 阶响应。通过 SVD 对矩阵 $\boldsymbol{\Lambda}$ 进行分解，得到

$$\boldsymbol{\Lambda} = \boldsymbol{U} \times \boldsymbol{V}^{\mathrm{T}} = \sum_{j=1}^{r} \boldsymbol{u}_j \sigma_j \boldsymbol{v}_j^{\mathrm{T}}。\tag{2-74}$$

其中，$r = \min(m, n)$。$\boldsymbol{U} \in \mathbb{R}^{n\times n}$ 和 $\boldsymbol{V} \in \mathbb{R}^{m\times m}$ 为正交矩阵，其项分别用 $\boldsymbol{u}_{ij}$ 和 $\boldsymbol{v}_{ij}$ 表示。$\boldsymbol{u}_j$ 和 $\boldsymbol{v}_j$ 分别为$\boldsymbol{\Lambda}\boldsymbol{\Lambda}^{\mathrm{T}}$ 和 $\boldsymbol{\Lambda}^{\mathrm{T}}\boldsymbol{\Lambda}$ 的特征向量。这两个特征向量也称为矩阵 $\boldsymbol{\Lambda}$ 的左奇异矩阵和右奇异矩阵。$\boldsymbol{\Lambda} \in \mathbb{R}^{n\times m}$ 是一个对角线矩阵，其中对角线元素 σ_j（也称为奇异值）按降序排列。

通过定义 $\boldsymbol{\varphi}_j = \boldsymbol{u}_j$ 和 $a_j(\alpha_i) = \sigma_j v_{ij}$，式(2-74)可写为

$$\boldsymbol{\lambda}(\alpha_i) = \sum_{j=1}^{r} \boldsymbol{\varphi}_j a_j(\alpha_i)。\tag{2-75}$$

其中，$\boldsymbol{\varphi}_j$ 定义为正交基，$a_j(\alpha_i)$ 为相应的振幅。利用式(2-75)，系统响应可表示为简化空间中 $\boldsymbol{\varphi}_j$ 和 $a_j(\alpha_i)$ 的线性组合，其 DOFs 远小于初始完整模型。式(2-75)仅近似于已经使用“全阶”模型计算的离散数量的系统响应。为了实现对任意参数组合的系统响应的近似，使用 RBF 在降阶子空间内插值振幅变量：

$$a(\alpha) \approx \hat{a}(\alpha) = \sum_{i=1}^{N} \eta_i \varphi_i(\alpha)。\tag{2-76}$$

式中，N 为样本数目，η_i 是第 i 个基函数的系数。基函数 $\varphi_i(\alpha)$ 为 Gauss 核函数形式：

$$\varphi_i(\alpha) = \exp\left(-\frac{1}{\gamma_i^2} \| \alpha - \alpha_i \| \right)。\tag{2-77}$$

式中，符号 $\| \cdot \|$ 表示 Euclid 范数，系数 γ_i 决定基函数的宽度。

令 $a(\alpha_j) = \hat{a}(\alpha_j)$，通过式(2-76) 导出线性方程组：

$$\begin{bmatrix} \varphi_1(\alpha_1) & \varphi_2(\alpha_1) & \cdots & \varphi_N(\alpha_1) \\ \varphi_1(\alpha_1) & \varphi_2(\alpha_2) & \cdots & \varphi_N(\alpha_2) \\ \vdots & \vdots & \ddots & \vdots \\ \varphi_1(\alpha_N) & \varphi_2(\alpha_N) & \cdots & \varphi_N(\alpha_N) \end{bmatrix} \begin{bmatrix} \eta_1 \\ \eta_2 \\ \vdots \\ \eta_N \end{bmatrix} = \begin{bmatrix} a_1 \\ a_2 \\ \vdots \\ a_N \end{bmatrix}。\tag{2-78}$$

其中，系数 η_i 的值可通过求解式(2-78) 来确定。将式(2-76) 代入式(2-75)，得

$$\lambda(\alpha) = \sum_{j=1}^{r} \boldsymbol{\varphi}_j \hat{a}_j(\alpha)。\tag{2-79}$$

因此，将式(2-75)与式(2-79)结合起来，无需反复求解偏微分方程，即可快速得到任意随机变量的系统响应。

2.3.3 数值算例

2.3.3.1 中心倾斜裂纹问题

本节考虑在远距离双轴拉伸作用下带有倾斜中心裂纹的板模型，如图 2-33 所示。裂纹倾角 $\beta \in [0, \pi/2]$，板边长度 $L = 1$ m，裂纹长度 $2a = 0.02$ m。$\sigma = \sigma_0$ 施加在 x_2 方向，λ 为

荷载比率，$\sigma_0=1$。

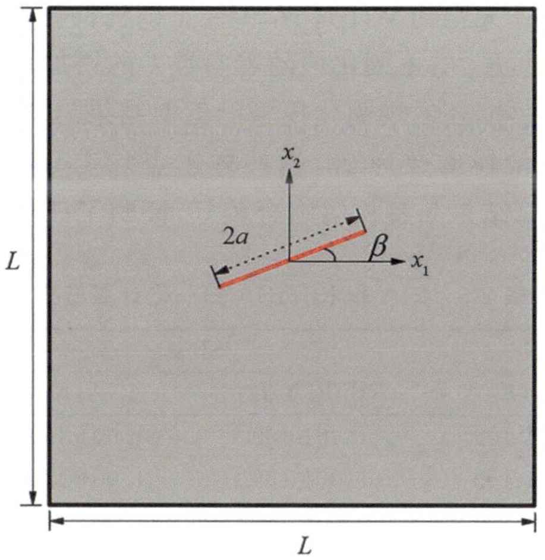

图 2-33 中心倾斜裂纹结构模型

这里，$E=1$ GPa，$\nu=0.3$，$L\gg a$，SIFs 的求解采用 M 积分法。斜中心裂纹问题 SIFs 的解析表达式[243]为

$$\left.\begin{aligned} K_1&=\sigma\sqrt{\pi a}\,(\cos^2\beta+\lambda\ \sin^2\beta),\\ K_2&=\sigma\sqrt{\pi a}\,(1-\lambda)\ \cos\beta\ \sin\beta。\end{aligned}\right\}\tag{2-80}$$

初始裂纹面上离散单元个数设为 3，整体 DOFs 为 86。取裂纹倾角 $\beta=\pi/4$，荷载比率 $\lambda\in[0,1]$ 作为不确定参数。输入参数 λ 的步长为 0.02，故可得到 51 个样本点。响应向量由 48 个 x_2 方向节点位移和 SIFs 两个分量组成，故形成一个 50×51 全阶响应矩阵。

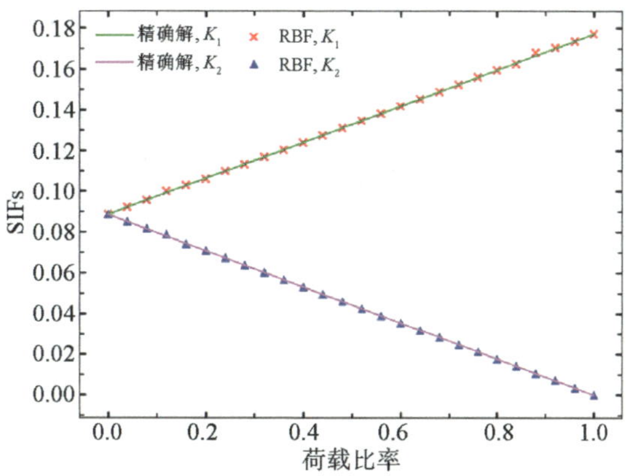

图 2-34 SIFs 值分布曲线

此外，我们构造了一个包含 21 个样本的小尺度响应矩阵。用 SVD 分解低阶矩阵，用 RBF 方法近似任何输入变量 $\lambda\in[0,1]$ 的响应。通过对比数值解与解析解，验证了本文算法

的正确性，如图 2-34 所示。

表 2-5 显示了 IGA-BEM 完整模型计算的 SIFs 正则化值与采用 POD 和 RBF 的简化模型计算的 SIFs 值。比较发现，K_1 的正则化值随着参数 λ 的增加而有轻微的变化，而 K_2 的正则化值则有稳定的增加。此外，还发现简化模型的近似结果与全模型的近似结果非常接近。POD 和 RBF 使用的输入变量样本数为 20，这些样本点均匀分布在[0,1]区间内。结果表明，全模型和简化模型的计算结果与解析解吻合较好，证明了该方法的准确性。

表 2-5　IGA 和 RBFIGA 归一化计算结果

荷载比率 λ	SIFs			
	IGA，K_1	RBFIGA，K_1	IGA，K_2	RBFIGA，K_2
0.12	1.001 109	1.001 109	1.001 169	1.001 167
0.14	1.001 109	1.001 109	1.001 170	1.001 169
0.16	1.001 110	1.001 109	1.001 171	1.001 170
0.18	1.001 109	1.001 110	1.001 172	1.001 171
0.42	1.001 110	1.001 109	1.001 196	1.001 193
0.44	1.001 109	1.001 110	1.001 199	1.001 196
0.46	1.001 110	1.001 109	1.001 202	1.001 199
0.48	1.001 109	1.001 110	1.001 205	1.001 202
0.82	1.001 109	1.001 110	1.001 374	1.001 348
0.84	1.001 110	1.001 109	1.001 406	1.001 374
0.86	1.001 109	1.001 110	1.001 447	1.001 406
0.88	1.001 110	1.001 109	1.001 502	1.001 446

值得注意的是，Gauss 核函数的宽度 γ 对 RBF 插值精度有重要影响。文献[244]中的结果表明，参数 γ 取决于样本的数量和数据的维数。即 $\gamma = N^{-1/m}$，其中 N 表示样本个数，m 表示随机变量的维数。

选取 100 个输入变量样本，同时从 100 个样本中分别取 20、40、60 和 80 个样本组成低阶样本空间向量。然后，对五组数据组成的矩阵分别进行 POD 和 RBF 插值逼近运算，并对计算结果的精度进行比较，验证了本文算法的可靠性。引入 R^2 法来评估插值结果的精度：

$$R^2 = 1 - \frac{\sum_{i=1}^{n}(y_i - \hat{y}_i)^2}{\sum_{i=1}^{n}(y_i - \bar{y}_i)^2}。\tag{2-81}$$

其中，n 为采用 RBF 近似的预测变量个数，y_i 为第 i 个预测输入变量的预测值，$\hat{y}$ 为解析值，$\bar{y}_i$ 为解析解的平均值。评价系数 R^2 的值在 0～1 之间，表示解析值与近似值之间的误差，其值越接近 1，精度越高。

表 2-6 给出了 5 种不同方案的结果比较。其中：预测点个数为 100，表示选取原始 100 个样本作为预测点；预测点的个数不等于 100，表示从 100 个全序样本中选取几个点作为新

样本,其余点为预测点。

表 2-6 五种不同方案的结果比较

样本数 N	预测点数 n	K_1 的 R^2
100	100	1
80	20	1
60	40	1
40	60	0.995
20	80	0.859

由表 2-6 可知,当预测次数为 100 时,评价系数 $R^2=1$,说明 RBF 的近似结果与解析解一致。随着样本数的减少,评价系数 R^2 逐渐减小,说明插值精度下降。而对于 20 个样本,$R^2=0.859$,表明小样本的 RBF 方法仍然可得到精度较高的数值结果。

用 POD 和 RBF 加速 MCs 得到 K_1 的期望和标准差。对于 MCs,选择 51 个均匀分布的样本 λ 来计算期望和标准差。这 51 个样本的 K_1 采用以下四个不同的方案计算。

方案 1:利用 IGA-BEM 直接求解线性方程得到 K_1。然而,需要解 51 次方程。

方案 2:从原来的 51 个样本中,均匀取几个样本,如 10、20、30、40 个。使用 IGA-BEM 计算了小规模样本的 K_1。然后,使用 POD 和 RBF 对原始 51 个样本的 K_1 值进行近似。注意,这里使用的 POD 使用全阶处理。

方案 3:在方案 2 的基础上,采用子采样空间的全阶 POD。式(2-74)中,矩阵 $\boldsymbol{\Lambda}$ 的维数取为 $\min(m,n)$。

方案 4:该方案采用与方案 3 相同的操作。然而,需要根据特征值的减小,截断矩阵 $\boldsymbol{\Lambda}$,即 $\boldsymbol{\Lambda}_{\text{cat}}=10-0.22\boldsymbol{\Lambda}_{\max}$。

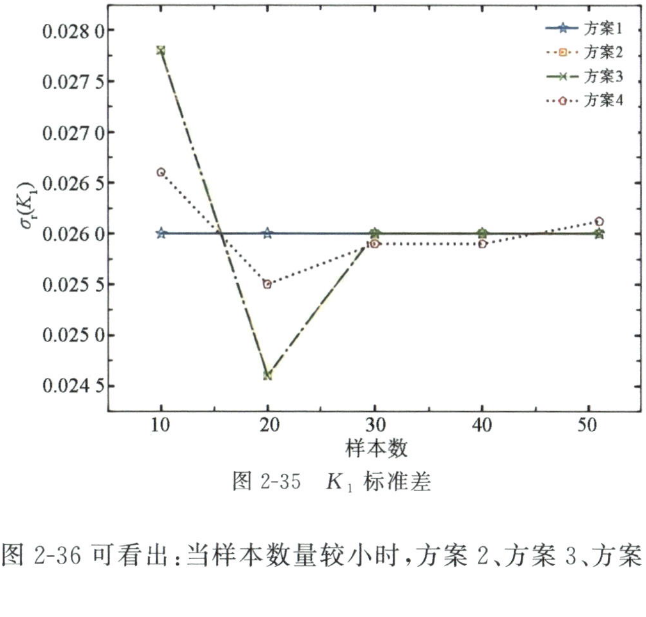

图 2-35 K_1 标准差

由图 2-35 和图 2-36 可看出:当样本数量较小时,方案 2、方案 3、方案 4 与方案 1 之间的

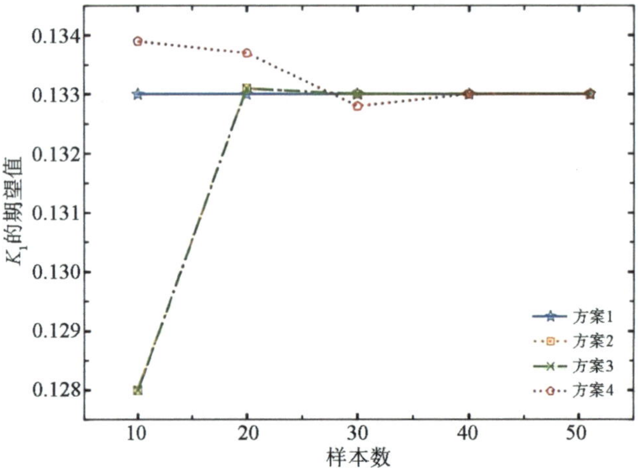

图 2-36　K_1 期望值

偏差较大。但是,随着样本的增加,方案 2、方案 3、方案 4 的解迅速接近方案 1 的解。结果表明,POD 和 RBF 的精度与样本个数直接相关。在 30 个样本中,方案 2 和方案 3 的解与方案 1 的解一致,说明将 POD 方法与 RBF 方法相结合可有效地通过约简阶操作获得随机变量的期望和方差。另外,由于方案 4 中使用了更多的基于 POD 的降阶操作,导致了较大的误差。即使增加样本数量,也很难消除误差。因此,选择合适数量的 POD 降阶是非常重要的。大量的试验表明,选择全阶规模的 40%～50%,可以达到精度和效率之间的平衡。

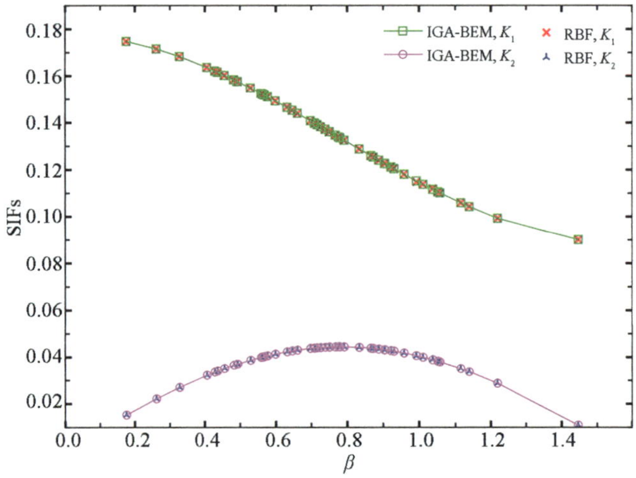

图 2-37　由 IGA-BEM 和 RBF 得到的 SIFs 值

当输入参数满足某一分布(如 Gauss 分布)时,求解期望和方差具有积极的意义。设荷载比 $\lambda=0.5$,研究裂纹偏角 β 对计算结果的影响。使用 50 个输入参数 $\beta\in[0,\pi/2]$ 的样本进行数值计算。通过使用 POD 和 RBF,我们得到了更多的不同输入变量值对应的 SIFs 结果,并与 IGA-BEM 解进行比较,如图 2-37,验证了本文算法的正确性和有效性。

表 2-7 给出了 POD 和 RBF 加速 MCs 时 SIFs 的期望和方差。在该表中,“Full”为全阶模型,表示用 IGA-BEM 得到 50 个样本的 SIFs 值,然后直接用 MCs 得到期望和方差。“Reduced”为降阶模型,表示用 IGA-BEM 计算 25 个样本的 SIFs 值,然后结合 POD 和 RBF 得到 50 个样本的 SIFs 值。由该表可看出,降阶模型与全阶模型的计算结果是一致的,这验证了算法的正确性和有效性。

表 2-7　50 个样本的期望、方差和相应的计算时间

SIFs	期望 $\mathscr{E}$		方差 $\mathscr{V}$		时间 t/s	
	Reduced	Full	Reduced	Full	Reduced	Full
K_1	0.136 94	0.136 94	$4.041\ 3\times10^{-4}$	$4.041\ 9\times10^{-4}$	402	800
K_2	0.038 80	0.038 80	$5.291\ 5\times10^{-5}$	$5.292\ 2\times10^{-5}$		

2.3.3.2 铆钉孔板问题

在这一节中,我们进一步测试这个算法的性能。使用一个带有铆钉孔的板的例子,如图 2-38 所示,其中初始裂纹从孔的边缘放射而出。$E=1\ 000$ MPa,$\nu=0.3$,$\sigma_y=1$ MPa,$\sigma_x=0$,$\theta=\pi/4$,初始裂纹长度 $a=0.1$ dm,裂纹表面的离散元数 $N_e=3$。

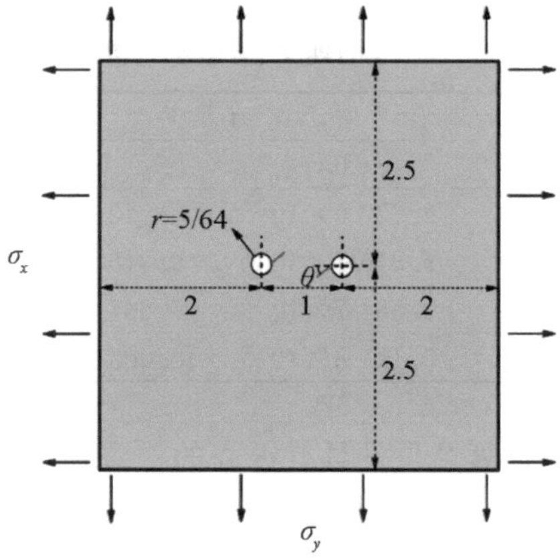

图 2-38　铆钉孔板的物理模型

设右圆孔的半径 $r\in(0.041,0.286)$dm 为输入变量,且满足 Gauss 分布。采用 IGA-BEM 方法求解了随右孔半径变化,两个裂纹尖端的 SIFs 值,如图 2-39 所示。由图中可看出,随着孔半径 r 的增加,右侧裂纹表面的 K_1 显著增加。此外,当输入变量值等于左圆孔半径时,两裂纹表面的 SIFs 值相等。

值得注意的是,输入变量 r 在 40 个样本处的 SIFs 值是通过 IGA-BEM 直接求解的。以

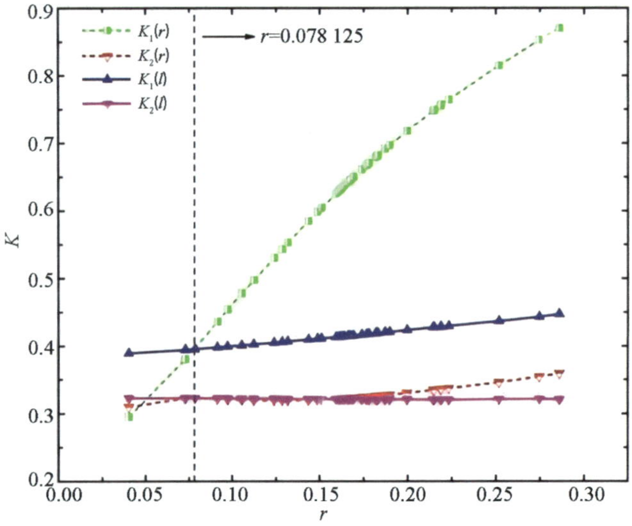

图 2-39　不同输入参数下两裂纹表面的 SIFs 值

这 40 个样本为全阶样本，从其中选取 20 个样本。通过 SVD 和 RBF 得到 40 个点处的 SIFs 值，然后用其拟合图中 2-39 的曲线。这个过程也称为降阶操作。此外，表 2-8 给出了降阶和全阶 MCs 的期望、方差和计算时间，其中"Full"表示用 IGA-BEM 直接求解 MCs 中 40 个样本的 SIFs 值。

表 2-8　SIFs 的期望、方差和计算时间

SIFs	期望 $\mathscr{E}$		方差 $\mathscr{V}$		时间 t/s	
	Reduced	Full	Reduced	Full	Reduced	Full
$K_1(r)$	0.609 6	0.624 5	$2.630\ 0\times10^{-2}$	$1.740\ 0\times10^{-2}$	1 204	2 400
$K_2(r)$	0.317 7	0.326 4	$9.316\ 3\times10^{-5}$	$9.316\ 3\times10^{-5}$	1 204	2 400
$K_1(l)$	0.415 4	0.415 4	$1.654\ 7\times10^{-4}$	$1.667\ 4\times10^{-4}$	1 204	2 400
$K_2(l)$	0.321 4	0.321 3	$5.131\ 8\times10^{-7}$	$5.003\ 2\times10^{-7}$	1 204	2 400

表 2-8 表明降阶与全阶的计算结果是具有很高的一致性。降阶计算可以有效地减少计算时间，实验结果再次证明了该算法的有效性。

接下来考虑材料参数对裂纹扩展位移的影响。设弹性模量 $E\in(500,1\ 500)$MPa 为输入变量，且满足 Gauss 分布。利用 51 个样本求解全阶 MCs 的期望，利用 25 个样本进行基于降阶 MCs 的期望求解。将裂纹表面一系列点的位移作为响应函数，选取其中 4 个点作为研究对象。这四个点的坐标分别为：X_1(2.915 982 44,2.494 107 44)，X_2(2.851 473 68,2.429 598 68)，X_3(2.084 017 56,2.505 892 56)，X_4(2.148 526 32,2.570 401 32)。表 2-9 给出了降阶(Reduced) 和全阶(Full)MCs 的裂纹表面纵向位移的期望 $\mathscr{E}[y]$ 、相对标准偏差 σ_r 和计算时间 t。

表 2-9 四个点的 MCs 的期望、相对标准偏差和计算时间

研究对象	期望 $\mathscr{E}[y]$		相对标准偏差 σ_r		时间 t/s	
	Reduced	Full	Reduced	Full	Reduced	Full
X_1	$-2.610\,5\times10^{-4}$	$-2.645\,8\times10^{-4}$	1.039 4	1.059 3	100 2	204 0
X_2	$-9.965\,3\times10^{-5}$	$-1.009\,3\times10^{-4}$	1.036 7	1.059 0	100 2	204 0
X_3	$2.606\,9\times10^{-4}$	$2.641\,7\times10^{-4}$	1.038 9	1.059 3	100 2	204 0
X_4	$9.911\,6\times10^{-5}$	$1.005\,1\times10^{-4}$	1.042 1	1.059 1	100 2	204 0

研究对象：X_1(2.915 982 44,2.494 107 44)，X_2(2.851 473 68,2.429 598 68)，X_3(2.084 017 56,2.505 892 56)，X_4(2.148 526 32,2.570 401 32)。

由表 2-9 可以看出，降阶和全阶计算结果一致性较高。我们进一步考察输入变量对裂纹扩展路径的影响。这里，设横向荷载 σ_x 为输入变量。每次扩展的步长为 0.05 dm，共 16 步扩展。图 2-40 显示了 $\sigma_x = -0.5, 0, 0.5$ MPa 时的裂纹扩展路径。

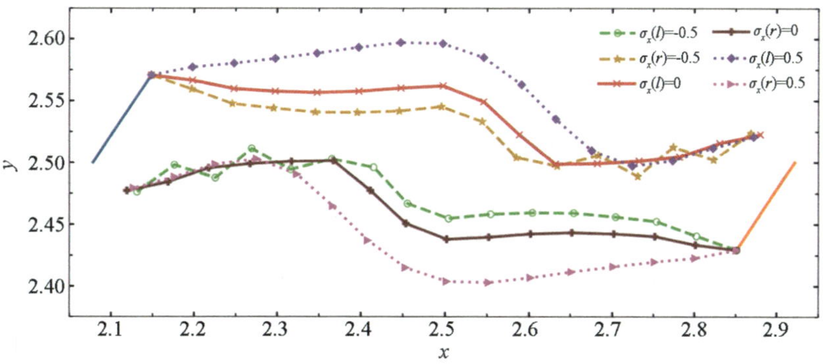

图 2-40 不同水平荷载作用下裂纹扩展路径

当输入变量 σ_x 满足 Gauss 分布时，计算每个迭代步长裂纹扩展路径的期望和标准差，部分步长裂纹尖端位置见表 2-10。输入变量的期望和标准差分别设为 0.5 和 0.033，采用 20 个样本对基于 MCs 的期望和标准偏差进行求解。对于全阶模型，采用 IGA-BEM 方法求解了 20 个试样的裂纹扩展路径。而对于降阶模型，10 个样本的裂纹扩展路径采用 IGA-BEM 求得，采用 POD-RBF 加速求得 20 个样本的裂纹扩展路径。

表 2-10 部分扩展阶数裂纹尖端位置 y 坐标的期望和标准差

阶数	$\mathscr{E}[y_c]$			$\sigma_r(y_c)$		
	Full	Reduced	误差	Full	Reduced	误差
2	2.422 87	2.422 88	3.30×10^{-6}	$6.611\,5\times10^{-4}$	$6.689\,7\times10^{-4}$	1.18×10^{-2}
3	2.419 83	2.419 85	6.41×10^{-6}	$1.372\,8\times10^{-3}$	$1.389\,0\times10^{-3}$	1.18×10^{-2}
4	2.416 02	2.416 03	6.00×10^{-6}	$1.891\,8\times10^{-3}$	$1.911\,8\times10^{-3}$	1.06×10^{-2}
5	2.411 76	2.411 77	2.49×10^{-6}	$2.319\,1\times10^{-3}$	$2.331\,8\times10^{-3}$	5.47×10^{-3}
6	2.407 07	2.407 08	3.12×10^{-6}	$2.608\,7\times10^{-3}$	$2.617\,6\times10^{-3}$	3.43×10^{-3}

续表 2-10

阶数	$\mathscr{E}[y_c]$			$\sigma_r(y_c)$		
	Full	Reduced	误差	Full	Reduced	误差
7	2.403 14	2.403 13	3.33×10^{-6}	$2.689\,4\times10^{-3}$	$2.683\,5\times10^{-3}$	2.17×10^{-3}
8	2.404 01	2.404 01	—	$2.626\,5\times10^{-3}$	$2.632\,9\times10^{-3}$	2.42×10^{-3}
9	2.415 23	2.415 24	3.93×10^{-6}	$2.777\,2\times10^{-3}$	$2.786\,8\times10^{-3}$	3.47×10^{-3}
10	2.437 24	2.437 25	3.69×10^{-6}	$3.089\,4\times10^{-3}$	$3.097\,8\times10^{-3}$	2.73×10^{-3}
11	2.464 94	2.464 94	—	$3.165\,3\times10^{-3}$	$3.168\,7\times10^{-3}$	1.07×10^{-3}
12	2.490 44	2.490 43	3.21×10^{-6}	$2.443\,4\times10^{-3}$	$2.430\,3\times10^{-3}$	5.38×10^{-3}
13	2.502 85	2.502 85	—	$4.037\,3\times10^{-4}$	$4.075\,6\times10^{-4}$	9.50×10^{-3}

由表 2-10 可知,降阶与全阶得到的裂纹路径期望和标准差具有较好的一致性,验证了本章算法的正确性和有效性。

2.3.4 小结

本章提出了一种新颖的二维线性断裂力学多维不确定性的 MCs 框架,利用 NURBS 建立几何模型离散 BIE。该方法消除了不确定性量化过程中的重复网格划分过程,并保持了几何精度。POD 和 RBF 的结合加速了随机分析,并在降低计算量的情况下保持了良好的精度。今后,该方法还将推广到三维问题和多物理耦合问题。

3 等几何边界元声学分析

在结构设计分析中，FEM 和 BEM 等数值分析方法得到了广泛的应用。在声场分析领域，FEM 主要用于求解内声场问题，而 BEM 主要用于求解外声场问题。两种数值分析方法都是建立在网格划分的基础上，BEM 与 FEM 相比只需离散结构边界，具有降维计算和高精度计算的优点。在复杂模型离散的过程中，实现网格的自动划分会出现很多问题，离散网格的质量和分析的结果也不尽相同。由于所要分析模型的网格是用离散后的网格来逼近真实的几何形体，在这个过程中难免会出现几何误差。另外，当我们要求网格质量和数值计算精度都很高时会带来计算机工作量和存储量的快速增加。因为细分曲面法同时兼备多边形网格模型不受几何拓扑的限制和参数曲面建模所具有的整体光滑曲面的优点，所以得到的复杂结构和 BEM 分析问题可有效结合起来实现 CAD 和 CAE 的一体化。

结构表面粘附吸声材料可以有效地降低噪声。现实中，吸声材料已被广泛使用，但由于工业设计中的诸多限制，如结构的质量、尺寸和成本造价等，通常难以进行结构表面的全覆盖。所以，在给定的噪声约束下，获得材料的最优分布是非常必要的。这类问题归结于拓扑优化分析，而拓扑优化是一种根据给定的约束条件、负载情况和性能指标，在给定的区域内对材料分布进行优化的数学方法。

3.1 细分曲面几何模型构造

3.1.1 二维细分曲线构造

对于 $m+n+1$ 个控制点 $x_h(h=0,1,2,\cdots,m+n)$，n 次 B 样条曲线表达式为

$$B_{i,n}(t)=\sum_{k=0}^{n}N_{k,n}(t)\,x_{i+k},\quad t\in[0,1]。\tag{3-1}$$

式中，$B_{i,n}(t)$ 为 n 次 B 样条曲线第 i 段曲线($i=0,1,2,\cdots,m$)。连接 $m+1$ 曲线段所构成的整体曲线为 n 次 B 样条曲线，由 $x_{i+k}(k=0,1,2,\cdots,n)$ 构成的多边形称为第 i 段的控制多边形。$N_{k,n}(t)$ 是 n 次 B 样条的基函数，定义为

$$N_{k,n}(t)=\frac{1}{n!}\sum_{j=0}^{n-k}(-1)^j\,C_{n+1}^j(t+n-k-j)^n。\tag{3-2}$$

式中，$C_{n+1}^j=\dfrac{(n+1)!}{j!\,(n+1-j)!}$。

由于 n 次B样条曲线可以达到 $n-1$ 阶连续性，在工程设计中，三次均匀B样条曲线的应用较为广泛。三次均匀B样条曲线的 $n=3,k=0,1,2,3$。控制多边形有4个控制点：x_0、x_1、x_2 和 x_3。三次均匀 B 样条曲线是三次多项式为

$$\left.\begin{aligned}N_{0,3}(t)&=\frac{1}{6}(-t^3+3t^2-3t+1),\\N_{1,3}(t)&=\frac{1}{6}(3t^2-6t+4),\\N_{2,3}(t)&=\frac{1}{6}(-t^3+3t^2+3t+1),\\N_{3,3}(t)&=\frac{1}{6}t^3。\end{aligned}\right\}\tag{3-3}$$

因此，均匀三次 B 样条曲线的表达式为

$$\begin{aligned}B_{i,3}(t)=\sum_{k=0}^{3}N_{k,3}(t)\,x_{i+k}=\\N_{0,3}(t)\,x_i+N_{1,3}(t)\,x_{i+1}+N_{2,3}(t)\,x_{i+2}+N_{3,3}(t)\,x_{i+3}。\end{aligned}\tag{3-4}$$

细分曲面的概念应该从一个基本的细分曲线开始，构造细分曲线需要控制多边形和细分算法。一种递归细化的方案用于从初始控制多边形生成新的多边形，极限收敛的结果是一条平滑的三次均匀 B 样条曲线，具体的算法如下。

1）给定一个初始控制多边形 $(x_0^0,x_1^0,x_2^0,x_3^0,\cdots,x_n^0)$。

2）计算多边形的第一级细分。

$$x_0^1=\frac{1}{8}x_{-1}^0+\frac{3}{4}x_0^0+\frac{1}{8}x_1^0,$$

$$x_1^1=\frac{1}{2}x_0^0+\frac{1}{2}x_1^0,$$

$$x_2^1=\frac{1}{8}x_0^0+\frac{3}{4}x_1^0+\frac{1}{8}x_2^0,$$

$$x_3^1=\frac{1}{2}x_1^0+\frac{1}{2}x_2^0,$$

……

$$x_{2n-2}^{1}=\frac{1}{8}x_{n-2}^{0}+\frac{3}{4}x_{n-1}^{0}+\frac{1}{8}x_{n}^{0},$$

$$x_{2n-1}^{1}=\frac{1}{2}x_{n-1}^{0}+\frac{1}{2}x_{n}^{0},$$

$$x_{2n}^{1}=\frac{1}{8}x_{n-1}^{0}+\frac{3}{4}x_{n}^{0}+\frac{1}{8}x_{0}^{0}。$$

3）计算多边形的第 $k+1$ 级细分的第 i 个线段。

$$x_{2i}^{k+1}=\frac{1}{8}x_{i-1}^{k}+\frac{3}{4}x_{i}^{k}+\frac{1}{8}x_{i+1}^{k},$$

$$x_{2i+1}^{k+1}=\frac{1}{2}x_{i}^{k}+\frac{1}{2}x_{i+1}^{k}。$$

4）算法的极限是三次 B 样条曲线。

为了计算多边形每一级细分过程中生成的新顶点，这里将由原始顶点生成的新顶点 x_{2i}^{k+1} 称为 V 顶点，将由原始边上插入的新顶点 x_{2i+1}^{k+1} 称为 E 顶点。对于给定的粗多边形，先将每条边分割成两条边，然后根据粗控制点坐标的加权平均值得到相应的细多边形控制点坐标。图 3-1 所示的是多边形的细分规则，红色圆圈代表的是 V 顶点，绿色圆圈代表的是 E 顶点。

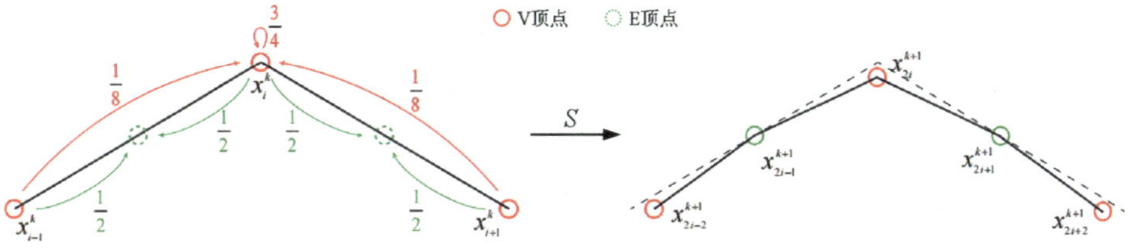

图 3-1　多边形的细分规则

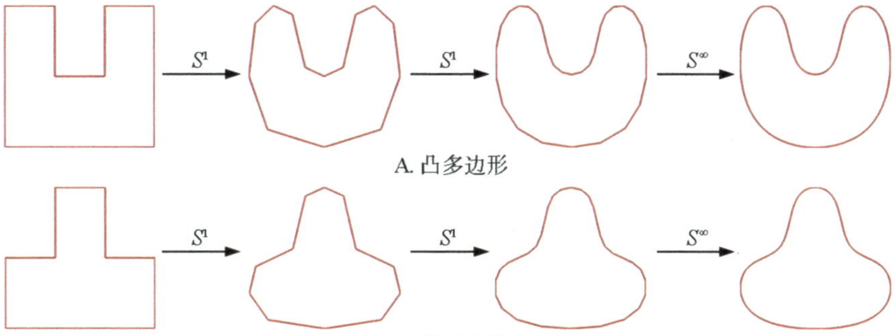

图 3-2　多边形的细分和收敛极限

如图 3-2 所示为两个简单的算例——凸多边形和凹多边形经过 2 次细分和极限收敛的

光滑曲线。图中，S^1 表示细分 1 次，S^∞ 表示极限细分次数。随着细分次数的增加，有棱角的地方逐渐被“磨平”，最终收敛为一条光滑的曲线。

3.1.2 三维细分曲面构造

细分曲面是通过对初始控制网格反复细化和平滑处理来生成收敛光滑的曲面，同时可看作是对任意连通网格样条的推广。这是一种更适合用于有限单元和边界单元分析的方法。细分曲面继承了样条的可细化的性质，使得细分过程中生成的所有控制网格描述的样条曲面完全相同。对于给定的由多边形控制的初始网格，选取两种细分规则：Loop 细分曲面；Catmull-Clark 细分曲面。由于两种模式都是 1-4 分裂，在规则点处 C^2 连续和不规则点处 C^1 连续。另外，都属于逼近型细分曲面，极限曲面并不经过控制网格的顶点，优点是收敛的速度快和生成的曲面质量好。在每一步细分中，控制网格中每个三角形（四边形）分割成四个三角形（四边形）。

细分网格上的顶点坐标由粗网格上相应顶点坐标的加权平均值确定。平均权值取决于网格的连通性，而不取决于实际的顶点坐标。

3.1.2.1 Loop 细分模式

Loop 细分模式是一种基于三角形网格的细分方法，所生成的曲面是对箱样条（box-spline）曲面的推广。在三角形单元的每条边上插入的新顶点 x_{ie}^{k+1} 称为 E 顶点，连接插入的新顶点，每个三角形被分成 4 个小三角形。原始顶点根据其周围顶点的权值生成新顶点 x_{iv}^{k+1} 称为 V 顶点，k 为细分级数，与 V 顶点共边的顶点数目称为该顶点的价数 v。在 Loop 细分模式中：对于封闭网格 $v=6$ 的顶点称为规则顶点，$v\neq 6$ 的顶点称为不规则顶点；对于不封闭的网格，内部规则点 $v=6$，边界上规则点 $v=4$。图 3-3 所示的是三角形网格的 Loop 细分规则。E 顶点表示为左图中将要在边上插入新顶点的绿色圆圈，红色圆圈表示由原始顶点生成级数 $k+1$ 的 V 顶点。右图虚线部分来区分是否为规则顶点，其中 α 为顶点的权值。我们根据各点权值计算 E 顶点和 V 顶点的坐标。

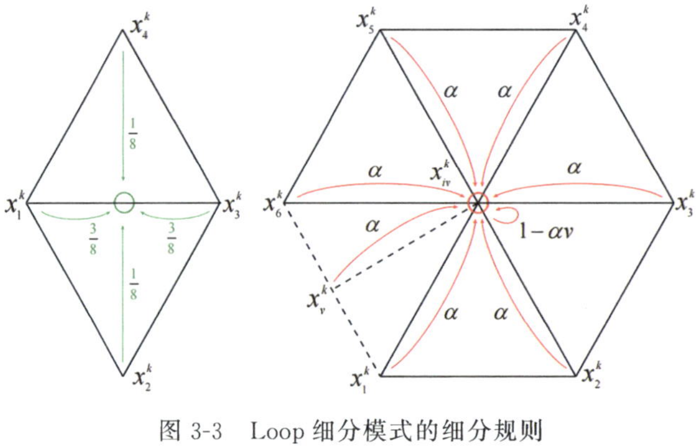

图 3-3 Loop 细分模式的细分规则

1）E 顶点。设两相邻三角形四个顶点分别为 x_1, x_2, x_3, x_4，则相应的 E 顶点位置为

$$x_{ie}^{k+1}=\frac{1}{8}x_1^k+\frac{3}{8}x_2^k+\frac{1}{8}x_3^k+\frac{3}{8}x_4^k。\tag{3-5}$$

2）V 顶点。设原始顶点 x_{iv}^k 的 1- 环邻点分别为 $x_1, x_2, x_3, \cdots, x_v$，则相应的 V 顶点位置为

$$x_{iv}^{k+1}=(1-v\alpha)x_{iv}^k+\alpha\sum_{i=1}^{v}x_v^k。\tag{3-6}$$

式中，$\alpha=\frac{1}{v}\left[\frac{5}{8}-\left(\frac{3}{8}+\frac{1}{4}\cos\frac{2\pi}{v}\right)^2\right]$。

细分曲面的优点在于初始网格模型的数据量小，在初始的网格模型中一个三角形单元的不规则顶点数目可能不唯一，通过一次 Loop 细分处理可得到三角形单元中只有一个不规则顶点的存在。在图 3-4 中初始网格模型是正四面体，将其不断进行细分并与收敛极限的光滑曲面进行对比，可见随着细分次数的增加，四面体每个面由于权值的影响往里收缩，面片以 4 倍的速率增加。其中，S^2 表示细分 2 次，S^{∞} 表示极限细分次数。四面体的表面逐渐变得光滑，最终达到极限的收敛状态。

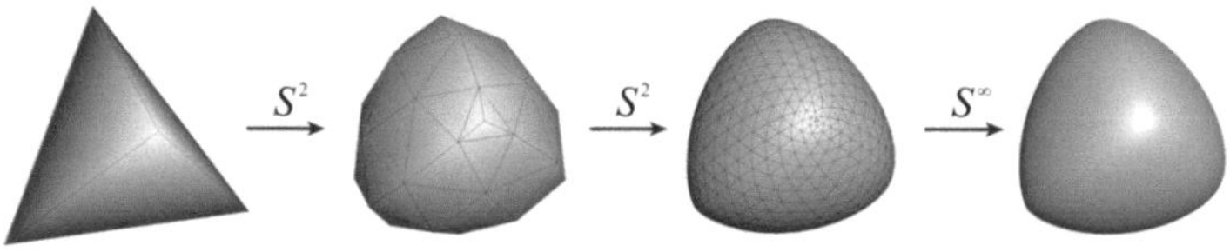

图 3-4 正四面体的 Loop 细分实例

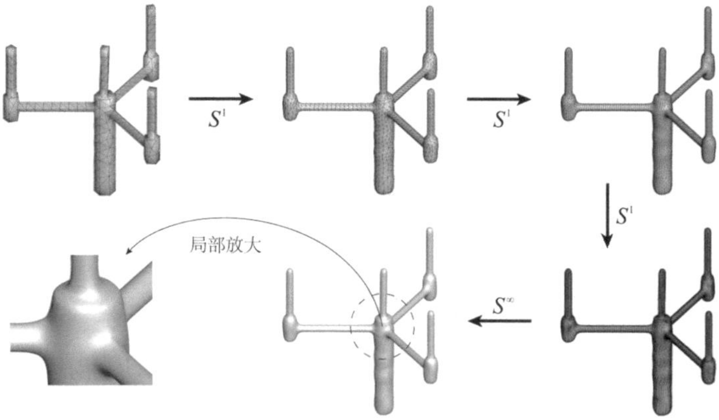

图 3-5 复杂模型的 Loop 细分实例

图 3-5 给出了一个复杂模型——声学探头的 Loop 细分实例。进行三角形单元离散，得到单元数为 726、结点数为 365 的初始控制网格。通过一次 Loop 细分，可得到单元数为 2 904、结点数为 1 454 的控制网格。观察得到：单元数等于上一级单元数乘以 4，结点数等

于上一级结点数乘以 4 再减去 6。之后，给出细分级数 k 等于 2 和 3 的控制网格及达到收敛极限的光照渲染图。对构件的连接处进行局部放大，可以看出使用 Loop 细分模式对构造复杂结构表面的光滑程度适用性强。

3.1.2.2 Catmull-Clark 细分模式

Catmull-Clark 细分模式是一种基于四边形网格的细分方法，所生成的极限曲面是双三B样条(bi-cubic B-spline)曲面。同样，在四边形单元的每条边上插入新顶点 x_{ie}^{k+1}(称为 E 顶点)，在四边形单元中心插入新顶点 x_{if}^{k+1}(称为 F 顶点)，连接插入的新顶点，每个四边形被分成四个小四边形。由原始顶点根据其周围顶点的权值生成的新顶点 x_{iv}^{k+1} 称为 V 顶点，与 V 顶点共边的顶点数目称为该顶点的价数 v。在 Catmull-Clark 细分模式中，规则顶点的价数等于 4，价数不等于 4 的顶点称为不规则顶点。图 3-6 所示的是 Catmull-Clark 细分模式的细分规则。E 顶点表示为左图中将要在边上插入新顶点的绿色圆圈，F 顶点表示为左图中将要在单元内插入新顶点的紫色圆圈，红色圆圈表示由原始顶点生成级数为 $k+1$ 的 V 顶点。右图虚线部分用于区分是否为规则顶点，其中 α 和 β 为顶点的权值。根据各点权值计算 E 顶点、F 顶点和 V 顶点的坐标表达式。

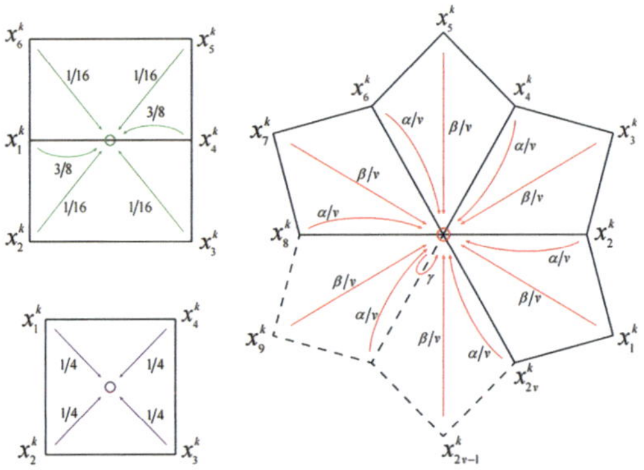

图 3-6 Catmull-Clark 细分模式的细分规则

1) E 顶点。设两相邻四边形的顶点分别为 x_1、x_2、x_3、x_4、x_5、x_6，则相应的 E 顶点位设置为

$$x_{ie}^{k+1}=\frac{3}{8}(x_1^k+x_4^k)+\frac{1}{16}(x_2^k+x_3^k+x_5^k+x_6^k)。\tag{3-7}$$

2) F 顶点。设一个四边形单元的顶点分别为 x_1、x_2、x_3、x_4，则相应的 F 顶点位置为

$$x_{if}^{k+1}=\frac{1}{4}(x_1^k+x_2^k+x_3^k+x_4^k)。\tag{3-8}$$

3) V 顶点。设原始顶点 x_{iv}^{k+1} 的 1-环邻点分别为 x_1、x_2、x_3、x_4、x_5……x_{2v}，则相应的 V 顶点位置为

$$x_{iv}^{k+1}=\gamma\, x_{iv}^k+\frac{\alpha}{v}\sum_{i=1}^{v}x_{2i}^k+\frac{\beta}{v}\sum_{i=1}^{v}x_{2i-1}^k。\tag{3-9}$$

式中，$\alpha=3/(2v)$，$\beta=1/(4v)$，$\gamma=1-\alpha-\beta$。

在 Catmull-Clark 细分模式中初始网格中四边形单元的不规则顶点数目也可能不唯一，通过两次细分处理可得到四边形单元中只有一个不规则顶点的存在。在图 3-7 中，初始网格模型是正方体，正方体的边长 1，每个面上只有 1 个单元，共 6 个单元和 8 个顶点。将其细分 2 次、4 次和达到收敛极限的光滑曲面进行对比，发现：随着细分次数的增加，正方体每个面开始由于权值的影响往里收缩，面片单元以 4 倍的速率增加。其中，S^2 表示细分 2 次，S^∞ 表示极限细分次数。可以看出，正方体的表面变得逐渐光滑，最终达到极限的收敛状态，近似一个球体。

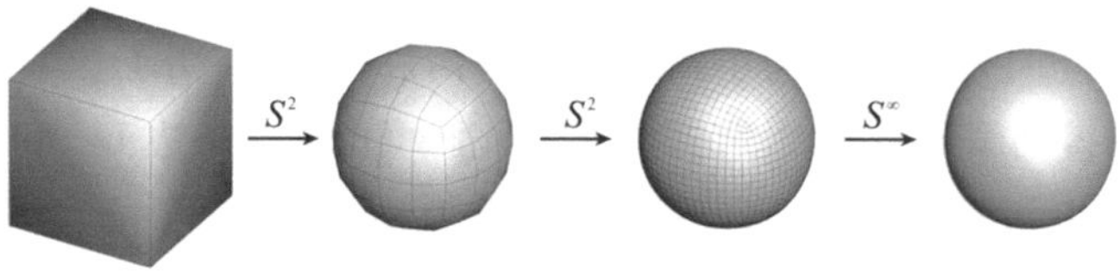

图 3-7 正方体的 Catmull-Clark 细分实例

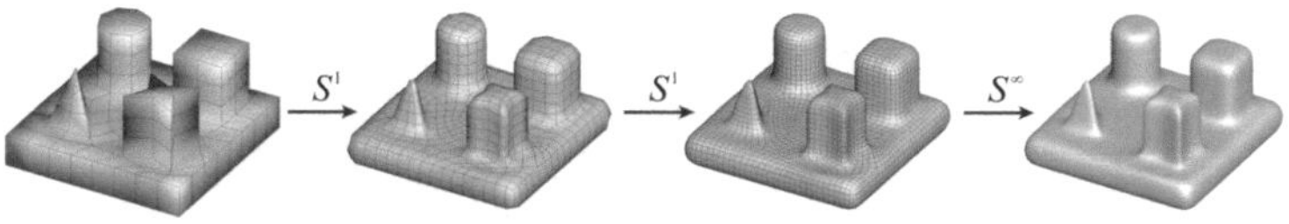

图 3-8 复杂模型的 Catmull-Clark 细分实例

图 3-8 给出一个复杂组合模型的 Catmull-Clark 细分实例。通过四边形单元离散得到单元数为 255、结点数为 257 的初始网格，一次 Catmull-Clark 细分可以得到单元数为 1 020、结点数为 1 022 的控制网格。计算得到：单元数等于上一级单元数乘以 4，结点数等于上一级结点数乘以 4 再减去 6，网格单元和结点增加的速率和 Loop 细分模式相同。

3.1.3 细分曲面拟合分析

细分曲面是一种使用广泛的自由曲面建模技术，采用一种非迭代的方法，有效地计算拟合曲面及其任意阶导数，做到了样条函数的推广使用。曲面参数的精确求解对曲面的拾取、渲染和纹理映射都是至关重要的。从参数曲面转移到细分曲面使得自由曲面建模应用得更加广泛。在得到一定细分级数的多边形网格后需要对其进行曲面拟合，拟合单元分为规则单元和不规则单元两种。对于不规则点，拟合时需满足：一、单元中只存在一个不规则顶点；二、不规则顶点在参数域坐标为(0,0)。

Stam 提出一种基于细分矩阵的特征分解来求解不规则顶点的问题。大体的思路是对不规则单元块进行一定级数的细分后，将所求拟合点落在规则的单元块中，利用细分矩阵得到细分后的控制点矩阵，进而用拾取矩阵来获得每次细分后三个规则单元块的矩阵，最终构造出新的基函数。

3.1.3.1 Loop 细分曲面拟合

考虑 Loop 细分曲面的拟合操作是将四次箱样条推广到任意连通的网格模型。对于细分曲面的正则网格(三角形单元的三个顶点都为规则顶点),三角形单元 1-环相邻的 12 个顶点就构成了箱样条曲面的控制顶点。三角形单元中拟合点的映射曲面位置坐标则与箱样条基函数和相邻的 12 个顶点有关。

Loop 细分曲面拟合中,对规则三角形单元进行拟合操作,首先需对该单元及周边相关联的单元顶点按图 3-9 重新编号。定义单元中三个点的编号分别为 4、7 和 8。先找到三角形的第一条边 L_{47},通过索引我们可以得到编号为 3 和 8 的顶点与边 L_{47} 构成三角形,找到编号为 3 的顶点后,由边 L_{34} 与编号为 1 和 7 的顶点构成三角形、边 L_{37} 与编号为 6 和 4 的顶点构成三角形分别得到编号为 1 和 6 的顶点。同理,可由第二条边 L_{78} 和第三条边 L_{84} 得到编号为 11、10、12 和 5、9、2 的顶点。最终可获得规则三角形单元 12 点控制网格的全局编号。

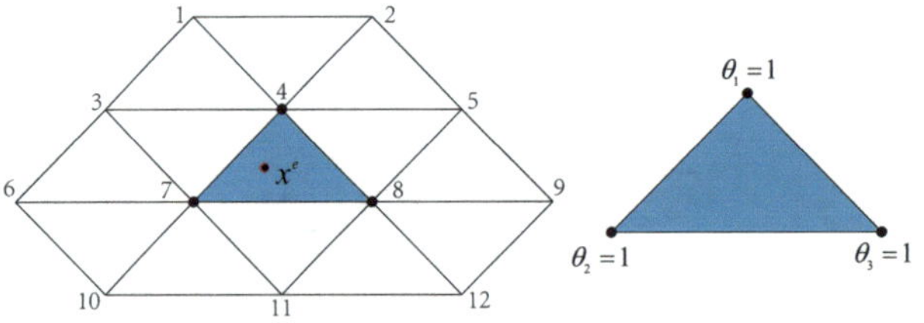

图 3-9　Loop 细分曲面的规则三角形单元下控制网格顶点排序

曲面拟合程序实现于 Fortran90 语言。例如对第一条边 L_{47} 进行处理,首先判断这个单元的第一条边的实际全局编号,得到这一条边的全局编号 iedge,然后判断这条边所在的另外一个单元编号(储存在 kelem 变量里),以获得与该边相对应的外边上三个点的全局编号。通过第一条边(点 4、7 连成线),可获得点 1、3、6 全局编号,具体实现过程如下:

```
Weights_L1 = tf.Varitble(tf.random_normal([n,128]))
biases_L1 = tf.Varitble(tf.zeros([1,128]))
Wx_plus_b_L1 = tf.matmul(x,Weights_L1) + biases_L1
L1 = tf.nn.tanh(Wx_plus_b_L1)

Weights_L2 = tf.Varitble(tf.random_normal([128,64]))
biases_L2 = tf.Varitble(tf.zeros([1,64]))
Wx_plus_b_L2 = tf.matmul(L1,Weights_L2) + biases_L2
L2 = tf.nn.tanh(Wx_plus_b_L2)

Weights_L3 = tf.Varitble(tf.random_normal([64,m]))
biases_L3 = tf.Varitble(tf.zeros([1,m]))
```

```
Wx_plus_b_L3 = tf.matmul(L2,Weights_L3) + biases_L3
prediction = tf.nn.tanh(Wx_plus_b_L3)

loss = tf.reduce_mean(tf.square(y-prediction))
train_step = tf.train.GradientDescentOptimizer(0.002).minimize(loss)
```

该三角形单元在局部参数坐标系下的映射曲面形状表述为

$$x^e(\theta_1,\theta_2,\theta_3)=\sum_{i=1}^{12}B_i(\theta_1,\theta_2,\theta_3)\,C_i\text{。} \tag{3-10}$$

式中，C_i 是第 i 个控制顶点的坐标。采用面积坐标表示三角形参数空间域，因基函数在每个参数的最大次数是 4，故所求的面片是四次箱样条。$B_i(\theta_1,\theta_2,\theta_3)$ 是采用箱样条的基函数，参数 $\theta_1\in[0,1]$，$\theta_2\in[0,1-\theta_1]$，$\theta_3\in[0,1-\theta_1-\theta_2]$，即 $\theta_1+\theta_2+\theta_3=1$。顶点 4 的坐标为(1,0,0)，顶点 7 的坐标为(0,1,0)，顶点 8 的坐标为(0,0,1)。参数域采用(θ_2,θ_3)时，顶点 4 的坐标为(0,0)，得到不规则点所在参数域位置。所以，基函数 B_i 的表达式如下所示：

$$B_1=\frac{1}{12}(\theta_1^4+2\theta_1^3\theta_2)\,,$$

$$B_2=\frac{1}{12}(\theta_1^4+2\theta_1^3\theta_3)\,,$$

$$B_3=\frac{1}{12}(\theta_1^4+2\theta_1^3\theta_3+6\theta_1^3\theta_2+6\theta_1^2\theta_2\theta_3+12\theta_1^2\theta_2{}^2+6\theta_1\theta_2^2\theta_3+6\theta_1\theta_2^3+2\theta_2^3\theta_3+\theta_2^4)\,,$$

$$B_4=\frac{1}{12}(6\theta_1^4+24\theta_1^3\theta_3+24\theta_1^2\theta_3^2+8\theta_1\theta_3^3+\theta_3^4+24\theta_1^3\theta_2+60\theta_1^2\theta_2 w+36\theta_1\theta_2\theta_3^2+$$
$$6\theta_2\theta_3^3+24\theta_1^2\theta_2^2+36\theta_1\theta_2^2\theta_3+12\theta_2^2\theta_3^2+8\theta_1\theta_2^3+6v^3\theta_3+\theta_2^4)\,,$$

$$B_5=\frac{1}{12}(\theta_1^4+6\theta_1^3\theta_3+12\theta_1^2\theta_3^2+6\theta_1\theta_3^3+\theta_3^4+2\theta_1^3\theta_2+6\theta_1^2\theta_2\theta_3+6\theta_1\theta_2\theta_3^2+2\theta_2\theta_3^3)\,,$$

$$B_6=\frac{1}{12}(2\theta_1\theta_2^3+\theta_2^4)\,,$$

$$B_7=\frac{1}{12}(\theta_1^4+6\theta_1\theta_3^3+12\theta_1^2\theta_3^2+6\theta_1\theta_3^3+\theta_3^4+8\theta_1^3\theta_2+36\theta_1^2\theta_2\theta_3+36\theta_1\theta_2\theta_3^2+8\theta_2\theta_3^3+$$
$$24\theta_1^2\theta_2^2+60\theta_1\theta_2^2\theta_3+24\theta_2^2\theta_3^2+24\theta_1\theta_2^3+24\theta_2^3\theta_3+6\theta_2^4)\,,$$

$$B_8=\frac{1}{12}(\theta_1^4+8\theta_1^3\theta_3+24\theta_1^2\theta_3^2+24\theta_1\theta_3^3+6\theta_3^4+6\theta_1^3\theta_2+36\theta_1^2\theta_2\theta_3+60\theta_1\theta_2\theta_3^2+$$
$$24\theta_2\theta_3^3+12\theta_1^2\theta_2^2+36\theta_1\theta_2^2\theta_3+24\theta_2^2\theta_3^2+6\theta_1\theta_2^3+8\theta_2^3\theta_3+\theta_2^4)\,,$$

$$B_9=\frac{1}{12}(2\theta_1\theta_3^3+\theta_3^4)\,,$$

$$B_{10}=\frac{1}{12}(2v^3\theta_3+\theta_2^4)\,,$$

$$B_{11}=\frac{1}{12}(2\theta_1\theta_3^3+\theta_3^4+6\theta_1\theta_2\theta_3^2+6\theta_2\theta_3^3+6\theta_1\theta_2^2\theta_3+12\theta_2^2\theta_3^2+2\theta_1\theta_2^3+6v^3\theta_3+\theta_2^4)\,,$$

$$B_{12}=\frac{1}{12}(\theta_3^4+2\theta_2\theta_3^3)。$$

在复杂的控制网格中，不规则顶点是存在的，并不会随着细分次数的增加而减少。因此，曲面拟合的过程中可能会存在三角形单元中顶点的价数 $v\neq6$ 的情况，该类单元被称作不规则单元。类似地，在对不规则三角形单元进行曲面拟合时，需要对该三角形单元及与其相关联的单元顶点按图 3-10 中左图重新编号。定义单元中三个顶点的编号分别为 1、2 和 $v+1$。同样，根据边所在三角形单元找到相对应的顶点 $v+2$、$v+3$、$v+4$、$v+5$ 和 $v+6$。其中，关于不规则顶点 1 的处理是由边 L_{12} 找到编号为 3 的顶点。之后，由边 L_{12} 找到顶点 4，由边 L_{14} 找到顶点 5，由边 L_{15} 找到顶点 6……直到由边 L_{16} 找到顶点 n_v。最终可获得不规则三角形单元 $v+6$ 点控制网格的全局编号。通过以上操作可遍历出该不规则单元的周边所有节点的全局编号，其中补充其他点信息如下：

```
if(vertice>6) then
 do i = 1,vertice-6
   if(edgeelem(ikedge,1) = = ikelem) then
     kelem = edgeelem(ikedge,2)
   else
     kelem = edgeelem(ikedge,1)
   endif
   do i = 1,3
     iedge = elemedge(kelem,j)
     if(iia = = edge(iedge,1).and.nodetonode(vertice,i) = = edge(iedge,2)
     or.iia = = edge(iedge,2).and.nodetonode(vertice-i) = = edge(iedge,1) then
       ikedge = iedge
       if(edge(iedge,3) = = nodetonode(vertice-i + 1)) then
         nodetonode(vertice-i-1) = edge(iedge,4)
       else
         nodetonode(vertice-i-1) = edge(iedge,3)
       endif
     endif
   enddo
   ikelem = kelem
 enddo
endif
```

因不规则单元的基函数的隐式表达，故对该类单元进行拟合操作前需做特殊处理。$\boldsymbol{C}_0^{\mathrm{T}}$ 用来储存初始不规则点所在单元的 1-环相邻的 $v+6$ 个顶点信息，$\boldsymbol{C}_1^{\mathrm{T}}$ 和 $\bar{\boldsymbol{C}}_1^{\mathrm{T}}$ 用来储存不规则点所在三角形单元细分 1 次后 1-环相邻 $v+6$ 及 $v+12$ 控制网格信息。

$$\boldsymbol{C}_0^{\mathrm{T}}=[x_{0,1},x_{0,2},\cdots,x_{0,v+6}],$$

$$\boldsymbol{C}_1^{\mathrm{T}}=[x_{1,1},x_{1,2},\cdots,x_{1,v+6}],$$

$$\bar{\boldsymbol{C}}_1^{\mathrm{T}}=[x_{1,1},x_{1,2},\cdots,x_{1,v+6},x_{1,v+7},\cdots,x_{1,v+12}]。$$

引入两个细分矩阵 $\boldsymbol{A}$ 和 $\bar{\boldsymbol{A}}$，用来储存每次细分后控制网格信息的变化信息，将细分前顶点的位置转化为细分后次序排列一致的控制网格信息。则 $\boldsymbol{C}$ 和 $\bar{\boldsymbol{C}}$ 可分别表示为

$$\boldsymbol{C}_1=\boldsymbol{A}\,\boldsymbol{C}_0,$$

$$\bar{\boldsymbol{C}}_1=\bar{\boldsymbol{A}}\,\boldsymbol{C}_0。$$

故

$$\bar{\boldsymbol{C}}_n=\bar{\boldsymbol{A}}\,\boldsymbol{C}_{n-1}=\bar{\boldsymbol{A}}\,\boldsymbol{A}^{n-1}\boldsymbol{C}_0。\tag{3-11}$$

通过对该不规则三角形单元进行细分，细分 1 次生成 4 个子三角形单元，其中三个不包含原始不规则顶点的子单元为规则单元，另外一个为不规则单元。如果原始参数域内的计算点落在规则子单元上，则采用规则插值算法得到该点的曲面映射点坐标。如果原始参数域内的计算点落在不规则子单元上，则进一步对该子不规则单元进行细分，直至落在规则的子单元上，如图 3-10 中右图所示。计算表达式为

$$x^e(\theta_1,\theta_2,\theta_3)\,|_{\Gamma_m^l}=\sum_{i=1}^{12}B_i(\theta_1,\theta_2,\theta_3)\,C_i\,|_{\Gamma_m^l}=\boldsymbol{C}_0^{\mathrm{T}}(\boldsymbol{P}_m\bar{\boldsymbol{A}}\boldsymbol{A}^{l-1})^{\mathrm{T}}B(t_{l,m}(\theta_1,\theta_2,\theta_3))。$$

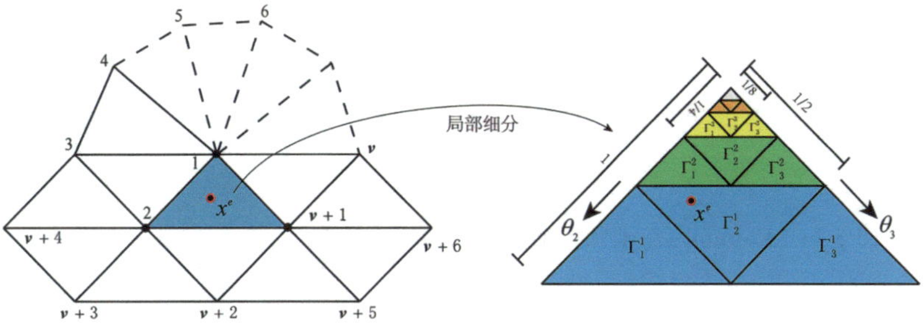

图 3-10 Loop 细分曲面的不规则三角形单元下控制网格顶点排序

这里要注意到引入了一个新的拾取矩阵 $\boldsymbol{P}_m(m=1,2,3)$，它使得不规则单元细分后的单元信息与规则单元之间建立了联系，在三个规则子单元与其相对应位置的值为 1。$\boldsymbol{P}_1(1,3)=1$，$\boldsymbol{P}_1(2,1)=1$，$\boldsymbol{P}_1(3,v+4)=1$，$\boldsymbol{P}_1(4,2)=1$，$\boldsymbol{P}_1(5,v+1)=1$，$\boldsymbol{P}_1(6,v+9)=1$，$\boldsymbol{P}_1(7,v+3)=1$，$\boldsymbol{P}_1(8,v+2)=1$，$\boldsymbol{P}_1(9,v+5)=1$，$\boldsymbol{P}_1(10,v+8)=1$，$\boldsymbol{P}_1(11,v+7)=1$，$\boldsymbol{P}_1(12,v+10)=1$。不规则单元细分后得到的三个规则子单元的参数域为

$$\Gamma_1^k=\{(\theta_2,\theta_3)\mid\theta_2\in[2^{-n},2^{-n+1}],\theta_3\in[0,2^{-n+1}-\theta_2]\},$$

$$\Gamma_2^k=\{(\theta_2,\theta_3)\mid\theta_2\in[0,2^{-n}],\theta_3\in[0,\theta_2]\},$$

$$\Gamma_3^k=\{(\theta_2,\theta_3)\mid\theta_2\in[0,2^{-n}],\theta_3\in[2^{-n},2^{-n+1}-\theta_2]\}。$$

3.1.3.2 Catmull-Clark 细分曲面拟合

Catmull-Clark 细分曲面拟合中，一个四边形单元的曲面拟合依赖于与其相邻顶点所构成的样条基函数。对于规则单元的拟合，是将均匀的 B 样条节点插入到任意拓扑的网格中，

从而得到一个光滑的曲面。通过一定级数的 Catmull-Clark 细分后对得到的控制网格进行曲面拟合，将网格表面进行局部参数化后，得到控制网格中每个四边形单元在局部重心坐标中可表示为

$$x^e(\theta_1,\theta_2)=\sum_{i=1}^{16}B_i(\theta_1,\theta_2)\,C_i。$$

式中，$B_i(\theta_1,\theta_2)$是双三次B样条基函数，C_i 是规则四边形单元1-环相邻16个顶点的第i个控制顶点的坐标，参数域 $\Gamma=\{(\theta_1,\theta_2)\mid\theta_1\in(0,1),\theta_2\in(0,1-\theta_1)\}$。采用面积坐标表示四边形参数空间域，因基函数在每个参数的最大次数是三次，故所求的面片是双三次 B 样条。双三次 B 样条表示为

$$B_i(\theta_1,\theta_2)=N_{(i-1)\%4}(\theta_1)\,N_{(i-1)/4}(\theta_2)。$$

式中，%表示取余数，/表示取除数。双三次 B 样条基函数由细分曲线分析中公式(3-3)得到。

在对规则四边形单元进行拟合时，需要对所要拟合的四边形单元 1-环相邻 16 个顶点重新进行编号。按照如图 3-11 所示的控制网格排列次序，可以看出所拟合单元的编号为 6、7、11 和 10。通过索引可找到规则四边形单元 1-环相邻 16 个顶点的全局编号和位置坐标。

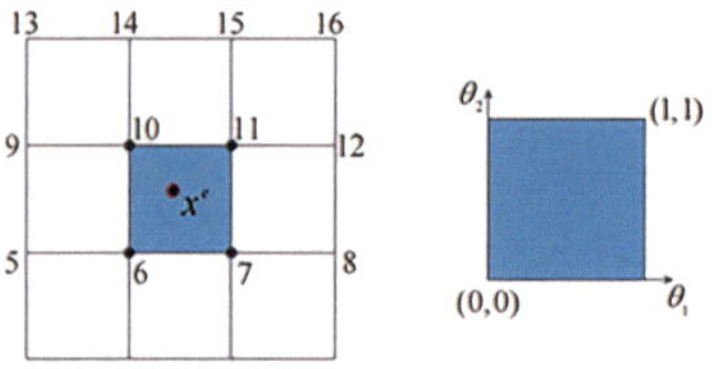

图 3-11　Catmull-Clark 细分曲面的规则四边形单元下控制网格顶点排序

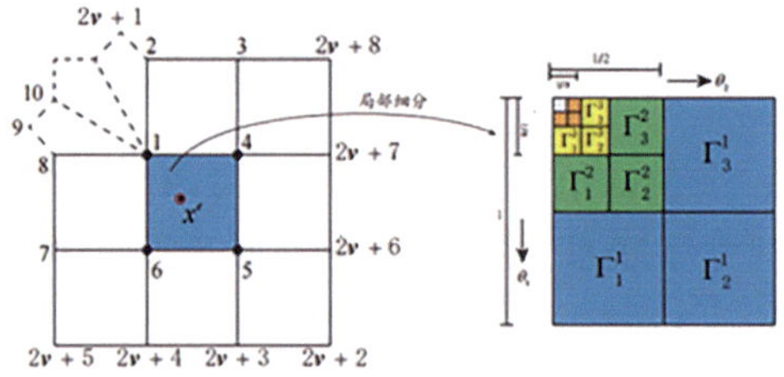

图 3-12　Catmull-Clark 细分曲面的不规则四边形单元下控制网格顶点排序

同样，在对不规则四边形单元进行拟合时，将不规则单元细分 1 次生成 4 个子四边形单元。如果原始参数域内的计算点落在规则子单元上，则采用规则插值算法得到该点的曲面映射点坐标；如果原始参数域内的计算点落在不规则子单元上，则进一步对该子不规则单元进行细分，直至落在规则的子单元上，如图 3-12 中右图所示。计算表达式为

$$x^e(\theta_1,\theta_2)\big|_{\Gamma_m^n}=\sum_{i=1}^{16}B_i(\theta_1,\theta_2)\,C_i\big|_{\Gamma_m^n}=\boldsymbol{C}_0^{\mathrm{T}}(\boldsymbol{P}_m\bar{\boldsymbol{A}}\boldsymbol{A}^{l-1})^{\mathrm{T}}B(t_{n,m}(\theta_1,\theta_2))。$$

3.1.4 小结

本节首先介绍了二维和三维细分方法的基本理论和算法的实现过程，通过一些简单的和复杂的算例验证了算法的有效性和稳定性。接着对 Loop 和 Catmull-Clark 两种细分方法进行了曲面拟合分析，其中 Loop 细分曲面法采用了箱样条插值，Catmull-Clark 细分曲面法采用了双三次 B 样条插值。对于存在不规则顶点的单元处理，因其基函数的隐式表达，需要对不规则单元进行局部细分，将拟合点落在细分后规则单元块中，从而构造新的基函数。

3.2 基于细分曲面的等几何边界元声学分析

3.2.1 传统的声学边界元方程

3.2.1.1 Helmholtz 方程及基本解

考虑均匀流体介质中声波传播的线性波动方程

$$\left(\nabla^2-\frac{1}{c^2}\frac{\partial^2}{\partial t^2}\right)u(x,t)=0。\tag{3-12}$$

式中，∇^2 表示 Laplace 算子，c 是流体中声波的传播速度。$u(x,t)$ 表示域内 x 点处在 t 时刻的速度势函数。对于简谐波动

$$u(x,t)=\varphi(x)\mathrm{e}^{-\mathrm{i}\omega t}。\tag{3-13}$$

式中，$\varphi(x)$ 是点 x 处的速度势函数幅值，ω 是角频率，$\mathrm{i}=\sqrt{-1}$ 是虚单位。将式(3-13)代入线性波动方程(3-12)，得

$$\left(\nabla^2+\frac{\omega^2}{c^2}\right)\varphi(x)\mathrm{e}^{-\mathrm{i}\omega t}=0。$$

消除 $\mathrm{e}^{-\mathrm{i}\omega t}$ 项，得到 Helmholtz 方程：

$$\nabla^2\varphi(x)+k^2\varphi(x)=0。\tag{3-14}$$

式中，$k=\omega/c$ 为波数。

声压幅值函数 $p(x)$ 和速度势幅值函数 $\varphi(x)$ 之间的关系表示为 $p(x)=\mathrm{i}\omega\rho\,\varphi(x)$，其中 ρ 代表流体介质密度。由式(3-14) 得

$$\nabla^2 p(x)+k^2 p(x)=0。\tag{3-15}$$

该式是基于声压的 Helmholtz 方程，其基本解是关于场点 y 和源点 x 的 Green 函数 $G(x,y)$。$G(x,y)$ 满足微分方程

$$\nabla^2 G(x,y)+k^2 G(x,y)=-\delta(x,y)。\tag{3-16}$$

式中，$\delta(x,y)$ 表示 Dirac 函数。可以把它作为单位集中量的密度函数，主要满足以下两点：

$$\delta(x,y)=\begin{cases}\infty, & x=y;\\ 0, & x\neq y。\end{cases}$$

$$\int_{-\infty}^{+\infty}\delta(x,y)\,\mathrm{d}x=1。$$

当 $x\neq y$ 时，Green 函数满足 Helmholtz 方程，有

$$\nabla^2 G(x,y)+k^2 G(x,y)=0。\tag{3-17}$$

由于 Dirac 函数的对称性，得到基本解只是径向坐标 r 的函数，$r=|x-y|$。

$$\frac{1}{r^2}\frac{\partial}{\partial r}\left(r^2\frac{\partial G}{\partial r}\right)+k^2 G=0。$$

这个常微分方程的通解是

$$G=C_1\frac{\mathrm{e}^{\mathrm{i}kr}}{r}+C_2\frac{\mathrm{e}^{-\mathrm{i}kr}}{r}。\tag{3-18}$$

式中，C_1 和 C_2 是常系数。右式的两项表示两个方向相反的波，仅考虑 $C_2=0$ 的情况。使用 Gauss 散度定理，将三维区域积分化为边界区域积分：

$$\int_{\Omega_\varepsilon}\nabla^2 G(x,y)\,\mathrm{d}\Omega_\varepsilon=\int_{\Gamma_\varepsilon}\frac{\partial G(x,y)}{\partial \boldsymbol{n}}\,\mathrm{d}\Gamma_\varepsilon。\tag{3-19}$$

由于 Ω_ε 是半径为 ε 的球形区域，$\partial G(x,y)/\partial\boldsymbol{n}=\partial G(x,y)/\partial r$，$\mathrm{d}\Gamma_\varepsilon=r^2\sin\theta_1\,\mathrm{d}\theta_1\,\mathrm{d}\theta_2$，将式(3-18) 代入式(3-19)，可得到 $C_1=-1/4\pi$。因此，三维声场问题的基本解

$$G(x,y)=\frac{\mathrm{e}^{\mathrm{i}kr}}{4\pi r}。\tag{3-20}$$

其法向导数

$$\frac{\partial G(x,y)}{\partial\boldsymbol{n}}=\frac{\mathrm{e}^{\mathrm{i}kr}}{4\pi r}(\mathrm{i}kr-1)\frac{\partial r}{\partial\boldsymbol{n}}。$$

3.2.1.2 BIE 及声学边界条件

对于单位强度的点源，Helmholtz 方程表示为

$$\nabla^2 p(x,y)+k^2 p(x,y)=0,\quad x\neq y。\tag{3-21}$$

Green 第二公式表示为

$$\int_\Omega (G\,\nabla^2 p-p\,\nabla^2 G)\,\mathrm{d}\Omega=\int_\Gamma\left(G\frac{\partial p}{\partial\boldsymbol{n}}-p\frac{\partial G}{\partial\boldsymbol{n}}\right)\mathrm{d}\Gamma。\tag{3-22}$$

将上式转化为

$$\int_\Omega (\nabla^2 G+k^2 G)p\,\mathrm{d}\Omega=\int_\Gamma\left(p\frac{\partial G}{\partial\boldsymbol{n}}-G\frac{\partial p}{\partial\boldsymbol{n}}\right)\mathrm{d}\Gamma。\tag{3-23}$$

其中，$\nabla^2 p=-k^2 p$。为了得到源点在边界上取值的 BIE，需要把源点 x 移动到边界上，在 $\partial p/\partial\boldsymbol{n}$ 中当 $x=y$ 时会导致积分中的奇异问题。为避免奇异性在域内，引入以 ε 为半径的球进行拓扑，式(3-23) 扩展为

$$\int_{\Omega\backslash\Omega_\varepsilon}(\nabla^2 G+k^2 G)\ p\ \mathrm{d}\Omega=\int_\Gamma\left(p\frac{\partial G}{\partial \boldsymbol{n}}-G\frac{\partial p}{\partial \boldsymbol{n}}\right)\ \mathrm{d}\Gamma+\int_{\Gamma_\varepsilon}\left(p\frac{\partial G}{\partial \boldsymbol{n}}-G\frac{\partial p}{\partial \boldsymbol{n}}\right)\ \mathrm{d}\Gamma。$$

根据 Dirac 函数的性质，左项对 $\Omega\backslash\Omega_\varepsilon$ 的积分消失后得到

$$0=\int_\Gamma\left[p(y)\frac{\partial G(x,y)}{\partial \boldsymbol{n}(y)}-G(x,y)\frac{\partial p(y)}{\partial \boldsymbol{n}(y)}\right]\ \mathrm{d}\Gamma+\int_{\Gamma_\varepsilon}\left[p(y)\frac{\partial G(x,y)}{\partial \boldsymbol{n}(y)}-G(x,y)\frac{\partial p(y)}{\partial \boldsymbol{n}(y)}\right]\ \mathrm{d}\Gamma。\tag{3-24}$$

对函数 $p(y)$进行 Taylor 展开，可得

$$\int_{\Gamma_\varepsilon}p(y)\frac{\partial G(x,y)}{\partial \boldsymbol{n}(y)}\ \mathrm{d}\Gamma=\int_{\Gamma_\varepsilon}[p(y)-p(x)]\frac{\partial G(x,y)}{\partial \boldsymbol{n}(y)}\ \mathrm{d}\Gamma+p(x)\int_{\Gamma_\varepsilon}\frac{\partial G(x,y)}{\partial \boldsymbol{n}(y)}\ \mathrm{d}\Gamma。\tag{3-25}$$

当 $\varepsilon\to 0$ 时，式(3-25) 右边第一项中的$[p(y)-p(x)]=0$，第二项中的$\int_{\Gamma_\varepsilon}\frac{\partial G(x,y)}{\partial \boldsymbol{n}(y)}\ \mathrm{d}\Gamma=1$。因此，

$$\lim_{\varepsilon\to 0}\int_{\Gamma_\varepsilon}p(y)\frac{\partial G(x,y)}{\partial \boldsymbol{n}(y)}\ \mathrm{d}\Gamma=p(x)。\tag{3-26}$$

相同的方法对 $\partial p(y)/\partial \boldsymbol{n}(y)$ 展开，可得

$$\int_{\Gamma_\varepsilon}G(x,y)\frac{\partial p(y)}{\partial \boldsymbol{n}(y)}\ \mathrm{d}\Gamma=\int_{\Gamma_\varepsilon}G(x,y)\left[\frac{\partial p(y)}{\partial \boldsymbol{n}(y)}-\frac{\partial p(x)}{\partial \boldsymbol{n}(y)}\right]\ \mathrm{d}\Gamma+\frac{\partial p(x)}{\partial \boldsymbol{n}(y)}\int_{\Gamma_\varepsilon}G(x,y)\ \mathrm{d}\Gamma。\tag{3-27}$$

当 $\varepsilon\to 0$ 时，式(3-27) 右边第一项中的 $\left[\frac{\partial p(y)}{\partial \boldsymbol{n}}-\frac{\partial p(x)}{\partial \boldsymbol{n}}\right]=0$，第二项中的$\int_{\Gamma_\varepsilon}\frac{\partial G(x,y)}{\partial \boldsymbol{n}(y)}\mathrm{d}\Gamma=0$。因此，

$$\lim_{\varepsilon\to 0}\int_{\Gamma_\varepsilon}G(x,y)\frac{\partial p(y)}{\partial \boldsymbol{n}(y)}\ \mathrm{d}\Gamma=0。\tag{3-28}$$

将式(3-26)和式(3-28)代入到(3-24)中，得

$$p(x)=\int_\Gamma\left[G(x,y)\frac{\partial p(y)}{\partial \boldsymbol{n}(y)}-p(y)\frac{\partial G(x,y)}{\partial \boldsymbol{n}(y)}\right]\ \mathrm{d}\Gamma。\tag{3-29}$$

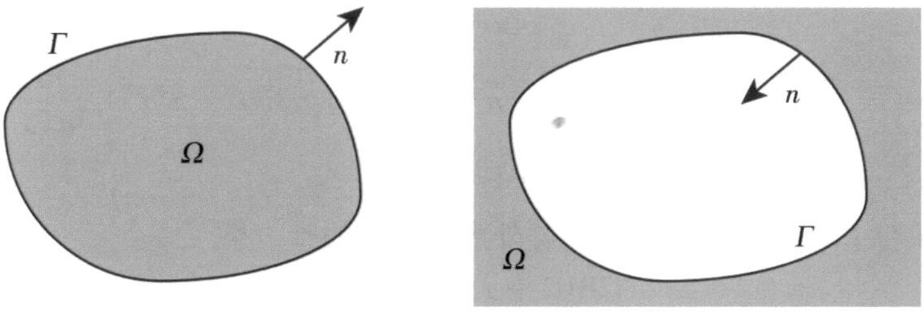

图 3-13 内外域的定义

内部和外部声学问题的定义如图 3-13 所示。对于声散射问题，总声压是散射声波引起

的声压与入射波的声压之和。因此,BIE 表示为

$$c(x)p(x)=\int_{\Gamma}\left[G(x,y)\,q(y)-p(y)\,\frac{\partial G(x,y)}{\partial \boldsymbol{n}(y)}\right]\,\mathrm{d}\Gamma+p_{\mathrm{inc}}(x)。 \tag{3-30}$$

式中,q 表示声压的法向通量值,$q(y)=\partial p(y)/\partial \boldsymbol{n}(y)$,$c(x)=1-\lim_{\varepsilon\to 0}\int_{\Gamma_{\varepsilon}}\frac{\partial G(x,y)}{\partial \boldsymbol{n}(y)}\,\mathrm{d}\Gamma$,系数 $c(x)$ 由点 x 处的几何形状决定,假定边界在 x 点处的光滑,$c(x)=1/2$,该 BIE 可用于求解入射声波问题。

对于声场问题,一般考虑以下边界条件:

1) Dirichlet 边界条件 Γ_p,给出未知函数在边界上的数值。

2) Neumann 边界条件 Γ_q,给出未知函数在边界外法线的方向导数。

3) Robin 边界条件 Γ_z,给出未知函数在边界上的函数值和外法向导数的线性组合。

$$\left.\begin{aligned}&p(x)=\bar{p}(x),\quad x\in\Gamma_p;\\&q(x)=\frac{\partial p(x)}{\partial \boldsymbol{n}}=\mathrm{i}\omega\rho\,\bar{v}(x),\quad x\in\Gamma_q;\\&p(x)=z\,v(x),x\in\Gamma_z。\end{aligned}\right\} \tag{3-31}$$

式中,v 表示法向速度,z 表示声阻抗率。上加线表示已知量值。

3.2.1.3 Burton-Miller 法求解的非唯一性

求解外声场问题时会出现虚假频率,因而导致非唯一解的现象。Copley 最早在 1967 提出了这一问题,到目前为止已有两种方法被广泛应用于边界元公式中。其中,CHIEF 是通过将域内积分方程移到 BIE,从而形成一个超定方程组。这个实现相对简单,但只适用于简单的声学模型。Burton 和 Miller 提出的另一种方法是,通过传统的 BIE(conventional BIE,CBIE)对源点的外法线方向求偏导,得到新的 BIE。由于新的 BIE 包含一个超奇异项,故称为超奇异 BIE(Hypersingular BIE,HBIE),表达如下:

$$\frac{1}{2}q(x)+\int_{\Gamma}\frac{\partial^2 G(x,y)}{\partial \boldsymbol{n}(x)\,\partial \boldsymbol{n}(y)}\,p(y)\,\mathrm{d}\Gamma=\int_{\Gamma}\frac{\partial G(x,y)}{\partial \boldsymbol{n}(x)}\,q(y)\,\mathrm{d}\Gamma+\frac{\partial p_{\mathrm{inc}}(x)}{\partial \boldsymbol{n}(x)}。 \tag{3-32}$$

对于三维声场问题,新的 Green 函数及其导数为

$$\frac{\partial G(x,y)}{\partial \boldsymbol{n}(x)}=-\frac{\mathrm{e}^{\mathrm{i}kr}}{4\pi r^2}(\mathrm{i}kr-1)\,\frac{\partial r}{\partial \boldsymbol{n}(x)}。$$

$$\frac{\partial^2 G(x,y)}{\partial \boldsymbol{n}(x)\,\partial \boldsymbol{n}(y)}=\frac{\mathrm{e}^{\mathrm{i}kr}}{4\pi r^2}\left[(1-\mathrm{i}kr)\,\boldsymbol{n}_j(x)\,\boldsymbol{n}_j(y)+(3-3\mathrm{i}kr-k^2r^2)\,\frac{\partial r}{\partial \boldsymbol{n}(x)}\,\frac{\partial r}{\partial \boldsymbol{n}(y)}\right]。$$

式中,$\boldsymbol{n}_j$ 表示 $\boldsymbol{n}(x)$ 和 $\boldsymbol{n}(y)$ 的 Descartes 坐标系分量。

利用 CBIE 与 HBIE 的线性组合求解外声学问题的唯一解

$$\mathrm{CBIE}+\alpha\,\mathrm{HBIE}=0。$$

式中,α 是耦合系数。当波数 $k>1$ 时,$\alpha=\mathrm{i}/k$;当 $k\leqslant 1$ 时,$\alpha=\mathrm{i}$。将上式展开,得

$$\frac{1}{2}p(x)+\frac{\alpha}{2}\,q(x)+\int_{\Gamma}\frac{\partial G(x,y)}{\partial \boldsymbol{n}(y)}\,p(y)\,\mathrm{d}\Gamma+\alpha\int_{\Gamma}\frac{\partial^2 G(x,y)}{\partial \boldsymbol{n}(x)\,\partial \boldsymbol{n}(y)}\,p(y)\,\mathrm{d}\Gamma=$$

$$\int_{\Gamma} \partial G(x,y)\, q(y)\, \mathrm{d}\Gamma + \alpha \int_{\Gamma} \frac{\partial G(x,y)}{\partial \boldsymbol{n}(x)}\, q(y)\, \mathrm{d}\Gamma + p_{\text{inc}}(x) + \alpha \frac{\partial p_{\text{inc}}(x)}{\partial \boldsymbol{n}(x)}。$$

3.2.2 细分曲面边界离散积分方程

3.2.2.1 BIE 的离散化

在得到传统的三维声场 BIE 后,接下来是对 BIE 的离散得到系统方程组。通常会采用常量单元、线性单元和二次单元等,它们对应的插值函数均为 Lagrange 插值函数,但对应的阶次各有不同。本节中的物理场将分别采用箱样条和双三次 B 样条插值函数来代替 Lagrange 插值函数,更高阶的插值函数提高了计算的精度。通过配点法得到线性代数方程组来求解未知边界量。

首先将边界离散为若干个单元。

$$\Gamma = \sum_{e=1}^{N_{el}} \Gamma_e。\tag{3-33}$$

式中,N_{el} 表示总单元数,Γ_e 表示单元索引。控制网格单元由细分曲面法得到,场点 $y(\xi,\eta)$ 的基函数被定义在规则单元块的控制网格中,基函数与单元块中的控制点一一对应。声压及其法向导数离散为

$$\left.\begin{aligned} p(y(\xi,\eta)) &= \sum_{k=1}^{N_v} N_k(y(\xi,\eta))\, p_k, \\ q(y(\xi,\eta)) &= \sum_{k=1}^{N_v} N_k(y(\xi,\eta))\, \frac{\partial p_k}{\partial \boldsymbol{n}}。\end{aligned}\right\} \tag{3-34}$$

式中,N_v 表示规则基函数的数目,k 表示局部单元块中的编号索引。BIE 完全离散的表达式为

$$\begin{aligned} \frac{1}{2} p(x) = {} & \sum_{e=1}^{N_{el}} \sum_{k=1}^{N_v} \frac{\partial p_k^e}{\partial \boldsymbol{n}} \int_{\Gamma_e} N_k(y(\xi,\eta))\, G(x,y(\xi,\eta))\, \mathrm{d}\Gamma_e - \\ & \sum_{e=1}^{N_{el}} \sum_{k=1}^{N_v} p_k^e \int_{\Gamma_e} N_k(y(\xi,\eta))\, \frac{\partial G(x,y(\xi,\eta))}{\partial \boldsymbol{n}}\, \mathrm{d}\Gamma_e + p_{\text{inc}}(x)。\end{aligned} \tag{3-35}$$

离散 BIE 式(3-35)利用具有相应节点系数的 Loop 细分曲面基函数插值声压及其法向导数。节点系数与控制点相关,因此方程中未知变量的个数等于控制点的个数。BEM 必须建立与控制点数目相同的 BIE,从而形成求解未知节点系数的方程组。一种方法是利用配点法选择多个源点的位置,生成一个方程组。另一种方法是应用 Galerkin 方法,但这涉及跨边界的双重积分,计算要复杂得多。对于一个给定的单元 Γ_e,用参数坐标 $C_e \in [x^e(0,0), x^e(1,0), x^e(0,1)]$ 通过单元的三个顶点来定义配点:

$$C = \sum_{e=1}^{N_{el}} C_e。\tag{3-36}$$

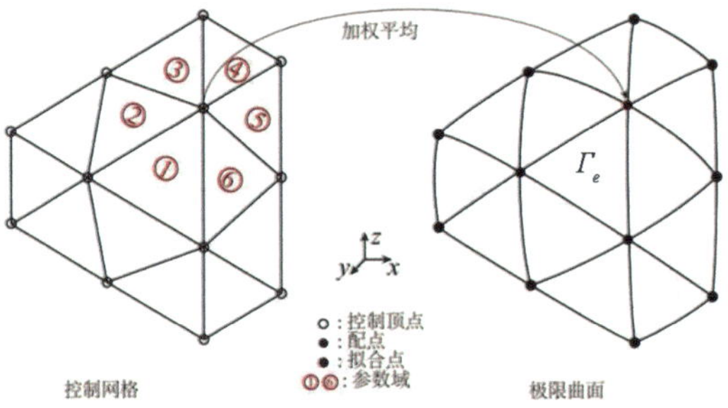

图 3-14 Loop 细分曲面中一个规则单元块的控制网格和极限曲面示意图

配点个数与控制点相同,但控制顶点与配点并不重合,如图 3-14 所示。对于第 $i(e,k)$ 次配置,完全离散的 BIE 为

$$\frac{1}{2}p(x_i)+\sum_{e=1}^{N_{el}}\sum_{k=1}^{12}p_k^e\int_{\Gamma_e}N_k(y(\xi,\eta))\frac{\partial G(x_i,y(\xi,\eta))}{\partial \boldsymbol{n}}\mathrm{d}\Gamma_e=$$
$$\sum_{e=1}^{N_{el}}\sum_{k=1}^{12}\frac{\partial p_k^e}{\partial \boldsymbol{n}}\int_{\Gamma_e}N_k(y(\xi,\eta))\,G(x_i,y(\xi,\eta))\,\mathrm{d}\Gamma_e+p_{\mathrm{inc}}(x_i)。\tag{3-37}$$

式中,x_i 表示第 i 个配点,k 表示全局基函数(Loop 细分曲面中 $N_v=12$,Catmull-Clark 细分曲面中 $N_v=16$)。系统方程组可表示为

$$\boldsymbol{H}\,\boldsymbol{p}=\boldsymbol{G}\,\boldsymbol{q}+\boldsymbol{p}_{\mathrm{inc}}。\tag{3-38}$$

式中,$\boldsymbol{p}$ 和 $\boldsymbol{q}$ 分别为声压和声压法向导数的矢量。矩阵 $\boldsymbol{H}$ 和 $\boldsymbol{G}$ 分别为

$$\left.\begin{aligned}\boldsymbol{H}_{ik}&=\frac{1}{2}N_k(x_i)+\sum_{e=1}^{N_{el}}\int_{\Gamma_e}N_k(y(\xi,\eta))\frac{\partial G(x_i,y(\xi,\eta))}{\partial \boldsymbol{n}}\mathrm{d}\Gamma_e,\\ \boldsymbol{G}_{ik}&=\sum_{e=1}^{N_{el}}\int_{\Gamma_e}N_k(y(\xi,\eta))\,G(x_i,y(\xi,\eta))\,\mathrm{d}\Gamma_e+p_{\mathrm{inc}}(x_i)。\end{aligned}\right\}\tag{3-39}$$

3.2.2.2 单元积分的计算

边界元系数矩阵由若干离散积分的和得到,这些离散积分在细分曲面单元中计算。在系统方程中,I_e 积分需要在细分曲面单元 Γ_e 中求得:

$$I_e=\int_{\Gamma_e}N_k(y(\xi,\eta))\,G(x,y(\xi,\eta))\,\mathrm{d}\Gamma。\tag{3-40}$$

式中,Γ_e 在 Cartesian 坐标系中表示的曲面可以用由一个局部的参考单元坐标系(ξ,η)映射得到。$\mathrm{d}\Gamma=|\boldsymbol{J}|\,\mathrm{d}\xi\,\mathrm{d}\eta$,其中 $|\boldsymbol{J}|=\sqrt{J_1^2+J_2^2+J_3^2}$ 表示从参考单元到实际曲面变换的 Jacobian 矩阵。

$$J_1=\frac{\partial x_2}{\partial \xi}\frac{\partial x_3}{\partial \eta}-\frac{\partial x_3}{\partial \xi}\frac{\partial x_2}{\partial \eta},$$

$$J_2=\frac{\partial x_3}{\partial \xi}\frac{\partial x_1}{\partial \eta}-\frac{\partial x_1}{\partial \xi}\frac{\partial x_3}{\partial \eta},$$

$$J_3 = \frac{\partial x_1}{\partial \xi}\frac{\partial x_2}{\partial \eta} - \frac{\partial x_2}{\partial \xi}\frac{\partial x_1}{\partial \eta}。$$

此时,积分在参考单元中计算得到

$$I_e = \int_{\eta=0}^{1}\int_{\xi=0}^{1-\eta} N_k(y(\xi,\eta))\, G(x, y(\xi,\eta))\, |\boldsymbol{J}|\, \mathrm{d}\xi\, \mathrm{d}\eta。 \tag{3-41}$$

利用三角形的 Gauss 求积,式(3-41)可近似为以下表达式:

$$I_e = \frac{1}{2}\sum_{i=1}^{N_G}\sum_{j=1}^{N_G} N_k(y(\xi_i,\eta_j))\, G(x, y(\xi_i,\eta_j))\, |\boldsymbol{J}(\xi_i,\eta_j)|\, \omega_{ij}。 \tag{3-42}$$

式中,ω_{ij} 表示权重系数,N_G 表示 Gauss 积分点的数量。

3.2.3 奇异积分

3.2.3.1 弱奇异积分

在 Green 函数 $G = \frac{\mathrm{e}^{\mathrm{i}kr}}{4\pi r}$ 中,$r \to 0$ 时会导致场点和源点之间的距离较小,得到的积分为弱奇异性,传统的 Gauss 求积方法不能准确地计算积分。三维面单元中弱奇异积分的有效处理方法是极坐标变换,如图 3-15 所示。极坐标的原点建立在奇异点 x 处,局部坐标表示为 (ξ_s, η_s),单元 Γ_e 中的场点 y 点的局部坐标表示为 (ξ, η)。

$$\left.\begin{aligned} \xi &= \xi_s + \bar{\rho}\cos\theta, \\ \eta &= \eta_s + \bar{\rho}\sin\theta。\end{aligned}\right\} \tag{3-43}$$

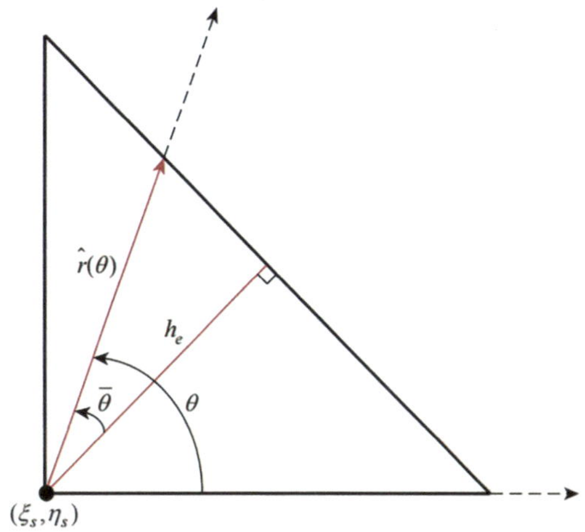

图 3-15 Loop 细分曲面中三角形单元极坐标变换

其导数

$$\left.\begin{aligned} \mathrm{d}\xi &= \mathrm{d}\bar{\rho}\cos\theta - \bar{\rho}\sin\theta\,\mathrm{d}\theta, \\ \mathrm{d}\eta &= \mathrm{d}\bar{\rho}\sin\theta + \bar{\rho}\cos\theta\,\mathrm{d}\theta。\end{aligned}\right\} \tag{3-44}$$

式中，

$$d\xi\ d\eta=\sin\theta\cos\theta\ d\bar{\rho}\ d\bar{\rho}+\bar{\rho}\cos^2\theta\ d\bar{\rho}\ d\theta-\bar{\rho}\sin^2\theta\ d\theta\ d\bar{\rho}-\bar{\rho}\sin\theta\cos\theta\ d\theta\ d\theta。$$

$d\bar{\rho}\ d\bar{\rho}$ 和 $d\theta\ d\theta$ 消失，$d\bar{\rho}\ d\theta=-d\theta\ d\bar{\rho}$ 。因此，$d\xi\ d\eta=\bar{\rho}\ d\bar{\rho}\ d\theta$。坐标转换完成后，式中的积分项可写成

$$I_e=\int_{\theta_{e-1}}^{\theta_e}\int_0^{\hat{r}}G(\bar{\rho},\theta)\ N(\bar{p},\theta)\left|\boldsymbol{J}(\bar{\rho},\theta)\right|\bar{\rho}\ d\bar{\rho}\ d\theta。\tag{3-45}$$

式中，(θ_{e-1},θ_e) 表示在极坐标中单元 e 的角边界，$\hat{r}=h_e/\cos\bar{\theta}$ 。经过极坐标变换后，积分不再是奇异性。

3.2.3.2 强奇异积分

与矩阵 $\boldsymbol{G}$ 相对应的矩阵 $\boldsymbol{H}$ 同样也存在奇异性。矩阵 $\boldsymbol{H}$ 表示为 Green 函数的导数 $\frac{\partial G}{\partial \boldsymbol{n}}=\frac{e^{ikr}}{4\pi r^2}(ikr-1)\frac{\partial r}{\partial \boldsymbol{n}}$，其中 $1/r^2$ 会导致强奇异性问题。强奇异积分的计算是 BEM 发展中一个常见而又具有挑战性的问题。许多研究人员对此问题进行了研究，并提供了一些可靠的解决方案。这里采用正则化方法对 BIE 中的奇异核函数进行了处理，建立了新的 BIE，避免了奇异项的积分。从原 Green 函数的法向导数中减去 Green 函数的静态法向导数 $\frac{\partial \bar{G}}{\partial \boldsymbol{n}}=\frac{1}{4\pi r^2}$，然后把它加回来得到

$$\int_\Gamma\frac{\partial G(x,y)}{\partial \boldsymbol{n}(y)}p(y)\ d\Gamma=\int_\Gamma\left[\frac{\partial G(x,y)}{\partial \boldsymbol{n}(y)}-\frac{\partial \bar{G}(x,y)}{\partial \boldsymbol{n}(y)}\right]p(y)\ d\Gamma+\int_\Gamma\frac{\partial \bar{G}(x,y)}{\partial \boldsymbol{n}(y)}\ p(y)\ d\Gamma。\tag{3-46}$$

式中，第一项是非奇异性的，第二项是有奇异性的。这里关于 Helmholtz-Green 函数的奇异性问题转化为一个静态的 Laplace-Green 函数问题。源点的奇异部分 x 可从积分中减去，积分展开为

$$\int_\Gamma\frac{\partial \bar{G}(x,y)}{\partial \boldsymbol{n}(y)}p(y)\ d\Gamma(y)=\int_\Gamma\frac{\partial \bar{G}(x,y)}{\partial \boldsymbol{n}(y)}[p(y)-p(x)]\ d\Gamma(y)+\int_\Gamma\frac{\partial \bar{G}(x,y)}{\partial \boldsymbol{n}(y)}\ d\Gamma(y)p(x)。\tag{3-47}$$

式中，$\int_\Gamma\frac{\partial \bar{G}(x,y)}{\partial \boldsymbol{n}(y)}\ d\Gamma=-\frac{1}{2}$。假定边界光滑情况下，$\frac{1}{2}\ p(x)$ 项消失，此时 BIE 不存在奇异性，表示为

$$\int_\Gamma\left[\frac{\partial G(x,y)}{\partial \boldsymbol{n}(y)}p(y)-\frac{\partial \bar{G}(x,y)}{\partial \boldsymbol{n}(y)}p(x)\right]\ d\Gamma=\int_\Gamma G(x,y)\ q(y)\ d\Gamma+p_{\mathrm{inc}}(x)。\tag{3-48}$$

3.2.3.3 超强奇异积分

由于超奇异项 $1/r^3$ 的存在，使得 HBIE 的正则化更加困难。类似于强奇异项的处理，首先减去静态的 Green 函数导数得到

$$\int_{\Gamma}\frac{\partial^2 G(x,y)}{\partial \boldsymbol{n}(y)\,\partial \boldsymbol{n}(x)}p(y)\,\mathrm{d}\Gamma=\int_{\Gamma}\left[\frac{\partial^2 G(x,y)}{\partial \boldsymbol{n}(y)\,\partial \boldsymbol{n}(x)}-\frac{\partial^2 \bar{G}(x,y)}{\partial \boldsymbol{n}(y)\,\partial \boldsymbol{n}(x)}\right]p(y)\,\mathrm{d}\Gamma+\int_{\Gamma}\frac{\partial^2 \bar{G}(x,y)}{\partial \boldsymbol{n}(y)\,\partial \boldsymbol{n}(x)}p(y)\,\mathrm{d}\Gamma。\tag{3-49}$$

式中，第一项是非奇异性的，第二项可通过 Taylor 展开后减去相应的两项得到。

$$\int_{\Gamma}\frac{\partial^2 \bar{G}(x,y)}{\partial \boldsymbol{n}(y)\,\partial \boldsymbol{n}(x)}p(y)\,\mathrm{d}\Gamma(y)=\int_{\Gamma}\frac{\partial^2 \bar{G}(x,y)}{\partial \boldsymbol{n}(y)\,\partial \boldsymbol{n}(x)}\left[p(y)-p(x)-\nabla p(x)\,(y-x)\right]\mathrm{d}\Gamma(y)+p(x)\int_{\Gamma}\frac{\partial^2 \bar{G}(x,y)}{\partial \boldsymbol{n}(y)\,\partial \boldsymbol{n}(x)}\,\mathrm{d}\Gamma(y)\;\nabla p(x)\int_{\Gamma}\frac{\partial^2 \bar{G}(x,y)}{\partial \boldsymbol{n}(y)\,\partial \boldsymbol{n}(x)}(y-x)\,\mathrm{d}\Gamma(y)。\tag{3-50}$$

式中，$\nabla p(x)=\frac{\partial p(x)}{\partial v_1}\boldsymbol{v}_1+\frac{\partial p(x)}{\partial v_2}\boldsymbol{v}_2$，$\boldsymbol{v}_1$ 和 $\boldsymbol{v}_2$ 表示曲面上点的两个切向量。Laplace 积分恒等式用于正则化导出的奇异项为

$$\int_{\Gamma}\frac{\partial^2 \bar{G}(x,y)}{\partial \boldsymbol{n}(y)\,\partial \boldsymbol{n}(x)}\,\mathrm{d}\Gamma=0,\tag{3-51}$$

$$\int_{\Gamma}\frac{\partial^2 \bar{G}(x,y)}{\partial \boldsymbol{n}(y)\,\partial \boldsymbol{n}(x)}\,(y-x)\,\mathrm{d}\Gamma=\int_{\Gamma}\frac{\partial \bar{G}(x,y)}{\partial \boldsymbol{n}(x)}\,\boldsymbol{n}(y)\,\mathrm{d}\Gamma-\frac{1}{2}\boldsymbol{n}(x)。\tag{3-52}$$

将式(3-51)和式(3-52)代入到式(3-50)中，将新的展开式化为弱奇异积分和强奇异积分，

$$\int_{\Gamma}\frac{\partial^2 \bar{G}(x,y)}{\partial \boldsymbol{n}(y)\,\partial \boldsymbol{n}(x)}p(y)\,\mathrm{d}\Gamma=\int_{\Gamma}\frac{\partial^2 \bar{G}(x,y)}{\partial \boldsymbol{n}(y)\,\partial \boldsymbol{n}(x)}\left[p(y)-p(x)-\sum_{i=1}^{2}\frac{\partial p(x)}{\partial \boldsymbol{v}_i}\boldsymbol{v}_i(y-x)\right]\mathrm{d}\Gamma+\frac{\partial p(x)}{\partial \boldsymbol{v}_1}\int_{\Gamma}\frac{\partial \bar{G}(x,y)}{\partial \boldsymbol{n}(x)}\boldsymbol{v}_1\cdot\boldsymbol{n}(y)\,\mathrm{d}\Gamma-\frac{1}{2}\frac{\partial p(x)}{\partial \boldsymbol{v}_1}\boldsymbol{v}_1\cdot\boldsymbol{n}(x)+\frac{\partial p(x)}{\partial \boldsymbol{v}_2}\int_{\Gamma}\frac{\partial \bar{G}(x,y)}{\partial \boldsymbol{n}(x)}\boldsymbol{v}_2\cdot\boldsymbol{n}(y)\mathrm{d}\Gamma-\frac{1}{2}\frac{\partial p(x)}{\partial \boldsymbol{v}_2}\boldsymbol{v}_2\cdot\boldsymbol{n}(x)。\tag{3-53}$$

通过极坐标积分可很容易地消除弱奇异性，将式(3-53)代入到式(3-49)中，整个超奇异积分表示为

$$\int_{\Gamma}\frac{\partial^2 G(x,y)}{\partial \boldsymbol{n}(y)\,\partial \boldsymbol{n}(x)}p(y)\,\mathrm{d}\Gamma=\int_{\Gamma}\left[\frac{\partial^2 G(x,y)}{\partial \boldsymbol{n}(y)\,\partial \boldsymbol{n}(x)}-\frac{\partial^2 \bar{G}(x,y)}{\partial \boldsymbol{n}(y)\,\partial \boldsymbol{n}(x)}\right]p(y)\,\mathrm{d}\Gamma+\int_{\Gamma}\frac{\partial^2 \bar{G}(x,y)}{\partial \boldsymbol{n}(y)\,\partial \boldsymbol{n}(x)}\left[p(y)-p(x)-\sum_{i=1}^{2}\frac{\partial p(x)}{\partial \boldsymbol{v}_i}\boldsymbol{v}_i(y-x)\right]\mathrm{d}\Gamma+\frac{\partial p(x)}{\partial \boldsymbol{v}_1}\int_{\Gamma}\frac{\partial \bar{G}(x,y)}{\partial \boldsymbol{n}(x)}\boldsymbol{v}_1\cdot\boldsymbol{n}(y)\,\mathrm{d}\Gamma-\frac{1}{2}\frac{\partial p(x)}{\partial \boldsymbol{v}_1}\boldsymbol{v}_1\cdot\boldsymbol{n}(x)+\frac{\partial p(x)}{\partial \boldsymbol{v}_2}\int_{\Gamma}\frac{\partial \bar{G}(x,y)}{\partial \boldsymbol{n}(x)}\boldsymbol{v}_2\cdot\boldsymbol{n}(y)\,\mathrm{d}\Gamma-\frac{1}{2}\frac{\partial p(x)}{\partial \boldsymbol{v}_2}\boldsymbol{v}_2\cdot\boldsymbol{n}(x)\tag{3-54}$$

对于 HBIE 的右边，强奇异积分也可用恒等式进行正则化，方法与 CBIE 相同。BIE 的最终表达式为

$$\int_{\Gamma}\left[\frac{\partial^2 G(x,y)}{\partial \boldsymbol{n}(y)\,\partial \boldsymbol{n}(x)}-\frac{\partial^2 \bar{G}(x,y)}{\partial \boldsymbol{n}(y)\,\partial \boldsymbol{n}(x)}\right]p(y)\,\mathrm{d}\Gamma=$$

$$\int_{\Gamma} \frac{\partial^2 \bar{G}(x,y)}{\partial \boldsymbol{n}(y)\,\partial \boldsymbol{n}(x)} \left[p(y) - p(x) - \left(\frac{\partial p(x)}{\partial \boldsymbol{v}_1} \boldsymbol{v}_1 + \frac{\partial p(x)}{\partial \boldsymbol{v}_2} \boldsymbol{v}_2 \right)(y-x) \right] \mathrm{d}\Gamma +$$
$$\frac{\partial p(x)}{\partial \boldsymbol{v}_1} \int_{\Gamma} \frac{\partial \bar{G}(x,y)}{\partial \boldsymbol{n}(x)} \boldsymbol{v}_1 \cdot \boldsymbol{n}(y)\, \mathrm{d}\Gamma - \frac{1}{2} \frac{\partial p(x)}{\partial \boldsymbol{v}_1} \boldsymbol{v}_1 \cdot \boldsymbol{n}(x) +$$
$$\frac{\partial p(x)}{\partial \boldsymbol{v}_2} \int_{\Gamma} \frac{\partial \bar{G}(x,y)}{\partial \boldsymbol{n}(x)} \boldsymbol{v}_2 \cdot \boldsymbol{n}(y) \mathrm{d}\Gamma - \frac{1}{2} \frac{\partial p(x)}{\partial \boldsymbol{v}_2} \boldsymbol{v}_2 \cdot \boldsymbol{n}(x) =$$
$$\int_{\Gamma} \left[\frac{\partial G(x,y)}{\partial \boldsymbol{n}(x)} + \frac{\partial \bar{G}(x,y)}{\partial \boldsymbol{n}(x)} \right] \frac{\partial p(y)}{\partial \boldsymbol{n}(y)} \mathrm{d}\Gamma - \int_{\Gamma} \frac{\partial \bar{G}(x,y)}{\partial \boldsymbol{n}(y)} \left[\frac{\partial p(y)}{\partial \boldsymbol{n}(y)} - \frac{\partial p(x)}{\partial \boldsymbol{n}(x)} \right] + \frac{\partial p_{\mathrm{inc}}(x)}{\partial \boldsymbol{n}(x)}。 \tag{3-55}$$

3.2.4 数值算例分析

3.2.4.1 薄球壳在平面波入射时的散射声场分析

平面波作用在球体的声场散射问题，如图 3-16 所示，入射平面波方向沿 x 轴正向。已知球心坐标为(0,0,0)，半径 $r=1$ m，测试点坐标为(10,0,0)。材料和几何参数设置如表 3-1 所示，之后的数值分析算例的材料和几何参数均选自表 3-1。这是一个具有解析解的问题，用来检验本节所提出数值算法的有效性。

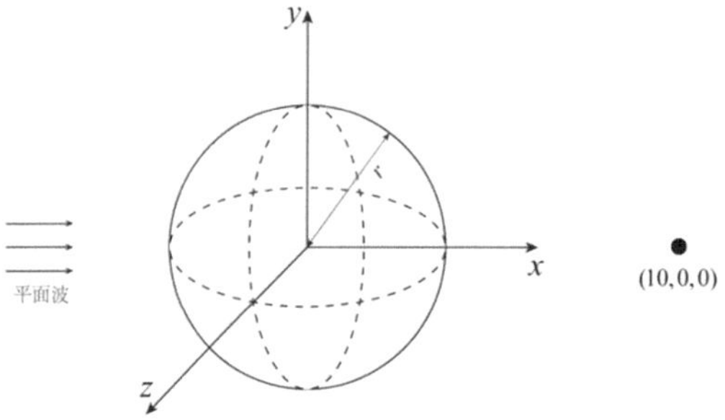

图 3-16　薄球壳在平面波入射时散射声场问题

表 3-1　结构声学问题中的默认材料和几何参数设置

参数	量值	参数	量值
密度(空气)	$\rho_f=1.21\ \mathrm{kg/m^3}$	泊松比	$\nu=0.3$
声速(空气)	$c_w=343\ \mathrm{m/s}$	薄壳厚度	$h=0.05$ m
密度(钢)	$\rho_s=7\,860\ \mathrm{kg/m^3}$	平面波	$M=1$ Pa
杨氏模量	$E=210$ GPa		

1）通过细分曲面法对初始球模型进行细分操作，得到不同细分级数下的控制网格，如图 3-17 所示。从图中可以看到，初始网格单元数为 192，随着细分级数的增加，网格单元数以 4 倍的速率增加。从左至右、从上至下分别表示初始网格、细分 1 次、细分 2 次，直至细分

5 次，图中越来越黑点的位置表示不规则点的数目不会随着细分次数增加而减少。

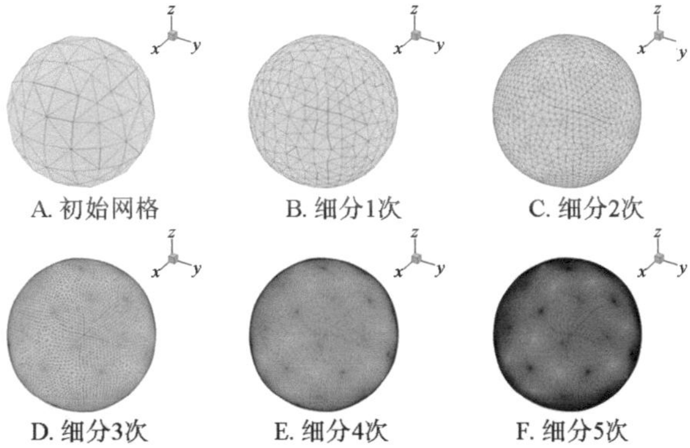

图 3-17　不同细分级数下球模型的控制网格

细分曲面法可以生成具有相同拓扑形状的精细网格，经过多次细分操作后，多边形网格会收敛到一个光滑的极限曲面。极限曲面的计算是从精细网格的极限细分出发，使用样条函数进行插值计算得到。

2）为了进一步研究 Loop 细分曲面方法的收敛性，选取不同单元数目的初始网格进行细分及拟合插值计算，对精细网格拟合曲面面积与单位半径的标准球面面积进行了比较，如表 3-2 所示。δ_r 表示 n 级细分网格与标准球面模型面积的相对误差，由表 3-2 可以看出，δ_r 随着细分级数的增加而减小。实际上，每增加一个细分级数，生成的网格数量就会增加 4 倍，通过箱样条拟合，得到的精细网格更接近于球面模型。因此，随着细化程度的提高，得到的面积误差也就较小。由表中同样可以得到在相同细分水平下，初始网格密集程度越高，相对误差越小。

表 3-2　精细网格与标准球面模型面积的比较

初始网格	相对误差 δ_r/ %			
	L_1	L_2	L_3	L_4
192	10	8.6	8.3	8.2
768	2.6	2.3	2.2	2.2
1 200	1.71	1.46	1.40	1.38
1 728	1.19	1.01	0.971	0.960
3 072	0.670	0.571	0.546	0.541

3）接着利用细分曲面边界算法求解散射球问题。如图 3-18 所示，给出了两种方法得到的声压的实部和虚部。L_∞-CBIE-FMM 表示为极限曲面和 CBIE 用于计算测试点（10，0，0）处声压，L_∞-ComCBIE-FMM 表示采用极限曲面和细分曲面 BIE 求解声压，同时采用快速多极算法（fast multipole method，FMM）加速计算过程。可以看出，L_∞-CBIE-FMM 方法在某些虚假的特征频率下，与解析解有很大的偏差。然而，L_∞-ComCBIE-FMM 方法可有效地克

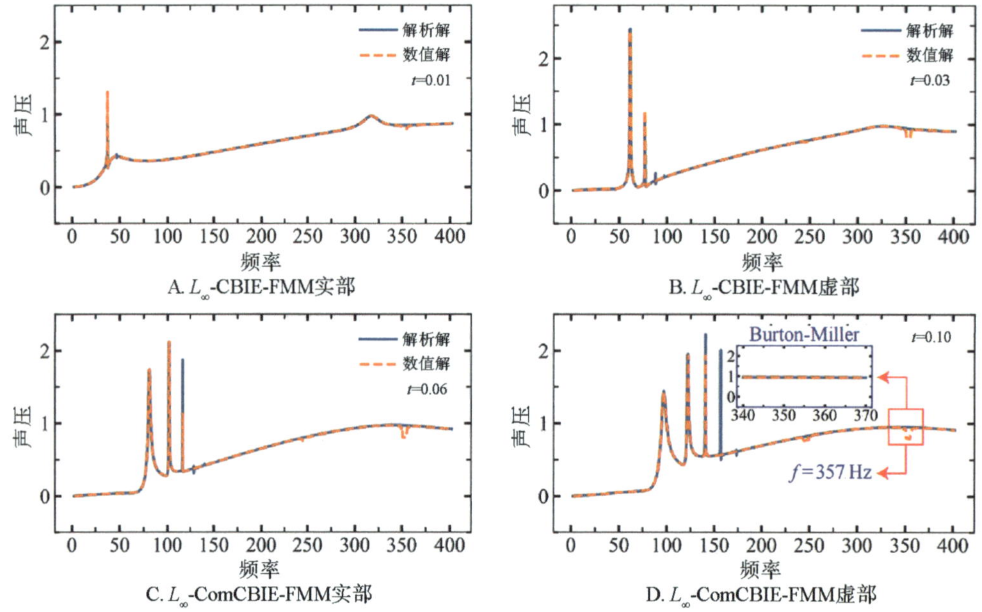

图 3-18　采用不同积分方程的 BEM-FMM 计算(10,0,0)点声压的实部和虚部频率上的一致性

服这一问题,并保持数值结果与分析结果在所有频率上的一致性。

在传统的细分曲面 BEM 的实现过程中,由于 BEM 的系数矩阵密集且不对称,求解 N 个 DOFs 问题需要 $O(N^2)$计算量。FMM 可以加快 BEM 的求解速度,将所需的算法运算从 $O(N^2)$减少到 $O(N)$量级。表 3-3 为细分曲面 BEM(subdivision surface BEM,SSBEM)与细分曲面快速多极 BEM(subdivision surface fast multipole BEM,SSFMBEM)计算时间的比较。可以看出,当网格数较小时,SSFMBEM 比 SSBEM 需要更多的计算时间,因为快速算法需要一些前期准备,比如生成树结构。但当网格数较大时,体现了快速算法的优点,计算量较小。特别是当细分级别为 L_5 时,网格数目已经达到了 196 608,基于 SSBEM 的数值运算由于需要大量的内存空间而无法实现。而 SSFMBEM 的数值解只需要 428 s。

表 3-3　用细分曲面法比较 CBEM 和 FMBEM 的计算时间

细分级数	网格数	计算时间 t/s	
		SSBEM	SSFMBEM
L_0	192	0.05	2
L_1	768	0.3	6
L_2	3 072	2	11
L_3	12 288	28	57
L_4	49 152	2 336	237
L_5	196 608	—	428

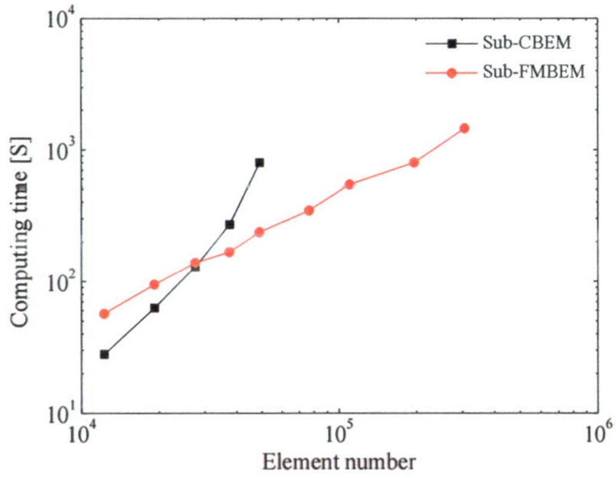

图 3-19 采用细分曲面法的 CBEM 和 FMBEM 的计算时间对比

图 3-19 进一步给出了 SSBEM 与 SSFMBEM 的时间对比。图中使用对数分布的水平和垂直坐标，传统算法的计算量级为 $O(N^2)$，而该算法的计算量级为 $O(N)$。实验证明，该算法的计算效率明显高于传统算法。

3.2.4.2 两种复杂模型在平面波入射时的散射声场分析

本节考虑两种没有解析解的复杂模型。

1）薄壁潜艇模型。如图 3-20 所示，同样的具有单位振幅的入射平面波沿 x 轴正向传播，结构尺寸大小为[－51.3，41.0]×[－58.4，17.8]×[－11.8，11.8]。潜艇模型相对于 xOy 平面是对称的。图 3-20A 为初始模型，包含 9 510 个节点和 19 016 个三角形单元；图 3-20B 为 608 514 个节点、1 217 024 个三角形单元的潜艇模型极限曲面。

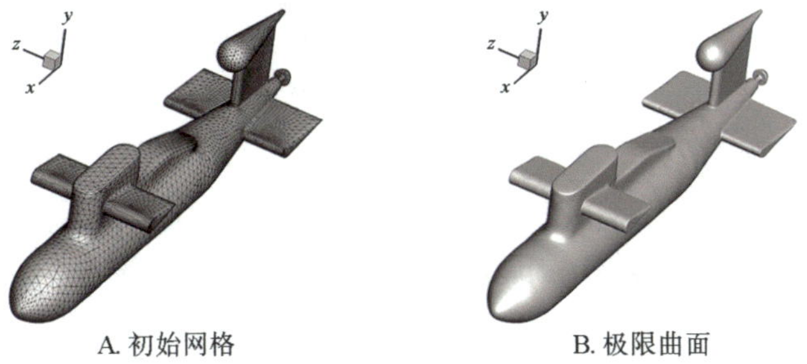

图 3-20　薄壁潜艇模型

首先考虑不同细分网格计算精度的比较。表 3-4 为在几种不同的计算频率下测试点(100，0，0)处声压幅值的对比。表中，L_0 为初始的 0 级网格，L_1 为细分 1 级的拟合曲面，L_∞ 为达到细分极限后得到的拟合曲面。p 和 δ_r 为测得的相应声压数值结果和相对误差，表示为

$$\delta_r(L_i)=\frac{|p(L_i)-p(L_\infty)|}{p(L_\infty)}。$$

通过对表 3-4 的观察，可以得到第一级细分网格的声压比初始网格的声压更接近于收敛极限网格的声压。结果表明，对初始网格进行细分，不仅可以得到更加光滑的拟合曲面，而且可以得到精度更高的数值解。此外，无论初始网格模型或细分模型，在计算点声压值的误差几乎都会随着计算频率的增加而增大，除了初始网格的相对误差在 90 Hz 频率低于其他频率。以上表明，计算精度随计算频率的增加而减小。

表 3-4　一定细分级数的拟合曲面在不同频率下的声压及相对误差对比

频率 f/Hz	$p(L_\infty)$	$p(L_1)$	$\delta_r(L_1)$	$p(L_0)$	$\delta_r(L_0)$
10	3.88×10^{-3}	3.89×10^{-3}	0.14	3.91×10^{-3}	0.70
30	1.62×10^{-2}	1.62×10^{-2}	0.19	1.63×10^{-2}	0.90
50	3.56×10^{-2}	3.57×10^{-2}	0.22	3.60×10^{-2}	1.10
70	5.62×10^{-2}	5.63×10^{-2}	0.27	5.75×10^{-2}	2.30
90	8.34×10^{-2}	8.36×10^{-2}	0.32	8.45×10^{-2}	1.62
100	1.17×10^{-1}	1.19×10^{-1}	1.88	1.21×10^{-1}	3.42

频率越高时，为了满足精度要求，有必要对网格进行细化。对于传统边界元算法，网格加密操作需要从原始 CAD 模型开始。然而，通过对初始网格进行任意阶细分，可以得到相应的网格数据大小，自适应地满足不同频率下网格数的要求。

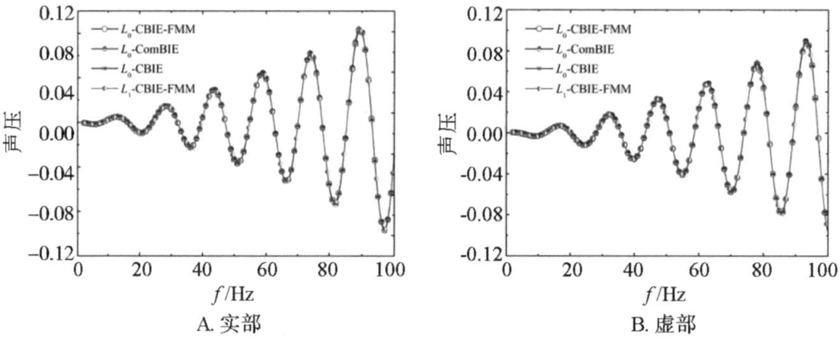

图 3-21　测试点声压分布图(用不同网格信息的频率表示)

图 3-21 为进一步计算不同频率下测试点的声压值。本文采用 L_0 和 L_1 细分网格进行数值求解，使用不同的离散网格和 BIE 可以得到相似的结果。原则上，细分级数越大(网格密度越大)，结果就越准确。通过比较 L_0-CBIE-FMM 和 L_0-CBIE 的结果可以看出，采用快速多极算法保持了传统 BEM 的精度。快速算法可以有效地减少计算时间，进一步验证了快速多极算法的正确性和有效性。此外，通过对 L_0-CBIE 和 L_0-ComBIE 计算结果的观察可以发现，L_0-CBIE 的结果与 L_0-CBIE-FMM 进行细分后的结果更加接近。组合方程可以消除虚假频率的存在，但会降低计算精度。这不仅降低了计算精度，而且由于迭代收敛时间的增加，使得边界元方程组的求解变得更加困难。

图 3-22 为频率在 50 Hz 下，细分级数为 1 时在球周围 1-环上均匀分布的几个测试点声压值和相对误差对比图。再次发现细分 1 次的结果比零细分(初始网格模型)更接近极限细分的数值结果。结果表明，采用高阶插值细分曲面法可以有效地提高 BEM 的精度。图 3-23 为四种不同频率下极限表面声压分布，从左至右和从上至下分别为 50 Hz、100 Hz、150 Hz、200 Hz。低频时(如 50 Hz)，声压分布变化缓慢，而高频时(如 200 Hz)，声压分布变化更为严重，尤其是在潜艇后部。频率越高，波长越短，声压分布的变化越剧烈。

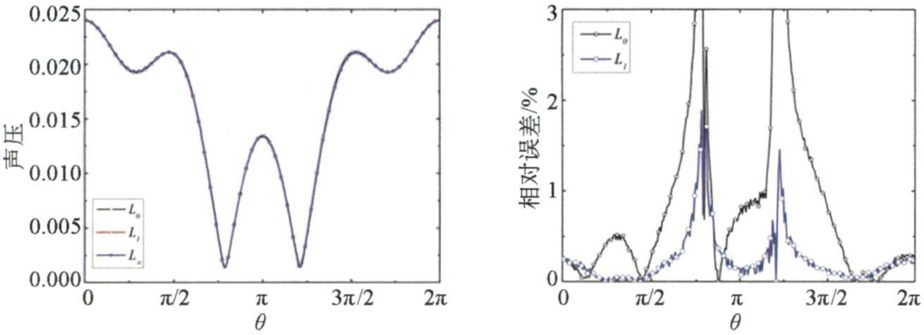

A. 声压　　B. 相对误差

图 3-22　f =50 Hz 时不同测试点处的声压和相对误差线

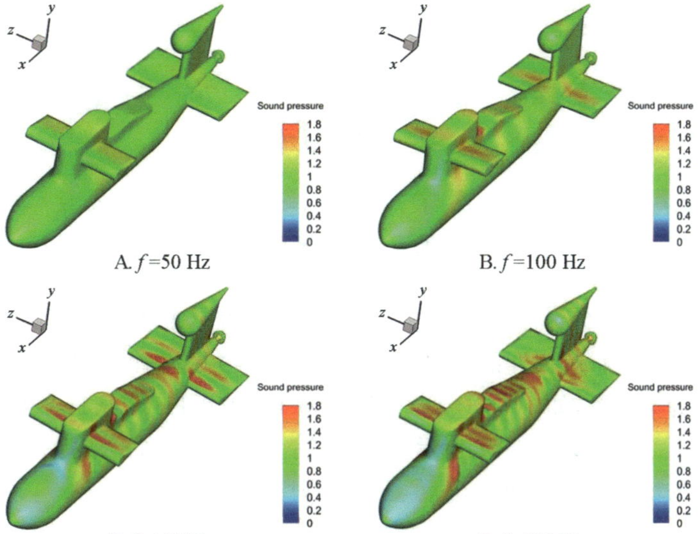

A. f=50 Hz　　B. f=100 Hz

C. f=150 Hz　　D. f=200 Hz

图 3-23　不同频率潜艇表面的声压等值线

2) 全尺寸火箭发动机试验中的声学探头模型。如图 3-24 所示，初始网格模型通过 Abaqus 软件构造。大多数关于散射对声强探头的分析研究都是实验性的，这些探头的设计很少用理论研究散射效应的指导。这是由于复杂的探头几何形状和将探头设计转换为适合散射分析的格式的成本。然而，利用基于细分曲面 BEM，可以将探头的声散射分析集成到结构设计过程中，进行散射效应并评估和控制其对声强的影响。

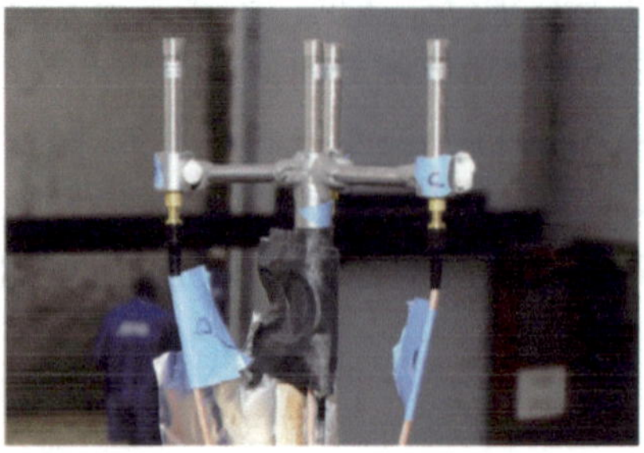

图 3-24 全尺寸火箭发动机试验中声强探头(图片来源于 Alliant Techsystems Inc)

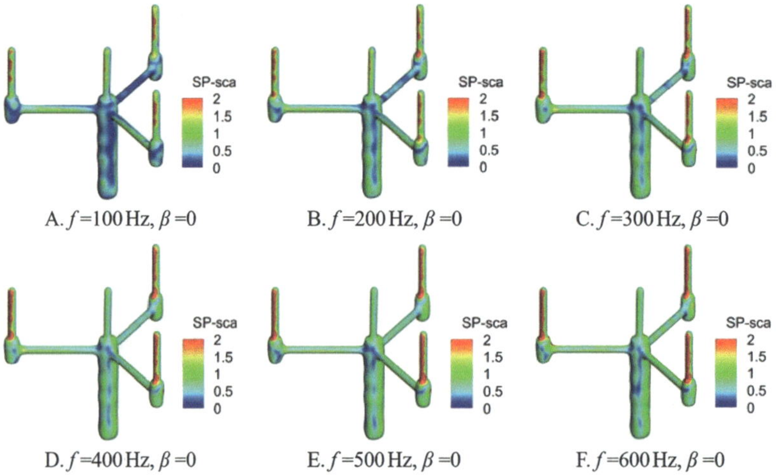

图 3-25 不同频率下声波探头的声压值

采用极限曲面探针的几何形状进行数值求解，极限曲面选自 3.1 节中图 3-5。平面波以 x 正向撞击声波探头。将声探针的边界分别指定为 $\beta=0$ 的刚性结构表面。这里选择了几种不同的频率作为数值解，如 100 Hz、200 Hz、300 Hz、400 Hz、500 Hz、600 Hz。探头表面声压在不同频率下的大小如图 3-25 所示。当声波探头被视为刚性结构表面时，其表面声压的大小随着频率的增加而明显增大，尤其是在顶部区域。

3.2.5 小结

本节提出了一种基于细分曲面法的 Burton-Miller 型 BEM，用于三维声学问题的模拟，利用样条基函数逼近几何场和物理场。采用正则化方法克服了超奇异和强奇异边界积分问题，提出了一种基于 SSBEM 的非奇异 BIE，该方程得到的数值解与解析解有很好的一致性。通过一个具有解析解的脉动球面实例，发现细分曲面法的基函数在进行边界元计算精度上优于传统的 Lagrange 基函数。并通过两个具体的复杂算例验证了该算法的有效性和适用性。

3.3 基于细分曲面 IGA-BEM 的吸声材料拓扑优化

3.3.1 拓扑优化问题的数学模型

3.3.1.1 优化问题的定义

优化模型通常可以表述为在满足一定几何约束的条件下，寻找指定的设计变量的值来满足目标函数的最大值或最小值。在基于 SIMP 模型的拓扑优化中设计变量为人工单元体积密度 ρ_e，其取值范围为[0,1]，用来确定设计变量的上下界。在进行优化设计时，通常会对材料的总量进行限制，该限制也会作为约束进入优化模型。

为了模拟结构表面粘附吸声材料的吸声特性，这里引入阻抗边界条件

$$q(y)=\frac{\partial p(y)}{\partial \boldsymbol{n}(y)}=\mathrm{i}k\,\beta(y)\,p(y)。\tag{3-56}$$

式中，$\beta(y)$ 表示在场点 y 处的归一化声导纳，i 为单位虚数。将式(3-56)代入到离散的 BIE 中可得到

$$\frac{1}{2}p(x_i)+\sum_{e=1}^{N_{el}}\sum_{k=1}^{N_{\mathrm{pat}}}p_k^e\int_{\Gamma_e}N_k(y(\xi,\eta))\,\frac{\partial G}{\partial \boldsymbol{n}}(x_i,y(\xi,\eta))\,\mathrm{d}\Gamma_e=$$
$$\sum_{e=1}^{N_{el}}\sum_{k=1}^{N_{\mathrm{pat}}}\mathrm{i}k\,\beta_k^e(y(\xi,\eta))\,p_k^e(y(\xi,\eta))\int_{\Gamma_e}N_k(y(\xi,\eta))\,G(x_i,y(\xi,\eta))\,\mathrm{d}\Gamma_e+p_{\mathrm{inc}}(x_i)。\tag{3-57}$$

式中，N_{el} 表示离散单元数，N_{pat} 表示积分单元 Γ_e 周边相关联单元顶点数(Loop 细分曲面为 12，Catmull-Clark 细分曲面为 16)，$N_k(y(\xi,\eta))$ 表示插值形函数(Loop 细分曲面为箱样条基函数，Catmull-Clark 细分曲面为双三次 B 样条基函数)。假设导纳在单元上为常量，集合所有配点处的离散方程，可得到

$$(\boldsymbol{H}-\boldsymbol{G}\,\boldsymbol{B})\boldsymbol{p}=\boldsymbol{p}_{\mathrm{i}}。\tag{3-58}$$

式中，$\boldsymbol{H}$ 和 $\boldsymbol{G}$ 是边界元系数矩阵，$\boldsymbol{p}$ 是声压向量，$\boldsymbol{p}_{\mathrm{i}}$ 是配点处入射波向量。$\boldsymbol{B}$ 为导纳矩阵，可表示为

$$\boldsymbol{B}=\mathrm{i}k\begin{bmatrix}\beta_1 & & \\ & \ddots & \\ & & \beta_{N_{el}}\end{bmatrix}。\tag{3-59}$$

本节的工作是基于中国科学技术大学陈海波课题组研究成果[246-248]，扩展了细分曲面与

BEM 相结合用于结构拓扑优化分析。以下是拓扑优化的简述,具体详见文献[249]。在吸声材料体积约束条件给定的情况下,优化问题的模型可表示为

$$\left.\begin{array}{l}\min \Pi = \boldsymbol{p}_{\mathrm{f}}^{\mathrm{H}} \boldsymbol{p}_{\mathrm{f}}, \\ \text{s. t.} \quad \sum_{e=1}^{N_e} \rho_e V_e - f_{\mathrm{v}} \sum_{e=1}^{N_e} V_e \leqslant 0, \\ 0 \leqslant \rho_{\min} \leqslant \rho_e \leqslant 1_{\circ}\end{array}\right\} \tag{3-60}$$

式中,$\boldsymbol{p}_{\mathrm{f}}$ 表示参考面考察点处的声压列向量,$\boldsymbol{p}_{\mathrm{f}}^{\mathrm{H}}$ 表示列向量的共轭转置。ρ_e 和 V_e 分别表示单元 e 的人工密度和体积。f_{v} 表示体积分数约束,$\rho_{\min}$ 为计算中避免奇异值的密度下限,设置为 10^{-3}。考察点处声压 $\boldsymbol{p}_{\mathrm{f}}$ 可通过域内积分方程计算

$$\boldsymbol{p}_{\mathrm{f}} = -(\boldsymbol{H}_{\mathrm{f}} - \boldsymbol{G}_{\mathrm{f}} \boldsymbol{B})\ \boldsymbol{p} + \boldsymbol{p}_{\mathrm{if}\,\circ} \tag{3-61}$$

式中,矩阵 $\boldsymbol{H}_{\mathrm{f}}$、$\boldsymbol{G}_{\mathrm{f}}$ 和向量 $\boldsymbol{p}_{\mathrm{if}}$ 与式(3-58) 中对应项含义相同,不同之处在于此时源点位于域外。

对于吸声材料优化来说,实际上是粘附吸声材料的有和无,即 $\rho=0$ 和 $\rho=1$。根据 Delany-Bazley-Miki 模型,给出了材料的归一化阻抗,

$$\bar{z} = 1 + 0.069\,9\left(\frac{f}{-R}\right)^{-0.632} + \mathrm{i}\,0.1071\left(\frac{f}{R}\right)^{-0.632}{}_{\circ} \tag{3-62}$$

式中,R 是材料的流阻率($\mathrm{N \cdot s \cdot m^{-4}}$),$f$ 是频率(Hz),i 为单位虚数。对应的归一化导纳值为

$$\beta_0 = 1/\bar{z}_{\circ}$$

根据 SIMP(固体各向同性材料惩罚化)方法,单元导纳可插值为

$$\beta_e = \beta_0\,\rho_e^{\eta}{}_{\circ}$$

式中,η 为惩罚因子。其作用是使得中间密度向 0 或 1 逼近,一般取值为 3。尽管 SIMP 方法能够惩罚中间密度,最终结果仍可能出现灰色单元,采用 Heaviside 函数对中间密度值进行二次惩罚,以解决这一问题。

基于梯度的优化算法求解优化问题,首先需要对目标函数的梯度信息进行计算,这里使用伴随变量法进行敏感度计算。由式(3-58)和式(3-61),目标函数可表达为

$$\Pi = \Pi(\boldsymbol{p}_{\mathrm{f}}) + \boldsymbol{\lambda}_1^{\mathrm{T}}\left[(\boldsymbol{H} - \boldsymbol{G}\,\boldsymbol{B})\ \boldsymbol{p} - \boldsymbol{p}_{\mathrm{i}}\right] + \boldsymbol{\lambda}_2^{\mathrm{T}}\left[\boldsymbol{p}_{\mathrm{f}} + (\boldsymbol{H}_{\mathrm{f}} - \boldsymbol{G}_{\mathrm{f}}\,\boldsymbol{B})\boldsymbol{p} - \boldsymbol{p}_{\mathrm{if}}\right]_{\circ} \tag{3-63}$$

式中,$\boldsymbol{\lambda}_1$ 和 $\boldsymbol{\lambda}_2$ 为伴随向量,其长度分别等于结构离散 DOFs 和考察点数目。伴随向量 $\boldsymbol{\lambda}_1$ 和 $\boldsymbol{\lambda}_2$ 可任意选取,使其满足以下方程

$$\begin{array}{c}\boldsymbol{\lambda}_2^{\mathrm{T}} + 2\boldsymbol{p}_{\mathrm{f}}^{\mathrm{H}} = 0, \\ \boldsymbol{\lambda}_1^{\mathrm{T}}(\boldsymbol{H} - \boldsymbol{G}\,\boldsymbol{B}) + \boldsymbol{\lambda}_2^{\mathrm{T}}(\boldsymbol{H}_{\mathrm{f}} - \boldsymbol{G}_{\mathrm{f}}\,\boldsymbol{B}) = 0_{\circ}\end{array} \tag{3-64}$$

式(3-64)可采用 GMRES 迭代求解。由于该伴随方程与设计变量 ρ_e 的选取无关,这就导致进行多设计变量的敏感度分析时,只需求解一次伴随方程。这样既节省了计算时间,又提高了计算效率。

在敏感度分析的基础上采用移动渐近线方法(moving asymptotes method,MMA)更新

设计变量，进而求解优化问题。迭代收敛准则为

$$\text{change}=\frac{\left|\Pi^{i+1}-\Pi^{i}\right|}{\Pi^{i}}<\delta_{r}。$$

式中，Π^{i} 表示目标函数在第 i 次迭代时的值，δ_r 表示设定的收敛相对误差。这里 $\delta_r=10^{-4}$。

3.3.1.2 细分曲面边界元拓扑优化流程

具体的结构优化流程如图 3-26 所示。

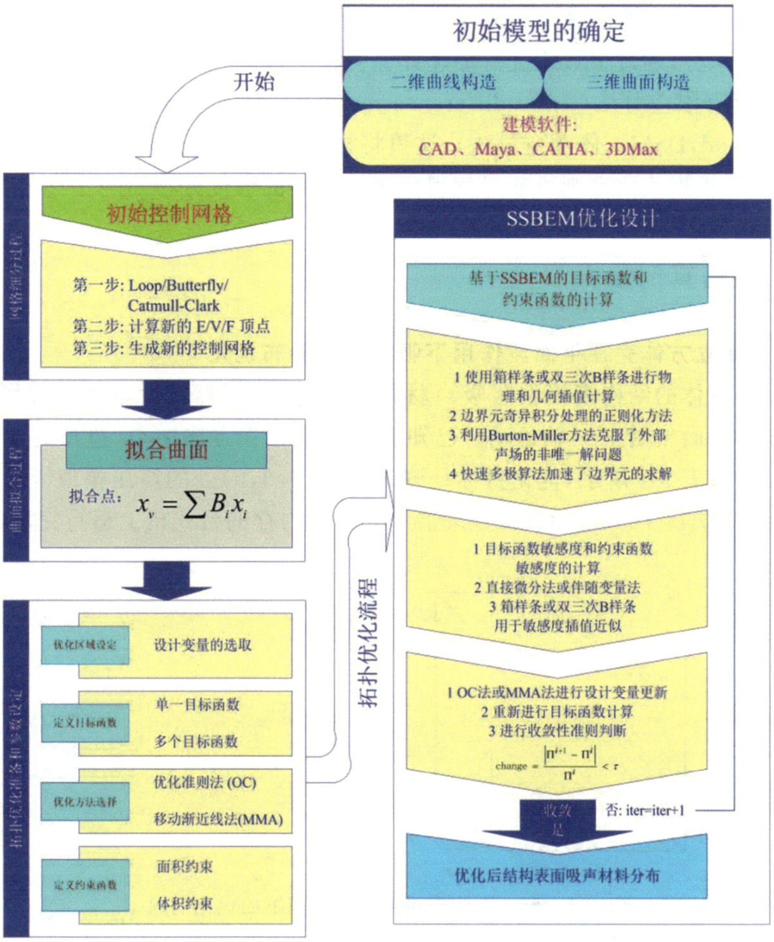

图 3-26 细分曲面边界元拓扑优化流程图

1) 通过建模软件(CAD、Maya、CATIA 和 3DMax 等)得到模型的初始控制网格。这里得到的初始模型单元数并不需要很庞大，因为细分的优点在于模型的数据量小。由于细分曲面在本质上和样条曲面是等价的，样条曲面建模困难，细分建模同样面临建模困难的问题，所以这里采用的初始网格模型仍然是传统的 CAD 模型。

2）对初始控制网格进行细分和拟合操作。细分曲面可以拓扑任意连续的网格从而构建整体光滑的曲面。选定细分方法（Loop、Catmull-Clark 和 Butterfly 等），通过计算新顶点和新单元生成新的控制网格。在得到一定级数的细分网格后，根据样条基函数将拟合点映射到曲面上。

3）拓扑优化之前的准备及一些参数的设定。优化区域的设定，定义目标函数（单一和多个），常用的优化方法（OC、SLP 和 MMA 等），定义约束函数（面积约束和体积约束），建立优化问题的数学模型。

4）细分曲面边界元优化设计。计算基于 Burton-Miller 的离散 BIE，正则化方法解决强奇异和超强奇异积分，通过 FMM 进行加速计算。根据优化模型计算目标函数的敏感度，可以选用的方法有有限差分法（finite difference method，FDM）和解析法（直接微分法（direct differential method，DSM）、伴随变量法），这里将样条基函数用于敏感度的插值近似。对设计变量进行更新，根据收敛准则不断寻优得到吸声材料的最优分布图。

3.3.2 数值算例分析

3.3.2.1 薄立方体壳在平面波作用下吸声材料分布优化

首先考察立方体的结构表面粘附吸声材料的优化分布问题，设计区域如图 3-27 所示。单位振幅的入射平面波沿正 x 轴运动。已知原点坐标在立方体中心，边长为 $a=2$ m，材料和几何参数设置如表 3-1 所示，优化目标是测试点 $A(5,0,0)$ 处的声压幅值。整个计算是在 Intel(R)Core(TM)i7-7700 3.6 GHz 处理器和 8 GiB 内存的台式机上运行完成的。

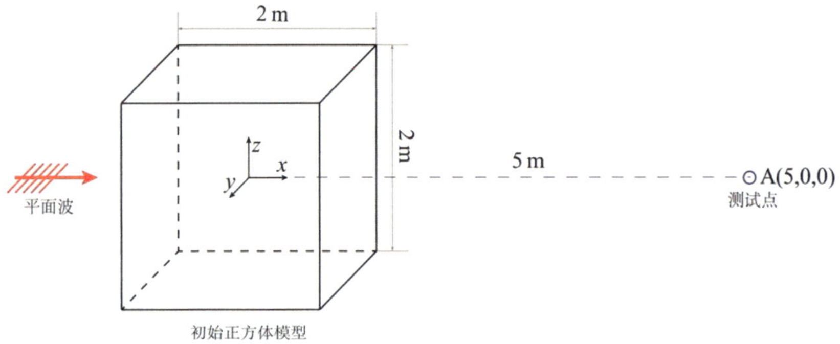

图 3-27　薄立方体壳在平面波作用下的优化问题

对初始正方体模型进行网格划分，如图 3-28 所示。采用三角形单元划分得到单元数为 768、节点数为 386 的初始三角形控制网格，采用四边形单元划分得到单元数为 384、节点数为 386 的初始四边形控制网格。对三角形单元网格一次 Loop 细分操作得到单元数 3 072 的控制网格，对四边形单元网格一次 Catmull-Clark 细分操作得到单元数 1 536 的控制网格。这时，激励频率为 200 Hz，体积比约束为 0.5（即结构表面最多有 0.5 被吸声材料），设

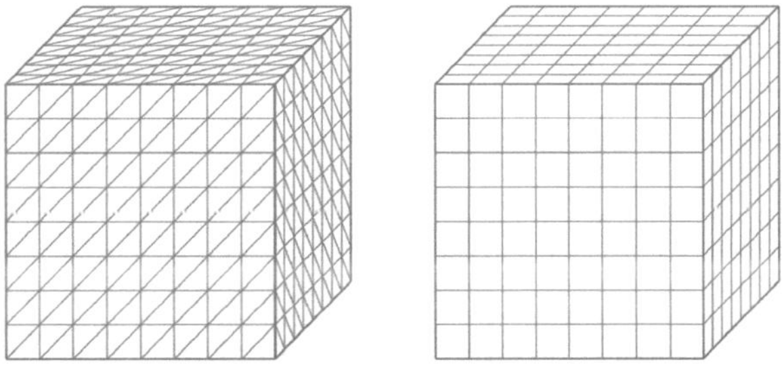

A. 初始三角形控制网格　　B. 初始四边形控制网格

图 3-28　立方体初始网格的三角形和四边形单元划分

计变量的初始值设为 1。优化过程中目标函数、材料的体积分数和收敛性变化趋势如表 3-5 所示。

表 3-5　立方体细分 1 次后优化问题的优化迭代历史(f_{req}=200 Hz)

步数	三角形单元网格			四边形单元网格		
	Π	f_v	change	Π	f_v	change
2	0.791 66	0.550 45	0.649 94	0.786 81	0.550 45	0.650 4
3	0.782 02	0.473 445	1.22×10^{-2}	0.776 19	0.473 46	1.35×10^{-2}
4	0.734 23	0.493 735	6.11×10^{-2}	0.728 81	0.493 905	6.10×10^{-2}
5	0.730 84	0.486 605	4.62×10^{-3}	0.729 15	0.485 19	4.61×10^{-4}
6	0.689 67	0.490 73	5.63×10^{-2}	0.685 82	0.490 305	5.94×10^{-2}
7	0.686 45	0.479 135	4.66×10^{-3}	0.684 12	0.477 4	2.48×10^{-3}
8	0.664 29	0.478	3.23×10^{-2}	0.647 68	0.486 09	5.33×10^{-2}
9	0.656 31	0.477 34	1.20×10^{-2}	0.635 96	0.484 545	1.81×10^{-2}
10	0.635 76	0.488 08	3.13×10^{-2}	0.635 38	0.478 27	9.24×10^{-4}
11	0.614 6	0.495 215	3.33×10^{-2}	0.618 28	0.494 08	2.69×10^{-2}
12	0.604 23	0.495 265	1.69×10^{-2}	0.607 41	0.496 305	1.76×10^{-2}
13	0.595 71	0.495 985	1.41×10^{-2}	0.600 26	0.496 71	1.18×10^{-2}
14	0.590 81	0.495 33	8.23×10^{-3}	0.594 7	0.497 92	9.26×10^{-3}
15	0.584 59	0.497 505	1.05×10^{-2}	0.591 03	0.498 87	6.17×10^{-3}
16	0.579 65	0.498 685	8.45×10^{-3}	0.588 64	0.497 875	4.04×10^{-3}
17	0.576 46	0.499 145	5.50×10^{-3}	0.585 75	0.498 23	4.92×10^{-3}
18	0.574 4	0.499 075	3.58×10^{-3}	0.582 65	0.499 19	5.30×10^{-3}
19	0.572 51	0.499 445	3.29×10^{-3}	0.579 58	0.499 515	5.27×10^{-3}
20	0.570 82	0.499 675	2.94×10^{-3}	0.577 07	0.499 665	4.33×10^{-3}
21	0.569 3	0.499 79	2.67×10^{-3}	0.574 79	0.499 735	3.95×10^{-3}
22	0.567 91	0.499 85	2.44×10^{-3}	0.572 84	0.499 795	3.39×10^{-3}
23	0.566 65	0.499 88	2.21×10^{-3}	0.571 2	0.499 835	2.88×10^{-3}
24	0.565 5	0.499 9	2.04×10^{-3}	0.569 71	0.499 86	2.61×10^{-3}
25	0.564 47	0.499 92	1.83×10^{-3}	0.568 38	0.499 875	2.32×10^{-3}

续表 3-5

步数	三角形单元网格			四边形单元网格		
	Π	f_v	change	Π	f_v	change
26	0.563 54	0.499 93	1.64×10^{-3}	0.567 18	0.499 89	2.13×10^{-3}
27	0.562 7	0.499 935	1.49×10^{-3}	0.566 03	0.499 9	2.02×10^{-3}
28	0.561 91	0.499 94	1.40×10^{-3}	0.564 91	0.499 905	1.97×10^{-3}
29	0.561 2	0.499 945	1.26×10^{-3}	0.563 84	0.499 91	1.90×10^{-3}
30	0.560 54	0.499 95	1.17×10^{-3}	0.562 79	0.499 915	1.87×10^{-3}
31	0.559 94	0.499 95	1.08×10^{-3}	0.561 79	0.499 92	1.78×10^{-3}

由表 3-5 可以看到这里省略了第一步迭代过程，这是由于初始选用全覆盖设计，体积比等于 1，对应的目标函数值最小。从第二步迭代开始，由于体积约束设定为 0.5 的作用，体积分数急剧降低，目标函数也随之降低。之后，优化算法根据目标函数敏感度不断寻优，使得其呈平稳下降趋势达到收敛。这里同时给出了迭代变化的 change 值，但是并未在表中最后一步达到收敛，表中只是选取部分参数值进行对比分析。此外，体积比在迭代过程中维持在 0.5 附近，但是会略小于 0.5。导致此现象的原因是：材料分布越多不等于目标函数越低，在声学优化中，由于目标函数往往由声压组成，声场本身的相位干涉等复杂情况决定了其最优设计不等价于材料最多设计的可能性；这里采用的是基于一阶梯度的局部优化算法，并不是全局最优，实际上优化在工程设计中大多应用于预设计阶段，在得到一个优化设计方案的基础上，还需要对其进行进一步的精细设计以满足其他方面的要求，最终得到的设计方案通常不是开始优化问题中的全局最优；优化分析的网格不一致以及避免设计变量为 0 时，奇异值采用极小值。最终优化结果往往无法刚好等于设定上限值，往往会略小于该值，该原因对于拓扑优化实际应用的影响通常可以直接忽略。虽然后来的迭代步中体积比变化很小，但是具体的吸声材料分布却有着明显的变化，最后趋向一个只有 0 和 1 的分布结果。

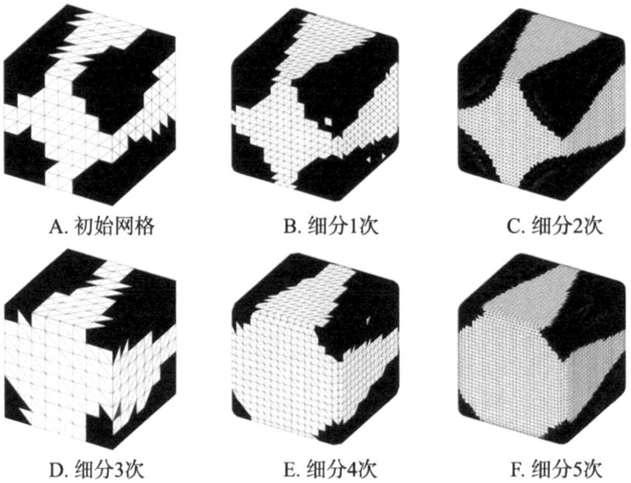

图 3-29　不同细分级数的立方体表面吸声材料最优分布（$f_{req}=200$ Hz）

激励频率为 200 Hz 时，立方体模型采用三角形单元划分的初始网格、细分 1 次、细分 2 次对应的优化后结构表面粘附吸声材料如图 3-29 所示。其中，黑色表示粘附吸声材料，白色表示不粘附吸声材料。根据 SIMP 法得到的最终拓扑分布中，几乎不存在中间密度状态的单元。由于采用的是三角形单元离散，得到的优化吸声材料分布并非完全对称，但是随着细分级数的增加，使得吸声材料分布更加合理和对称。

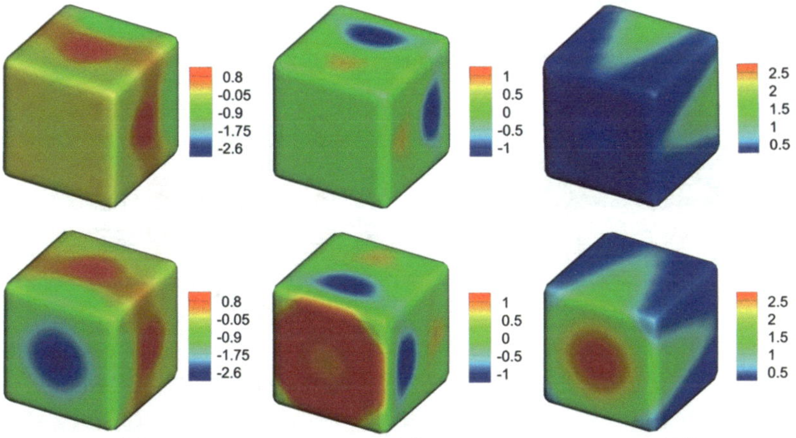

A. 实部　　B. 虚部　　C. 幅值

图 3-30　细分 1 次的立方体最优分布所对应的声压分布图（$f_{req}=200$ Hz）

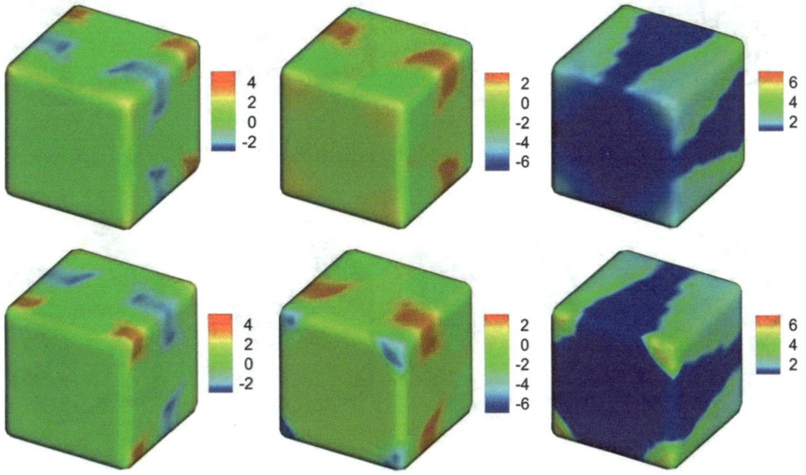

A. 实部　　B. 虚部　　C. 幅值

图 3-31　细分 1 次的立方体最优分布所对应的声压的通量分布图（$f_{req}=200$ Hz）

粘附吸声材料最优分布所对应的声压及其通量分布分别如图 3-30 和图 3-31 所示，包含声压及其通量的实部、虚部和幅值。这里同时得到了最优分布所对应的声压级和敏感度分布，分别如图 3-32 和图 3-33 所示。

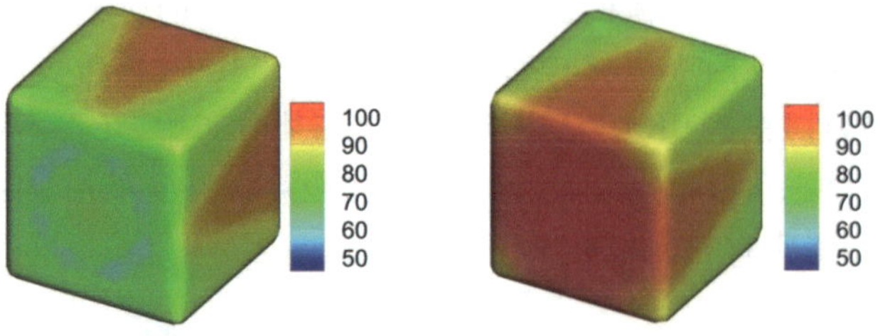

A　　B

图 3-32　立方体 1 次细分最优分布对应的声压级分布图($f_{req}=200$ Hz)

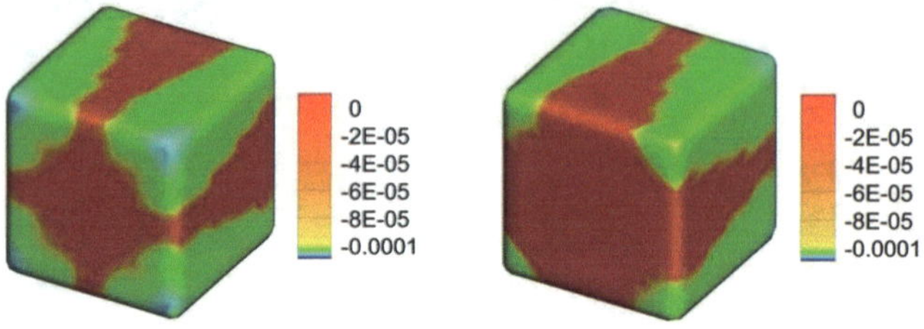

A　　B

图 3-33　立方体细分 1 次最优分布对应的敏感度分布图($f_{req}=200$ Hz)

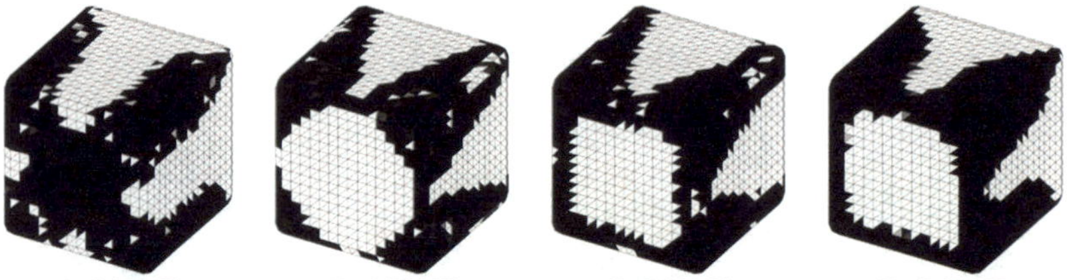

A. f=100 Hz　B. f=300 Hz　C. f=400 Hz　D. f=600 Hz

图 3-34　立方体细分 1 次在不同频率下表面吸声材料最优分布(三角形)

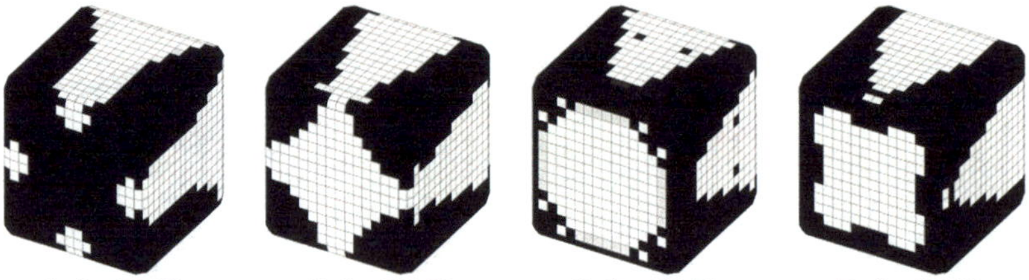

A. f_{req}=100 Hz　B. f_{req}=300 Hz　C. f_{req}=400 Hz　D. f_{req}=600 Hz

图 3-35　立方体细分 1 次在不同频率下表面吸声材料最优分布(四边形)

为了考察激励频率对最优分布的影响,采用三角形单元划分的立方体模型经过细分 1 次后,计算了在激励频率分别为 100 Hz、300 Hz、400 Hz、600 Hz 时结构表面吸声材料的优化分布。采用四边形单元划分的立方体模型经过细分 1 次后,计算了在激励频率分别为 100 Hz、200 Hz、300 Hz、400 Hz 时结构表面吸声材料的优化分布。体积比约束仍然设定为

0.5。由图 3-34 和图 3-35 中可以看出，当激励频率不同时，计算得到的最优分布是不同的，体现了吸声材料的最优分布具有频率依赖性。由于频率变化会导致波长的变化，声波干涉情况也会发生变化，最终导致吸声材料的分布发生变化。此外，采用四边形单元时，吸声材料的分布呈中心对称分布，这是由于网格在划分时沿着轴对称，而且轴上下两侧的约束条件一致。

3.3.2.2 两端用球壳封闭的圆柱壳在平面波作用下吸声材料分布优化

本节考察两端用球壳封闭的圆柱壳的结构表面粘附吸声材料的优化分布问题。单位振幅的入射平面波沿正 y 轴运动。已知原点坐标在圆柱中心截面的圆心，球壳的半径 $r=2$ m，圆柱的长 $l=10$ m，优化目标是测试点 $A(0,10,0)$ 处的声压幅值。采用四边形网格划分得到单元数为 304、节点数为 306 的初始控制网格。经过两次 Catmull-Clark 细分和达到收敛的极限曲面如图 3-36 所示，网格以 4 倍的速率加密所生成的单元依然是成轴对称分布。

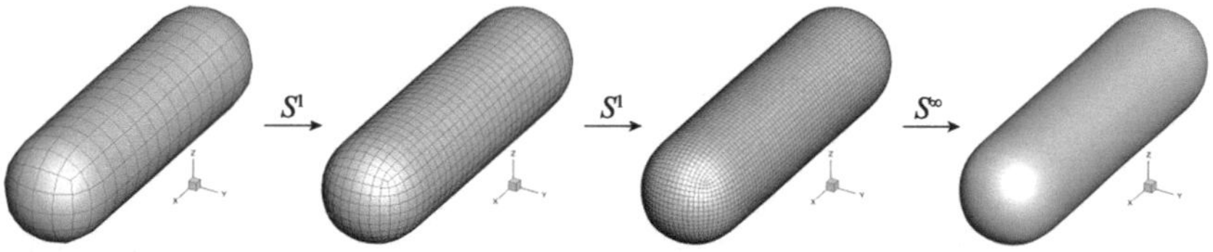

图 3-36 两端用球壳封闭的圆柱壳经过 Catmull-Clark 细分至收敛曲面

表 3-6 优化过程中目标函数和材料的体积分数变化趋势($f_{req}=200$ Hz)

步数	体积分数 φ			步数	体积分数 φ		
	初始网格	细分 1 次	细分 2 次		初始网格	细分 1 次	细分 2 次
2	0.550 45	0.550 45	0.550 6	16	0.474 04	0.499 685	0.499 155
3	0.398 68	0.406 545	0.404 785	17	0.470 75	0.499 77	0.499 67
4	0.414 9	0.441 595	0.441 365	18	0.468 25	0.499 79	0.499 73
5	0.449 325	0.434 685	0.462 17	19	0.468 54	0.499 78	0.499 815
6	0.477 25	0.435 02	0.464 07	20	0.468 595	0.499 77	0.499 815
7	0.488 93	0.456 95	0.467 06	21	0.468 805	0.499 77	0.499 925
8	0.492 2	0.472 72	0.477 39	22	0.470 195	0.499 765	0.499 94
9	0.485 745	0.479 8	0.484 62	23	0.482 53	0.499 78	0.499 915
10	0.479 53	0.485 295	0.491 645	24	0.492 94	0.499 88	0.499 915
11	0.482 39	0.492 59	0.496 11	25	0.476 975	0.499 91	0.499 67
12	0.487 53	0.493 57	0.497 505	26	0.483 45	0.499 93	0.499 86
13	0.489 255	0.497 66	0.498 625	27	0.485 38	0.499 935	0.499 835
14	0.487 6	0.496 99	0.498 29	28	0.487 92	0.499 935	0.499 48
15	0.481 305	0.499 46	0.499 375	29	0.489 23	0.499 935	0.499 65

表 3-6 对比了激励频率为 200 Hz 时，初始网格、细分 1 次和细分 2 次的体积分数 φ 的变化趋势。从其中可以看到：在第 2 步时，体积比基本上都由 1 下降到了 0.55 左右；在第 3

步时，体积比降到了最低(分别为 0.398 68、0.406 545 和 0.404 785)；从第 4 步开始，体积比逐步靠近设定值 0.5，但始终会比 0.5 略小。虽然体积分数变动越来越小，但实际的细分材料分布有着明显的变化，将中间密度趋向于 0 或 1。在同一频率下，体积分数在不同细分级数的情况下变化差别并不是很大，但是在吸声材料的分布上还是有着明显的差别。

迭代优化结束后结构表面吸声材料的分布如图 3-37 所示。从图中可以看到：初始网格和细分 2 次的吸声材料是沿着 y 轴对称分布的。至于细分 1 次中有个别单元材料分布的不对称性，应是由于中间密度所导致的。

A. 初始网格　　B. 细分1次　　C. 细分2次

图 3-37　不同细分级数的两端用球壳封闭的圆柱壳表面吸声材料最优分布($f_{req}=200$ Hz)

在表 3-7 中对比了两端用球壳封闭的圆柱壳初始网格经过细分 1 次时，不同激频率作用下体积分数的变化趋势。这里选取迭代步数为第 2～29 步，频率为 20 Hz、50 Hz、80 Hz、100 Hz、150 Hz、200 Hz 的体积分数进行对比。第 2 步的体积比都为 0.550 45，之后根据 MMA 法进行寻优计算。在第 29 步 100 Hz 情况下，体积比与体积约束最为接近，相差了 1×10^{-5}。

表 3-7　两端用球壳封闭的圆柱壳在不同频率下体积分数变化趋势

步数	体积分数 φ					
	$f_{req}=20$ Hz	$f_{req}=50$ Hz	$f_{req}=80$ Hz	$f_{req}=100$ Hz	$f_{req}=150$ Hz	$f_{req}=200$ Hz
2	0.550 45	0.550 45	0.550 45	0.550 45	0.550 45	0.550 45
3	0.488 085	0.489 61	0.439 25	0.408 5	0.390 64	0.406 545
4	0.487 36	0.493 24	0.448 96	0.440 36	0.421 105	0.441 595
5	0.486 87	0.487 65	0.464 79	0.459 93	0.423 925	0.434 685
6	0.491 305	0.489 345	0.467 245	0.476 12	0.435 305	0.435 02
7	0.490 95	0.492 21	0.466 15	0.484 845	0.463 405	0.456 95
8	0.483 78	0.479 355	0.485 11	0.491 83	0.476 155	0.472 72
9	0.460 655	0.459 555	0.489 3	0.494 235	0.486 985	0.479 8
10	0.448 92	0.434 155	0.495 855	0.496 525	0.484 19	0.485 295
11	0.468 57	0.419 365	0.496 66	0.497 4	0.491 59	0.492 59
12	0.488 075	0.463 29	0.497 44	0.498 565	0.489 11	0.493 57
13	0.492 73	0.486 855	0.496 755	0.499 21	0.496 135	0.497 66
14	0.494 735	0.494 49	0.496 365	0.499 71	0.498 695	0.496 99
15	0.497 265	0.496 695	0.497 895	0.499 8	0.498 18	0.499 46

续表 3-7

步数	体积分数 φ					
	$f_{req}=20$ Hz	$f_{req}=50$ Hz	$f_{req}=80$ Hz	$f_{req}=100$ Hz	$f_{req}=150$ Hz	$f_{req}=200$ Hz
16	0.498 595	0.498 255	0.498 915	0.499 895	0.499 225	0.499 685
17	0.498 555	0.495 76	0.499 555	0.499 895	0.499 39	0.499 77
18	0.499 05	0.498 245	0.499 7	0.499 895	0.499 71	0.499 79
19	0.499 115	0.498 175	0.499 775	0.499 855	0.499 72	0.499 78
20	0.498 42	0.498 875	0.499 84	0.499 8	0.499 725	0.499 77
21	0.497 965	0.498 535	0.499 805	0.499 68	0.499 805	0.499 77
22	0.497 845	0.498 63	0.499 895	0.499 755	0.499 835	0.499 765
23	0.498 655	0.498 995	0.499 925	0.499 88	0.499 89	0.499 78
24	0.499 185	0.498 915	0.499 945	0.499 915	0.499 915	0.499 88
25	0.499 63	0.499 45	0.499 96	0.499 935	0.498 795	0.499 91
26	0.499 78	0.499 67	0.499 96	0.499 955	0.499 815	0.499 93
27	0.499 695	0.499 715	0.499 965	0.499 97	0.499 855	0.499 935
28	0.499 82	0.499 73	0.499 96	0.499 985	0.499 85	0.499 935
29	0.499 865	0.499 405	0.499 965	0.499 99	0.499 92	0.499 935

图 3-38 给出了细分 1 次后在频率为 50 Hz、80 Hz、100 Hz 作用下吸声材料的最优分布。图中，吸声材料沿着 y 轴对称分布，50 Hz 时主要分布在两端球壳和圆柱的两端部分，80 Hz、100 Hz 时主要分布在圆柱的两端部分，由于频率的升高而导致波长的变化，进而影响到吸声材料的分布。

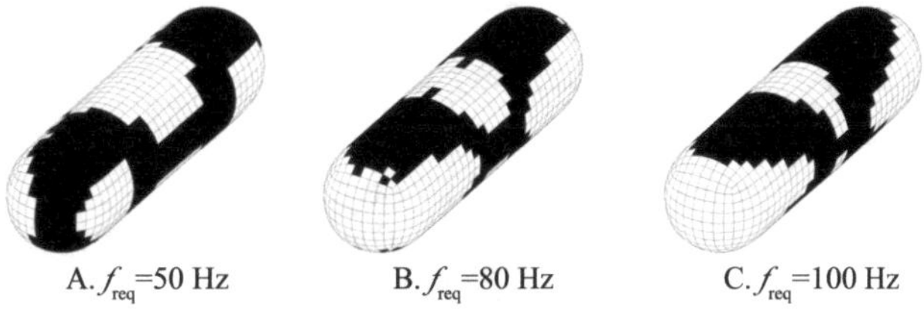

图 3-38　不同频率的两端用球壳封闭的圆柱壳表面吸声材料最优分布

通过对立方体和圆柱壳表面的吸声材料分布优化设计模拟计算，优化分析的结果显示：吸声材料的最优分布是具有频率依赖性的，某一频点下得到的最优分布，在其他频率下可能仅仅是较优甚至表现得比较差。而实际中的噪音通常包含着不同频率和强度的成分，因此可以考虑频带意义下的目标函数，例如进行频率平均。

3.3.2.3　薄壁艇在平面波作用下吸声材料分布优化

本节算例研究的是在平面波入射时结构表面粘附吸声材料的最优分布。平面波沿 z 正方向传播，结构尺寸大小缩小为原来的 1/100，测试点为(0,0.5,6)。这里对包含 9 510 个节点和 19 016 个三角形单元的网格进行了数值计算分析。

在不同激励频率下，弹性潜艇壳优化问题的迭代历史如图 3-39 所示。图 3-39A 中，目标函数随着迭代步寻优计算而逐渐趋于一个稳定值，频率的升高导致波长的变化，目标函数收敛时最小值也随之降低。在第 31 步 100 Hz 时，目标函数达到了收敛得到的 change 值小于 1×10^{-5}。为了对比迭代步目标函数的变化，这里选取的是第 2～31 步的优化迭代历史。图 3-39B 中，体积比随着迭代步增加先迅速下降，而后出现上下波动，最终趋于略小于 0.5 的稳定值。在第 3 步 150 Hz 时，体积比下降到最低。

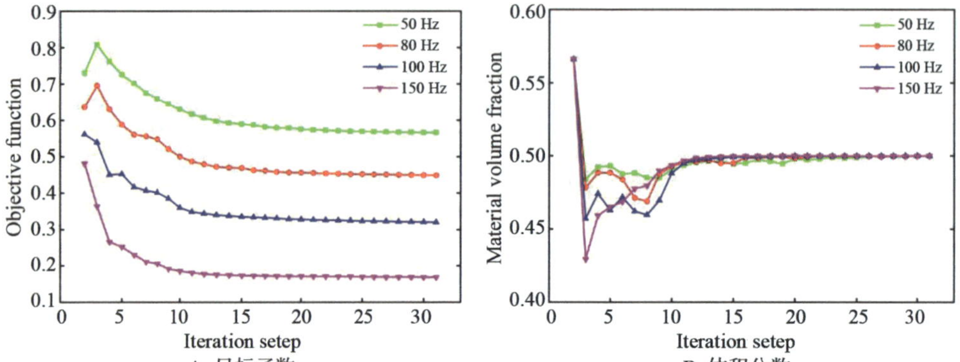

A. 目标函数　　B. 体积分数

图 3-39　弹性潜艇壳在不同频率下优化问题的迭代历史

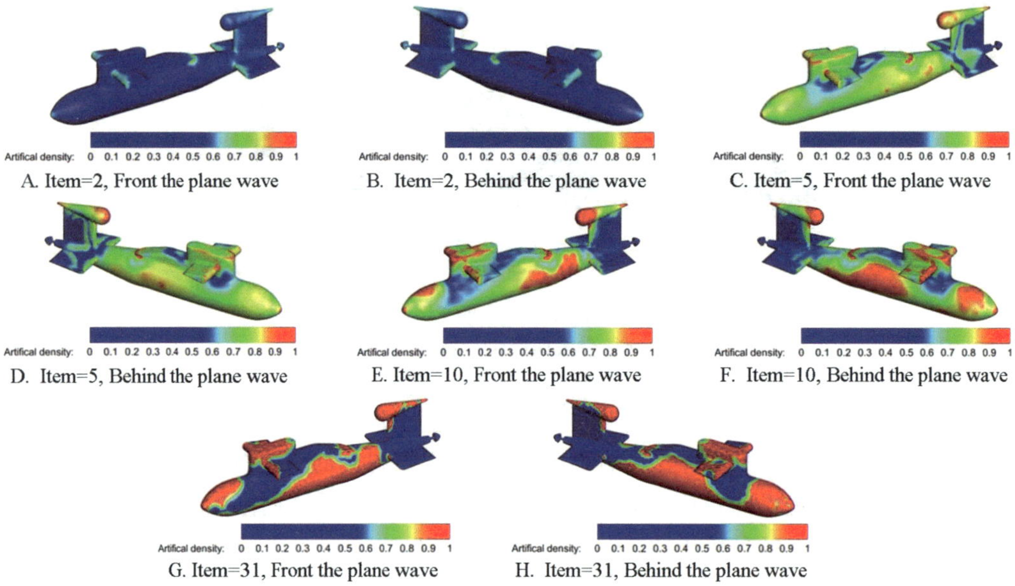

图 3-40　不同迭代步下吸声材料的分布

在不同迭代步下，弹性潜艇壳在激励频率为 100 Hz 作用下吸声材料的分布如图 3-40 所示。这里选取迭代步数为 2、5、10、31 的体积分数变化进行对比，得到了平面波前侧与平面波后侧的人工密度分布图。图中蓝色部分表示人工密度趋于 0，不需要粘附吸声材料；红色部分表示人工密度趋于 1，需要粘附吸声材料。随着迭代步的增加，人工密度逐渐趋于只有蓝色和红色的分布图，对于出现的灰度单元通过 Heaviside 函数二次惩罚得到解决。通过对复杂结构的数值计算模拟，验证了所提出算法的有效性以及对复杂问题的适用性。

在不同迭代步下，弹性潜艇壳在激励频率为 100 Hz 作用下声压幅值的变化如图 3-41 所示。同样选取迭代步数为 2、5、10、31 的声压幅值进行对比。在平面波前侧声压幅值较大，特别是在头部和尾部，这是由于声波散射的作用。在平面波后侧由于声隐区的影响导致声压幅值较小，基本上趋于 0。从图中可以看到，第 10 步和第 31 步声压幅值的变化不是很明显了，优化设计在前期迭代过程中目标函数和体积分数变化较大，但是第 10 步时的计算结果基本上与最终迭代步相等。

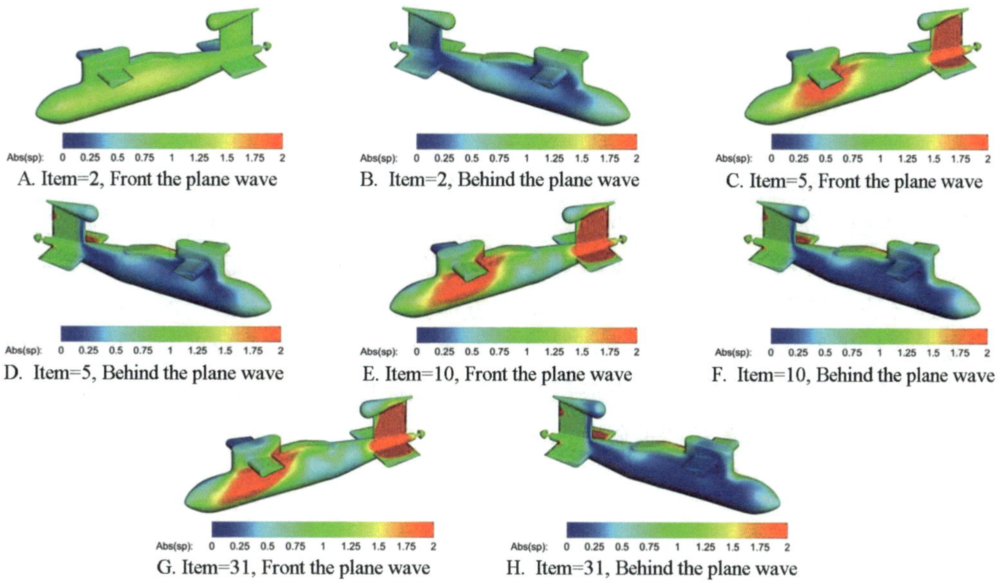

图 3-41 不同迭代步下声压幅值的变化

对于激励频率对吸声材料分布的影响，测试了激励频率为 50 Hz、80 Hz、150 Hz 时弹性潜艇壳结构表面粘附吸声材料的最优分布，如图 3-42 所示。从图中可以看出，当激励频率不同时，计算得到的最优分布是不同的，50 Hz 和 80 Hz 时吸声材料主要集中在潜艇的下表面，150 Hz 时吸声材料主要集中在潜艇的中间。而且当频率比较低时，吸声材料会大面积聚集；当频率升高时，吸声材料的分布会变得较为离散。这是由于波长随着频率升高变短，对应声波干涉相位变化周期变短，吸声材料需要根据干涉情况相应地分布。因此在实际工程问题中，我们可以考虑激励中频率的主要成分进行优化分析。由于本节的数值算例都是基于单频作用下求解目标函数和体积约束，后期可以考虑某一频带的作用来得到平均的吸声材料最优分布图。

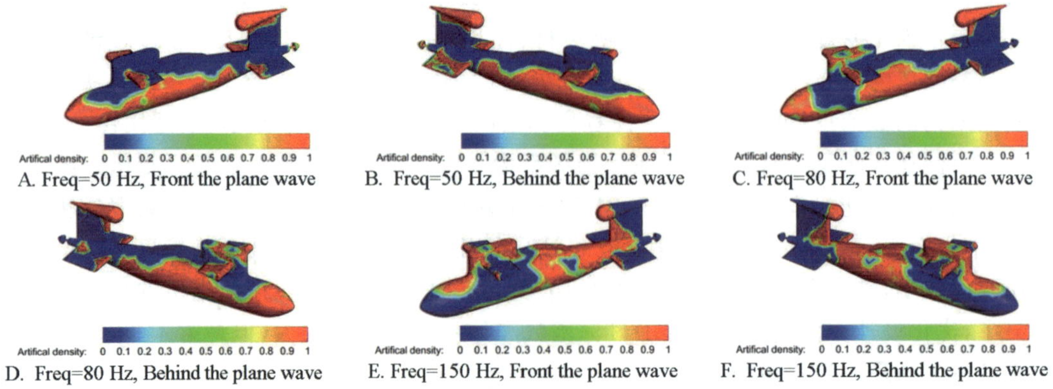

图 3-42　吸声材料在不同频率下的最优分布

3.4.3　小结

本节采用 SSBEM 方法进行结构表面吸声材料的分布优化设计。首先引入阻抗边界条件，建立了以吸声材料单元相对密度为设计变量、以吸声材料的体积为约束的拓扑优化数学模型。然后，通过 SIMP 方法建立了粘附吸声材料的介质导纳和单元密度之间的关系，并结合 MMA 方法对优化问题进行求解，通过对立方体壳和两端用球壳封闭的圆柱壳结构表面进行吸声材料优化设计，验证了所提出的算法在解决简单问题的有效性和正确性。对薄潜艇壳的优化设计，证明了该方法可以应用到复杂的实际工程中。因此，通过结构拓扑优化设计能够有效降低噪声，提高结构的隐声性能。

4 等几何压电材料分析

智能材料(intelligent material)具有出色的感知能力和自主控制能力，不仅能够接收外部环境信息，还能够自主响应，这种特性为未来科学研究提供了强有力的基础，将支撑未来高技术的发展。在众多类型的智能材料中，压电材料由于其强大的力电耦合效应而成为应用最广泛的智能结构材料之一。其中，压电陶瓷因其机电响应快、易于制备、成本低等优良性能而成为广泛使用的压电材料之一。压电陶瓷在制备过程中会产生局部不均匀性，例如使用单轴压片机压制坯体时由于受力不均匀导致的局部密度不均匀、烧结过程中样品受热不均导致的晶体生长不均匀、活跃原子受热后易于挥发导致的组分不均匀等，这些不确定因素不可避免地导致压电陶瓷中性能参数的变化，从而影响压电陶瓷的力学性能分析结果的准确性[250-252]。因此，需要对与各种不确定因素有关的风险进行评估，即进行不确定性量化分析。

在早期的研究中，对压电结构模型的建模主要采用解析法和实验方法。然而，在解决复杂几何实际问题时，这些方法存在一定的局限性，无法很好地适应复杂压电结构的力学响应分析[253]。随着计算机技术的快速发展，出现了满足不同求解模型需求的数值方法。其中，FEM 是目前最为流行的用于分析和设计压电结构的数值方法[254]。该方法采用传统 Lagrange 函数进行几何形状的近似和物理场插值计算，尽管操作简便，但会引入几何误差，从而降低偏微分方程的计算精度。为了解决上述问题，Hughes 等提出了 IGA。该方法基于有限元分析方法的等参单元思想，将计算机辅助设计 CAD 中用于表达几何模型的 NURBS 的基函数作为形函数，实现了 CAD 和 CAE 的无缝结合。因此，采用既保证模型准确性又保证计算效率的数值分析方法，对于求解压电结构的力学性能是十分必要的。

为了指导压电结构在广泛工程应用中的结构设计、优化和制造，有效评估其力学性能是必不可少的，但也是非常具有挑战性的。这是因为宏观尺度压电结构的力学性能受材料参数的影响，如弹性常数、压电常数、介电常数和形状参数等[255-256]。大量文献表明，实验测试和理论分析是评估压电结构力学性能最有效的方法[257-258]。

然而,由于现有实验技术成本高或设备的限制,压电结构在复杂载荷或电载荷下的力学性能难以通过实验观察和测试[259]。

随着计算机技术的发展,一些商业有限元软件已经得到了很好的发展,已克服一些实验的局限性[260]。在以往的压电结构有限元模拟中,通常需要建立全尺寸有限元模型进行直接数值模拟(direct numerical simulation,DNS),以便获得压电结构微观变形及宏观力学响应[261]。然而,DNS的高计算成本使得它几乎无法模拟一些非均质结构,如压电复合结构[262-264]。目前,具有较高计算效率和精度的多层有限元模拟(FE^2)受到工程师和研究人员的重视[265]。FE^2 方法从结构的微观尺度推导出结构的宏观尺度结构力学性能[266-267]。FE^2 的实现是费力的,通常使用交错数值解决策略[268]。该求解策略分为两部分,首先将宏观运动学场传递给RVE,实现宏-微观耦合,获得RVE的有效力学响应,之后将RVE的有效力学响应传递到宏观有限元框架中进行微-宏观多尺度分析。这种求解策略需要进行多尺度的信息交换,不能高效地进行宏-微观多尺度计算。

本章采取数值模拟方法与理论分析相结合的研究方法,进行压电陶瓷的性能分析。

4.1 压电陶瓷结构静力学问题的不确定性量化分析

压电陶瓷的力学性能受到多种不确定性因素的影响,例如材料的非均匀性、几何形状的不确定性和制造误差等。为了更好地理解和优化压电陶瓷结构的力学性能,需要对其力学性能进行不确定性量化分析。本节将采用IGA-FEM和GNP对压电陶瓷结构的电势进行不确定性量化分析,并将计算得到统计特征与MCs和混沌多项式展开(polynomial chaos expansions,PCE)计算得到的统计特征进行对比,以评估IGA-FEM-GNP方法的计算效率。

4.1.1 GNP基础

对结构进行不确定性量化分析时需要计算响应的统计特征(期望、方差),这些统计特征由输入样本和所考虑的概率密度函数 $\rho(r)$ 决定。期望和方差的计算在数学上被看做一个积分关系,这些积分表达式为

$$\left.\begin{aligned}\mathscr{E}[H(r)]&=\int_{-\infty}^{+\infty} H(r)\,\rho(r)\,\mathrm{d}r,\\ \mathscr{V}[H(r)]&=\int_{-\infty}^{+\infty}(H(r)-\mathscr{E}[H(r)])^2\rho(r)\,\mathrm{d}r。\end{aligned}\right\}\tag{4-1}$$

式中,r 表示随机变量,$H(r)$ 表示随机变量函数。摄动法的基本思想是采用Taylor级数展开方法对响应函数进行 n 阶展开,同时考虑一个微小的扰动参数 ε。随机变量输出函数 $H(r)$ 的摄动法表达式为

$$H(r)=H^{(0)}(r)+\sum_{n=1}^{\infty}\frac{1}{n!}\varepsilon^{n}H^{(n)}(r)(\Delta r)^{n}\cong$$
$$H^{(0)}(r)+\varepsilon H^{(1)}(r)\Delta r+\cdots+\frac{1}{n!}\varepsilon^{n}H^{(n)}(r)(\Delta r)^{n}。\tag{4-2}$$

式中，n 应该足够大，以保证令人满意的精度；Δ 表示随机变量的变化量；$(\cdot)^0$ 表示随机变量取平均值时输出函数的值。

在方程(4-2)中，$H^{(n)}(r)$ 表示 $H(r)$ 对随机变量 r 的 n 阶偏导数，其表达式为

$$H^{(n)}(r)=\frac{\partial^{n}H(r)}{\partial r^{n}}。\tag{4-3}$$

输出函数 $H(r)$的期望值由方程(4-1)和(4-2)得到，其表达式为

$$\mathscr{E}[H(r),r]=H^{(0)}+\int_{-\infty}^{+\infty}\left(\varepsilon H^{(1)}(r)\Delta r+\cdots+\frac{1}{n!}\varepsilon^{n}H^{(n)}(r)(\Delta r)^{n}\right)\rho(r)\,\mathrm{d}r。\tag{4-4}$$

本文以 Gauss 分布为例验证统计特征计算的准确性。因 Taylor 级数展开中的奇数项可以忽略，故方程(4-4)中剩余部分的表达式为

$$\mathscr{E}[H(r),r]=H^{(0)}+\int_{-\infty}^{+\infty}\left(\sum_{n=1}^{\infty}\frac{1}{(2n)!}\varepsilon^{2n}H^{(2n)}(r)(\Delta r)^{2n}\right)\rho(r)\,\mathrm{d}r。\tag{4-5}$$

$\mathscr{E}[\overline{H}(r)]$ 和 $\mathscr{V}[\overline{H}(r)]$ 分别表示 MCs 中的期望和方差，它们的表达式为

$$\left.\begin{aligned}\mathscr{E}[\overline{H}(r)]&\approx\frac{1}{n_a}\sum_{m=1}^{n_a}\overline{H}_m(r),\\ \mathscr{V}[\overline{H}(r)]&\approx\frac{1}{n_a-1}\sum_{m=1}^{n_a}(\overline{H}_m(r)-\mathscr{E}[\overline{H}(r)])^2。\end{aligned}\right\}\tag{4-6}$$

式中，n_a 是一个足够大的数。对于方程(4-5)中的 Gauss 对称概率密度函数，输出函数 $H(r)$可以用其随机变量的平均值展开到 n 阶，对于 2 阶展开表达式为

$$\mathscr{E}[H,r]=\int_{-\infty}^{+\infty}H(r)\rho(r)\,\mathrm{d}r\cong$$
$$\int_{-\infty}^{+\infty}\left(H^{(0)}+\varepsilon H^{(1)}(r)\Delta r+\frac{1}{2}\varepsilon^{2}H^{2}(r)(\Delta r)^{2}\right)\rho(r)\,\mathrm{d}r=$$
$$H^{(0)}+\frac{1}{2}\varepsilon^{2}H^{(2)}\mu_{2}(r)。\tag{4-7}$$

式中，$\mu_2(r)$ 表示随机变量 r 的二阶中心矩。输出函数的 8 阶展开表达式为

$$\mathscr{E}[H,r]=H^{(0)}+\frac{1}{2}\varepsilon^{2}H^{(2)}\mu_{2}(r)+\frac{1}{4!}\varepsilon^{4}H^{(4)}\mu_{4}(r)+$$
$$\frac{1}{6!}\varepsilon^{6}H^{(6)}\mu_{6}(r)+\frac{1}{8!}\varepsilon^{8}H^{(8)}\mu_{8}(r)。\tag{4-8}$$

输出函数 $H(r)$的方差表示为

$$\mathscr{V}[H(r)]=\int_{-\infty}^{\infty}(H(r)-\mathscr{E}[H(r)])^2\rho(r)\,\mathrm{d}r。\tag{4-9}$$

将方程(4-2)代入上述方程,可得

$$\mathscr{V}[H(r)]\cong\int_{-\infty}^{+\infty}\left(H^{(0)}(r)+\varepsilon\,H^{(1)}(r)\,\Delta r+\cdots+\frac{1}{n!}\varepsilon^n\,H^{(n)}(r)\,(\Delta r)^n-\varepsilon(H)\right)^2\rho(r)\,\mathrm{d}r。\tag{4-10}$$

$\mathscr{V}[H(r)]$的 4 阶展开表达式为

$$\mathscr{V}[H(r)]\cong\varepsilon^2[H^{(1)}]^2\mu_2(r)+\left(\frac{1}{4}[H^{(2)}]^2+\frac{2}{3!}[H^{(1)}][H^{(3)}]\right)\varepsilon^4\mu_4(r)。$$

$\mathscr{V}[H(r)]$的 6 阶展开表达式为

$$\mathscr{V}[H(r)]\cong\varepsilon^2[H^{(1)}]^2\mu_2(r)+\left(\frac{1}{4}[H^{(2)}]^2+\frac{2}{3!}[H^{(1)}][H^{(3)}]\right)\varepsilon^4\mu_4(r)+$$
$$\left(\left[\frac{1}{3!}\right]^2[\widetilde{H}^{(3)}]^2+\frac{1}{4!}[H^{(2)}][H^{(4)}]+\frac{2}{5!}[H^{(1)}][H^{(5)}]\right)\varepsilon^6\mu_6(r)。$$

对于常用的标准差为的 Gauss 分布的随机变量,其 n 阶中心概率矩

$$\left.\begin{aligned}&\mu_{2n+1}(r)=0,\\&\mu_{2n}(r)=1\times3\times5\times\cdots\times[2n-1]\,\sigma^{2n}(r)。\end{aligned}\right\}\tag{4-11}$$

4.1.2 线性压电问题的 IGA-FEM-GNP 方法

压电问题是一种多物理场耦合问题,需要考虑应变张量 $\boldsymbol{S}$ 与电场向量 $\boldsymbol{E}$ 之间耦合关系。应变张量和电场的定义式为

$$\left.\begin{aligned}&\boldsymbol{S}=\frac{1}{2}[\Delta\boldsymbol{u}+\boldsymbol{u}\,\nabla],\\&\boldsymbol{E}=-\nabla\varphi。\end{aligned}\right\}\tag{4-12}$$

式中,$\boldsymbol{u}$ 表示位移,φ 表示电势,$\nabla(\cdot)$ 表示梯度算符子。对于耦合压电问题,单位体积的电焓密度通常定义为

$$H_{\mathrm{den}}(\boldsymbol{S},\boldsymbol{E})=W_{\mathrm{ela}}(\boldsymbol{S})-W_{\mathrm{piezo}}(\boldsymbol{S},\boldsymbol{E})-W_{\mathrm{elec}}(\boldsymbol{E})。\tag{4-13}$$

式中,电焓能密度 $H_{\mathrm{den}}(\boldsymbol{S},\boldsymbol{E})$ 由弹性能密度 $W_{\mathrm{ela}}(\boldsymbol{S})$、压电能密度 $W_{\mathrm{piezo}}(\boldsymbol{S},\boldsymbol{E})$ 和电能密度 $W_{\mathrm{elec}}(\boldsymbol{E})$ 三个部分组成。弹性能量密

$$W_{\mathrm{ela}}(\boldsymbol{S})=\frac{1}{2}[\boldsymbol{S}:\boldsymbol{C}:\boldsymbol{S}]=\frac{1}{2}C_{ijkl}S_{ij}S_{kl}。\tag{4-14}$$

式中,C_{ijkl} 是四阶弹性张量 $\boldsymbol{C}$ 的分量,而 S_{ij} 是应变张量 $\boldsymbol{S}$,下标 i、j、k 和 l 的取值范围为 1 ~ 3。压电能量密度

$$W_{\mathrm{piezo}}(\boldsymbol{S},\boldsymbol{E})=\boldsymbol{E}\cdot[\boldsymbol{e}:\boldsymbol{S}]=e_{ikl}E_iS_{kl}。\tag{4-15}$$

式中,e_{ikl} 表示三阶压电张量 $\boldsymbol{e}$ 的分量。电能密度

$$W_{\text{elec}}(\boldsymbol{E})=\frac{1}{2}[\boldsymbol{\kappa}\cdot\boldsymbol{E}]\cdot\boldsymbol{E}=\frac{1}{2}\kappa_{ij}E_iE_j\text{。}\tag{4-16}$$

式中，κ_{ij} 是二阶介电张量$\boldsymbol{\kappa}$ 的分量。将方程(4-14)、(4-15)和(4-16)代入方程(4-13)，可得

$$H_{\text{den}}(S_{ij},E_i)=\frac{1}{2}C_{ijkl}S_{ij}S_{kl}-e_{kij}E_kS_{ij}-\frac{1}{2}\boldsymbol{\kappa}_{ij}E_iE_j\text{。}\tag{4-17}$$

应力张量 $\boldsymbol{T}$ 的分量 T_{ij} 和电位移矢量 $\boldsymbol{D}$ 的分量 D_i 可表示为

$$T_{ij}=\frac{\partial H_{\text{den}}(S_{ij},E_i)}{\partial S_{ij}}=C_{ijkl}S_{kl}-e_{kij}E_k,\tag{4-18}$$

$$D_i=-\frac{\partial H_{\text{den}}(S_{ij},E_i)}{\partial E_i}=e_{ikl}S_{kl}+\boldsymbol{\kappa}_{ij}E_k\text{。}\tag{4-19}$$

由式(4-12)可得线性压电问题的广义几何方程：

$$\left.\begin{aligned}S_{ij}&=\frac{1}{2}[u_{i,j}+u_{j,i}],\\E_i&=-\varphi_{,i}\text{。}\end{aligned}\right\}\tag{4-20}$$

式中，u_i 表示位移$\boldsymbol{u}$的分量。$(\bullet)_{,i}$ 表示$(\bullet)$对坐标轴 x_i 的偏导数，如 $\varphi_{,i}=\dfrac{\partial\varphi}{\partial x_i}$。同理，$(\bullet)_{i,j}$ 表示$(\bullet)_i$ 对坐标轴 x_j 的偏导数，如 $u_{i,j}=\dfrac{\partial u_i}{\partial x_j}$。

一般动能的定义表达式为

$$K(\boldsymbol{u})=\frac{\rho}{2}\int_{\Omega}\dot{u}_i\dot{u}_i\,\mathrm{d}\Omega\text{。}\tag{4-21}$$

式中，ρ 为单位体积的质量密度，Ω 表示线性压电问题的物理域。外部功分为两部分：

$$W_{\text{ext}}(\boldsymbol{u},\varphi)=\int_{\partial\Omega}\bar{F}_iu_i\,\mathrm{d}\Gamma+\int_{\Gamma_{\text{d}}}\omega\,\varphi\,\mathrm{d}\Gamma_{\text{d}}\text{。}\tag{4-22}$$

式中，$\bar{F}_i$ 是表面力的分量，ω 是表面电荷密度，Γ_{d} 表示施加电负载的平面。总电焓能通过电焓能密度在物理域 Ω 中积分得到，其表达式为

$$H(\boldsymbol{u},\varphi)=\int_{\Omega}H_{\text{den}}(S_{ij},E_i)\,\mathrm{d}\Omega=\int_{\Omega}\left(\frac{1}{2}C_{ijkl}\,S_{ij}\,S_{kl}-e_{kij}\,E_kS_{ij}-\frac{1}{2}\,\boldsymbol{\kappa}_{ij}\,E_i\,E_j\right)\mathrm{d}\Omega\text{。}\tag{4-23}$$

在平衡状态下，系统总能量的变分为零。根据 Hamilton 原理，忽略耗散机制，系统总能量的变分表示为

$$\delta\left(\int_{t_0}^{t_1}L(\boldsymbol{u},\varphi)\,\mathrm{d}t\right)=0\text{。}\tag{4-24}$$

式中，$\delta(\bullet)$表示变分算符。在 Hamilton 原理中，Lagrange 量定义为

$$L(\boldsymbol{u},\varphi)=K(\boldsymbol{u})-H(\boldsymbol{u},\varphi)+W_{\text{ext}}(\boldsymbol{u},\varphi)\text{。}\tag{4-25}$$

将上述方程代入方程(4-1)，得

$$\delta\left(\int_{t_0}^{t_1}K(\boldsymbol{u})\,\mathrm{d}t\right)-\delta\left(\int_{t_0}^{t_1}H(\boldsymbol{u},\varphi)\,\mathrm{d}t\right)+\delta\left(\int_{t_0}^{t_1}W_{\text{ext}}(\boldsymbol{u},\varphi)\,\mathrm{d}t\right)=0\text{。}\tag{4-26}$$

式中，动能和外部能量积分的变分如下：

$$\delta\left(\int_{t_0}^{t_1} K(\boldsymbol{u})\mathrm{d}t\right) = -\int_{t_0}^{t_1}\rho\left[\int_{\Omega}\delta u_i\,\frac{\partial^2 u_i}{\partial t^2}\mathrm{d}\Omega\right]\,\mathrm{d}t\,, \tag{4-27}$$

$$\delta\left(\int_{t_0}^{t_1} W_{\mathrm{ext}}(\boldsymbol{u},\varphi)\,\mathrm{d}t\right) = \int_{t_0}^{t_1}\left[\int_{\partial\Omega}\bar{F}_i\,\delta u_i\,\mathrm{d}\Gamma + \int_{\Gamma_{\mathrm{d}}}\omega\,\delta\varphi\,\mathrm{d}\Gamma_{\mathrm{d}}\right]\,\mathrm{d}t\text{。} \tag{4-28}$$

将方程(4-20)代入方程(4-23)，得到电焓能的变分表达式

$$\delta\left(\int_{t_0}^{t_1} H_{\mathrm{den}}(\boldsymbol{u},\varphi)\,\mathrm{d}t\right) = \int_{t_0}^{t_1}\left[\int_{\Omega}\hat{C}_{abcd}\,\delta S_{ab}\,S_{cd}\,\mathrm{d}\Omega\right]\,\mathrm{d}t + \delta\left(\int_{t_0}^{t_1}\left[\int_{\Omega}\hat{e}_{abc}\,\delta\varphi_{,a}\,S_{bc}\,\mathrm{d}\Omega\right]\,\mathrm{d}t\right) + \delta\left(\int_{t_0}^{t_1}\left[\int_{\Omega}\hat{e}_{abc}\,\varphi_{,a}\,\delta S_{bc}\,\mathrm{d}\Omega\right]\,\mathrm{d}t\right) - \delta\left(\int_{t_0}^{t_1}\left[\int_{\Omega}\hat{\kappa}_{ab}\,\delta\varphi_{,a}\,\varphi_{,b}\,\mathrm{d}\Omega\right]\,\mathrm{d}t\right)\text{。} \tag{4-29}$$

由于压电材料在坐标系的 x_1 和 x_3 方向(即压电材料的极化方向)表现最为明显的压电效应，这里选择在 x_1 和 x_3 方向建立二维压电结构模型，故上述方程中的分量 a、b、c 和 d 取值为 1 和 3。修正的弹性张量、压电张量和介电张量分别为：

$$\hat{C}_{1111} = C_{1111} - \frac{[C_{1122}]^2}{C_{1111}},\quad \hat{C}_{1133} = C_{1133} - \frac{C_{1122}C_{1133}}{C_{1111}},\quad \hat{C}_{3333} = C_{3333} - \frac{[C_{1133}]^2}{C_{1111}};$$

$$\hat{e}_{311} = e_{311} - \frac{e_{311}C_{1122}}{C_{1111}},\quad \hat{e}_{333} = e_{333} - \frac{e_{333}C_{1122}}{C_{1111}};$$

$$\hat{\kappa}_{33} = \kappa_{33} + \frac{[e_{311}]^2}{C_{1111}}\text{。}$$

为了满足方程(4-26)中所有可能的$\partial\boldsymbol{u}$ 和$\partial\varphi$，线性压电控制方程的弱形式为

$$\int_{\Omega}\delta u_i\,\frac{\partial^2 u_i}{\partial t^2}\,\mathrm{d}\Omega + \int_{\Omega}\hat{C}_{abcd}\,\delta S_{ab}\,S_{cd}\,\mathrm{d}\Omega + \int_{\Omega}\hat{e}_{abc}\,\delta\varphi_{,a}\,S_{bc}\,\mathrm{d}\Omega + \int_{\Omega}\hat{e}_{abc}\,\varphi_{,a}\,\delta S_{bc}\,\mathrm{d}\Omega - \int_{\Omega}\hat{\kappa}_{ab}\,\delta\varphi_{,a}\,\varphi_{,b}\,\mathrm{d}\Omega - \int_{\partial\Omega}\bar{F}_i\,\delta u_i\,\mathrm{d}\Gamma - \int_{\Gamma_{\mathrm{d}}}\omega\,\delta\varphi\,\mathrm{d}\Gamma_{\mathrm{d}} = 0\text{。} \tag{4-30}$$

IGA 通过 NURBS 作为桥梁，将 CAD 和 CAE 变成一种统一的工业化数值分析技术。工程师可以在 CAD 中利用 NURBS 构造精确表征的 CAD 几何模型，将 CAD 模型直接导入 CAE 中进行数值计算，不需要重复网格的划分，从而节约计算时间。B 样条作为 NURBS 的基础，由参数空间中的一组非递减坐标构成。这组坐标被称为节向量，通常表示为

$$\boldsymbol{\Xi} = [\xi_0,\xi_1,\cdots,\xi_m]\text{。} \tag{4-31}$$

式中，m 表示节点指标，ξ 表示参数坐标，节点指标与基函数的个数 n 和阶数 p 之间的关系为 $m = n + p + 1$。利用 Cox-de-Boor 递归公式定义得到的 B 样条基函数$\{N_{i,p}\}_{i=1}^{n}$ 的表达式为

$$N_{i,0}(\xi) = \begin{cases} 1, & \xi_i \leqslant \xi < \xi_{i+1}; \\ 0, & \text{otherwise。} \end{cases}$$

$$N_{i,p}(\xi) = \frac{\xi - \xi_i}{\xi_{i+p} - \xi_i}N_{i,p-1}(\xi) + \frac{\xi_{i+p+1} - \xi}{\xi_{i+p+1} - \xi_{i+1}}N_{i+1,p-1}(\xi)\text{。}$$

图 4-1 给出了节向量坐标为 $\boldsymbol{\Xi} = \left[0,0,0,0,0,\frac{1}{3},\frac{2}{3},1,1,1,1,1\right]$，阶数 $p=4$ 的 B 样条

基函数。由图 4-1 可以得出，B 样条基函数具有两个重要的插值函数性质，即非负性和归一性。具体地说，对于任意的 i、p 和 ξ，B 样条基函数的取值都是非负的；对于任意的 ξ，B 样条基函数的取值之和均为 1。

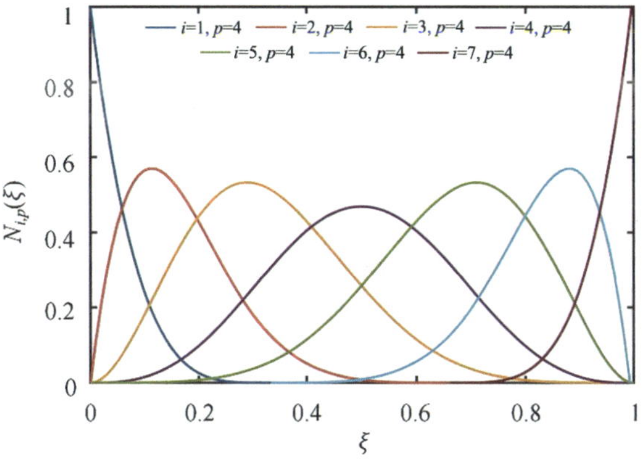

图 4-1　节向量坐标为 $\boldsymbol{\Xi}=\left[0,0,0,0,0,\frac{1}{3},\frac{2}{3},1,1,1,1,1\right]$ 阶数 $p=4$ 的 B 样条基函数

B 样条曲面定义为

$$\overline{S}(\xi,\eta)=\sum_{i=1}^{n}\sum_{j=1}^{m}N_{i,p}(\xi)\,M_{j,q}(\eta)\,P_{i,j}\text{。} \tag{4-32}$$

式中，$N_{i,p}(\xi)$ 和 $M_{j,q}(\eta)$ 是基函数阶数分别为 p 和 q 的单变量 B 样条基函数，$P_{i,j}\in\mathbb{R}^{d}$ 为控制点坐标。与 B 样条相似，NURBS 曲面定义为

$$\widetilde{S}(\xi,\eta)=\sum_{i=1}^{n}\sum_{j=1}^{m}R_{i,j}^{p,q}(\xi,\eta)\,P_{i,j}\text{。} \tag{4-33}$$

式中，NURBS 基函数表达式为

$$R_{i,j}^{p,q}(\xi,\eta)=\frac{N_{i,p}(\xi)\,M_{j,q}(\eta)\,W_{i,j}}{\sum_{i'=1}^{n}\sum_{j'=1}^{m}N_{i',p}(\xi)\,M_{i',q}(\eta)\,W_{i',j'}}\text{。} \tag{4-34}$$

式中，W_{i} 表示控制点权重。

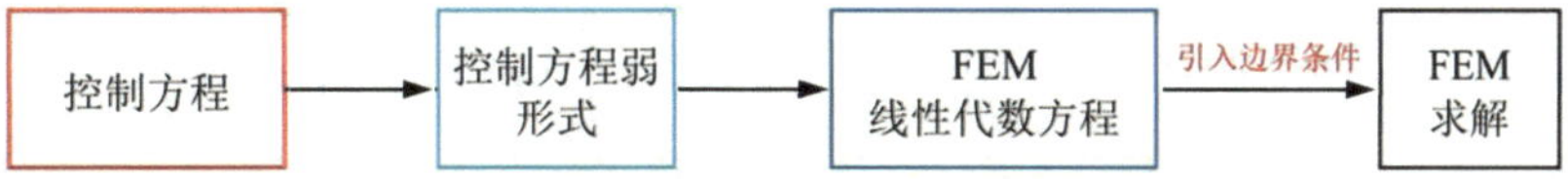

图 4-2　FEM 求解线性压电问题流程图

线性压电耦合问题的有限元求解基本过程如图 4-2 所示。首先，利用 Hamiltion 原理建立线性压电耦合问题控制方程的弱形式；其次，将弱形式控制方程离散为有限元线性代数方程；最后，通过引入边界条件求解耦合形式的有限元方程组。与 FEM 类似，IGA-FEM 也可以用于求解线性压电耦合问题，唯一的区别在于形函数的选取不同。具体而言，IGA-FEM

采用 NURBS 基函数作为形状函数对位移和电势进行离散，而 FEM 则采用传统的 Lagrange 基函数作为形状函数。

对于不考虑动能项的线性压电静力学问题，方程(4-30)可被改写为

$$\int_{\Omega}\hat{C}_{abcd}\,\delta S_{ab}\,S_{cd}\,\mathrm{d}\Omega+\int_{\Omega}\hat{e}_{abc}\,\delta\varphi_{,a}\,S_{bc}\,\mathrm{d}\Omega+\int_{\Omega}\hat{e}_{abc}\,\varphi_{,a}\,\delta S_{bc}\,\mathrm{d}\Omega-$$
$$\int_{\Omega}\hat{\kappa}_{ab}\,\delta\varphi_{,a}\,\varphi_{,b}\,\mathrm{d}\Omega-\int_{\partial\Omega}\bar{F}_{a}\,\delta u_{a}\,\mathrm{d}\Gamma-\int_{\Gamma_d}\omega\,\delta\varphi\,\mathrm{d}\Gamma_{d}=0。\tag{4-35}$$

用 NURBS 基函数近似逼近位移 $\boldsymbol{u}$ 和电势 φ，有

$$\left.\begin{aligned}\boldsymbol{u}&=\sum_{B=0}^{n_{\mathrm{b}}-1}N_{B}\,U_{B},\\ \varphi&=\sum_{B=0}^{n_{\mathrm{b}}-1}N_{B}\,\Phi_{B}。\end{aligned}\right\}\tag{4-36}$$

式中，n_{b} 表示基函数的个数，Φ_B 表示电势的第 B 个节点系数。通过位移的离散方程，可得到应变分量的离散表达式：

$$S_{ab}=\sum_{B=0}^{n_{\mathrm{b}}-1}\frac{1}{2}[N_{B,b}+N_{B,a}]\,U_{B}。\tag{4-37}$$

根据 Bubnov-Galerkin 方法，控制方程(4-35)的线性代数方程组可表示为

$$\begin{bmatrix}\boldsymbol{K}&\boldsymbol{C}_{u\varphi}\\ \boldsymbol{C}_{\varphi u}&\boldsymbol{D}_{\varphi\varphi}\end{bmatrix}\begin{Bmatrix}\boldsymbol{u}\\ \boldsymbol{\varphi}\end{Bmatrix}=\begin{Bmatrix}\boldsymbol{f}_{u}\\ \boldsymbol{f}_{\varphi}\end{Bmatrix}。\tag{4-38}$$

式中，$\boldsymbol{K}$ 为整体刚度矩阵，$\boldsymbol{D}_{\varphi\varphi}$ 为整体介电系统矩阵，$\boldsymbol{C}_{u\varphi}$ 和 $\boldsymbol{C}_{\varphi u}$ 分别代表正、逆压电耦合矩阵，$\boldsymbol{u}$ 和 $\boldsymbol{\varphi}$ 分别为整体位移和电势系数向量，$\boldsymbol{f}_{u}$ 和 $\boldsymbol{f}_{\varphi}$ 表示整体结构和电荷负载向量。上述线性代数方程组可简化为

$$\boldsymbol{A}\,\widetilde{\boldsymbol{U}}=\boldsymbol{F}。\tag{4-39}$$

接下来，给出基于 IGA-FEM 的压电结构 n 阶摄动公式，其中随机输入参数分别设置为 $\hat{C}_{ijkl}$、$\hat{e}_{kij}$ 和 $\hat{\kappa}_{ij}$。控制方程(4-35)的不同阶展开表达式如下所示。

1）零阶方程。

$$\int_{\Omega}\hat{C}_{abcd}^{(0)}\,\delta S_{ab}\,S_{cd}^{(0)}\,\mathrm{d}\Omega+\int_{\Omega}\hat{e}_{abc}^{(0)}\,\delta\varphi_{,a}\,S_{bc}^{(0)}\,\mathrm{d}\Omega+\int_{\Omega}\hat{e}_{abc}^{(0)}\varphi_{,a}^{(0)}\,\delta S_{bc}\,\mathrm{d}\Omega-$$
$$\int_{\Omega}\hat{\kappa}_{ab}^{(0)}\,\delta\varphi_{,a}\,\varphi_{,b}^{(0)}\,\mathrm{d}\Omega-\int_{\partial\Omega}\bar{F}_{i}^{(0)}\,\delta u_{i}\,\mathrm{d}\Gamma-\int_{\Gamma_d}\omega^{(0)}\,\delta\varphi\,\mathrm{d}\Gamma_{d}=0。$$

2）一阶方程。

$$\int_{\Omega}\hat{C}_{abcd}^{(0)}\,\delta S_{ab}\,S_{cd}^{(1)}\,\mathrm{d}\Omega+\int_{\Omega}\hat{e}_{abc}^{(0)}\,\delta\varphi_{,a}\,S_{bc}^{(1)}\,\mathrm{d}\Omega+\int_{\Omega}\hat{e}_{abc}^{(0)}\varphi_{,a}^{(1)}\,\delta S_{bc}\,\mathrm{d}\Omega-$$
$$\int_{\Omega}\hat{\kappa}_{ab}^{(0)}\,\delta\varphi_{,a}\,\varphi_{,b}^{(1)}\,\mathrm{d}\Omega=-\int_{\Omega}\hat{C}_{abcd}^{(1)}\,\delta S_{ab}\,S_{cd}^{(0)}\,\mathrm{d}\Omega-\int_{\Omega}\hat{e}_{abc}^{(1)}\,\delta\varphi_{,a}\,S_{bc}^{(0)}\,\mathrm{d}\Omega-$$
$$\int_{\Omega}\hat{e}_{abc}^{(1)}\,\varphi_{,a}^{(0)}\,\delta S_{bc}\,\mathrm{d}\Omega+\int_{\Omega}\hat{\kappa}_{ab}^{(1)}\,\delta\varphi_{,a}\,\varphi_{,b}^{(0)}\,\mathrm{d}\Omega+\int_{\partial\Omega}\bar{F}_{i}^{(1)}\,\delta u_{i}\,\mathrm{d}\Gamma+\int_{\Gamma_d}\omega^{(1)}\,\delta\varphi\,\mathrm{d}\Gamma_{d}。$$

3）二阶方程。

$$\int_{\Omega}\hat{C}_{abcd}^{(0)}\ \delta S_{ab}\ S_{cd}^{(2)}\ \mathrm{d}\Omega+\int_{\Omega}\hat{e}_{abc}^{(0)}\ \delta\varphi_{,a}\ S_{bc}^{(2)}\ \mathrm{d}\Omega+\int_{\Omega}\hat{e}_{abc}^{(0)}\ \varphi_{,a}^{(2)}\ \delta S_{bc}\ \mathrm{d}\Omega-$$
$$\int_{\Omega}\hat{\kappa}_{ab}^{(0)}\ \delta\varphi_{,a}\ \varphi_{,b}^{(2)}\ \mathrm{d}\Omega=-\int_{\Omega}[2\hat{C}_{abcd}^{(1)}\ \delta S_{ab}\ S_{cd}^{(1)}+\hat{C}_{abcd}^{(2)}\ \delta S_{ab}\ S_{cd}^{(0)}]\ \mathrm{d}\Omega-$$
$$\int_{\Omega}[2\hat{e}_{abc}^{(1)}\ \delta\varphi_{,a}\ S_{bc}^{(1)}+\hat{e}_{abc}^{(2)}\ \delta\varphi_{,a}\ S_{bc}^{(0)}]\ \mathrm{d}\Omega-\int_{\Omega}[2\hat{e}_{abc}^{(1)}\ \varphi_{,a}^{(1)}\ \delta S_{bc}+\hat{e}_{abc}^{(2)}\ \varphi_{,a}^{(0)}\ \delta S_{bc}]\ \mathrm{d}\Omega+$$
$$\int_{\Omega}[2\hat{\kappa}_{ab}^{(1)}\ \delta\varphi_{,a}\ \varphi_{,b}^{(1)}+\hat{\kappa}_{ab}^{(2)}\ \delta\varphi_{,a}\ \varphi_{,b}^{(0)}]\ \mathrm{d}\Omega+\int_{\partial\Omega}\overline{F}_{i}^{(2)}\ \delta u_{i}\ \mathrm{d}\Gamma+\int_{\Gamma_{\mathrm{d}}}\omega^{(2)}\ \delta\varphi\ \mathrm{d}\Gamma_{d}。$$

4）三阶方程。

$$\int_{\Omega}\hat{C}_{abcd}^{(0)}\ \delta S_{ab}\ S_{cd}^{(2)}\ \mathrm{d}\Omega+\int_{\Omega}\hat{e}_{abc}^{(0)}\ \delta\varphi_{,a}\ S_{bc}^{(2)}\ \mathrm{d}\Omega+\int_{\Omega}\hat{e}_{abc}^{(0)}\ \varphi_{,a}^{(2)}\ \delta S_{bc}\ \mathrm{d}\Omega-\int_{\Omega}\hat{\kappa}_{ab}^{(0)}\ \delta\varphi_{,a}\ \varphi_{,b}^{(2)}\ \mathrm{d}\Omega=$$
$$-\int_{\Omega}[3\hat{C}_{abcd}^{(2)}\ \delta S_{ab}\ S_{cd}^{(1)}+3\hat{C}_{abcd}^{(1)}\ \delta S_{ab}\ S_{cd}^{(2)}]\ \mathrm{d}\Omega-\int_{\Omega}[\hat{C}_{abcd}^{(3)}\ \delta S_{ab}\ S_{cd}^{(0)}+3\hat{e}_{abc}^{(2)}\ \varphi_{,a}^{(1)}\ \delta S_{bc}]\ \mathrm{d}\Omega-$$
$$\int_{\Omega}[3\hat{e}_{abc}^{(1)}\ \varphi_{,a}^{(2)}\ \delta S_{bc}+\hat{e}_{abc}^{(3)}\ \varphi_{,a}^{(0)}\ \delta S_{bc}]\ \mathrm{d}\Omega+\int_{\Omega}[3\hat{\kappa}_{ab}^{(2)}\ \delta\varphi_{,a}\ \varphi_{,b}^{(1)}+3\hat{\kappa}_{ab}^{(1)}\ \delta\varphi_{,a}\ \varphi_{,b}^{(2)}]\ \mathrm{d}\Omega+$$
$$\int_{\Omega}\hat{\kappa}_{ab}^{(3)}\ \delta\varphi_{,a}\ \varphi_{,b}^{(0)}\ \mathrm{d}\Omega+\int_{\partial\Omega}\overline{F}_{i}^{(3)}\ \delta u_{i}\ \mathrm{d}\Gamma+\int_{\Gamma_{d}}\omega^{(3)}\ \delta\varphi\ \mathrm{d}\Gamma_{d}。$$

5）n 阶方程。

$$\int_{\Omega}\hat{C}_{abcd}^{(0)}\ \delta S_{ab}\ S_{cd}^{(n)}\ \mathrm{d}\Omega+\int_{\Omega}\hat{e}_{abc}^{(0)}\ \delta\varphi_{,a}\ S_{bc}^{(n)}\ \mathrm{d}\Omega+\int_{\Omega}\hat{\Omega}_{abc}^{(0)}\ \varphi_{,a}^{(n)}\ \delta S_{bc}\ \mathrm{d}\Omega-$$
$$\int_{\Omega}\hat{\kappa}_{ab}^{(0)}s\ \delta\varphi_{,a}\ \varphi_{,b}^{(n)}\ \mathrm{d}\Omega=-\sum_{i_m}^{n}\binom{n}{i_m}\int_{\Omega}\hat{C}_{abcd}^{(i_m)}\ \delta S_{ab}\ S_{cd}^{(n-i_m)}\ \mathrm{d}\Omega-$$
$$\sum_{i_m}^{n}\binom{n}{i_m}\int_{\Omega}\hat{e}_{abc}^{(i_m)}\ \delta\varphi_{,a}\ S_{bc}^{(n-i_m)}\ \mathrm{d}\Omega-\sum_{i_m}^{n}\binom{n}{i_m}\int_{\Omega}\hat{e}_{abc}^{(i_m)}\ \varphi_{,a}^{(n-i_m)}\ \delta S_{bc}\ \mathrm{d}\Omega+$$
$$\sum_{i_m}^{n}\binom{n}{i_m}\int_{\Omega}\hat{\kappa}_{ab}^{(i_m)}\ \delta\varphi_{,a}\ \varphi_{,b}^{(n-i_m)}\ \mathrm{d}\Omega+\int_{\partial\Omega}\overline{F}_{i}^{(n)}\ \delta u_{i}\ \mathrm{d}\Gamma+\int_{\Gamma_{d}}\omega^{(n)}\ \delta\varphi\ \mathrm{d}\Gamma_{d}。\tag{4-40}$$

式中，$(\bullet)^{(i_m)}$ 表示对随机变量的 i_m 阶偏导数，$i_m=1,2,\cdots,n$。之后，考虑控制方程的离散形式，得到满足给定精度可扩展到 n 阶的线性代数方程。

1）零阶线性代数方程。

$$\boldsymbol{A}\ \widetilde{\boldsymbol{U}}^{(0)}=\boldsymbol{F}^{(0)}。$$

2）一阶线性代数方程。

$$\boldsymbol{A}^{(0)}\widetilde{\boldsymbol{U}}^{(1)}=\boldsymbol{F}^{(1)}-\boldsymbol{A}^{(1)}\ \widetilde{\boldsymbol{U}}^{(0)}。$$

3）二阶线性代数方程。

$$\boldsymbol{A}^{(0)}\widetilde{\boldsymbol{U}}^{(2)}=\boldsymbol{F}^{(2)}-2\boldsymbol{A}^{(1)}\ \widetilde{\boldsymbol{U}}^{(1)}-\boldsymbol{A}^{(2)}\ \widetilde{\boldsymbol{U}}^{(0)}。$$

4）三阶线性代数方程。

$$\boldsymbol{A}^{(0)}\widetilde{\boldsymbol{U}}^{(3)}=\boldsymbol{F}^{(3)}-3\boldsymbol{A}^{(2)}\widetilde{\boldsymbol{U}}^{(1)}-3\boldsymbol{A}^{(1)}\widetilde{\boldsymbol{U}}^{(2)}-\boldsymbol{A}^{(3)}\ \widetilde{\boldsymbol{U}}^{(0)}。$$

5）n 阶线性代数方程。

$$\boldsymbol{A}^{(0)}\widetilde{\boldsymbol{U}}^{(n)}+\sum_{i_m=0}^{n}\binom{n}{i_m}\boldsymbol{A}^{(i_m)}\widetilde{\boldsymbol{U}}^{(n-i_m)}=\boldsymbol{F}^{(n)}。\tag{4-41}$$

当 $i_m \geqslant 2$ 时，表达式 $\boldsymbol{A}^{(n)}=0$，随机输入变量对力向量 $\boldsymbol{F}$ 没有影响（$\boldsymbol{F}^{(n)}=0$）。因此，方程（4-41）可以被简化为

$$\boldsymbol{A}^{(0)}\widetilde{\boldsymbol{U}}^{(n)}=-n\boldsymbol{A}^{(1)}\widetilde{\boldsymbol{U}}^{(n-1)}。\tag{4-42}$$

式中，

$$\boldsymbol{A}^{(1)}=\begin{bmatrix}\boldsymbol{K}^{(1)} & \boldsymbol{C}_{u\varphi}^{(1)}\\ \boldsymbol{C}_{\varphi u}^{(1)} & \boldsymbol{D}_{\varphi\varphi}^{(1)}\end{bmatrix}。$$

4.1.3 数值算例分析——压电板模型

4.1.3.1 压电板拉伸问题 IGA-FEM 验证

本节讨论 x_1 方向长度为 5 mm，x_3 方向长度为 1 mm，右端承受 5 N/mm^2 拉应力作用的压电平面板，如图 4-3 所示。所用到的所有压电材料参数均选自内布拉斯加大学林肯分校机械与材料工程系杨嘉实教授的著作 *The Mechanics of Piezoelectric Structures*[269]。有关该压电平面板的详细材料参数，请参见表 4-1。

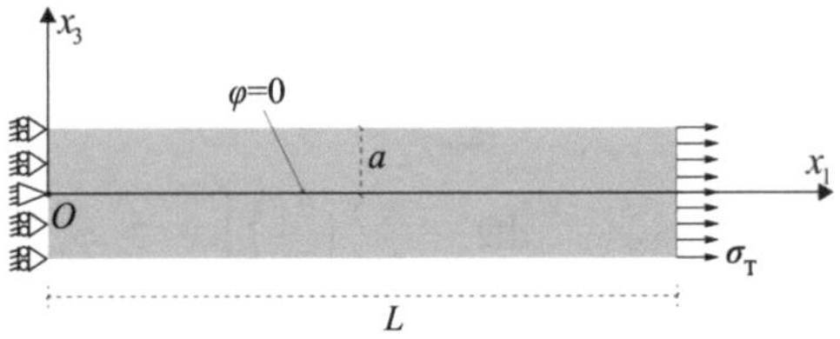

图 4-3 在拉应力作用下的压电板模型

表 4-1 压电板材料钛酸钡（$BaTiO_3$）的参数[269]

弹性常数	压电常数	介电常数
$C_{1111}=150$ GPa	$e_{113}=11.4$ C/m^2	$\kappa_{11}=9.87\times10^{-9}$ F/m
$C_{1122}=65.3$ GPa	$e_{311}=-4.3$ C/m^2	$\kappa_{33}=1.1116\times10^{-8}$ F/m
$C_{1133}=66.2$ GPa	$e_{333}=11.4$ C/m^2	—
$C_{3333}=146$ GPa	—	—
$C_{1313}=43.9$ GPa	—	—

由于压电结构很难获得力学性能（位移和电势）的解析解，我们采用应力释放（stress relaxation）方法，并利用 Saint Venant 原理的思想建立了一个简化的压电杆模型，用于与数值解进行对比。图 4-4 展示了该压电杆模型，其中压电杆的自由端中心位置受到集中力 N_T 的作用，杆的极化方向沿 x_3 方向。经简化后的压电结构本构方程表达式为：

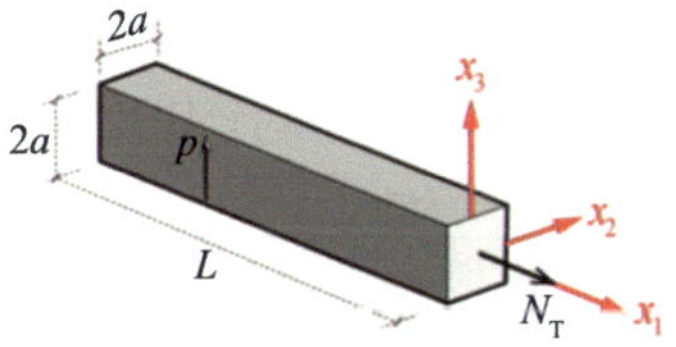

图 4-4 压电陶瓷杆模型

$$\left.\begin{aligned}T_{11} &= \bar{C}_{1111} S_{11} - \bar{e}_{311} E_3,\\ D_3 &= \bar{\kappa}_{33} E_3 + \bar{e}_{311} S_{11}。\end{aligned}\right\} \tag{4-43}$$

式中,简化后的材料参数

$$\bar{\kappa}_{33} = \hat{\kappa}_{33} + \frac{[\hat{e}_{333}]^2}{\hat{C}_{3333}},$$

$$\bar{C}_{1111} = \hat{C}_{1111} - \frac{[\hat{C}_{1133}]^2}{\hat{C}_{3333}},$$

$$\bar{e}_{311} = \hat{e}_{311} - \frac{\hat{C}_{1133}\hat{e}_{333}}{\hat{C}_{3333}}。$$

对于一维压电杆拉伸问题,应变和电场的表述为

$$S_{11} = u_{1,1}, \quad E_1 = 0, \quad E_3 = -\varphi。 \tag{4-44}$$

式中,φ 表示一阶电势。因电焓能是关于应变和电场的函数,故可将电焓能的变分写成全微分的形式:

$$\delta H(\boldsymbol{u},\varphi) = \delta\left(\int_\Omega H(S_{ij},E_i)\ \mathrm{d}\Omega\right) = \int_\Omega \left[\frac{\partial H}{\partial S_{ij}}\ \delta S_{ij} + \frac{\partial H}{\partial E_i}\ \delta E_i\right]\ \mathrm{d}\Omega。 \tag{4-45}$$

将式(4-18)、式(4-19)和式(4-19)代入上述方程,得

$$\delta H(\boldsymbol{u},\varphi) = \int_\Omega (T_{ij}\ \delta u_{i,j} + D_i\ \delta\varphi_{,i})\ \mathrm{d}\Omega。 \tag{4-46}$$

通过分部积分法和 Gauss 散度定理,方程(4-46)可改写为

$$\delta H(\boldsymbol{u},\varphi) = -\int_\Omega [T_{ij,j}\ \delta u_i + D_{i,i}\ \delta\varphi]\ \mathrm{d}\Omega + \int_{\partial\Omega} T_{ij}\, n_j\ \delta u_i\ \mathrm{d}\Gamma + \int_{\partial\Omega} D_i\, n_i\ \delta\varphi\ \mathrm{d}\Gamma_{\mathrm{d}}。 \tag{4-47}$$

将方程(4-44)代入式(4-47),可得

$$\delta H = -A\int_{x_1} [T_{11,1}\ \delta u_1 - D_3\ \delta\varphi]\ \mathrm{d}x_1 + A\,[T_{11}\ \delta u_1]\,\big|_0^L。 \tag{4-48}$$

式中,A 代表压电杆的横截面积。将方程(4-48)代入式(4-26),得

$$\left.\begin{aligned}T_{11,1}^0 &= 0,\\ D_3^0 &= 0。\end{aligned}\right\} \tag{4-49}$$

式中,$[T_{11}^0 \quad D_3^0] \equiv \int_A [T_{11} \quad D_3]\ \mathrm{d}A$。在杆的自由端,边界条件规定为

$$T_{11}=\sigma_T,\quad x_1=L,\quad u_1=0,\quad x_1=0。\tag{4-50}$$

根据边界条件(4-50)将方程(4-43)代入控制方程(4-49),得到压电材料的面内拉伸解析解:

$$\left.\begin{aligned}u_1&=\frac{\sigma_T}{\left[\bar{C}_{1111}+\dfrac{\bar{e}_{311}^2}{\bar{\kappa}_{33}}\right]}x_1,\\ \varphi&=\frac{\sigma_T}{\left[\bar{C}_{1111}+\dfrac{\bar{e}_{311}^2}{\bar{\kappa}_{33}}\right]}\frac{\bar{e}_{311}}{\bar{\kappa}_{33}}x_3。\end{aligned}\right\}\tag{4-51}$$

式中,拉伸应力 $\sigma_T=\dfrac{N_T}{A}$,N_T 为杆的轴向拉力。

在本算例中,由于控制点的限制,考虑平面压电板对称性,选择模型的一半进行研究,如图 4-5A 所示。图 4-5B 给出了控制点和离散后的网格,这里采用的是二阶的基函数,在精度上是要高于传统 Lagrange 基函数。

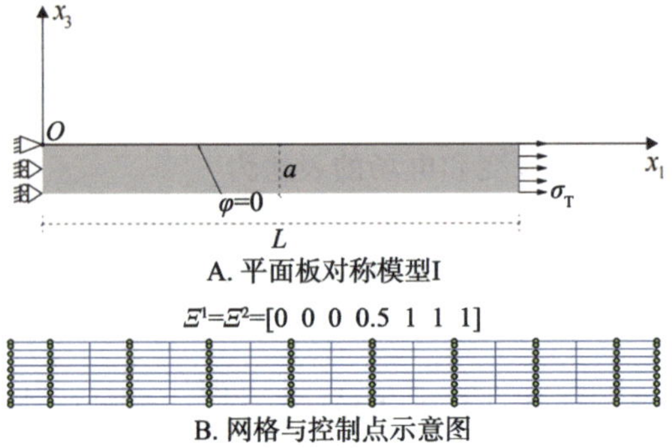

图 4-5 压电板模型示意图

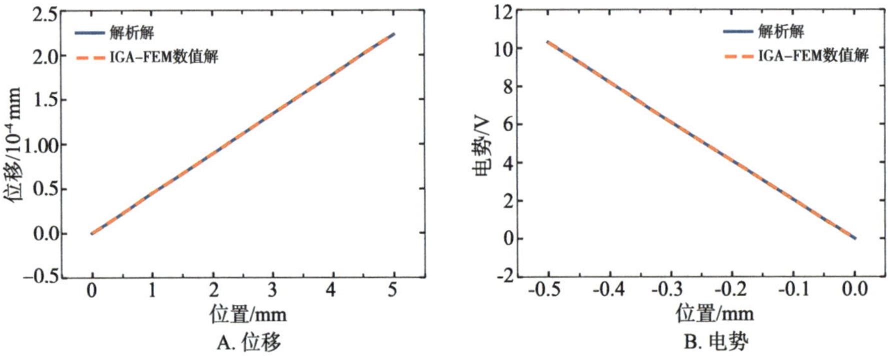

图 4-6 压电板 IGA-FEM 与解析解的比较

图 4-6 给出了压电平面结构受到拉伸应力作用时,不同位置处的位移和电势的解析解和 IGA-FEM 算法计算得到的数值解。从图中可以看出,数值解和解析解高度一致。这种

高吻合性是由于线性压电问题的本构方程是线性方程(详见式(4-19)和式(4-19)),表明所提出的基于 IGA-FEM 用于压电陶瓷结构静力学分析算法的有效性。

4.1.3.2 FDM 验证

本节分别考虑 $\hat{C}_{ijkl}$、$\hat{e}_{kij}$ 和 $\hat{\kappa}_{ij}$ 等多种材料参数,通过 FDM 验证 IGA-FEM-GNP 得到的任意阶导数值的准确性。一般的 FDM 定义为

$$\widetilde{U}'(r)=\frac{\widetilde{U}(r+\Delta r)-\widetilde{U}(r)}{\Delta r}。\tag{4-52}$$

式中,Δr 表示与 r 相关的小扰动。将每个材料参数视为一个独立的随机变量,由方程(4-8)可知,期望与响应函数的偶阶导数有关。为了研究 DSM 和 FDM 的准确性,给出不同 Δr 时 DSM 和 FDM 的相对误差

$$\delta_{\mathrm{r}}=\frac{|\widetilde{U}_{\mathrm{DSM}}-\widetilde{U}_{\mathrm{FDM}}|}{|\widetilde{U}_{\mathrm{FDM}}|}。\tag{4-53}$$

式中,$\widetilde{U}_{\mathrm{DSM}}$ 和 $\widetilde{U}_{\mathrm{FDM}}$ 分别表示 DSM 和 FDM 的解。

表 4-2 场函数(电势)的 DSM 和 FDM 的相对误差

参数	Δr	相对误差 δ_{r}			
		2 阶	4 阶	6 阶	8 阶
$\hat{C}_{1111}$	10^{-2}	0.016 26	0.027 21	0.038 25	0.049 35
	10^{-3}	0.001 60	0.002 69	0.003 77	0.004 86
	10^{-4}	0.000 14	0.000 25	0.000 36	0.000 47
$\hat{C}_{1133}$	10^{-2}	0.007 46	0.000 08	0.014 96	0.019 00
	10^{-3}	0.000 78	0.001 16	0.001 58	0.002 02
	10^{-4}	0.000 08	0.000 12	0.000 06	0.000 20
$\hat{C}_{3333}$	10^{-2}	0.015 22	0.025 46	0.035 76	0.046 13
	10^{-3}	0.001 52	0.002 53	0.003 55	0.004 56
	10^{-4}	0.000 16	0.000 27	0.000 37	0.000 48
$\hat{e}_{311}$	10^{-2}	0.001 83	0.001 83	0.000 91	0.000 14
	10^{-3}	0.000 18	0.001 45	0.000 10	0.000 01
	10^{-4}	0.000 02	0.000 01	0.000 01	0.000 01
$\hat{e}_{333}$	10^{-2}	0.001 00	0.002 58	0.010 92	0.050 18
	10^{-3}	0.000 04	0.000 31	0.000 04	0.000 61
	10^{-4}	0.000 02	0.000 01	0.000 14	0.000 51
$\hat{k}_{33}$	10^{-2}	0.013 64	0.023 97	0.032 05	0.041 34
	10^{-3}	0.001 34	0.002 50	0.003 16	0.004 07
	10^{-4}	0.000 11	0.000 20	0.000 29	0.000 39

由表 4-2 列出的 DSM 和 FDM 的相对误差 δ_{r} 可以看出,随着扰动 Δr 的减小,相对误差逐渐减小,场函数不同阶导数的相对误差保持在一个很低的值。一般情况下,相对误差越

低，结果越精确，进而反映出本文采用的 GNP-IGA-FEM 方法的准确性。

4.1.3.3 压电静力学问题不确定性量化

本节基于 GNP 对压电平面板结构的力学性能进行不确定性量化。这里考察弹性常数 $\hat{C}_{1111}$ 和 $\hat{C}_{3333}$，并假设它们的概率分布满足 Gauss 分布。两种弹性常数的平均值分别为 1.216×10^{11} 和 1.168×10^{11}，变异系数 $\gamma(\hat{C})\in[0.05,0.15]$。

图 4-7 和 4-8 显示了不同变异系数的情况下，点(5，−0.5)位置处由 IGA-FEM-GNP 得到的电势的期望值、标准差和由 MCs 获得的期望值、标准差。可以看出，变异系数对电势的标准差影响更大。总体而言，电势的期望值和标准差的计算结果与 MCs 的结果一致。值得注意的是，随着变异系数的增大，电势与期望的收敛性会变得更差。因此，在进行不确定性量化分析时，需要特别关注变异系数对统计特征收敛性的影响，以确保所计算得到的统计特征的准确性。

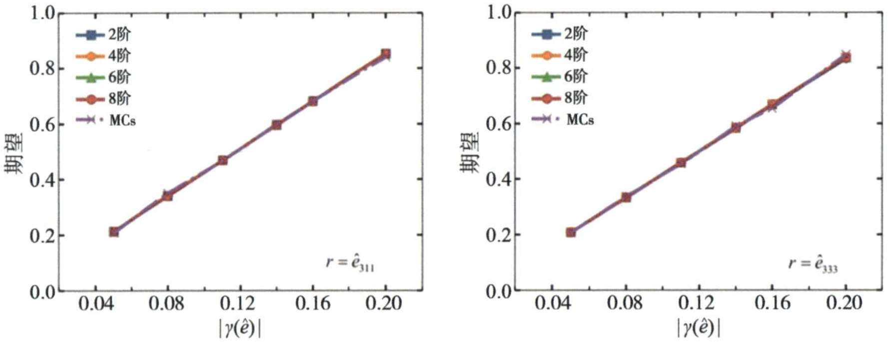

A. $r=\hat{e}_{311}$　　B. $r=\hat{e}_{333}$

图 4-7　不同变异系数下电势的期望值(随机输入变量为 $\hat{C}_{1111}$ 和 $\hat{C}_{3333}$)

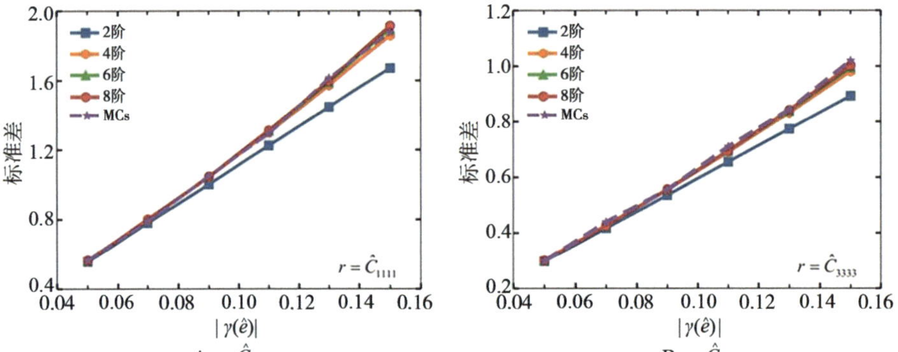

A. $r=\hat{C}_{1111}$　　B. $r=\hat{C}_{3333}$

图 4-8　不同变异系数下电势的标准差(其中随机输入变量为 $\hat{C}_{1111}$ 和 $\hat{C}_{3333}$)

为了进一步验证摄动法的准确性，考虑了其他的不确定性参数(压电常数 $\hat{e}_{311}$ 和 $\hat{e}_{333}$)，并且选择其他的不确定性量化方法(PCE) 作为对照组，两种不确定性参数相对应的变异系

数设为 $|\gamma(\hat{e})| \in [0.05,0.2]$。PCE 代理模型的统计特征的计算仍然需要一些样本点，计算 500 次需要 386 s，而 GNP 获得统计特征的时间仅为 1 s。IGA-FEM-GNP 在计算时间上具有非常显著的优势，可以提高不确定性量化的计算效率。PCE 理论的详细过程可在 Hauseux 等人的论文[270]中找到。

表 4-3 给出了不同变异系数下，点(5,−0.5)位置处电势的期望值。可以看出，随着变异系数绝对值的增大，GNP 计算得到的期望值与 PCE 计算得到的期望值基本一致。压电常数和弹性常数的数量级相差 10^{10}，这将导致压电常数对变异系数不敏感。这需要更大的变异系数才能看到不同阶数下更显著的变化。如果考虑对变异系数敏感的参数，例如在图 4-7 和 4-8 中所考虑的弹性常数那么高阶展开就显得尤为重要。

表 4-3 不同变异系数下的电势期望

参数	$\gamma(e)$	电势期望				
		2 阶	4 阶	6 阶	8 阶	PCE
$\hat{e}_{311}$	0.05	10.280 09	10.280 07	10.280 06	10.280 06	10.258 12
	0,08	10.279 58	10.279 56	10.279 55	10.279 55	10.257 55
	0.11	10.278 84	10.278 82	10.278 81	10.278 81	10.256 87
	0.14	10.277 87	10.277 85	10.277 84	10.277 84	10.255 87
	0.16	10.277 09	10.277 07	10.277 06	10.277 06	10.255 13
	0.20	10.275 23	10.275 22	10.275 21	10.275 21	10.253 42
$\hat{e}_{333}$	0.05	10.276 82	10.276 83	10.276 84	10.276 84	10.262 13
	0,08	10.271 21	10.271 22	10.271 24	10.271 24	10.256 28
	0.11	10.263 01	10.263 04	10.263 06	10.263 06	10.248 65
	0.14	10.252 23	10.252 30	10.252 36	10.252 36	10.237 09
	0.16	10.243 60	10.243 80	10.243 83	10.243 83	10.230 95
	0.20	10.222 89	10.223 47	10.223 46	10.223 46	10.207 81

4.1.4 小结

本节基于 IGA-FEM-GNP 方法，研究了不同变异系数下压电陶瓷结构电势的统计特征，同时将计算得到的统计特征与 MCs 和 PCE 计算获得的统计特征进行对比，以验证 IGA-FEM-GNP 的准确性。主要结论如下：

1) 在考虑弹性常数为随机变量的情况下，IGA-FEM-GNP 和 MCs 两种方法获得的压电陶瓷结构电势的期望值和标准差基本一致。但是，随着变异系数的增加，电势期望值和标准差的收敛性会变差。因此，在处理弹性常数为随机变量的问题时，需要注意变异系数的影响，以确保结果的准确性和可靠性。

2) 在考虑压电常数为随机变量的情况下，IGA-FEM-GNP 计算压电陶瓷结构电势的统计特征耗时 1 s，而 PCE 计算 500 次耗时 386 s；从时间上对比分析可知，IGA-FEM-GNP 在计算时间上具有显著的优势。

3）根据对不同变异系数下统计特征的结果分析结果可知，变异系数对压电常数作为随机变量时电势的统计特征影响较小。

4.2 压电陶瓷结构自由振动问题的不确定性量化分析

获取模态和固有频率在工程上是十分困难的，需要进行特定的试验。然而，随着力学和计算机技术的快速发展，数值方法得到了前所未有的应用。这些数值方法不仅克服了传统试验方法的局限性，而且能够节约分析成本，成为求解结构振动分析问题最优的方案。

由于确定性分析无法描述随机场，不确定性量化分析技术已被广泛研究，以提高不确定性问题的计算预测的可信度。MCs 是求解不确定性问题的最常用方法，该方法通过大量数据采样确定模型参数和力学响应之间的统计特征（期望值和标准差），操作简单。本节将结合 IGA-FEM 和 MCs 方法，建立压电陶瓷结构自由振动问题的不确定性量化分析计算框架，以消除不确定性量化分析中重复的网格划分过程，同时保持几何精度。重点比较几种材料参数改变对压电陶瓷结构固有频率影响程度，以寻找影响压电陶瓷结构固有频率的重要材料参数。

4.2.1 基于 IGA-FEM 压电陶瓷结构自由振动分析

本节采用 IGA-FEM 求解线性压电振动问题的固有频率和模态。在结构自由振动分析中需要考虑结构质量，因此有限元分析中就需要考虑质量矩阵。利用 NURBS 基函数离散控制方程(4-30)，得到压电自由振动分析问题的 IGA-FEM 线性代数方程组

$$\begin{bmatrix} \boldsymbol{M} & 0 \\ 0 & 0 \end{bmatrix}\begin{pmatrix} \ddot{\boldsymbol{u}} \\ 0 \end{pmatrix}+\begin{bmatrix} \boldsymbol{K} & \boldsymbol{C}_{u\varphi} \\ \boldsymbol{C}_{\varphi u} & \boldsymbol{D}_{\varphi\varphi} \end{bmatrix}\begin{pmatrix} \boldsymbol{u} \\ \tilde{\varphi} \end{pmatrix}=\begin{pmatrix} \boldsymbol{f}_u \\ \boldsymbol{f}_\varphi \end{pmatrix}。 \tag{4-54}$$

式中，$\boldsymbol{M}$ 为整体质量矩阵。为了提高计算效率，采用 Schur($\boldsymbol{C}_{u\varphi}\boldsymbol{D}_{\varphi\varphi}^{-1}\boldsymbol{C}_{\varphi u}$)对上述方程组进行修正，方程组可以被改写为

$$\boldsymbol{M}\ddot{\boldsymbol{u}}+[\boldsymbol{K}-\boldsymbol{C}_{u\varphi}\boldsymbol{D}_{\varphi\varphi}^{-1}\boldsymbol{C}_{\varphi u}]\boldsymbol{u}=\boldsymbol{f}_u-\boldsymbol{C}_{u\varphi}\boldsymbol{D}_{\varphi\varphi}^{-1}\boldsymbol{f}_\varphi。 \tag{4-55}$$

之后，将矩阵 $\boldsymbol{K}-\boldsymbol{C}_{u\varphi}\boldsymbol{D}_{\varphi\varphi}^{-1}\boldsymbol{C}_{\varphi u}$ 定义为一个新的整体系统矩阵：

$$\bar{\boldsymbol{A}}=\boldsymbol{K}-\boldsymbol{C}_{u\varphi}\boldsymbol{D}_{\varphi\varphi}^{-1}\boldsymbol{C}_{\varphi u}。 \tag{4-56}$$

因此，方程(4-55)可改写为

$$\boldsymbol{M}\ddot{\boldsymbol{u}}+\bar{\boldsymbol{A}}\boldsymbol{u}=\boldsymbol{f}_u-\boldsymbol{C}_{u\varphi}\boldsymbol{D}_{\varphi\varphi}^{-1}\boldsymbol{f}_\varphi。 \tag{4-57}$$

线性压电的自由振动问题可通过假设谐波运动得到，其表达式为

$$[-\bar{\omega}^2\boldsymbol{M}+\bar{\boldsymbol{A}}\ ]\boldsymbol{u}=\boldsymbol{f}_u-\boldsymbol{C}_{u\varphi}\boldsymbol{D}_{\varphi\varphi}^{-1}\boldsymbol{f}_\varphi。\tag{4-58}$$

式中，$\bar{\omega}$ 表示固有频率。对于自由振动分析问题，设外部力学和电学载荷为零，则上式可化简为

$$[-\bar{\omega}^2\boldsymbol{M}+\bar{\boldsymbol{A}}]=0。\tag{4-59}$$

通过数值方法 IGA-FEM 获得压电陶瓷结构的固有频率之后，利用 MCs 的基本公式(4-6)计算固有频率的统计特征(期望和标准差)，完成压电陶瓷结构自由振动分析问题的不确定性量化。

4.2.2 数值算例分析——锥形板模型

4.2.2.1 压电锥形板结构自由振动分析

本节讨论左边缘固定的压电锥形板模型用于结构振动响应的预测。如图 4-9 所示，模型的力学边界条件与悬臂结构的边界条件相似，电势边界条件规定下边缘位置处的电势为 0 V。采用 PZT-4 压电陶瓷材料(质量密度 $\rho=7\ 500\ \text{kg/m}^3$)，详细的参数信息参见表 4-4。

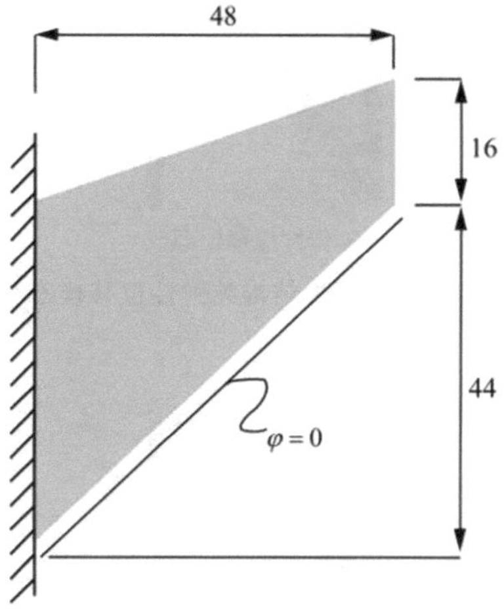

图 4-9 压电锥形板模型

表 4-4 锥形板的材料 PZT-4 参数[269]

弹性常数	压电常数	介电常数
$C_{1111}=139$ GPa	$e_{113}=12.7$ C/m^2	$\kappa_{11}=6.46\times10^{-9}$ F/m
$C_{1122}=77.8$ GPa	$e_{311}=-5.2$ C/m^2	$\kappa_{33}=5.62\times10^{-9}$ F/m
$C_{1133}=74$ GPa	$e_{333}=15.7$ C/m^2	—
$C_{3333}=115$ GPa	—	—
$C_{1313}=25.6$ GPa	—	—

FEM 采用传统的 Lagrange 基函数，通常需要划分多个网格才能获得较高的精度，但计

算效率较低。而 IGA-FEM 采用 NURBS 基函数，通过增加阶数来缩短预处理时间，从而提高了计算效率。这是本文选择 IGA-FEM 的根本原因。

图 4-10 显示了锥形结构纯弹性结构的前六阶位移特征值模态。图 4-11 和图 4-12 显示了压电锥形结构的前六阶位移和电势特征值模态。可以看出，纯弹性锥板和压电锥形板的模态位移几乎一致，压电效应对结构的模态没有显著影响，电势模态的量级远远大于位移模态的量级。

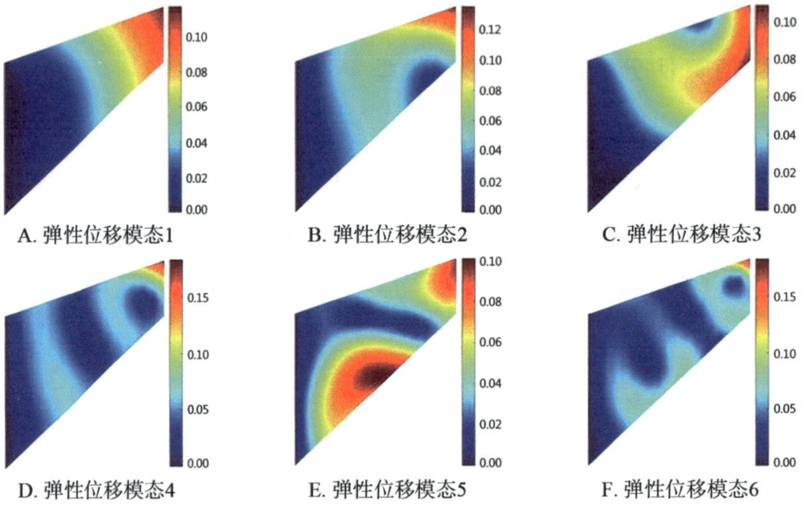

图 4-10　锥形板结构纯弹性位移模态分布

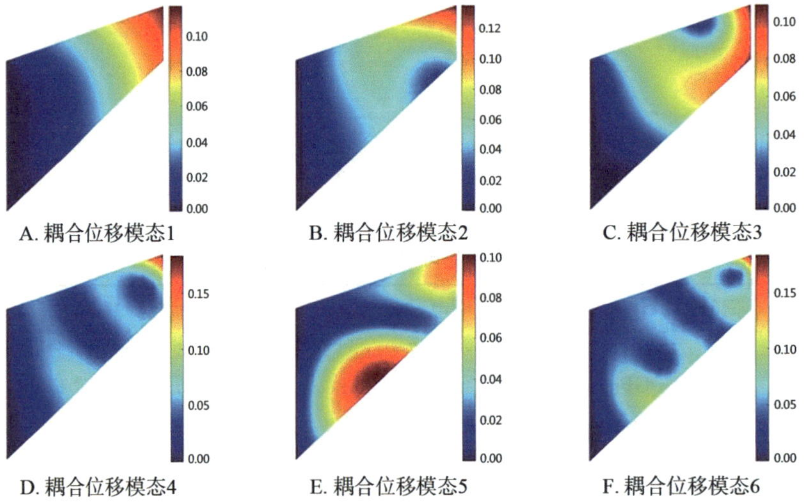

图 4-11　锥形板结构耦合位移模态分布

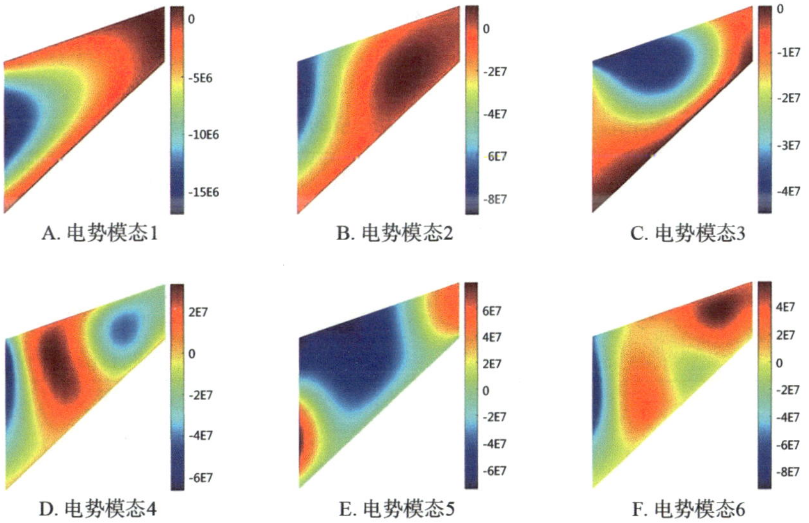

图 4-12　锥形板结构的电势模态分布

表 4-5 列出了弹性与电弹性耦合问题的固有频率。可以看出，耦合效应导致结构固有频率增加，称之为“压电硬化”。

表 4-5　锥形板弹性与电弹性耦合的固有频率 IGA-FEM 结果比较

特征值数	固有频率/Hz	
	弹性	压电耦合
1	3.90×10^{4}	4.23×10^{4}
2	1.00×10^{5}	1.19×10^{5}
3	1.21×10^{5}	1.28×10^{5}
4	2.00×10^{5}	2.29×10^{5}
5	2.55×10^{5}	2.73×10^{5}
6	2.83×10^{5}	3.09×10^{5}

4.2.2.2　压电锥形板结构不确定性量化

在本节中，不确定性量化模型选择锥形板模型，弹性常数 C_{1111} 和压电常数 e_{333} 设为随机输入变量。这些随机变量满足期望值 $\mathscr{E}=1.39\times10^{11}$ 和 $\mathscr{E}=15.1$ 的 Gauss 分布，标准差按照公式 $\hat{\sigma}_{\mathrm{r}}=\mathscr{E}\times\gamma$ 计算，其中 γ 表示变异系数。固有频率对结构的稳定性有很大的影响，故本节研究影响压电材料固有频率的因素。

表 4-6 列出了所有输入参数及其范围，其中数据集的规模根据 $3\hat{\sigma}_{\mathrm{r}}$ 原则确定。在给出的单维“1-D”随机输入变量和多维“2-D”输入变量的样本大小中，“1-D”分析样本点个数 n_a 为 500，“2-D”分析样本点个数 n_a 为 252。MCs 的计算效率取决于样本点的大小，过少的样本点不能保证计算精度，过多的样本点又会降低计算效率。通过实验比较，发现 500 个样本点

可以在保证计算效率的同时保证计算精度。在多维输入变量分析中，增加了样本点的数量，以验证样本点波动的影响。随着样本数量的增加，计算精度有所提高，但计算效率变差。

表 4-6 锥形板结构随机输入变量的定义和统计特性

随机输入变量	期望值 $\mathscr{E}$	变异系数 γ	输入变量的限制：[上限，下限]
C_{1111}	1.39×10^{11}	0.02	$[1.3110^{11},1.46\times10^{11}]$
		0.06	$[1.14\times10^{11},1.66\times10^{11}]$
		0.10	$[8.82\times10^{10},1.64\times10^{11}]$
		0.14	$[7.31\times10^{10},1.79\times10^{11}]$
		0.18	$[6.82\times10^{10},1.94\times10^{11}]$
e_{333}	15.1	0.02	[14.3,16.2]
		0.06	[12.2,17.7]
		0.10	[16.3,30.3]
		0.14	[13.5,33.1]
		0.18	[9.3,27.3]

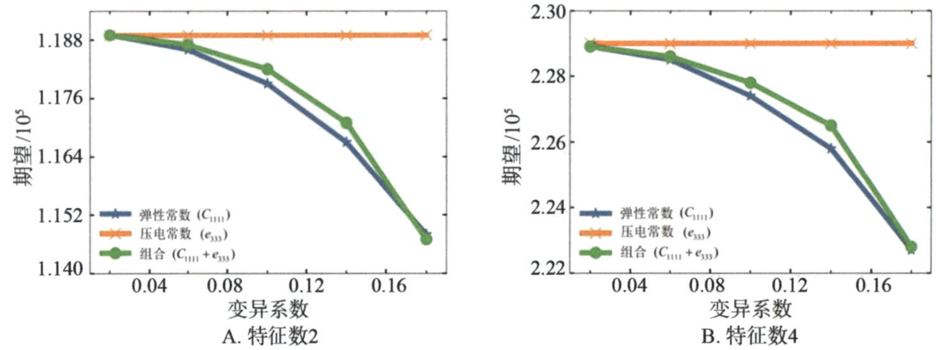

图 4-13 不同变异系数下，C_{1111}，e_{333} 和两种的不确定性组合情况固有频率的期望值（锥形板模型）

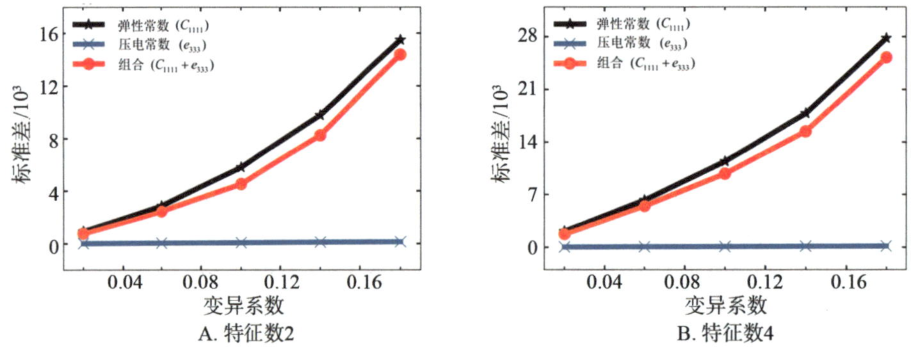

图 4-14 不同变异系数下，C_{1111}，e_{333} 和两种的不确定性组合情况固有频率的标准差（锥形板模型）

图 4-13 和图 4-14 显示了不同变异系数下第二和第四阶非零特征值(固有频率)的期望值和标准差。从图中可以看出,压电常数的变化对结构固有频率的期望值和标准差影响不大。值得注意的是,当考虑单个随机变量 C_{1111} 的不确定性量化时,固有频率的标准差最大,同时随着变异系数的增加而迅速增加,期望值表现出相反的变化趋势。因此,弹性常数的波动将显著影响压电陶瓷结构的动力学特征(固有频率)。

4.2.3 数值算例分析——含圆孔压电板模型

4.2.3.1 含圆孔压电板结构自由振动分析

本节考虑了一个具有几何缺陷的结构模型,即含圆孔压电板模型,并进一步讨论了影响压电陶瓷结构固有频率的材料参数。该模型材料为 PZT-5H,密度 $\rho=7\ 500\ \mathrm{kg/m^3}$,详细参数如表 4-7 所示。

表 4-7 含圆孔压电板的材料参数[269]

弹性常数	压电常数	介电常数
$C_{1111}=126$ GPa	$e_{113}=17.0\ \mathrm{C/m^2}$	$\kappa_{11}=1.505\times10^{-8}$ F/m
$C_{1122}=79.1$ GPa	$e_{311}=-6.5\ \mathrm{C/m^2}$	$\kappa_{33}=1.302\times10^{-8}$ F/m
$C_{1133}=83.9$ GPa	$e_{333}=23.3\ \mathrm{C/m^2}$	—
$C_{3333}=117$ GPa	—	—
$C_{1313}=25.6$ GPa	—	—

由于板的对称性,采用含 1/4 圆孔的 1/4 板模型,如图 4-15 所示。在这种模型中,板的左侧边缘的控制点只有一个 x_3 方向的平移 DOFs,底部边缘的控制点只有一个 x_1 方向的平移 DOFs,即在 1/4 板模型的对称边缘上施加滑动支撑。此外,本节规定 1/4 板的左边缘位置处的电势为 0 V。

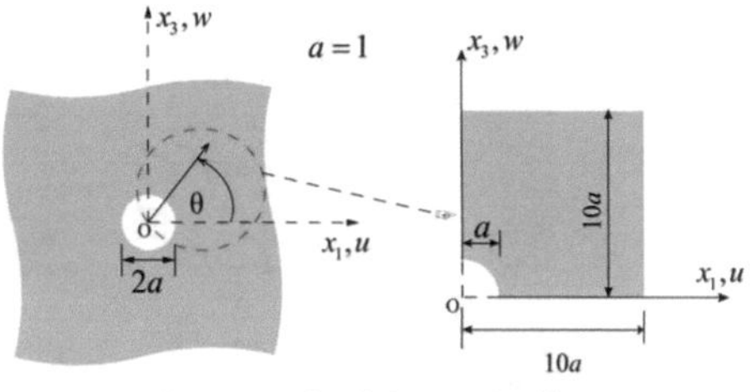

图 4-15 含圆孔压电板模型

图 4-16 和 4-17 展示了纯弹性和耦合问题的前六阶特征值模态分布,而图 4-18 则展示了电势特征值模态分布。从这些图中可以看出,纯弹性问题和耦合问题的位移特征值模态分布大致相同。但是,电势特征值模态的量级远大于位移模态。此外,具有缺陷的压电陶瓷结构的模态分布规律和没有缺陷的压电陶瓷结构是一致的。

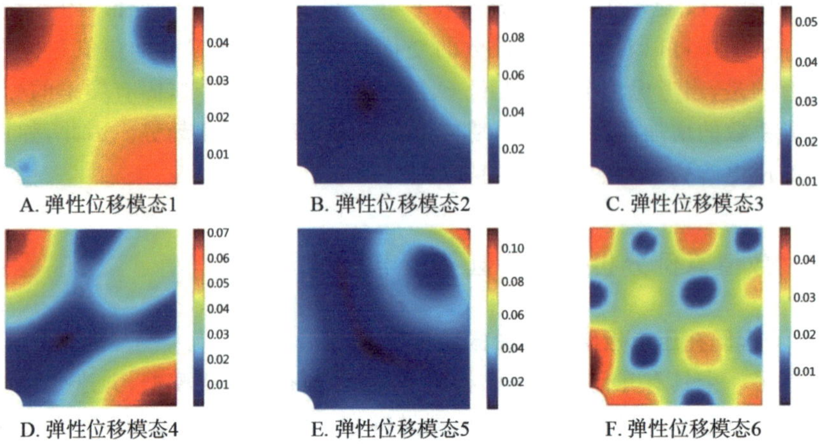

图 4-16　带圆孔的 1/4 板纯弹性位移模态分布

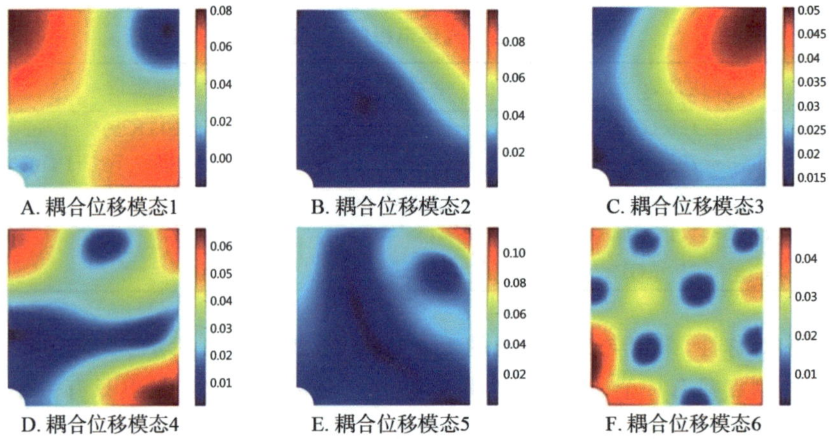

图 4-17　带圆孔的 1/4 板耦合位移模态分布

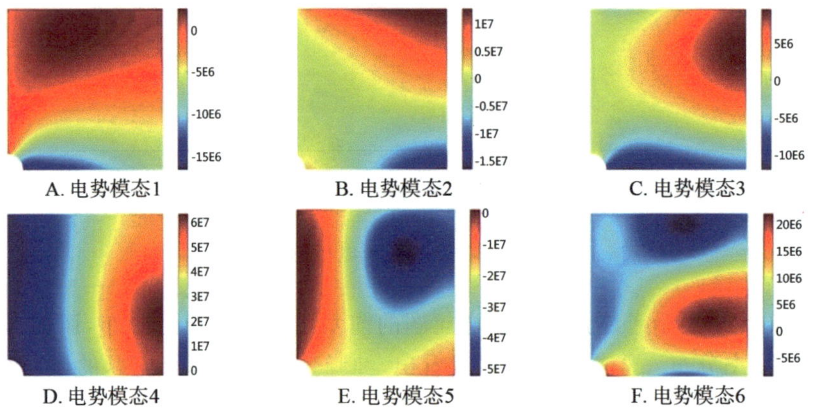

图 4-18　带圆孔的 1/4 板电势模态分布

纯弹性和耦合问题的前六阶非零特征值(固有频率)如表 4-8 所示。可以看出,对于具有缺陷的压电陶瓷结构仍然可以观察到“压电硬化”效应。

表 4-8　含圆孔压电板弹性与电弹性耦合的固有频率 IGA-FEM 结果比较

特征数	固有频率/Hz	
	弹性	压电耦合
1	3.33×10^{5}	3.46×10^{5}
2	4.13×10^{5}	4.28×10^{5}
3	5.23×10^{5}	5.34×10^{5}
4	7.26×10^{5}	8.10×10^{5}
5	8.49×10^{5}	9.26×10^{5}
6	1.01×10^{5}	1.05×10^{5}

4.2.3.2　含圆孔压电板结构不确定性量化

本节使用含圆孔压电板模型,进一步研究变异系数对耦合问题的非零特征值(固有频率)的影响。随机输入变量及样本点个数与 4.2.3.1 节所考虑的一致。表 4-9 列出了所有输入参数及其范围,其中数据集的规模根据 $3\hat{\sigma}_r$ 原则确定,随机变量的期望值分别为 $\mathscr{E}=1.26\times10^{11}$ 和 23.3,均满足 Gauss 分布。在这本节中,测试了压电陶瓷结构的三阶和六阶固有频率。

表 4-9　含圆孔压电板结构随机输入变量的定义和统计特性

随机输入变量	期望值 $\mathscr{E}$	变异系数 γ	输入变量的限制:[上限,下限]
C_{1111}	1.26×10^{11}	0.02	$[1.1810^{11},1.3310^{11}]$
		0.06	$[1.0410^{11},1.5310^{11}]$
		0.10	$[8.8610^{10},1.6110^{11}]$
		0.14	$[8.0610^{10},1.7210^{11}]$
e_{333}	23.3	0.02	[22.0,24.8]
		0.06	[19.1,29.0]
		0.10	[17.3,31.0]
		0.14	[12.9,34.1]

图 4-19 和 4-20 展示了含圆孔压电板结构的固有频率的期望值和标准差与变异系数之间的关系。其中,弹性常数 C_{1111}、压电常数 e_{333} 及其组合是随机输入变量。与 4.3.2.1 节中压电锥形板模型的结果类似,可以看出固有频率的期望值和标准差的变化规律。这些不同的算例有助于更好地了解压电陶瓷结构自由振动问题中结构固有频率统计特征的变化规律,以及影响压电陶瓷结构稳定性的重要参数。

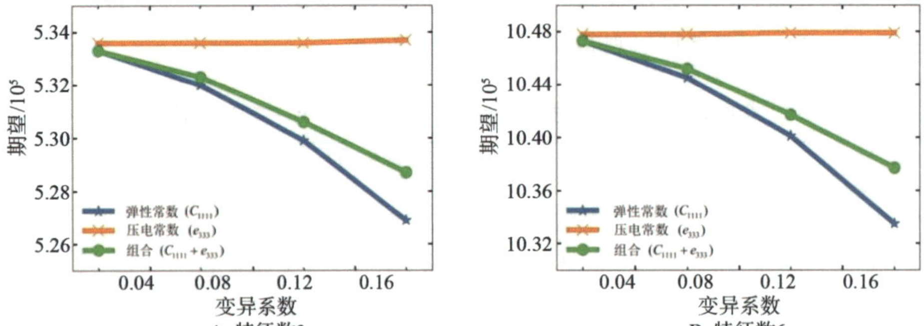

A. 特征数3　　B. 特征数6

图 4-19　不同变异系数下，C_{1111}，e_{333} 和两种的不确定性组合情况下固有频率的期望值（含圆孔压电板模型）

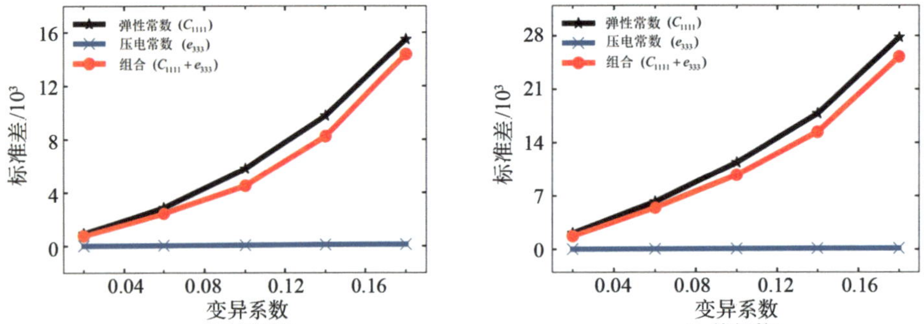

A. 特征数3　　B. 特征数6

图 4-20　不同变异系数下，C_{1111}，e_{333} 和两种的不确定性组合情况下固有频率的标准差（含圆孔压电板模型）

4.2.4　小结

本节基于 IGA-FEM 方法，研究了压电陶瓷结构在不考虑外加载荷时的响应特征，包括位移、电势模态以及结构的固有频率。通过 MCs 计算，得出了影响压电陶瓷结构固有频率的重要材料参数，主要结论如下：

1）由考虑压电耦合效应与不考虑压电耦合效应两种情况下的比较可知，结构的位移模态在这两种情况下没有显著变化。因此，压电耦合效应对结构的位移模态没有明显的影响。

2）经过研究发现，压电耦合效应对结构的固有频率有显著的影响。具体而言，考虑压电耦合效应时会使结构的固有频率提高。

3）根据不确定性量化结果可知，弹性常数波动是对结构固有频率影响很大的因素之一，也是影响结构稳定性的重要参数。因此，需要在设计和分析结构时充分考虑弹性常数的波动因素。

4.3 压电陶瓷结构并发多尺度分析

Tan[117]提出了直接多层有限元模拟方法(Direct FE^2),旨在高效进行结构的宏-微观多尺度计算。该方法将两个尺度的有限元计算合并为一个单一的计算,从而避免了传统方法中的耦合迭代误差。因此,它可以直接利用商业有限元软件的能力[271]实现计算效率的最大化。相比其他多尺度计算方法,Direct FE^2 方法具有易于实现、计算效率高等优点,是一种非常有前景的多尺度计算方法。本节利用 Hill-Mandel 建立压电陶瓷结构的电焓能的宏观尺度和微观尺度有限元弱形式方程,在 ABAQUS 软件中建立拉伸和压缩电势载荷作用下的并发多尺度有限元模型,通过交互界面的多点约束条件将微观 RVE 与宏观单元的位移和电势联系起来,用 ABAQUS 软件成熟的求解模块获得并发有限元模型的位移、电势和 Mises 应力,并与 DNS 模型得到的结果进行对比分析,以验证 Direct FE^2 方法的准确性。

4.3.1 线性压电 DirectFE^2 理论

本节基于 Hill-Mandel 条件,建立压电陶瓷结构的尺度转换关系。其中宏观尺度是广义的工程尺度,中尺度是较小的工程尺度。

4.3.1.1 线性压电本构方程

线性压电问题的本构方程为

$$\left.\begin{aligned} \boldsymbol{T}_{ij} &= \boldsymbol{T}_{ij}^{\mathrm{S}} + \boldsymbol{T}_{ij}^{\mathrm{E}}, \\ \boldsymbol{D}_{i} &= \boldsymbol{D}_{i}^{\mathrm{S}} + \boldsymbol{D}_{i}^{\mathrm{E}}。\end{aligned}\right\} \tag{4-60}$$

式中:$\boldsymbol{T}_{ij}^{\mathrm{S}} = C_{ijkl}S_{ij}$ 和 $\boldsymbol{T}_{ij}^{\mathrm{E}} = -e_{kij}E_k$ 为应力张量,$\boldsymbol{D}_{i}^{\mathrm{S}} = e_{ikl}S_{kl}$ 和 $\boldsymbol{D}_{i}^{\mathrm{E}} = \kappa_{ij}E_k$ 为电位移矢量。

在宏观尺度,电焓密度的变分

$$\delta H_{\mathrm{den}} = \boldsymbol{T}_{ij}^{\mathrm{S}}\,\delta S_{ij} + \boldsymbol{T}_{ij}^{\mathrm{E}}\,\delta S_{ij} - \boldsymbol{D}_{i}^{\mathrm{S}}\,\delta E_i - \boldsymbol{D}_{i}^{\mathrm{E}}\,\delta E_i, \quad i,j = 1,3。\tag{4-61}$$

将方程(4-20)代入式(4-61),得到含有位移和电势的电焓密度的变分表达式:

$$\delta H_{\mathrm{den}} = \boldsymbol{T}_{ij}\nabla_j\delta u_i + D_i\nabla_j\delta\varphi, \quad i,j = 1,3。\tag{4-62}$$

4.3.1.2 中尺度 RVE

本节采用 RVE 的标准连续介质模型建立压电陶瓷结构。其中,中尺度中的变量用$(\hat{\bullet})$表示,变量的梯度用$(\hat{\bullet})_{,i} = \dfrac{\partial(\hat{\bullet})}{\partial \hat{x}_i}$表示,以区别于其他尺度。图 4-21 给出了一个长度为 $2l_1$、宽度为 $2l_3$ 的二维 RVE。其中,T、B、R、L 表示 RVE 的上、下、右、左边缘。中尺度 RVE 的平均电焓能

$$\langle\delta\hat{H}\rangle = \frac{1}{|\hat{V}|}\int(\hat{T}_{ij}\,\delta\hat{u}_{i,j} + \hat{D}_i\,\delta\hat{\varphi}_{,i})\,\mathrm{d}\hat{V}。\tag{4-63}$$

式中，$\langle\cdot\rangle$ 表示体积平均值，$|\hat{V}|$ 表示 RVE 的体积。

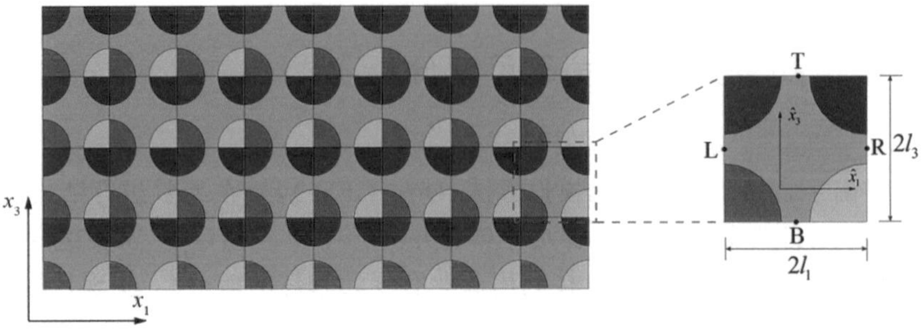

A. 宏观有限单元　　B. RVE放大图

图 4-21　中尺度代表性体积单元(RVE)

4.3.1.3　从宏观尺度向中尺度转变

压电陶瓷结构的宏观尺度向细观尺度(中尺度)的转变是依赖于位移和电势约束的，这种信息传递从宏观到微观的过程决定了在 Gauss 积分点上 RVE 的边界条件。对于压电连续介质，通过对微观应变和电势梯度(电场)积分的体积平均值来表示宏观应变和电场：

$$\left.\begin{aligned} S_{ij} &= \frac{1}{|\hat{V}|}\int \hat{S}_{ij}\,\mathrm{d}\hat{V}, \\ E_i &= \frac{1}{|\hat{V}|}\int \hat{E}_i\,\mathrm{d}\hat{V}。 \\ i,j &= 1,3。 \end{aligned}\right\} \tag{4-64}$$

通常情况下，中尺度场可通过将宏观场与中尺度结构细节的非均匀性引起的快速波动分量叠加得到。微观尺度位移和电势可表示为

$$\left.\begin{aligned} \hat{u}_i &= u_i + \nabla_j u_i\,\hat{x}_j + \hat{u}_i^*, \\ \hat{\varphi} &= \varphi + \nabla_j \varphi\,\hat{x}_j + \hat{\varphi}^*。 \\ i,j &= 1,3。 \end{aligned}\right\} \tag{4-65}$$

式中，$\hat{u}_i^*$ 和 φ_i^* 表示中尺度波动场，∇表示梯度算子。为了满足方程(4-64)中的约束，需要使波动场 $\hat{u}_i^*$ 和 φ_i^* 的梯度的积分为零，即 $\int \hat{u}_{i,j}^*\,\mathrm{d}\hat{V}=0$，$\int \varphi_{,j}^*\,\mathrm{d}\hat{V}=0$。为了实现这一点，可以假设波动场具有周期性边界条件，这有助于确保两个尺度之间的能量等价关系。

4.3.1.4　从中尺度向宏观尺度转变

在研究压电陶瓷结构时，通常采用 Hill-Mandel 条件，以确保在两个尺度上所做的工作是相等的。具体而言，方程(4-63)中的单位体积电焓必须等于方程(4-61)中的电焓密度。为满足这一等价条件，需要将方程(4-65)中的中尺度场代入方程(4-63)中，得到如下表达式：

$$\langle \delta\hat{H}\rangle = \frac{1}{|\hat{V}|}\int \left[\hat{T}_{ij}(\nabla_j \delta u_i + \delta\hat{u}_{i,j}^*) + \hat{D}_i(\nabla_j \delta\varphi + \delta\hat{\varphi}_{,j}^*)\right]\,\mathrm{d}\hat{V}。 \tag{4-66}$$

应用 Gauss 散度定理计算上式中的波动场项，得

$$\langle \delta \hat{H} \rangle = \frac{1}{|\hat{V}|}\int (\hat{T}_{ij} \nabla_j \delta u_i + \hat{D}_i \nabla_j \delta \varphi)\ \mathrm{d}\hat{V} + \frac{1}{|\hat{V}|}\int_{\hat{\Gamma}} (\hat{t}_i\ \delta \hat{u}_i^* + \hat{\omega}\ \delta \varphi^*)\ \mathrm{d}\hat{\Gamma}。 \tag{4-67}$$

式中，$\hat{T}_{ij}\boldsymbol{n}_j = \hat{t}_i$，$\hat{D}_i \boldsymbol{n}_i = \hat{\omega}$。$\hat{\boldsymbol{n}}_i$ 表示 RVE 表面 $\hat{\Gamma}$ 的单位外法线，$\hat{t}_i$ 表示表面力的分量，$\hat{\omega}$ 表示表面电荷密度。

为了满足 Hill-Mandel 均匀化条件，中尺度波动场引起的电焓能必须为 0。这可以通过施加周期性边界条件(periodic boundary condition，PBC)来实现，即

$$\left.\begin{aligned} &\delta \hat{u}_k^* \big|_{\mathrm{T}} = \delta \hat{u}_k^* \big|_{\mathrm{B}}, \quad k = 1,3; \\ &\delta \varphi^* \big|_{\mathrm{T}} = \delta \varphi^* \big|_{\mathrm{B}}。 \\ &\delta \hat{u}_k^* \big|_{\mathrm{R}} = \delta \hat{u}_k^* \big|_{\mathrm{L}}, \quad k = 1,3; \\ &\delta \varphi^* \big|_{\mathrm{R}} = \delta \varphi^* \big|_{\mathrm{L}}。 \end{aligned}\right\} \tag{4-68}$$

由这些周期性约束产生的表面力和表面电荷密度是反周期的，故可以表示为

$$\left.\begin{aligned} &\hat{t}_k \big|_{\mathrm{T}} = -\hat{t}_k \big|_{\mathrm{B}}, \quad k = 1,3; \\ &\hat{\omega} \big|_{\mathrm{T}} = -\hat{\omega} \big|_{\mathrm{B}}。 \\ &\hat{t}_k \big|_{\mathrm{R}} = -\hat{t}_k \big|_{\mathrm{L}}, \quad k = 1,3; \\ &\hat{\omega} \big|_{\mathrm{R}} = -\hat{\omega} \big|_{\mathrm{L}}。 \end{aligned}\right\} \tag{4-69}$$

将方程(4-68)和(4-69)代入方程(4-67)，则单位体积电焓可改写为

$$\langle \delta \hat{H} \rangle = \frac{1}{|\hat{V}|}\int (\hat{T}_{ij} \nabla_j \delta u_i + \hat{D}_i \nabla_j \delta \varphi)\ \mathrm{d}\hat{V}。 \tag{4-70}$$

Hill-Mandel 均质化条件 $\langle \delta \hat{H} \rangle = \delta H_{\mathrm{den}}$。因此，均质应力和电位移可被表示为

$$\left.\begin{aligned} \boldsymbol{T}_{ij} &= \frac{1}{|\hat{V}|}\int \hat{T}_{ij}\ \mathrm{d}\hat{V}, \\ \boldsymbol{D}_i &= \frac{1}{|\hat{V}|}\int \hat{D}_i\ \mathrm{d}\hat{V}。 \end{aligned}\right\} \tag{4-71}$$

4.3.1.5 位移和电势约束

在 RVE 上加 PBC，以便将方程(4-64)中的位移和电势约束施加到每个宏观单元的 Gauss 积分点(GP)位置中包含的中尺度 RVE 上。图 4-22 给出了每个宏观单元和中尺度 RVE 的示意图。其中，点 a、b、c、d 表示 RVE 边缘上的单元节点。

位移和电势的周期边界条件表示为

$$\left.\begin{aligned} &\hat{u}_1 \big|_{\mathrm{T}} - \hat{u}_1 \big|_{\mathrm{B}} = 2l_1 \nabla_1 u_1, \\ &\hat{u}_3 \big|_{\mathrm{T}} - u_3 \big|_{\mathrm{B}} = 2l_1 \nabla_1 u_3, \\ &\hat{\varphi} \big|_{\mathrm{T}} - \hat{\varphi} \big|_{\mathrm{B}} = 2l_3 \nabla \varphi; \\ &\hat{u}_1 \big|_{\mathrm{R}} - \hat{u}_1 \big|_{\mathrm{L}} = 2l_3 \nabla_3 u_1, \\ &\hat{u}_3 \big|_{\mathrm{R}} - \hat{u}_3 \big|_{\mathrm{L}} = 2l_3 \nabla_3 u_3, \\ &\hat{\varphi} \big|_{\mathrm{R}} - \hat{\varphi} \big|_{\mathrm{L}} = 2l_3 \nabla \varphi。 \end{aligned}\right\} \tag{4-72}$$

对于宏观模型，位移和电势可离散为

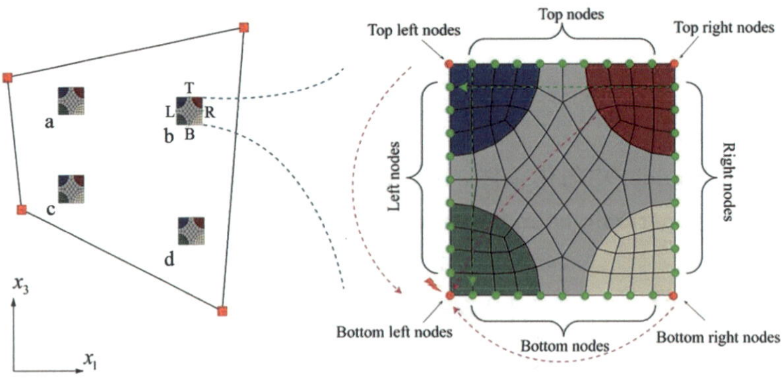

图 4-22　以 2×2Gauss 积分点为中心的 RVE 的单一宏观有限单元和基于 MPC 的周期性边界条件

$$\left.\begin{aligned}\boldsymbol{u}&=N\,a_u,\\ \varphi&=N\,\Phi_\varphi\text{。}\end{aligned}\right\}\tag{4-73}$$

式中，面内位移向量 $\boldsymbol{u}=[u_1u_3]^{\mathrm{T}}$，$a_u$ 为平面内位移矢量的节点 DOFs，Φ_φ 表示节点电势的 DOFs。位移和电势使用相同的形状函数。

因形状函数 **N** 是在局部坐标系中定义的，故需要进行 Descartes 坐标和局部坐标变换才能得到方程(4-72)的具体表达式。Descartes 坐标平面 x_1-x_3 中定义的形函数对 x_1、x_3 的一阶导数表示为

$$\begin{bmatrix}\dfrac{\partial \boldsymbol{N}}{\partial x_1}\\[2mm] \dfrac{\partial \boldsymbol{N}}{\partial x_3}\end{bmatrix}=\begin{bmatrix}\dfrac{\partial \xi}{\partial x_1} & \dfrac{\partial \zeta}{\partial x_1}\\[2mm] \dfrac{\partial \xi}{\partial x_3} & \dfrac{\partial \zeta}{\partial x_3}\end{bmatrix}=\boldsymbol{J}^{-1}\begin{bmatrix}\dfrac{\partial \boldsymbol{N}}{\partial \xi}\\[2mm] \dfrac{\partial \boldsymbol{N}}{\partial \zeta}\end{bmatrix}\text{。}\tag{4-74}$$

式中，$\boldsymbol{J}$ 是 Jacobi 矩阵，ξ 和 ζ 是局部坐标。Jacobi 矩阵的逆矩阵

$$\boldsymbol{J}^{-1}=\frac{1}{\det \boldsymbol{J}}\begin{bmatrix}\dfrac{\partial x_3}{\partial \zeta} & -\dfrac{\partial x_3}{\partial \xi}\\[2mm] -\dfrac{\partial x_1}{\partial \zeta} & \dfrac{\partial x}{\partial \xi}\end{bmatrix}\text{。}\tag{4-75}$$

Jacobi 矩阵的行列式

$$\det \boldsymbol{J}=\frac{\partial x_1}{\partial \xi}\frac{\partial x_3}{\partial \zeta}-\frac{\partial x_1}{\partial \zeta}\frac{\partial x_3}{\partial \xi}\text{。}$$

从方程(4-75)，可得到局部坐标对 Descartes 坐标的偏导数计算表达式：

$$\frac{\partial \xi}{\partial x_1}=\frac{1}{\det \boldsymbol{J}}\frac{\partial x_3}{\partial \zeta},\quad \frac{\partial \xi}{\partial x_3}=-\frac{1}{\det \boldsymbol{J}}\frac{\partial x_1}{\partial \zeta};$$

$$\frac{\partial \zeta}{\partial x_1}=-\frac{1}{\det \boldsymbol{J}}\frac{\partial x_3}{\partial \xi},\quad \frac{\partial \zeta}{\partial x_3}=\frac{1}{\det \boldsymbol{J}}\frac{\partial x_1}{\partial \xi}\text{。}$$

因此，方程(4-74)可重写为

$$\left.\begin{aligned}\frac{\partial \boldsymbol{N}}{\partial x_1}&=\frac{\dfrac{\partial x_3}{\partial \zeta}\dfrac{\partial \boldsymbol{N}}{\partial \xi}-\dfrac{\partial x_3}{\partial \xi}\dfrac{\partial \boldsymbol{N}}{\partial \zeta}}{\det \boldsymbol{J}},\\ \frac{\partial \boldsymbol{N}}{\partial x_3}&=\frac{\dfrac{\partial x_1}{\partial \xi}\dfrac{\partial \boldsymbol{N}}{\partial \zeta}-\dfrac{\partial x_1}{\partial \zeta}\dfrac{\partial \boldsymbol{N}}{\partial \xi}}{\det \boldsymbol{J}}。\end{aligned}\right\} \tag{4-76}$$

将方程(4-73)中离散后的位移和电势代入方程(4-72)，可以建立宏观-细观位移和电势约束，其中 RVE 的位移和电势与宏观单元的节点位移和电势密切相关。为避免刚体平移以及 RVE 的电势与宏观单元不匹配现象，需要一些附加的约束条件，即 RVE 的中心受宏观单元的刚体位移和电势的约束，该约束条件为

$$\left.\begin{aligned}\hat{u}_i\big|_{\hat{x}_0}&=u_i(x_{\mathrm{GP}}),\\ \varphi\big|_{\hat{x}_0}&=\varphi(x_{\mathrm{GP}})。\end{aligned}\right\} \tag{4-77}$$

式中，x_{GP} 表示宏观元素的 Gauss 积分点(GP)位置，$\hat{x}_0$ 表示 RVE 的中心。位移和电势约束在商业化有限元软件 ABAQUS 的接口中通过多点约束(MPCs)直接提供[272]。

4.3.1.6 Hill-Mandel 条件

压电连续体产生的总电焓能

$$\delta H=\int \delta H_{\mathrm{den}}\,\mathrm{d}V \tag{4-78}$$

可以被写为离散形式：

$$\delta H=\sum_{\alpha} w_\alpha \boldsymbol{J}_\alpha (\delta H_{\mathrm{den}})_\alpha。 \tag{4-79}$$

式中，α 表示一个 Gauss 积分点，Jacobi 矩阵和积分点权值分别由 $\boldsymbol{J}_\alpha$ 和 w_α 表示。

根据方程(4-71)中的 Hill-Mandel 条件，将方程(4-79)中 Gauss 点处的电焓密度(δH_{den})替换为以 Gauss 点位置为中心的 RVE 所产生的平均电焓能，即

$$\delta H=\sum_{\alpha} w_\alpha \boldsymbol{J}_\alpha \langle \delta \hat{H}\rangle_\alpha=\sum_{\alpha}\frac{w_\alpha \boldsymbol{J}_\alpha}{|\hat{V}_\alpha|}\left(\int \hat{T}_{ij}\,\delta \hat{u}_{i,j}\,\mathrm{d}\hat{V}+\hat{D}_i\,\delta\varphi_{,i}\,\mathrm{d}\hat{V}\right)_\alpha。 \tag{4-80}$$

对于所有中尺度 RVE，总电焓

$$\delta \hat{H}=\sum_{\alpha}\left(\int \hat{T}_{ij}\,\delta \hat{u}_{i,j}\,\mathrm{d}\hat{V}+\hat{D}_i\,\delta\varphi_{,i}\,\mathrm{d}\hat{V}\right)_\alpha。 \tag{4-81}$$

方程(4-80)和(4-81)证明 δH 等价于 $\delta \hat{H}$ 的缩放和，即每个 RVE 的电焓用相同的缩放因子进行缩放。该缩放因子表达为

$$\overline{w}_\alpha=\frac{w_\alpha \boldsymbol{J}_\alpha}{|\hat{V}_\alpha|}。 \tag{4-82}$$

根据 Hill-Mandel 条件，比例因子可很容易地先验地确定。在二维 FE^2 分析中，宏观有限元分析采用 2×2 Gauss 积分点的矩形单元。因此，可将方程(4-82)改写为

$$\overline{w}_\alpha = \frac{1}{4}\frac{|V_e|}{|\hat{V}_\alpha|}。\tag{4-83}$$

式中，$|V_e|$包含 Gauss 点 α 的宏尺度单元的体积。在本节，忽略宏观(虚拟)单元的贡献。

4.3.2 数值算例分析——复合结构模型

4.3.2.1 精度验证

压电复合结构的 DNS 直接模拟了所有的微观结构细节，如图 4-23 所示。其中，宏观尺度复合结构的长度 $l=24$ mm、宽度 $w=16$ mm，DNS 模型包含 9 600 个 RVE(即沿长度方向 120 个，沿宽度方向 80 个)。压电复合结构的 RVE 是由四个扇形区域组成的矩形单元，RVE 的长度为 $l_{\mathrm{RVE}}=0.2$ mm，由扇形组成的圆的半径为 $d=0.1$ mm。RVE 的组成材料为 PZT-5H、PZT-4、PZT-6B、PZT-7A 和 PZT-8，其材料参数列在表 4-10 中。

为了说明不同数值模拟的准确性和可行性，本节测试了三种不同的加载(拉伸、压缩和电势加载)模型，如图 4-24 所示。其中，对于拉伸和压缩加载模型，模型的左边缘的平移运动受到了限制；与拉伸和压缩加载模型不同，电势加载模型的左边缘的平移运动和垂直运动都受到了限制。对于不同加载类型的模型，均采用 4 节点压电平面应变单元(CPE4E)对模型的 RVE 进行网格划分，之后采用 ABAQUS 软件阵列操作建立 DNS 模型，所有的建模过程均采用 ABAQUS 前处理 Python 脚本实现。

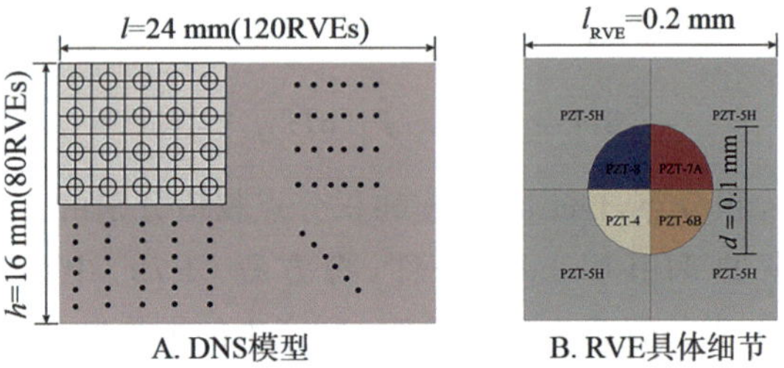

图 4-23 压电复合结构的几何示意图

表 4-10 复合结构的材料参数[269]

材料	弹性常数	压电常数	介电常数
PZT-5H	$C_{1111}=1.26\times10^5$ N/mm^2	$e_{113}=1.7\times10^{-5}$ C/mm^2	$\kappa_{11}=1.51\times10^{-11}$ C/(Vmm)
	$C_{1133}=8.39\times10^4$ N/mm^2	$e_{311}=-6.5\times10^{-6}$ C/mm^2	$\kappa_{33}=1.30\times10^{-11}$ C/(Vmm)
	$C_{3333}=1.17\times10^5$ N/mm^2	$e_{333}=2.33\times10^{-5}$ C/mm^2	—
	$C_{1313}=2.30\times10^4$ N/mm^2	—	—
PZT-4	$C_{1111}=1.39\times10^5$ N/mm^2	$e_{113}=12.7\times10^{-5}$ C/mm^2	$\kappa_{11}=6.46\times10^{-12}$ C/(Vmm)
	$C_{1133}=7.4\times10^4$ N/mm^2	$e_{311}=-5.2\times10^{-6}$ C/mm^2	$\kappa_{33}=5.62\times10^{-12}$ C/(Vmm)
	$C_{3333}=1.15\times10^5$ N/mm^2	$e_{333}=1.51\times10^{-5}$ C/mm^2	—
	$C_{1313}=2.56\times10^4$ N/mm^2	—	—

续表 4-10

材料	弹性常数	压电常数	介电常数
PZT-6B	$C_{1111}=1.68\times10^{5}$ N/mm^2	$e_{113}=4.6\times10^{-6}$ C/mm^2	$\kappa_{11}=3.60\times10^{-12}$ C/(Vmm)
	$C_{1133}=8.42\times10^{4}$ N/mm^2	$e_{311}=-9.0\times10^{-7}$ C/mm^2	$\kappa_{33}=3.42\times10^{-12}$ C/(Vmm)
	$C_{3333}=1.63\times10^{5}$ N/mm^2	$e_{333}=7.1\times10^{-6}$ C/mm^2	—
	$C_{1313}=3.55\times10^{4}$ N/mm^2	—	—
PZT-7A	$C_{1111}=1.48\times10^{5}$ N/mm^2	$e_{113}=9.2\times10^{-6}$ C/mm^2	$\kappa_{11}=4.07\times10^{-12}$ C/(Vmm)
	$C_{1133}=8.13\times10^{4}$ N/mm^2	$e_{311}=-2.1\times10^{-6}$ C/mm^2	$\kappa_{33}=2.08\times10^{-12}$ C/(Vmm)
	$C_{3333}=1.31\times10^{5}$ N/mm^2	$e_{333}=9.5\times10^{-6}$ C/mm^2	—
	$C_{1313}=2.53\times10^{4}$ N/mm^2	—	—
PZT-8	$C_{1111}=1.37\times10^{5}$ N/mm^2	$e_{113}=1.04\times10^{-5}$ C/mm^2	$\kappa_{11}=7.97\times10^{-12}$ C/(Vmm)
	$C_{1133}=7.11\times10^{4}$ N/mm^2	$e_{311}=-4.0\times10^{-6}$ C/mm^2	$\kappa_{33}=5.14\times10^{-12}$ C/(Vmm)
	$C_{3333}=1.23\times10^{5}$ N/mm^2	$e_{333}=1.32\times10^{-6}$ C/mm^2	—
	$C_{1313}=3.13\times10^{4}$ N/mm^2	—	—

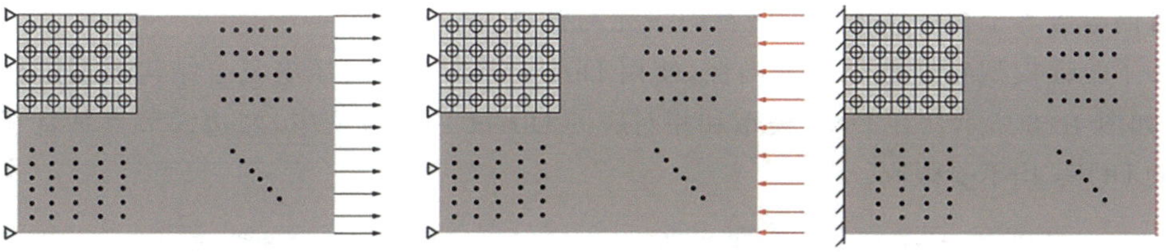

A. 拉伸　　B. 压缩　　C. 电势

图 4-24　三种平面内载荷模型

根据 Direct FE^2(见 4.3.1 节)的理论框架,构建 Direct FE^2 模型需要三个步骤:一、将宏观尺度域离散为宏观尺度单元;二、在宏观尺度单元的每个 Gauss 积分点建立微观 RVE 模型;三、将方程(4-72)中的 PBC 引入到 RVE 模型中,建立宏观与微观物理场的跨尺度关系。具体实现过程如图 4-25 所示。

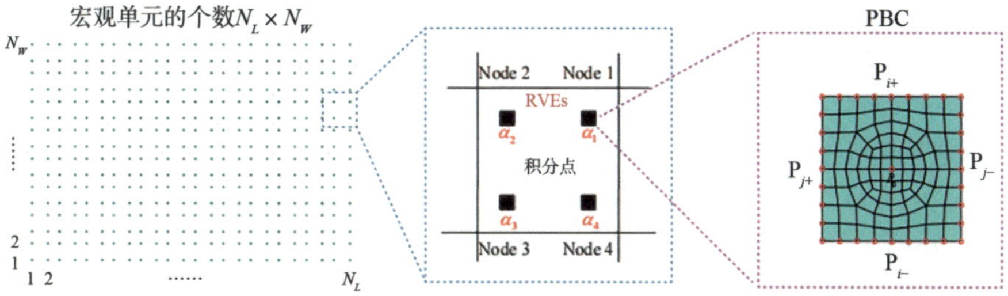

A. 宏观单元　　B. Gauss积分点位置的RVE　　C. RVE的PBC

图 4-25　DirectFE^2 建模过程示意图

首先将整个复合结构离散为 $N_L\times N_W$ 个宏观尺度单元,其厚度为 $h=10$ mm,如图 4-25A 所示。这些宏观单元的材料参数(例如弹性常数、压电常数和介电常数)被设置为足够小，因为 Direct FE^2 模型不考虑宏观单元的贡献。

接下来，在所有宏观单元的每个 Gauss 积分点上建立 RVE 模型，如图 4-25B 所示。例如，积分点 α_1、α_2、α_3 和 α_4 处有对应的 RVE。最终，将五种不同的材料参数（见表 4-10）分配给 RVE 模型，这些模型使用压电平面应变单元（CPE4E）进行网格划分，单元尺寸为 $L_{\mathrm{RVE}}=0.2$ mm。RVE 模型的厚度 t_{RVE} 由方程（4-82）计算得出，具体的计算表达式如下：

$$t_{\mathrm{RVE}}=\frac{L\ W\ h}{4L_{\mathrm{RVE}}\ W_{\mathrm{RVE}}h_{\mathrm{RVE}}\ N_{\mathrm{L}}\ N_{\mathrm{W}}}。\tag{4-84}$$

式中，L、W 和 h 分别表示宏观单元的长度、宽度和厚度，L_{RVE} 和 W_{RVE} 分别表示 RVE 的长度和宽度。

最后，引入 PBC 到 RVE 中，以将微观尺度 RVE 的节点位移和电势与相应的宏观单元的节点位移和电势联系起来。这是通过 ABAQUS 软件的可用能（即 MPCs 模块）来实现的。如图 4-25C 所示，P_+ 和 P_- 代表 RVE 边界上的相对节点，例如 P_{i+}、P_{i-}、P_{j+}、P_{j-}。P_0 是 RVE 中心的节点，对应位移约束防止 RVE 的刚体运动，对应的电势约束保证了 RVE 中心位置的电势等于相应位置的宏观有限单元的电势。

为了验证模型响应结果的准确性，使用 Direct FE^2 方法对压电复合结构模型进行多层模拟，如图 4-26 所示。在 DNS 模型和相对应的 Direct FE^2 模型中，左边缘节点垂直于加载方向的 DOFs 均不受限制。

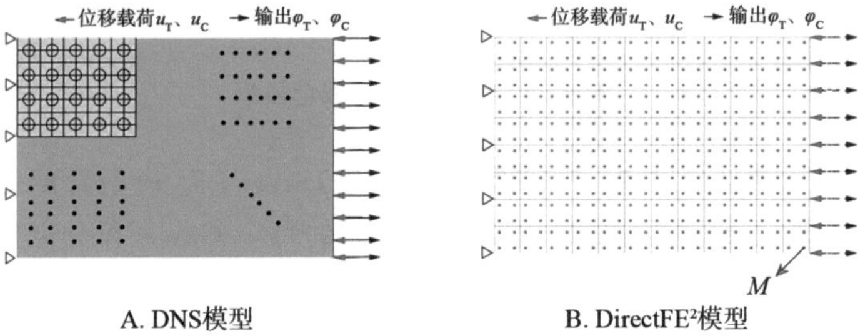

图 4-26　在拉伸位移载荷 u_{T} 和压缩位移载荷 u_{C} 作用下的压电复合结构

图 4-27 显示了在两种不同的加载条件下，压电复合结构模型的电势-位移响应曲线。可以看出，Direct FE^2 方法和 DNS 方法得到的电势-位移响应曲线非常接近，误差小于 0.09%。这表明 Direct FE^2 方法在对压电复合结构进行电势-位移响应计算时具有很高的准确度，且可以作为一种有效的工具来分析和优化压电结构的性能。

图 4-28 和图 4-29 给出了在拉伸位移载荷 $u_{\mathrm{T}}=0.2$ mm 和 $u_{\mathrm{C}}=0.4$ mm 压缩载荷作用下，由 DNS 和 Direct FE^2 方法得到的复合结构 M 点位置处 RVE 的 Mises 应力。值得注意的是，两种方法得到的结果高度吻合，这证实了 Direct FE^2 方法在对复杂模型进行响应计算时的准确性。需要指出的是，在工程实践中，准确的应力计算对于复合结构的设计和制造非常重要。Direct FE^2 方法通过将有限元方法和多尺度方法相结合，可以有效地进行复合结构的应力计算。因此，Direct FE^2 方法具有很高的实用价值，可用于各种复杂结构的应力计

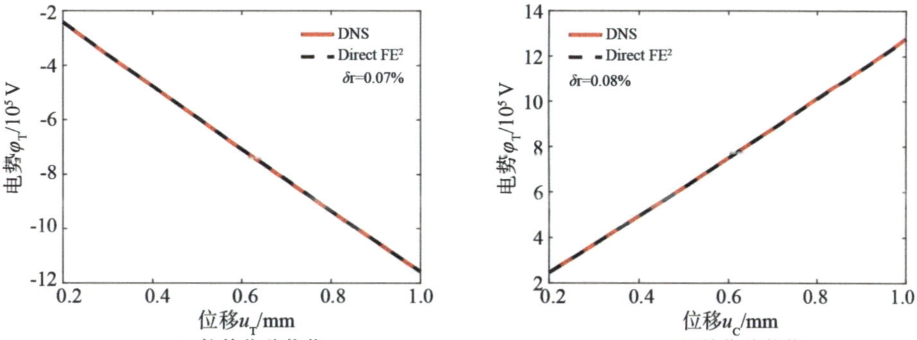

A. 拉伸位移载荷　　B. 压缩位移载荷

图 4-27　拉伸和压缩载荷作用下 DNS 和 DirectFE² 结果的比较

算，为复合结构的设计和制造提供了强有力的支持。

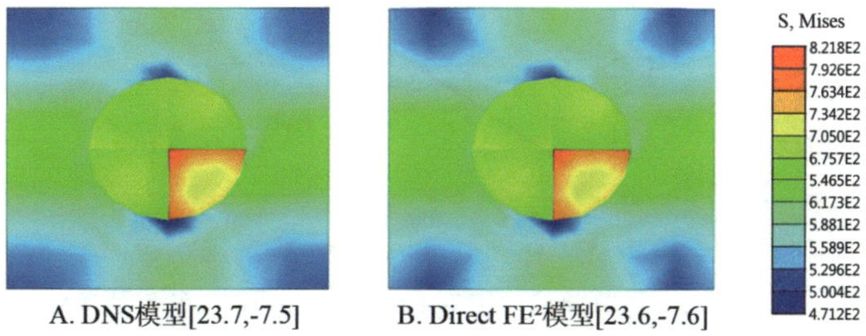

图 4-28　压电复合结构在拉伸位移作用下 M 点的 Mises 应力，拉伸位移 $u_T=0.2$mm

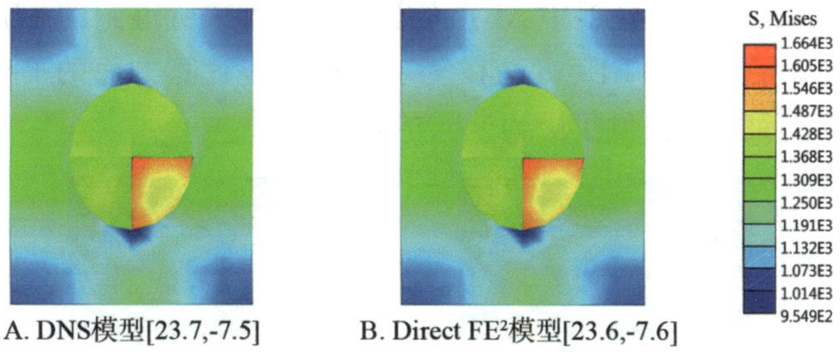

图 4-29　压电复合结构在压缩位移载荷作用下 M 点的 Mises 应力，压缩位移 $u_C=0.4$ mm

为了进一步验证 Direct FE² 方法对复杂模型响应计算的准确性，需要考虑更多的加载模型。除了之前提到的拉伸和压缩加载方式外，第三种加载模型如图 4-30 所示。这种加载模型通常用于模拟压电复合材料在电载荷下的响应，可以更全面地评估压电复合材料的性能和可靠性。

图 4-31 展示了 DNS 和 Direct FE² 模型在电势载荷作用下得到的位移-电势响应结果。

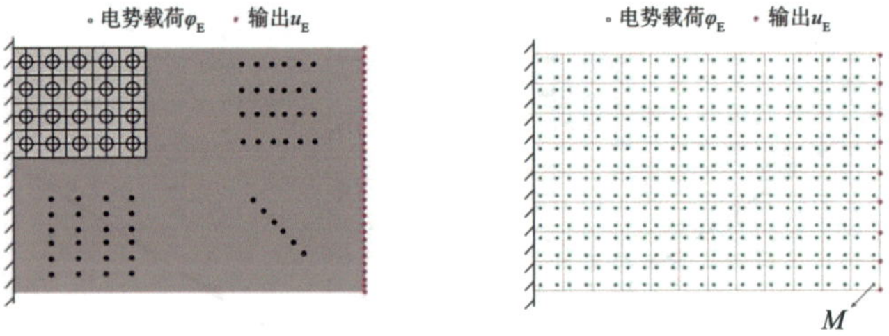

A. DNS模型　　B. DirectFE²模型

图 4-30　在电势载荷 φ_E 作用下的压电复合结构模型

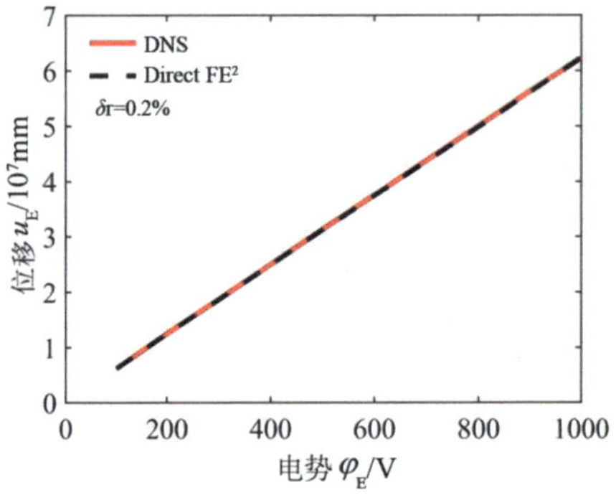

图 4-31　电势载荷作用下 DNS 和 DirectFE² 结果的比较

当电势载荷 $\varphi_E=1\ 000$ V 时，所得到的 Mises 应力如图 4-32 所示。结果表明，Direct FE² 方法与 DNS 预测的位移一电势响应基本一致，误差仅为 0.2%。此外，在电势载荷作用下，复合结构 DNS 和 Direct FE² 模型中 M 点位置上的 RVE 所得到的 Mises 应力也基本一致。这些结果再次验证了 Direct FE² 方法在复杂模型响应计算方面的准确性和可靠性，为其在工程应用中的推广和应用提供了更为坚实的基础。

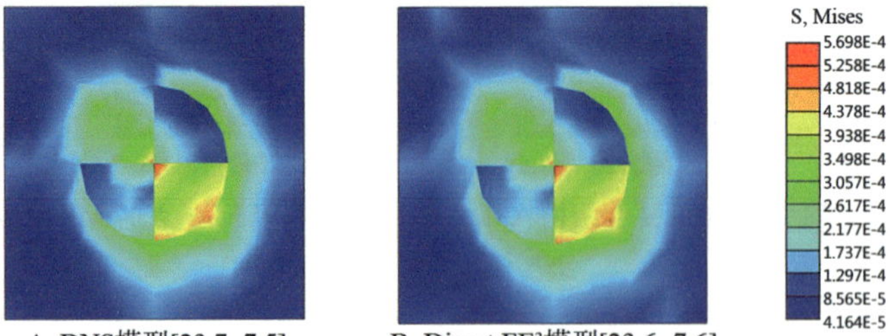

A. DNS模型[23.7,-7.5]　　B. Direct FE²模型[23.6,-7.6]

图 4-32　压电复合结构在电势载荷作用下 M 点的 Mises 应力，电势 $\varphi_E=1\ 000$ V

4.3.2.2 Direct FE² 计算效率验证

计算效率是几乎所有多层模拟方法的关键问题，对其应用潜力有实质性的影响。为了证明 Direct FE² 在压电陶瓷结构的数值模拟中具有高计算效率，将 Direct FE² 模拟

（N_L =12 和 N_W =8）与 DNS 进行了比较，并考虑了图 4-26 和 4-30 中的各种加载情况。

本节中所有的有限元模拟是在同一台计算机上完成的。该计算机的硬件配置如下：处理器类型为 Intel(R)Core(TM)i7-8700 CPU 3.20 GHz，拥有 12 个处理器核心（其中 2 个被使用），安装内存为 16 GiB。本节通过 ABAQUS 作业管理器中的监控器数据文件记录 DNS 和 Direct FE^2 的计算时间，其中 TOTAL CPU TIME(SEC)字段记录了计算所需的总时间。

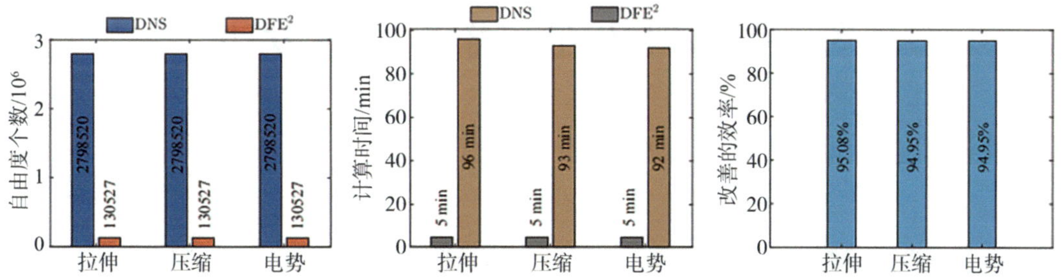

图 4-33　DNS 和 DirectFE^2 方法的计算效率比较

图 4-33 展示了 Direct FE^2 和 DNS 计算的时间和计算效率提高情况。显然，Direct FE^2 的计算时间远小于 DNS，且其计算效率提高了 94%～96%，这一提高效果通过计算公式 $\eta_{\mathrm{eff}} = (t_{\mathrm{DNS}} - t_{\mathrm{DFE^2}})/t_{\mathrm{DNS}}$ 进行量化。因此，Direct FE^2 方法用于多层压电复合结构建模时，具有较高的计算精度和效率，这一优势在未来多尺度压电复合结构的大规模模拟中可能会变得越来越明显。

4.3.3 小结

本节基于 Direct FE^2 方法，研究了压电复合材料结构在不同加载类型下的力学性能。同时，将 Direct FE^2 方法得到的结果与 DNS 方法得到的结果进行了对比，主要结论如下：

1）通过对两种数值模拟方法（DNS 和 Direct FE^2）所得数据的分析可知，两种方法建立的有限元模型计算得到的电势-位移响应结果基本一致，且其相对误差不超过 0.1%。

2）通过比较 DNS 和 Direct FE^2 得到的 Mises 应力云图可知，两种方法得到的 Mises 应力高度一致。

3）通过计算效率对比分析可知，Direct FE^2 方法可以将压电陶瓷结构力学性能的多尺度计算效率提高 94%～96%。

5 等几何边界元声振耦合分析

早期对声振耦合系统进行响应分析大多采用解析方法，如分离变量法[273]。然而，一旦结构变得复杂，解析方法将不再适用。随着计算机技术的飞速发展，满足不同频率求解的数值方法开始崭露头角。由于水下结构声振耦合问题属于中低频问题，所以只考虑适用于中低频问题求解的网格离散类方法，如 FEM、FDM、BEM 等。其中，FEM 是当下用于结构分析的主流数值方法，而 BEM 在无限域或半无限域声场方面有巨大优势[219,274]，因此国内外许多学者通过组合这两种方法形成耦合有限元与边界元法（FEM/BEM）进行声振耦合问题求解。现有研究大多采用传统 Lagrange 函数进行几何形状近似与物理场插值计算，虽然操作简单，但仍存在一定的局限性，如引入几何误差、降低声振强耦合问题的计算精度等。Hughes 等[135]提出的等几何分析（IGA）可用来克服这些缺点。该方法的核心是将 CAD 建模中的样条函数同时用于几何构造与物理场近似，实现设计模型与分析模型的同一表达。NURBS 由于支持高阶曲面建模和灵活的裁剪操作在 IGA 中得到广泛应用。然而，NURBS 难以保证几何的无缝水密特性且不支持局部细化，给复杂结构的数值分析带来了较大困难。细分曲多分辨率网格，并通过高阶样条函数构建出连续面法的发展为克服这类问题提供了有效的解决方案[275]。该方法通过对原始粗糙多边形网格进行重复细化，构造出一系列性更高的光滑曲面，对复杂模型的适用性更强。因此，将细分曲面 IGA 与 FEM/BEM 相结合构成细分曲面 IGA-FEM/BEM 用于复杂结构的声振耦合系统响应分析具有十分重要的意义。

在声振耦合问题中，为了获得声振耦合系统在频域内的动力学响应，通常需要数值算法迭代求解。随着求解问题复杂度增加，往往计算单个响应就已经十分耗时了，因此发展对声振耦合系统进行快速声学响应分析的代理模型是有必要的。它的核心思想是通过代理模型构建近似响应函数，替代原有的复杂计算模型，进而提高响应求解的效率。常用的代理模型包括 Gauss 过程[159-162]、多项式混沌展开[163-165,276]和 RBF[166,167]等。虽然这些方法在许多应用中取得了成功，但不适用于大规模和多维输入变量的快速响应预测。因此，许多学者试图利用当下比较先进的方法（如 DNN）来解决这个问题。它的优势在于可通过学习多层或深层的非线性网络结构,实现复杂函数逼近,因此将 DNN 作为加速声振耦合系统响应求解的代理模型是一个重要的研究课题。

值得注意的是,传统的声振耦合系统通常引入假定边界条件或固定的物理参数简化数值求解。然而在实际问题中,建模的简化、制造和测量误差会导致数值模拟计算不准确。多数情况下,不确定参数数值很小但种类繁多,不同不确定因素之间的耦合作用使得系统的真实响应和确定性模型预测的响应结果之间存在不可忽视的差异。因此,如何用一个有效的方法来量化这些不确定性,评估与各种不确定因素有关的风险是有必要的。但随着仿真模型的复杂化,不确定参数日渐繁杂,考虑不确定性的耦合系统响应计算成本也逐渐增加。现有的基于摄动理论、一阶 Taylor 展开等不确定性量化方法不再适用。

5.1 基于 Loop 细分曲面的 IGA-FEM/BEM 声振耦合分析

5.1.1 声振耦合系统模型建立

图 5-1 显示了一个全阶的结构-声学耦合系统。其中,Ω_s 表示浸没在无限流体域 Ω_f 中的弹性薄壳结构,结构和流体之间的耦合面用 $\Gamma:=\Omega_s \cap \Omega_f$ 表示。薄壳结构的力学行为服从 Kirchhoff-Love 薄壳理论。结构外的辐射或散射声场满足 Helmholtz 方程。

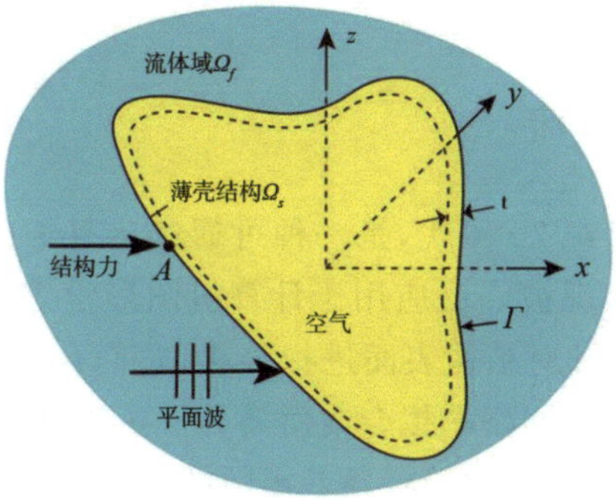

图 5-1 结构—声学耦合系统(虚线表示薄壳结构的中性面)

考虑一个角频率为 ω 的简谐波或入射的平面波,将任意随机参数 x 引入耦合系统。要分析一个含有随机输入参数 x 的耦合系统,必须找到以下耦合方程的解:

$$\nabla\cdot \boldsymbol{\sigma}(x)+\omega^2\rho_s \boldsymbol{u}(x)=0, \quad \text{in } \Omega_s; \tag{5-1}$$

$$\nabla^2 p(x)+k^2 p(x)=0, \quad \text{in } \Omega_f; \tag{5-2}$$

$$\boldsymbol{\sigma}(x)\cdot \boldsymbol{n}_s+p(x)=0, \quad \text{on } \Gamma; \tag{5-3}$$

$$-\mathrm{i}\omega\, \boldsymbol{u}(x)\cdot \boldsymbol{n}_f=v^n_{f(x)}, \quad \text{on } \Gamma。 \tag{5-4}$$

式(5-1)和式(5-2)分别表示结构和流体的控制方程,式(5-3)和式(5-4)分别表示耦合面上的力平衡条件和位移连续性条件。其中,∇为 Laplace 算子,$\boldsymbol{\sigma}(x)$为应力张量,$\boldsymbol{u}(x)$为位移,ρ_s为壳的密度,$p(x)$为声压值,$\boldsymbol{n}_s$ 和$\boldsymbol{n}_f$ 分别为壳的内法线向量和外法线向量,$v_{f(x)}^n$ 为流体正常流速,k 为波数。

在下文中将提出基于 Loop 细分曲面的 IGA-FEM 用于壳结构分析和基于 Loop 细分曲面的 IGA-BEM 进行声学分析。在详细介绍如何将 IGA-FEM 和 IGA-BEM 结合起来进行声振耦合系统响应分析之前,这里先定义用于声振耦合系统不确定性量化的样本点。

设 $\mathbb{X}$ 表示所有随机变量的变化范围。

$$\mathbb{X}=\{\{x_1,x_2,\cdots,x_n\}\mid x_i\in[x_{\min},x_{\max}]\},\quad i=1,\cdots,n。\tag{5-5}$$

式中,$x_{\min}$ 和 $x_{\max}$ 是随机输入变量 x_i 的下界和上界,n 表示随机输入参数的维数。在式(5-5)的变化范围内,将根据某种概率分布随机生成的 $\widetilde{N}$ 个点作为初始的随机输入参数 $\boldsymbol{X}\in\mathbb{R}^{\widetilde{N}}$。

$$\boldsymbol{X}=\{\boldsymbol{x}^{(l)}\mid \boldsymbol{x}^{(l)}\in\mathbb{X}\},\quad l=1,\cdots,\widetilde{N}。\tag{5-6}$$

式中,$\boldsymbol{x}=[x_1,\cdots,x_n]^{\mathrm{T}}$,在每个输入变量 x 处,可使用 IGA-FEM/BEM 耦合算法或代理模型计算得到m 个响应函数所对应的输出$\boldsymbol{Y}=[y_1,\cdots,y_m]^{\mathrm{T}}$,即本工作中想得到的全阶耦合系统的模型响应。

$$\boldsymbol{Y}=\{f(x^{(l)})\mid x^{(l)}\in\mathbb{X}\},\quad l=1,\cdots,\widetilde{N}。\tag{5-7}$$

因此,通过组合式(5-6)和式(5-7)得到不确定性量化所需要的初始样本点,可表示为:

$$\{(\boldsymbol{x}^{(1)},\boldsymbol{Y}^{(1)}),\cdots,(\boldsymbol{x}^{(l)},\boldsymbol{Y}^{(l)}),\cdots,(\boldsymbol{x}^{(\widetilde{N})},\boldsymbol{Y}^{(\widetilde{N})})\}。\tag{5-8}$$

5.1.2 Loop 细分曲面法

细分曲面法发展于 20 世纪 70 年代,是一种可通过反复细化和平滑处理控制网格来构建光滑极限曲面的有效工具,现被广泛应用于计算机图形学等相关领域。由于细分曲面法与 BEM 和壳结构 FEM 都是针对结构表面进行分析,它们自然兼容。同时,在 IGA 的背景下,将细分曲面法作为任意连通网格的拟合曲面具有重要的研究价值。

考虑采用由 Loop[277] 提出的四次箱样条基函数的三角形网格细分曲面法构建任意连通网格的光滑极限表面。Loop 细分曲面方法的细化规则可以分为拓扑规则和几何规则。其中,拓扑规则描述了细化网格的新顶点与其相邻顶点之间的关系,几何规则用于通过粗糙网格上相邻顶点坐标的加权平均值来确定优化网格位置上的顶点坐标。图 5-2 给出了通过四分法细化三角形网格的细化方案(红色圆圈代表修改后的顶点,绿色圆圈代表新的边缘点,虚线强调顶点适用于任意的价态,详细信息可参考[41]),它要求每个顶点均需要连接到 6 个三角形上,该顶点被称为规则顶点。有 3 个规则顶点的三角形单元被称为规则单元,否则为不规则单元。

采用四次箱样条基函数构造光滑的曲面。如图 5-3 所示,常规三角形单元的面片包含

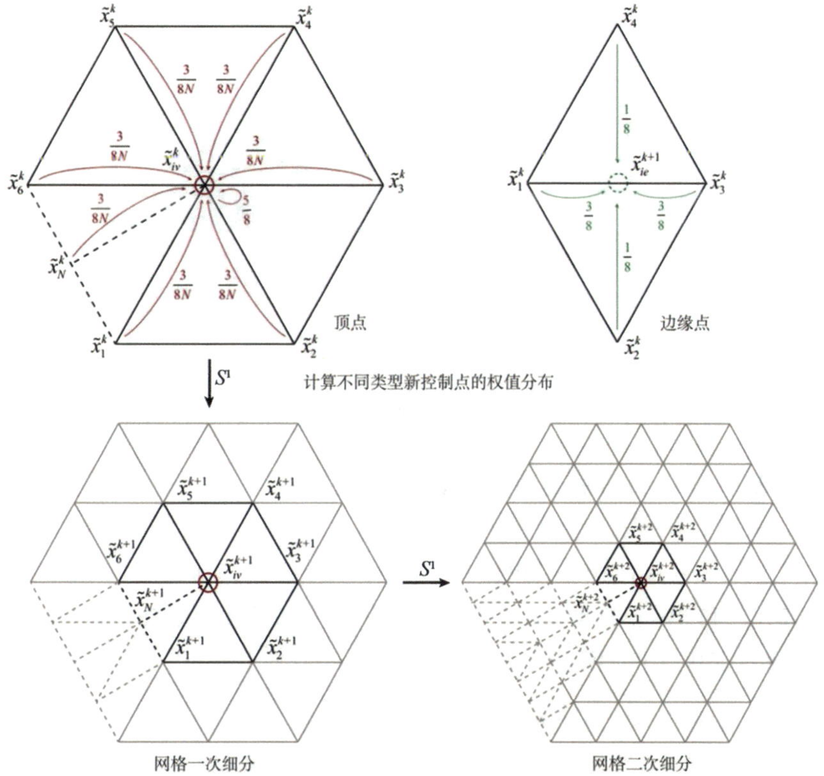

图 5-2 用于规则和不规则顶点和边缘点的模板[41]

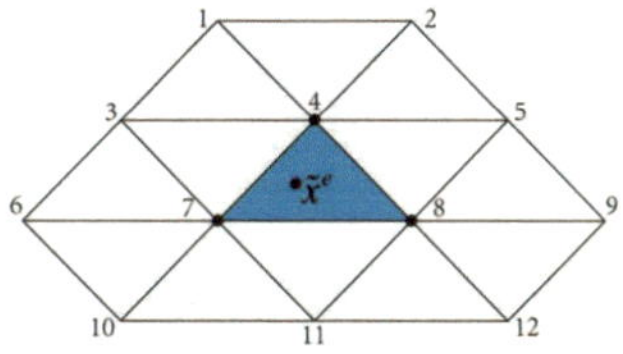

图 5-3 具有 12 个控制点的常规三角形面片[278]

12 个顶点。单元映射曲面的形状[278]可表示为

$$\tilde{x}^e(\theta_1,\theta_2)=\sum_{i=1}^{12}B_i(\theta_1,\theta_2)\,C_i\text{。} \tag{5-9}$$

式中，$\tilde{x}^e$ 是具有参数坐标(θ_1,θ_2)的点的 Descartes 坐标，B_i 是与第 e 个三角形单元面片中的第 i 个顶点关联的第 i 个箱样条基函数，C_i 是第 i 个控制顶点的坐标。箱样条基函数 B_i 的阶数为 4，其详细公式可参考文献[41]。

对于不规则单元，详细信息可参考[278]，没有显式基函数，因此需要特殊处理。经过细分 1 次后，不规则原始单元被分为三个规则子单元和一个不规则子单元。重复细分过程，到拟合点落入规则子单元，如图 5-4 所示。因此，使用式(5-9)可得到不规则单元的映射表面的形状。其中不规则单元被划分为一组无限的三角形面片，详细信息可参考[278]。

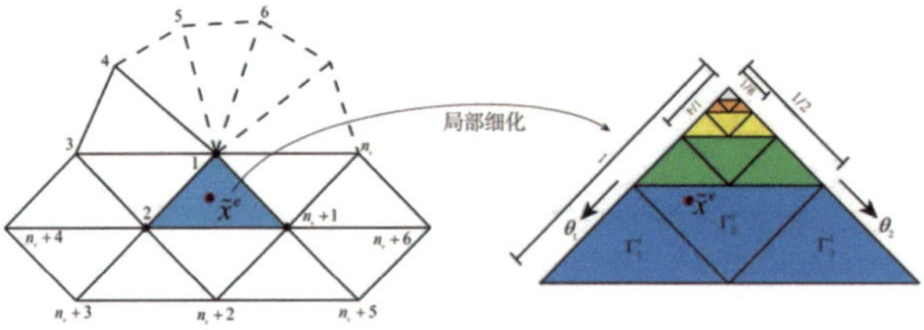

图 5-4　由 n_v+6 个控制点定义的不规则三角形面片[278]

5.1.3　基于 Loop 细分曲面的声振耦合分析

5.1.3.1　基于 Loop 细分曲面的薄壳结构 IGA-FEM

基于 Kirchhoff-Love 壳理论的变分公式[279]为

$$\delta W=\delta W_{\text{mas}}+\delta W_{\text{int}}+\delta W_{\text{ext}}=0。\tag{5-10}$$

式中，δW_{mas}、δW_{int} 和 δW_{ext} 分别表示惯性力、内力和外力所做的虚功。假定中性面的位移 $\boldsymbol{u}$ 为时谐波，δW_{mas}、δW_{int} 和 δW_{ext} 可改写为

$$\left.\begin{aligned}
\delta W_{\text{mas}}&=-\omega^2\int_\Gamma \rho_s h\,\boldsymbol{u}\cdot\delta\boldsymbol{u}\ \mathrm{d}\Gamma,\\
\delta W_{\text{int}}&=\int_\Gamma\left(\frac{1}{2}\frac{E h}{1-\nu^2}\ \delta\boldsymbol{\varepsilon}^{\mathrm{T}}\boldsymbol{D}\,\boldsymbol{\varepsilon}+\frac{1}{2}\frac{E h^3}{12(1-\nu^2)}\ \delta\boldsymbol{\kappa}^{\mathrm{T}}\boldsymbol{D}\,\boldsymbol{\kappa}\right)\mathrm{d}\Gamma,\\
\delta W_{\text{ext}}&=-\omega^2\int_\Gamma p\,\boldsymbol{n}_s\cdot\delta\boldsymbol{u}\ \mathrm{d}\Gamma。
\end{aligned}\right\}\tag{5-11}$$

式中，$\boldsymbol{D}$ 是材料常数矩阵，E 是杨氏模量，ν 是泊松比，h 是壳的厚度，$\boldsymbol{\varepsilon}$ 和 $\boldsymbol{\kappa}$ 分别是薄膜应变和弯曲应变。

这里采用 Loop 细分曲面法构造结构模型并离散结构域。通过单元的并集来定义边界 $\Gamma=\bigcup_{e=1}^{n_{fe}}\Gamma_e$，其中单元的集合 $\{\Gamma_e\}_{e=1}^{n_{fe}}$ 是 Loop 细分曲面法的细分。采用 Loop 细分基函数 $B(\theta_1,\theta_2)$ 对位移进行离散化，得

$$\bar{\boldsymbol{u}}^e=\sum_{i=1}^{n_v+6}B_i(\theta_1,\theta_2)\ \bar{u}_i^e。\tag{5-12}$$

式中，$\bar{u}_i^e$ 表示用于位移离散的与第 e 个单元的面片上的第 i 个控制点相关联的节点参数。因此，在组装了所有的单元矩阵之后可得到方程组：

$$\boldsymbol{A}\,\bar{\boldsymbol{u}}=\boldsymbol{f}。\tag{5-13}$$

式中：$\boldsymbol{A}=\boldsymbol{K}-\omega^2\boldsymbol{M}$ 表示 FEM 的系数矩阵，$\boldsymbol{K}$ 为刚度矩阵，$\boldsymbol{M}$ 为结构质量矩阵；向量 $\bar{\boldsymbol{u}}$ 包含所有顶点上的位移；载荷向量 $\boldsymbol{f}$ 包含外部机械载荷 $\boldsymbol{f}_s$ 和声场压力载荷 $\boldsymbol{f}_p$，具体可表示为

$$\boldsymbol{f}=\boldsymbol{f}_s+\boldsymbol{f}_p。\tag{5-14}$$

5.1.3.2 基于 Loop 细分曲面的 IGA-BEM

对于外声场问题，控制方程为 Helmholtz 方程。根据 Burton-Miller[37,280-285] 公式，Helmholtz 方程(5-2)可转化为 BIE：

$$C(\tilde{x})\left[p(\tilde{x})+\alpha\, q(\tilde{x})\right]+(H^{*} p)(\tilde{x})+\alpha\,(\widetilde{H}^{*} p)(\tilde{x})= (G^{*} q)(\tilde{x})+\alpha\,(\widetilde{G}^{*} q)(\tilde{x})+p_{\mathrm{inc}}(\tilde{x})+\alpha\, \tilde{p}_{\mathrm{inc}}(\tilde{x})。 \tag{5-15}$$

$k>1$ 时组合参数 $\alpha=\mathrm{i}/k$，否则 $\alpha=\mathrm{i}$。$C(\tilde{x})$ 为跳跃项，p_{inc} 为入射波的声压。q 和 $\tilde{p}_{inc}$ 分别为 p 和 p_{inc} 的法向导数。G^{*}、H^{*}、$\widetilde{G}^{*}$ 和 $\widetilde{H}^{*}$ 为边界积分算子，其表达式如下：

$$\left.\begin{aligned}
(G^{*} q)(\tilde{x}) &:=\int_{\Gamma} G(\tilde{x},\tilde{y})\, q(\tilde{y})\, \mathrm{d}\Gamma(\tilde{y}),\\
(H^{*} p)(\tilde{x}) &:=\int_{\Gamma} \frac{\partial G(\tilde{x},\tilde{y})}{\partial \boldsymbol{n}(\tilde{y})}\, p(\tilde{y})\, \mathrm{d}\Gamma(\tilde{y}),\\
(\widetilde{G}^{*} q)(\tilde{x}) &:=\int_{\Gamma} \frac{\partial G(\tilde{x},\tilde{y})}{\partial \boldsymbol{n}(\tilde{x})}\, q(\tilde{y})\, \mathrm{d}\Gamma(\tilde{y}),\\
(\widetilde{H}^{*} p)(\tilde{x}) &:=\int_{\Gamma} \frac{\partial^{2} G(\tilde{x},\tilde{y})}{\partial \boldsymbol{n}(\tilde{x})\, \partial \boldsymbol{n}(\tilde{y})}\, p(\tilde{y})\, \mathrm{d}\Gamma(\tilde{y})。
\end{aligned}\right\} \tag{5-16}$$

式中，$\boldsymbol{n}(\tilde{x})$ 和 $\boldsymbol{n}(\tilde{y})$ 分别表示在 $\tilde{x}$ 点和 $\tilde{y}$ 点处的单位外法线向量。式(5-16) 中的 Green 函数 $G(\tilde{x},\tilde{y})$ 及其导数的表达为

$$\left.\begin{aligned}
G(\tilde{x},\tilde{y}) &= \frac{\mathrm{e}^{\mathrm{i}kr}}{4\pi r},\\
\frac{\partial G(\tilde{x},\tilde{y})}{\partial \boldsymbol{n}(\tilde{y})} &= -\frac{\mathrm{e}^{\mathrm{i}kr}}{4\pi r^{2}}(1-\mathrm{i}kr)\, \frac{\partial r}{\partial \boldsymbol{n}(\tilde{y})},\\
\frac{\partial G(\tilde{x},\tilde{y})}{\partial \boldsymbol{n}(\tilde{x})} &= -\frac{\mathrm{e}^{\mathrm{i}kr}}{4\pi r^{2}}(\mathrm{i}kr-1)\, \frac{\partial r}{\partial \boldsymbol{n}(\tilde{x})},\\
\frac{\partial^{2} G(\tilde{x},\tilde{y})}{\partial \boldsymbol{n}(\tilde{x})\, \partial \boldsymbol{n}(\tilde{y})} &= \frac{\mathrm{e}^{\mathrm{i}kr}}{4\pi r^{3}}\left[(1-\mathrm{i}kr)\, \boldsymbol{n}_{j}(\tilde{x})\, \boldsymbol{n}_{j}(\tilde{y})+(3-3\mathrm{i}kr-k^{2} r^{2})\, \frac{\partial r}{\partial \boldsymbol{n}(\tilde{x})}\, \frac{\partial r}{\partial \boldsymbol{n}(\tilde{y})}\right]。
\end{aligned}\right\} \tag{5-17}$$

式中，$r=|\tilde{x}-\tilde{y}|$。

式(5-15)中的边界首先采用三角形单元进行离散，并根据 IGA 的原理用基函数构造边界，Loop 细分曲面法的基函数也被用于物理场的插值近似。

$$\left.\begin{aligned}
p_{e} &= \sum_{i=1}^{n_{v}+6} B_{i}(\theta_{1},\theta_{2})\, p_{i}^{e},\\
q_{e} &= \sum_{i=1}^{n_{v}+6} B_{i}(\theta_{1},\theta_{2})\, q_{i}^{e}。
\end{aligned}\right\} \tag{5-18}$$

式中，p_{e} 和 q_{e} 分别表示三角形细分单元上点(θ_{1},θ_{2})处的声压及其法向通量，p_{i}^{e} 和 q_{i}^{e} 分别表示三角形细分单元面片中一个节点处的声压及其法向通量。

$$C(\tilde{x})\ \left[p(\tilde{x})+\alpha\, q(\tilde{x})\right]=p_{\mathrm{inc}}(\tilde{x})+\alpha\, \tilde{p}_{\mathrm{inc}}(\tilde{x})+$$

$$\sum_{e=1}^{N_e}\sum_{i=1}^{n_v+6} q_i^e \int_{\Gamma_e} B_i(\theta_1,\theta_2)\, G(\tilde{x},\tilde{y}(\theta_1,\theta_2))\,\mathrm{d}\Gamma -$$
$$\sum_{e=1}^{N_e}\sum_{i=1}^{n_v+6} p_i^e \int_{\Gamma_e} B_i(\theta_1,\theta_2)\, \frac{\partial G(\tilde{x},\tilde{y}(\theta_1,\theta_2))}{\partial \boldsymbol{n}(\tilde{y}(\theta_1,\theta_2))}\,\mathrm{d}\Gamma +$$
$$\alpha\sum_{e=1}^{N_e}\sum_{i=1}^{n_v+6} q_i^e \int_{\Gamma_e} B_i(\theta_1,\theta_2)\, \frac{\partial G(\tilde{x},\tilde{y}(\theta_1,\theta_2))}{\partial \boldsymbol{n}(\tilde{x})}\,\mathrm{d}\Gamma -$$
$$\alpha\sum_{e=1}^{N_e}\sum_{i=1}^{n_v+6} p_i^e \int_{\Gamma_e} B_i(\theta_1,\theta_2)\, \frac{\partial^2 G(\tilde{x},\tilde{y}(\theta_1,\theta_2))}{\partial \boldsymbol{n}(\tilde{x})\,\partial \boldsymbol{n}(\tilde{y}(\theta_1,\theta_2))}\,\mathrm{d}\Gamma。\tag{5-19}$$

式中，N_e 表示三角形细分单元的数量。随后在一组配置点上定义式(5-19)。值得注意的是，尽管配置点的数量与顶点的数量相同，但控制点和配置点并不重合。配置点的位置是通过在具有规则面片或不规则面片的相应单元中进行拟合操作来确定的。此外，联立所有配置点的方程，然后用矩阵形式表示上述方程得到线性方程组：

$$\boldsymbol{H}\,\boldsymbol{p} = \boldsymbol{G}\,\boldsymbol{q} + \boldsymbol{p}_{\mathrm{inc}}。\tag{5-20}$$

式中，$\boldsymbol{H}$ 和 $\boldsymbol{G}$ 是 Loop 细分曲面 IGA-BEM 的系数矩阵，$\boldsymbol{p}$ 和 $\boldsymbol{q}$ 分别是声压向量及其在配置点处的通量向量，$\boldsymbol{p}_{\mathrm{inc}}$ 是配置点处的入射波向量。

值得注意的是，式(5-19)中存在奇异积分，使用 Gauss 积分直接求解式(5-19)很难获得准确的解答。通常这些奇异积分需要特殊处理。本节中，采用正则化技术来精确求解奇异积分，详细信息可参考[278]。

5.1.3.3 基于 Loop 细分曲面的耦合方法

因为变量 $\boldsymbol{u}$、$\boldsymbol{f}_p$、$\boldsymbol{p}$ 和 $\boldsymbol{q}$ 都是未知的，所以式(5-13)和式(5-20)不能分开求解。但是，它们可通过式(5-3)和式(5-4)中定义的边界条件耦合在一起。此外，式(5-14)中声荷载 $\boldsymbol{f}_p$ 的节点力向量和向量 $\boldsymbol{p}$ 之间的关系可表示为

$$\boldsymbol{f}_p = \tilde{\boldsymbol{n}}_f\,\Theta\,\boldsymbol{p}。\tag{5-21}$$

式中，$\Theta = \int_\Gamma \boldsymbol{B}^{\mathrm{T}}\boldsymbol{B}\,\mathrm{d}\Gamma$，$\boldsymbol{B}$ 是 Loop 细分基函数的全局向量。$\tilde{\boldsymbol{n}}_f$ 是法线矩阵，其具体表达式为

$$\tilde{\boldsymbol{n}}_f = \begin{Bmatrix} n_{1f}\cdot\boldsymbol{e}_1 & 0 & \cdots \\ n_{1f}\cdot\boldsymbol{e}_2 & 0 & \cdots \\ n_{1f}\cdot\boldsymbol{e}_3 & 0 & \cdots \\ 0 & n_{2f}\cdot\boldsymbol{e}_1 & \cdots \\ 0 & n_{2f}\cdot\boldsymbol{e}_2 & \cdots \\ 0 & n_{2f}\cdot\boldsymbol{e}_3 & \cdots \\ \vdots & \vdots & \vdots \end{Bmatrix}。\tag{5-22}$$

式中，$\boldsymbol{e}_1$、$\boldsymbol{e}_2$、$\boldsymbol{e}_3$ 是 Descartes 坐标系的三个正交基向量。因此，采用式(5-21)，可得到式(5-14)的新表达式：

$$\boldsymbol{f} = \boldsymbol{C}_{sf}\,\boldsymbol{p} + \boldsymbol{f}_s。\tag{5-23}$$

式中，$\boldsymbol{C}_{sf}=\bar{\boldsymbol{n}}_f\Theta$。

将式(5-23)代入式(5-13)，可得到结构系统方程新的表达式：

$$\boldsymbol{A}\bar{\boldsymbol{u}}=\boldsymbol{C}_{sf}\boldsymbol{p}+\boldsymbol{f}_s。\tag{5-24}$$

假定式(5-20)中的声通量向量 $\boldsymbol{q}=\omega^2\rho_f\boldsymbol{C}_{fs}\bar{\boldsymbol{u}}$。其中，$\rho_f$ 为流体密度，$\boldsymbol{C}_{fs}=\bar{\boldsymbol{n}}_f^{\mathrm{T}}$。则式(5-20)可被改写为

$$\boldsymbol{H}\boldsymbol{p}=\boldsymbol{G}\omega^2\rho_f\boldsymbol{C}_{fs}\bar{\boldsymbol{u}}。\tag{5-25}$$

将式(5-24)代入式(5-25)，消除未知的位移 $\bar{\boldsymbol{u}}$，可得由有限单元耦合的边界单元公式：

$$[\boldsymbol{H}-\boldsymbol{G}\boldsymbol{Y}]p=\boldsymbol{G}\tilde{\boldsymbol{q}}_s。\tag{5-26}$$

式中，

$$\left.\begin{aligned}\boldsymbol{Y}&=\omega^2\rho_f\boldsymbol{C}_{fs}\boldsymbol{A}^{-1}\boldsymbol{C}_{sf},\\ \tilde{\boldsymbol{q}}_s&=\omega^2\rho_f\boldsymbol{C}_{fs}\boldsymbol{A}^{-1}\boldsymbol{f}_s。\end{aligned}\right\}\tag{5-27}$$

直接求解式(5-27)中矩阵 $\boldsymbol{A}$ 的逆十分耗时，但这在本节中并不需要。事实上，可使用迭代求解器，如广义最小残差法(generalized minimal residual method，GMRES)直接求解代数方程 $\boldsymbol{A}\bar{\boldsymbol{x}}=\boldsymbol{f}_s$，得到式(5-27)中 $\boldsymbol{A}^{-1}\boldsymbol{f}_s$ 的解。

值得注意的是，传统 BEM 有一个固有的缺点。当待求解实际问题的 DOFs 数为 N 时，那么使用传统 BEM 会使得式(5-26)形成一个 $N\times N$ 的稠密的非对称系数矩阵 $\boldsymbol{H}$ 和 $\boldsymbol{G}\in\mathbb{C}^{N\times N}$。如果使用 GMRES 求解系统方程(5-26)则需要 $O(N^2)$ 计算量，这个缺点严重阻碍了 BEM 在大规模实际问题中的应用与推广。采用快速算法(如 FMM、快速直接求解法、自适应交叉近似等)，加速方程式(5-26)中的矩阵向量运算 $\boldsymbol{H}\boldsymbol{p}$ 和 $\boldsymbol{G}\boldsymbol{Y}\boldsymbol{p}$。由于计算精度高，内存消耗低，FMM 用于加速这项工作中的矩阵向量积。此外，采用了基于旋转同轴平移的部分波多级展开公式实现了快速算法运算。原始边界积分可分为近场积分和远场积分，近场积分采用常规 BEM 法计算，而后者采用基于 FMM 加速的 BEM(FM-BEM)计算，关于 FMM 的详细信息可参考[278，286-289]。

5.1.4 数值算例分析

本节考虑在平面波入射下，由球壳结构散射的声场。这是个有解析解的算例，以此来验证 IGA-FEM/BEM 耦合算法的正确性。本节所有计算过程均采用 Fortran 90 编程实现。如图 5-5A 所示，结构外部的流体是水，内部流体是空气。由于空气的密度远小于结构，忽略了空气对结构振动的影响，球壳结构受到入射的平面波的影响，该入射平面波振幅为 1，沿 x 轴正方向传播。如图 5-5B 所示，从粗糙的多边形网格开始，采用 Loop 细分曲面法逐步细分初始控制网格，建了一个具有 27 648 个顶点的极限光滑球体模型。采用基于 Loop 细分曲面的 IGA-FEM/BEM 算法求解声振耦合系统，然后将使用 IGA-FEM/BEM 耦合算法计算得到的数值解和解析解[290]进行比较。在本节中，采用 6×6 个 Gauss 积分点进行正则积分计算，采用 10×10 个 Gauss 积分点进行奇异积分计算。此外，通过增加 Gauss 积分点的个

数，声学问题的精度也会得到有效提高。

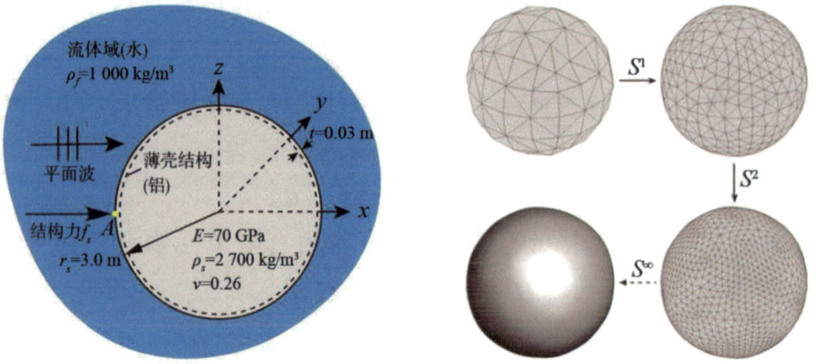

A. 声震耦合系统　　B. 球壳模型的多级细化网格

图 5-5　受入射平面波影响的球壳模型多级细化网格的耦合系统

图 5-6 显示了分布在球面上的圆环中几个计算点处的声压值。该圆环以原点为中心，位于 xOy 面上。对于较低频率，如 $f=40$，200，400 Hz，采用具有 3 458 个顶点的球体模型进行声压值的计算。由于误差会随着频率的增加而增加，为了保持相同水平的精度并且平衡计算效率，当 $f=600$，800 Hz 时，将模型细化为 13 826 个顶点。从图中可看到，解析解和数值解相吻合。

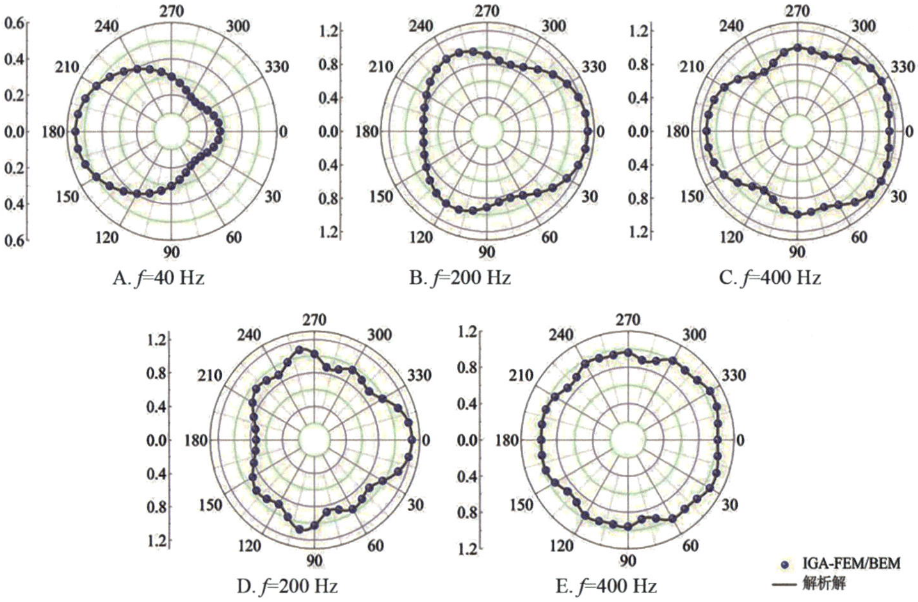

A. f=40 Hz　　B. f=200 Hz　　C. f=400 Hz

D. f=200 Hz　　E. f=400 Hz

图 5-6　不同频率时某些计算点处声压值的数值解和解析解的比较

图 5-7 显示了数值解和解析解之间的相对误差。可以发现：相对误差随着频率的增加而增加；当频率超过 800 Hz 时，相对误差会随着频率的增加而迅速增加。虽然细化网格可

提高计算精度，但细化将导致计算量的急剧增加。事实上在中高频处，传统的数值方法（如FEM 和 BEM）仍然存在局限性。一些常用的方法，如统计能量法、能量有限元法或能量BEM，可用来计算中高频问题。因此，这里只考虑低频情况，中频或高频情况将在今后的工作中探讨。

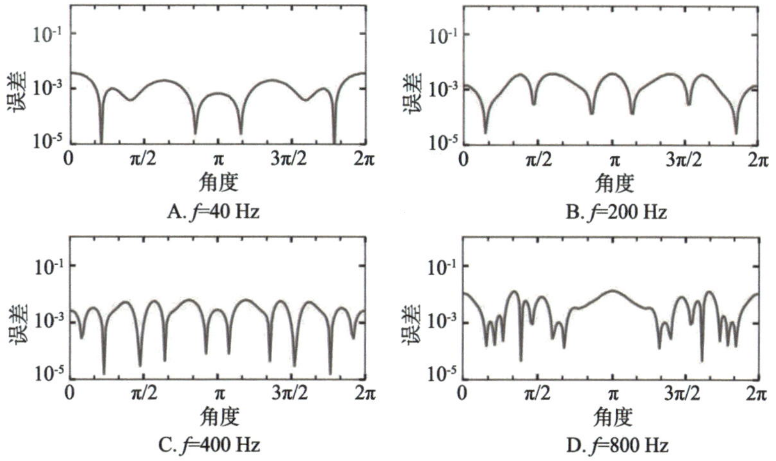

图 5-7　不同频率处数值解与解析解的相对误差

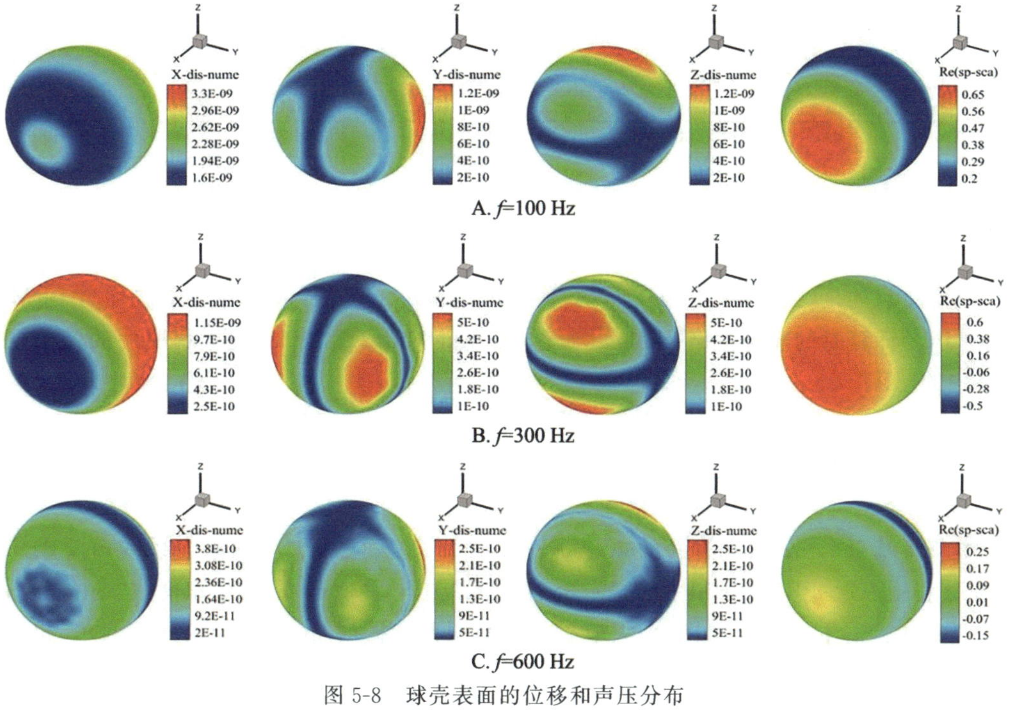

图 5-8　球壳表面的位移和声压分布

散射声场对结构本身起激励作用。图 5-8 给出了位移和声压响应的云图。其中，前三列代表 3 个位移分量，第 4 列代表声压值。可发现，位移在 x 轴是轴对称的，在 y 轴和 z 轴是对称的。

图 5-9 显示了在不同壳体厚度、不同频率的情况下，点(10，0，0)处声压的解析解和由 IGA-FEM/BEM 耦合算法计算得到的数值解。随着厚度的增加，出现了更多的共振峰，并逐渐向高频处转移。从图中可看出，数值解与解析解一致，表明了基于 Loop 细分曲面的 IGA-FEM/BEM 耦合算法的有效性。

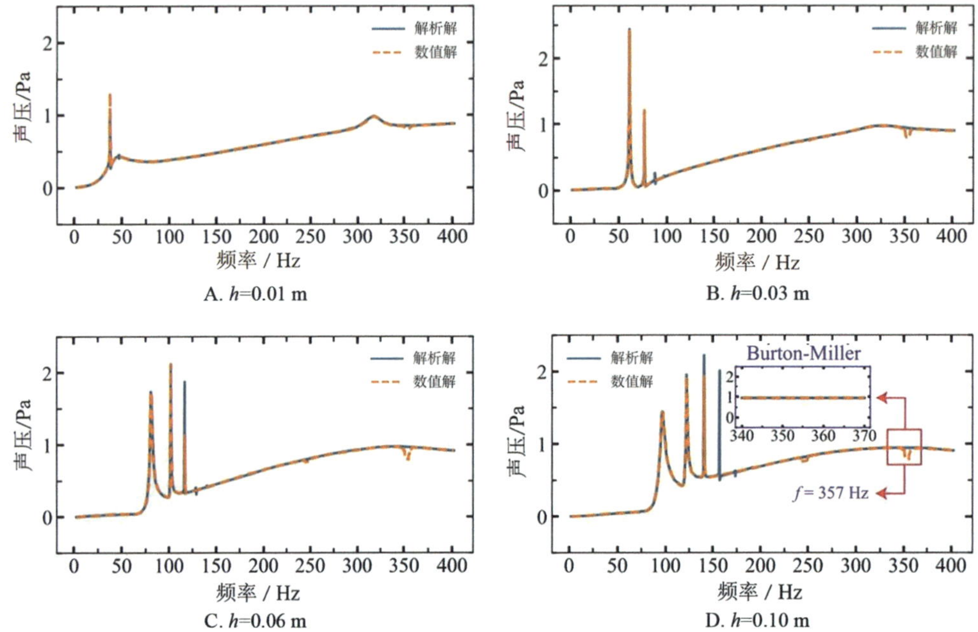

A. h=0.01 m　B. h=0.03 m　C. h=0.06 m　D. h=0.10 m

图 5-9　不同的壳厚度在不同的频率下(10，0，0)点处的声压情况

值得注意的是，在 $f=357$ Hz 时，数值解严重偏离了解析解，这种现象被称为 BEM 在进行外声场计算时的非唯一解问题，可通过 Burton-Miller 方法来解决，解决后的效果见图 5-9D 中的子图。

5.1.5　小结

本节将基于 Loop 细分曲面的 IGA-FEM/BEM 算法应用于声振耦合系统声学响应分析，充分利用 IGA-FEM/BEM 的优势，实现了 CAD 与数值分析的无缝集成。由于 IGA-FEM/BEM 无需重复划分网格，大大节省了计算时间。同时，由于精确的几何表示，也提高了计算精度。

最后，采用 Burton-Miller 方法解决了 BEM 在进行外声场计算时解的非唯一性问题，通过含有解析解的数值算例验证了本节所提的算法的正确性和有效性。

5.2 SVD-RBF-DNN 加速声振耦合系统的声学响应分析

5.2.1 SVD-RBF

对于传统的 MCs 来说，通常需要足够多的样本点来保证其精度。在本节中，如果仅采用 IGA-FEM/BEM 耦合算法来获取样本点是极其耗时的，所以提出一种更有效的用于加速声学响应预测的方法。首先采用 SVD 方法加速大规模偏微分方程组（partial differential equation，PDE）的求解。同时，为了与 DNN 细分曲面更好地结合，引入 RBF 来拟合约简空间。简言之，就是采用 SVD-RBF 方法将样本点的数量从小规模 N_ε 扩充到较大规模细分曲面 N_η。

$$\begin{aligned}&\{(\boldsymbol{x}^{(1)},\boldsymbol{Y}^{(1)}),\cdots,(\boldsymbol{x}^{(\ell)},\boldsymbol{Y}^{(\ell)}),\cdots,(\boldsymbol{x}^{(N_\varepsilon)},\boldsymbol{Y}^{(N_\varepsilon)})\}\Rightarrow\\&\{(\boldsymbol{x}^{(1)},\boldsymbol{Y}^{(1)}),\cdots,(\boldsymbol{x}^{(\ell)},\boldsymbol{Y}^{(\ell)}),\cdots,(\boldsymbol{x}^{(N_\eta)},\boldsymbol{Y}^{(N_\eta)})\}\text{。}\end{aligned} \tag{5-28}$$

通过采集由 IGA-FEM/BEM 计算得到的初始样本 $X\in\mathbb{R}^{N_\varepsilon}$ 所对应的响应，可得到一个快照矩阵 $\boldsymbol{\Lambda}=[\boldsymbol{Y}^{(1)},\boldsymbol{Y}^{(2)},\cdots,\boldsymbol{Y}^{(N_\varepsilon)}]$，$N_\varepsilon<N_\eta<\widetilde{N}$。其中，$\boldsymbol{\Lambda}\in\mathbb{R}^{m\times N_\varepsilon}$，使用 SVD[291] 方法可将其分解为：

$$\boldsymbol{\Lambda}=\boldsymbol{U}\boldsymbol{\Sigma}\boldsymbol{V}^{\mathrm{T}}=\sum_{\iota=1}^{r}\boldsymbol{u}_\iota\boldsymbol{\sigma}_\iota\boldsymbol{v}_\iota^{\mathrm{T}}\text{。} \tag{5-29}$$

式中，$r=\min(N_\varepsilon,m)$，$\boldsymbol{U}\in\mathbb{R}^{m\times m}$ 和 $\boldsymbol{V}\in\mathbb{R}^{N_\varepsilon\times N_\varepsilon}$ 均是正交矩阵，$\boldsymbol{\Sigma}\in\mathbb{R}^{m\times N_\varepsilon}$ 是一个对角矩阵，$\boldsymbol{u}_\iota$ 和 $\boldsymbol{v}_\ell$ 分别是 $\boldsymbol{\Lambda}\boldsymbol{\Lambda}^{\mathrm{T}}$ 和 $\boldsymbol{\Lambda}^{\mathrm{T}}\boldsymbol{\Lambda}$ 的特征向量。

令子空间 $\mathscr{U}_p=\mathrm{span}\{\boldsymbol{u}_1,\cdots,\boldsymbol{u}_p\}(p\ll r)$，描述声振耦合问题的系统信息。令子空间 $\mathscr{V}_q=\mathrm{span}\{\boldsymbol{\sigma}_1\boldsymbol{v}_1,\cdots,\boldsymbol{\sigma}_q\boldsymbol{v}_q\}(q\ll r)$，表示输入随机变量。通过定义 $\boldsymbol{u}_\iota=\boldsymbol{\psi}_\iota$ 和 $\bar{\boldsymbol{y}}_\iota(\boldsymbol{x}^{(\ell)})=\boldsymbol{\sigma}_\iota\boldsymbol{v}_\iota^{\mathrm{T}}$，式(5-29) 可重新表示为

$$\boldsymbol{Y}^{(\ell)}=\sum_{\iota=1}^{r}\boldsymbol{\psi}_\iota\bar{\boldsymbol{y}}_\iota(\boldsymbol{x}^{(\ell)})\text{。} \tag{5-30}$$

式中，$\boldsymbol{\psi}_\iota$ 定义为正交基，$\bar{\boldsymbol{y}}_\iota(\boldsymbol{x}^{(\ell)})$ 为对应的振幅。

可以看出，所选样本的系统响应可通过 $\boldsymbol{\psi}_\iota$ 和 $\bar{\boldsymbol{y}}_\iota(\boldsymbol{x}^{(\ell)})$的线性组合获得。这说明了 SVD 的一个重要特征，即它可构成比 FOM-DOFs 更低的 ROM。此外，约简子空间 $\boldsymbol{v}_q$ 可最优地捕捉系统响应的趋势。

为了实现对任意随机输入变量 x 的系统响应的无限逼近，应用 RBF 对约简子空间中的振幅进行插值。

$$\boldsymbol{y}(x)\approx\hat{\boldsymbol{y}}(x)=\sum_{\ell=1}^{N_\varepsilon}\boldsymbol{\eta}_\ell\boldsymbol{\varphi}_\ell(x)=\boldsymbol{\Phi}\boldsymbol{\eta}\text{。} \tag{5-31}$$

式中，$\boldsymbol{\Phi}=[\varphi_1,\varphi_2,\cdots,\varphi_{N_\varepsilon}]$，$\boldsymbol{\varphi}_\ell=\varphi\|x-x^{(\ell)}\|$，$\|\cdot\|$ 为欧几里得范数，$\boldsymbol{\eta}_l=[\eta_1,\eta_2,\cdots,\eta_{N_\varepsilon}]^{\mathrm{T}}$ 为权重系数。在本节中，采用 Gauss 核函数作为基函数 $\boldsymbol{\varphi}_\ell(x)$。

$$\boldsymbol{\varphi}_\ell(x)=\mathrm{e}^{-(1/\gamma_\ell^2)\|x-x^\ell\|}。\tag{5-32}$$

式中，系数 γ_ℓ 与基函数[292]的宽度有关，与径向基函数有关的权重系数 $\boldsymbol{\eta}_\ell$ 由插值条件 $\bar{\boldsymbol{y}}(\boldsymbol{x}^{(\ell)})(\ell=1,2,\cdots,N_\varepsilon)$ 决定。通过式(5-31)导出线性方程组：

$$\begin{bmatrix}\varphi_1(x^{(1)}) & \varphi_2(x^{(1)}) & \cdots & \varphi_{N_\varepsilon}(x^{(1)})\\ \varphi_1(x^{(2)}) & \varphi_2(x^{(2)}) & \cdots & \varphi_{N_\varepsilon}(x^{(2)})\\ \vdots & \vdots & \ddots & \vdots\\ \varphi_1(x^{(N_\varepsilon)}) & \varphi_2(x^{(N_\varepsilon)}) & \cdots & \varphi_N(x^{(N_\varepsilon)})\end{bmatrix}\begin{bmatrix}\eta_1\\ \eta_2\\ \vdots\\ \eta_{N_\varepsilon}\end{bmatrix}=\begin{bmatrix}\hat{y}(x^{(1)})\\ \hat{y}(x^{(2)})\\ \vdots\\ \hat{y}(x^{(N_\varepsilon)})\end{bmatrix}。\tag{5-33}$$

如果数据点是确定的，则上述方程组是无条件非奇异的。将式(5-31)代入式(5-30)，可得到式(5-30)的新表达式：

$$\boldsymbol{Y}(x)=\sum_{\iota=1}^{r}\boldsymbol{\psi}_\iota\bar{\boldsymbol{y}}_\iota(x)\approx\sum_{\iota=1}^{r}\boldsymbol{\psi}_\iota\hat{\boldsymbol{y}}_\iota(x)。\tag{5-34}$$

可以看出，使用上式中的线性组合可近似得到任意随机变量的系统响应，而无需使用 IGA-FEM/BEM 反复计算 PDE。尽管快照仍然是必要的，但却能在一定程度上降低 IGA-FEM/BEM 的计算成本。

值得注意的是，SVD-RBF 方法的可行性在很大程度上依赖于输入变量的规模和维数。一方面，基于 SVD-RBF 方法的响应预测涉及式(5-33)中的矩阵求逆，样本点的规模增大时，求逆过程将变得非常耗时。另一方面，由于很难构造出适合多维输入变量的径向基函数，多维输入变量的响应计算等同于采用 SVD-RBF 方法重复进行多次单个输入变量的响应预测。

换句话说，输入变量维度的增加将使 SVD-RBF 方法实现响应扩充的过程变得极其复杂。将每个输入变量初始数据集的大小设置为 $a_\ell(\ell=1,\cdots,n)$，然后使用 SVD-RBF 方法将数据集的大小从 a_ℓ 扩展到 b_ℓ，其中 $b_\ell>a_\ell$。SVD-RBF 方法重复操作的次数定义为 $K_{\text{SVD-RBF}}$。图 5-10A、B 和 C 分别给出了当 $n=1,2,3$ 时 SVD-RBF 方法的响应扩充过程。可看出，随着输入变量维数 n 的增加，$K_{\text{SVD-RBF}}$ 的大小快速增加。以下是本节总结的关于 n 维输入变量对应的 $K_{\text{SVD-RBF}}$ 表达式：

$$K_{\text{SVD-RBF}}=\sum_{\ell=1}^{n}\prod_{\iota=1}^{n}\boldsymbol{T}_{\ell\iota}。\tag{5-35}$$

式中，$\boldsymbol{T}_{\ell\iota}$ 可表示为

$$\{T_{\ell\iota}\}=\begin{bmatrix}1 & a_2 & a_3 & \cdots & a_n\\ b_1 & 1 & a_3 & \cdots & a_n\\ b_1 & b_2 & 1 & \cdots & a_n\\ \vdots & \vdots & \vdots & \ddots & \vdots\\ b_1 & b_2 & b_3 & \cdots & 1\end{bmatrix}。\tag{5-36}$$

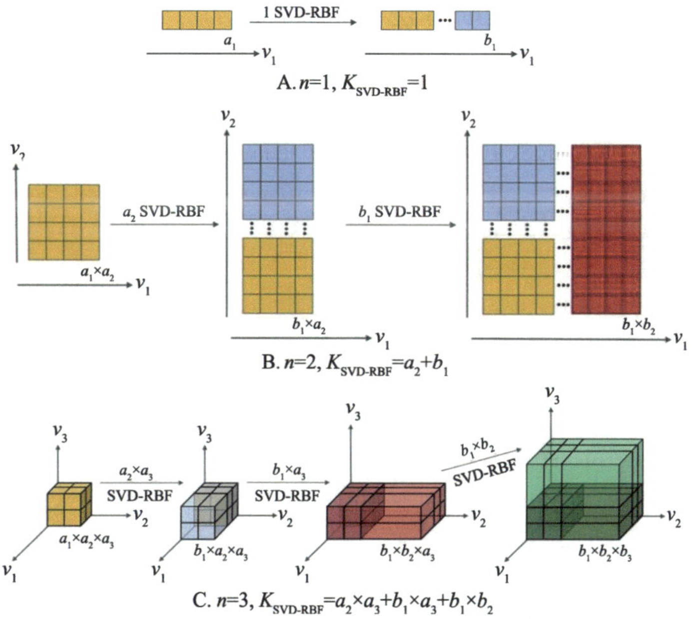

图 5-10　不同维度输入变量的响应扩充过程

其中，$N_{\varepsilon}=a_1\times a_2\times\cdots\times a_n$，$N_{\eta}=b_1\times b_2\times\cdots\times b_n$。

由图 5-10 还可看出，SVD-RBF 方法可处理单个输入变量和多个输入变量的问题，并且只需一次 SVD-RBF 操作即可实现单个输入变量对应响应的快速扩展。然而，随机变量维数 n 的增加使得方程(5-35)中 SVD-RBF 方法的操作过程变得极其复杂。因此，SVD-RBF 方法更适合低维和小规模数据的扩展。从上面的观察来看，小规模扩充后的数据集还需要进一步放大，采用 DNN 算法来实现它。

5.2.2　SVD-RBF-DNN

为了在 SVD-RBF 方法的基础上进一步实现对大规模以及多维输入变量的响应预测，这里首先将 SVD-RBF 方法一次扩充后的样本点作为 DNN 的训练数据，然后通过使用 DNN 预测获取更大规模采样点。代码均使用 Python3.7.4 在 TensorFlow1.14.0 环境下编写，并在 Intel(R)Core(TM)i7-8700 CPU 上运行，具体可参考表 5-1。

表 5-1　**使用环境和软件包**

平台/外置库	功能
Pandas & Numpy	载入数据保存结果
Scikit-learn	科学计算数据分析
Tensor Flow	搭建神经网络模型

假定式(5-43)中由 SVD-RBF 方法扩充得到的 N_η 个样本点为训练数据,$\boldsymbol{x}^{(\ell)}=(\boldsymbol{x}_1^{(\ell)},\boldsymbol{x}_2^{(\ell)},\cdots,\boldsymbol{x}_n^{(\ell)})^{\mathrm{T}}$ 为输入数据,$\boldsymbol{y}^{(\ell)}=(\boldsymbol{y}_1^{(\ell)},\boldsymbol{y}_2^{(\ell)},\cdots,\boldsymbol{y}_m^{(\ell)})^{\mathrm{T}}$ 为对应的输出数据。然后,采用神经网络将样本点的数量从 N_η 扩充到 N。这一过程得益于 DNN 对数据超强的拟合能力,它可以拟合一个 $\boldsymbol{x}$ 到 $\boldsymbol{Y}$ 的映射函数 $\widetilde{f}$,本节采用的 DNN 模型网络结构如图 5-11 所示。构建网络的代码实现如下:

```
Weights_L1 = tf.Varitble(tf.random_normal([n,128]))
biases_L1 = tf.Varitble(tf.zeros([1,128]))
Wx_plus_b_L1 = tf.matmul(x,Weights_L1)+biases_L1
L1 = tf.nn.tanh(Wx_plus_b_L1)

Weights_L2 = tf.Varitble(tf.random_normal([128,64]))
biases_L2 = tf.Varitble(tf.zeros([1,64]))
Wx_plus_b_L2 = tf.matmul(L1,Weights_L2)+biases_L2
L2 = tf.nn.tanh(Wx_plus_b_L2)

Weights_L3 = tf.Varitble(tf.random_normal([64,m]))
biases_L3 = tf.Varitble(tf.zeros([1,m]))
Wx_plus_b_L3 = tf.matmul(L2,Weights_L3)+biases_L3
prediction = tf.nn.tanh(Wx_plus_b_L3)

loss = tf.reduce_mean(tf.square(y-prediction))
train_step = tf.train.GradientDescentOptimizer(0.002).minimize(loss)
```

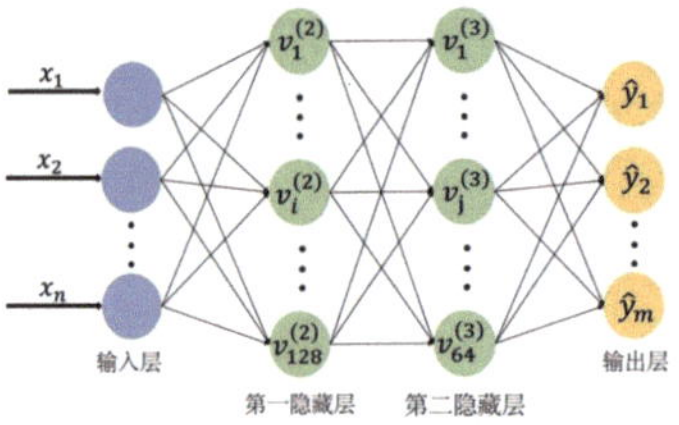

图 5-11　DNN 模型网络结构示意图

其中,隐藏层和输出层的激活函数采用 Tanh 函数。假定输出层第 j 个单元的预测值 $\hat{y}_j^{(\ell)}$,定义均方误差(mean square error)为损失函数,表达式为:

$$\text{Loss}=\frac{1}{N_\eta}\sum_{\ell=1}^{N_\eta}\sum_{j=1}^{m}(\hat{y}_j^{(\ell)}-y_j^{(\ell)})^2。\tag{5-37}$$

通过设定学习率为 0.002,采用梯度下降算法计算出最优权值 w^* 和偏差 b^*。值得注意的是,当采用回归算法构建模型时,得到的均方误差是一个数。为了能够直观度量模型效果,为均方误差设定衡量标尺,引入决定系数 R^2。R^2 的大小可用来判断模型拟合效果的优劣,表达式为

$$R^2 = 1 - \frac{\sum_{\ell=1}^{N_\eta}\sum_{j=1}^{m}(\hat{y}_j^{(\ell)} - y_j^{(\ell)})^2}{\sum_{\ell=1}^{N_\eta}\sum_{j=1}^{m}(\bar{y}_j - y_j^{(\ell)})^2}。\tag{5-38}$$

式中，$\bar{y}_j = \frac{1}{N_\eta}\sum_{\ell=1}^{N_\eta} y_j^{(\ell)}$ 表示训练数据中标签的平均值。R^2 的值在[0,1]范围内波动，越接近1，表示模型的拟合效果越好。

为了更清楚地描述 DNN 模型对响应的预测过程，将该过程划分为三部分，如图 5-12 所示。

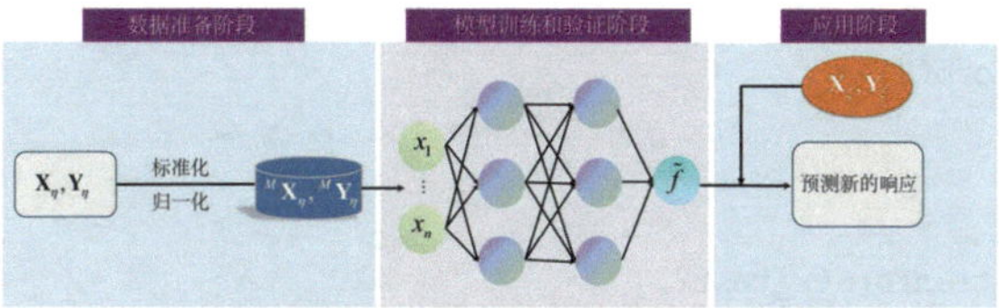

图 5-12　DNN 加速响应预测流程图

1）数据准备阶段。利用均值和标准差对 SVD-RBF 方法扩展后的数据集 $\{(\boldsymbol{x}^{(1)}, \boldsymbol{Y}^{(1)}), \cdots, (\boldsymbol{x}^{(\ell)}, \boldsymbol{Y}^{(\ell)}), \cdots (\boldsymbol{x}^{(N_\eta)}, \boldsymbol{Y}^{(N_\eta)})\}$ 进行标准化。标准化的表达式为：

$$\left.\begin{aligned} &{}^S x_i^{(\ell)} = \frac{x_i^{(\ell)} - \hat{\mu}_i}{\hat{\sigma}_i}; \\ &{}^S y_j^{(\ell)} = \frac{y_j^{(\ell)} - \breve{\mu}_j}{\breve{\sigma}_j}。 \\ &\ell = 1, \cdots, N_\eta; \quad i = 1, \cdots, n; \quad j = 1, \cdots, m。\end{aligned}\right\}\tag{5-39}$$

式中：$x_i^{(\ell)}$ 和 $y_j^{(\ell)}$ 分别表示数据 $(x^{(\ell)}, Y^{(\ell)})$ 的第 i 个输入参数和第 j 个输出参数，${}^S x_i^{(\ell)}$ 和 ${}^S y_j^{(\ell)}$ 对应 $x_i^{(\ell)}$ 和 $y_j^{(\ell)}$ 标准化以后的值；$\hat{\mu}_i$ 和 $\hat{\sigma}_i = \hat{\mu}_i \times \hat{\gamma}_i$ 表示传入第 i 个输入单元的所有数据的均值和标准差，$\breve{\mu}_j$ 和 $\breve{\sigma}_j = \breve{\mu}_j \times \gamma_j$ 表示传入第 j 个输出单元的所有数据的均值和标准差，其中 $\hat{\gamma}_i$、γ_j 分别代表第 i、j 个输入单元的变异系数。然而，通过式(5-39)得到的 ${}^S x_i^{(\ell)}$ 和 ${}^S y_j^{(\ell)}$ 可能是不同的量级，因此还需要将 ${}^S x_i^{(\ell)}$ 和 ${}^S y_j^{(\ell)}$ 做归一化处理，并将两者都缩放到[0,1]范围内。归一化处理的表达式为：

$$\left.\begin{aligned} &{}^M x_i^{(\ell)} = \frac{{}^S x_i^{(\ell)} - x_{\min i}}{x_{\max i} - x_{\min i}}, \\ &{}^M y_j^{(\ell)} = \frac{{}^S y_j^{(\ell)} - y_{\min j}}{y_{\max j} - y_{\min j}}。 \\ &\ell = 1, \cdots, N_\eta; \quad i = 1, \cdots, n; \quad j = 1, \cdots, m。\end{aligned}\right\}\tag{5-40}$$

式中，${}^M x_i^{(\ell)}$ 和 ${}^M y_j^{(\ell)}$）代表归一化之后的值，$x_{\min i}$ 和 $x_{\max i}$ 分别代表标准化处理后 ${}^S x_i^{(\ell)}$ 的最小值和最大值，$y_{\min j}$ 和 $y_{\max j}$ 分别代表标准化处理后 ${}^S y_j^{(\ell)}$ 的最小值和最大值。因此，由

SVD-RBF 方法扩充得到的样本点可重新表示为

$$\{({}^{\mathrm{M}}\boldsymbol{x}^{(1)},{}^{\mathrm{M}}\boldsymbol{Y}^{(1)}),\cdots,({}^{\mathrm{M}}\boldsymbol{x}^{(\ell)},{}^{\mathrm{M}}\boldsymbol{Y}^{(\ell)}),\cdots({}^{\mathrm{M}}\boldsymbol{x}^{(N_\eta)},{}^{\mathrm{M}}\boldsymbol{Y}^{(N_\eta)})\}\text{。} \tag{5-41}$$

对输入数据和输出数据分别进行标准化和归一化处理的代码实现如下：

```
sf_scaier=SatndardScaler()
sf_scaler.fit(F)
F1=sf_scaler.transform(F)
x_test2=sf_scaler.transform(x_test1)

mf_scaler=MinMaxScaler(feature_range=(0,1))
mf_scaler.fit(F1)
F2=mf_scaler.tranform(F1)
ff='float32'
F3=F2.astype(ff)
x_test3=mf_scaler.tranform(x_test2)
x_test4=x_test3.astype(ff)

sL_scaler=StandardScaler()
sL_scaler.fit(L)
L1=sL_scaler.transform(L)

mL_scaler=MinMaxScaler(feature_range=(0,1))
mL_scaler.fit(L1)
L2=mL_scaler.transform(L1)
L3=L2.astype(ff)
```

2）模型训练和验证阶段。式(5-41)中的数据集可分为训练数据集和测试数据集。前者可用来构建输入数据${}^{\mathrm{M}}\boldsymbol{x}_\eta \in \mathbb{R}^{N_\eta}$和输出数据${}^{\mathrm{M}}\boldsymbol{Y}_\eta \in \mathbb{R}^{N_\eta}$之间的映射函数$\tilde{f}$，后者可被用来评估模型的泛化能力。模型训练的本质是一个不断寻找网络结构最优参数w^*和b^*的过程。此外，要想使预测结果是具有意义的物理响应，如声压等，还需要对 DNN 模型预测得到的输出数据进行后处理。后处理的公式如下：

$$\mathrm{Post}_{y_j}^{(\ell)}=\{[\hat{y}_j^{(\ell)}\times(y_{\max j}-y_{\min j})+y_{\min j}]\}\times\breve{\sigma}_j+\breve{\mu}_j,\quad j=1,\cdots,m\text{。} \tag{5-42}$$

式中，$\mathrm{Post}_{y_j}^{(\ell)}$表示第$\ell$条输出数据进行后处理之后得到的值，$\hat{y}_j^{(\ell)}$表示模型预测值，$y_{\min j}$、$y_{\max j}$、$\breve{\mu}_j$、$\breve{\sigma}_j$分别表示数据集在进行式(5-39)和(5-40)的预处理时的先验数据。模型训练、预测及后处理的代码实现如下：

```
with tf.Session() as sess:
  tf.global_variables_initializer().run()
  for step in range(20000)
    sess.run(train_stip,feed_dict={x:F3,y:L3})
```

```
    prediction_value=sess.run(prediction,feed_dict={x:x_test4})
  b=((prediction_value*(mL_scaler.data_max_-mL_scaler.data_min_)+
    mL_scaler.data_min_)*sL_scaler.scale_+sL_scaler.mean_)
```

3) 应用阶段。通过上一阶段的模型训练和精度验证，映射关系 $\tilde{f}$ 已被构建完成。此时再传入一组经过式(5-39) 和式(5-40) 标准化和归一化之后的新数据${}^{\mathrm{M}}\boldsymbol{X}_{\xi} \in \mathbb{R}^{N_{\xi}}$，即可快速预测得到对应的响应${}^{\mathrm{M}}\boldsymbol{Y}_{\xi}$。再采用式(5-42)，就可得到新的输入数据 $\boldsymbol{X}_{\xi}$ 所对应的实际响应函数值。最终，由 SVD-RBF 方法扩充得到的具有 N_{η} 个样本点的数据集即可再次扩充到具有更大规模 N_{ξ} 的数据集。

$$\{(\boldsymbol{x}^{(1)},\boldsymbol{Y}^{(1)}),\cdots,(\boldsymbol{x}^{(N_{\eta})},\boldsymbol{Y}^{(N_{\eta})})\} \rightarrow \{(\boldsymbol{x}^{(1)},\boldsymbol{Y}^{(1)}),\cdots,(\boldsymbol{x}^{(N_{\xi})},\boldsymbol{Y}^{(N_{\xi})})\}。\tag{5-43}$$

5.2.3 数值算例分析——球模型

5.2.3.1 SVD-RBF 精度验证

本节首先验证 SVD-RBF 对单个输入变量响应预测的准确性。球壳在点 $A(-r_{s},0,0)$ 处受一个振幅为 1 的集中力激励，其中 r_{s} 为图 5-5A 中球的半径。将具有瞬态函数 $e^{-i\omega t}$ 的简谐波荷载加到结构上，结构的稳态响应可由频响分析得到，该球模型的解析解参见文献[293]。

这里采用点激励下的球模型进行随机输入变量的响应预测。将球模型的半径 r_{s} 设为随机输入变量，将均匀分布在半径为 10 m 的圆上某些计算点处的声压值作为响应。随机输入变量满足期望 $\hat{\mathscr{E}}=3$ 和标准差 $\hat{\sigma}_{r}=\hat{\mathscr{E}}\times\hat{\gamma}$，其中 $\hat{\gamma}$ 代表变异系数 。值得注意的是，简单模型的响应计算略微简单，但随着模型复杂度的增加，直接采用 IGA-FEM/BEM 进行响应求解是极其耗时的。这里假设需要预测 1 000 个样本点的响应，先从 1 000 个样本中均匀选取少量的训练样本，并应用 SVD-RBF 方法来近似 1 000 个样本点处的响应值。

变异系数 $\hat{\gamma}$ 是度量概率分布离散度的标准。变异系数越大，那么随机变量的离散程度越大，因此需要选择更多的训练点。在表 5-2 中，选取了四种不同变异系数和训练样本数的组合。引入公式(5-38) 中的 R^2 来评估所提方法的准确性。由表 5-2 可知，R^2 的值非常接近于 1，验证了 SVD-RBF 方法的正确性。

表 5-2　不同变异系数下，200 Hz 对应的 SVD-RBF 方法的预测精度

变异系数 $\hat{\gamma}$	训练样本数	R^2（声压）
0.02	68	0.999 5
0.15	79	0.999 3
0.21	109	0.999 9
0.3	137	0.997 7

图 5-13 显示了不同变异系数下解析解与采用 SVD-RBF 方法得到的近似解的比较。可

以看出，近似解和解析解基本吻合。而且，变异系数越大，标准差越大，说明求解系统响应所需随机变量的范围越大。本节中，随机变量的取值在$[\hat{\mathscr{E}}-3\sigma_r,\hat{\mathscr{E}}+3\sigma_r]$范围内。

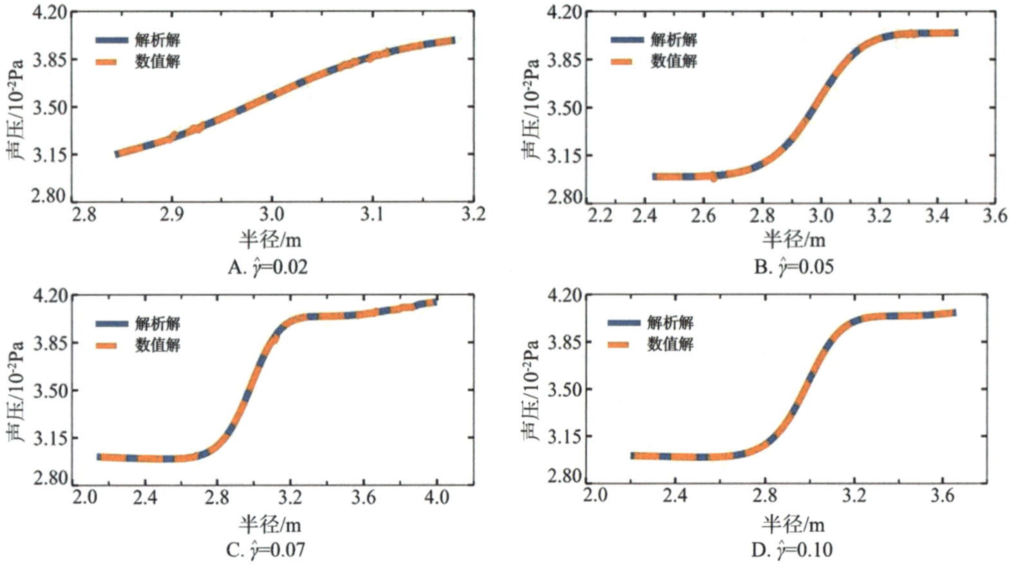

图 5-13　200 Hz 时不同变异系数对应的预测值和解析解的比较

5.2.3.2　SVD-RBF-DNN 数据准备

本节仍对球模型进行分析，SVD-RBF 方法扩充后的样本点作为此处 DNN 模型的数据集。表 5-3 列出了所有的输入参数及其范围，其中数据集的规模根据 $3\sigma_r$ 原则确定。

表 5-3　随机输入变量的定义和统计特性

随机输入参数	变量	$\hat{u}$	输入变量的范围：[下限，上限]			
			$\hat{\gamma}=0.01$	$\hat{\gamma}=0.02$	$\hat{\gamma}=0.03$	$\hat{\gamma}=0.04$
球壳半径	r_s	3	[2.960 3,3.040 4]	[2.887 2,3.134 6]	[2.853 5,3.178 2]	[2.734 9,3.179 5]
泊松比	ν	0.26	[0.257 9,0.262 2]	[0.248 2,0.271 7]	[0.245 4,0.276 6]	[0.244 5,0.278 2]
球壳厚度	h	0.03	[0.029 6,0.030 8]	[0.028 8,0.031 3]	[0.028 6,0.031 5]	[0.028 0,0.032 5]

表 5-4　由 IGA-FEM/BEM 获得的初始样本和由 SVD-RBF 方法一次扩充后样本的尺寸

输入变量的维数 n	变量	初始样本（N_ε，N_ε）	扩充样本（X_η，Y_η）
1-D	r_s	(100,100)	(1 000,1 000)
	h	(100,100)	(1 000,1 000)
3-D	$r_s+h+\nu$	$(8^3,512)$	$(15^3,3\ 375)$

表 5-4 给出了单个输入变量（1-D）和多个输入变量（3-D）初始样本点的规模和经过 SVD-RBF 方法扩充后的样本点的规模。表中，N_ε 表示初始样本点数，对于 1-D 的情况 N_ε

$=100$,对于 3-D 的情况 $N_\varepsilon=8^3=512$。将位于 xOy 平面内半径为 10 m 的圆环上均匀分布的 20 个测试点处的声压值作为响应,该响应可通过 IGA-FEM/BEM 数值计算得到。因此,可得到一个小规模的数据集$\{(\boldsymbol{x}^{(1)},\boldsymbol{Y}^{(1)}),\cdots,(\boldsymbol{x}^{(N_\varepsilon)},\boldsymbol{Y}^{(N_\varepsilon)})\}$。然后,采用 SVD-RBF 方法将样本点数从 N_ε 扩充到 N_η 即可得到一个较大规模的数据集$\{(\boldsymbol{x}^{(1)},\boldsymbol{Y}^{(1)}),\cdots,(\boldsymbol{x}^{(N_\eta)},\boldsymbol{Y}^{(N_\eta)})\}$。最后,将扩充后的数据进行式(5-39)和式(5-40)的预处理,得到的数据集$\{({}^{\mathrm{M}}\boldsymbol{x}^{(1)},{}^{\mathrm{M}}\boldsymbol{Y}^{(1)}),\cdots,({}^{\mathrm{M}}\boldsymbol{x}^{(N_\eta)},{}^{\mathrm{M}}\boldsymbol{Y}^{(N_\eta)})\}$即为 DNN 模型训练和验证的准备数据。

5.2.3.3 SVD-RBF-DNN 模型训练和精度验证

为了验证训练模型的准确性,通过等间隔提取过程将整个数据集分成训练数据集和测试数据集。迭代收敛值设置为 10^{-3},整个训练过程在 Inter(R)Core(TM)i7-8700 CPU 上运行。

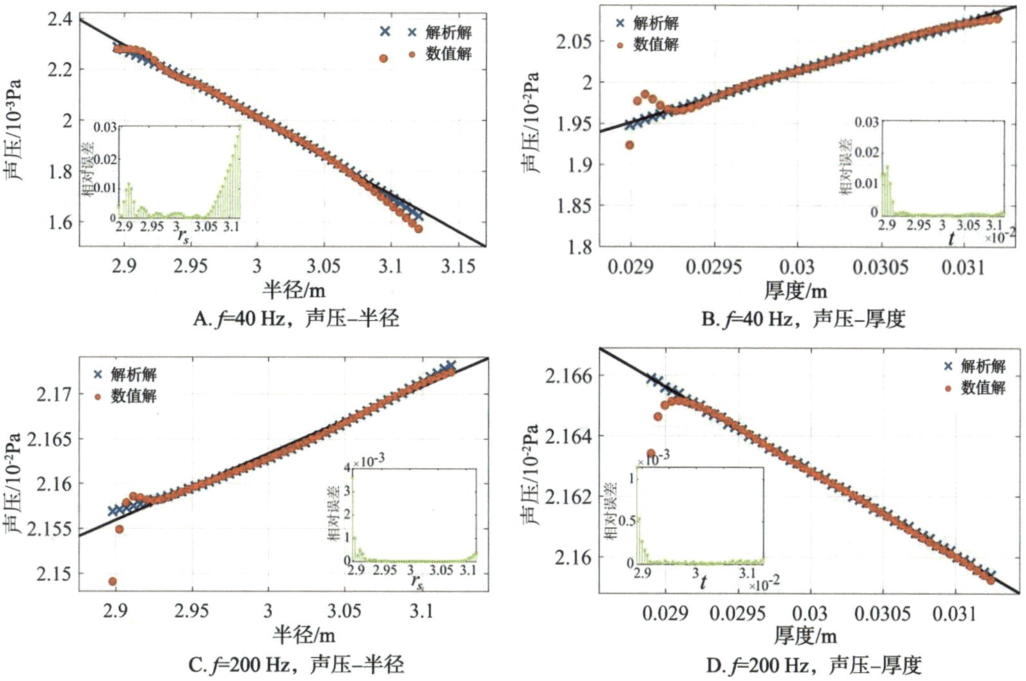

图 5-14 由 IGA-FEM/BEM 和 SVD-RBF-DNN 分别计算得到声压的解析解和预测值在(10,0,0)点处的比较

对于一维输入变量(表 5-4 中的 1-D)的情况,采用当 $\hat{\gamma}=0.02$ 时的 50 条测试数据来验证模型预测的准确性。图 5-14 给出了 DNN 模型预测和 IGA-FEM/BEM 数值计算两者得到的声压值的对比。子图显示了前述两个声压值的相对误差。可以发现,训练后的模型对不同频率、不同输入变量的响应均可以做出很好的预测,最大的相对误差为 3%。当输入接近变量范围的上下限时,误差会增大,这一现象可通过增加上下限附近训练数据的数量来

解决。

对于三维组合输入变量(表 5-4 中的 3-D)的情况，采用当 $\hat{\gamma}=0.01$ 时的数据来验证模型预测的准确性。图 5-15A 显示了训练数据的比例对训练性能的影响。这里采用式(5-38)中的决定系数 R^2 和式(5-37) 中均方误差来评估 DNN 模型的训练性能。可以看到，R^2 的平均值收敛到 0.94，均方误差的平均值收敛至 0.003。图 5-15B 显示了迭代次数的变化对训练性能的影响。可以看出，经过 80 000 次迭代，模型收敛至较好的水平。

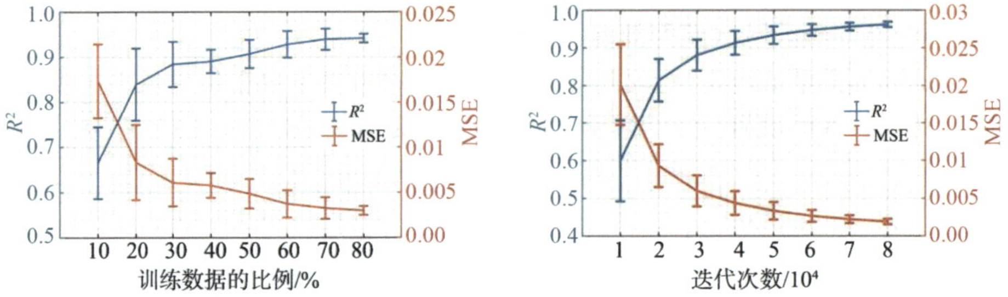

A. 随训练数据比例增加的变化情况　B. 随迭代次数增加的变化情况

图 5-15　决定系数和均方误差在 $f=40$ Hz 时的变化情况

通过对上述不同类型训练数据集的预测分析可知，SVD-RBF-DNN 组合代理模型能够快速有效地实现声振耦合系统的响应预测。在应用阶段，给定一组任意规模和维度的随机输入参数 ${}^{\mathrm{M}}\boldsymbol{x}_{\xi}\in\mathbb{R}^{N_{\xi}}$，就可快速得到对应的响应值，而无需完全依赖 IGA-FEM/BEM 耦合算法迭代求解。

5.2.4　数值算例分析——薄壁潜艇模型

在本节中考虑一个没有解析解的复杂薄壁潜艇模型，用于验证 SVD-RBF-DNN 组合代理模型对复杂结构响应预测的准确性。通过 Loop 细分曲面法构建光滑的几何形体如图 5-16 所示，具有单位振幅的平面入射波沿 x 轴正向传播。

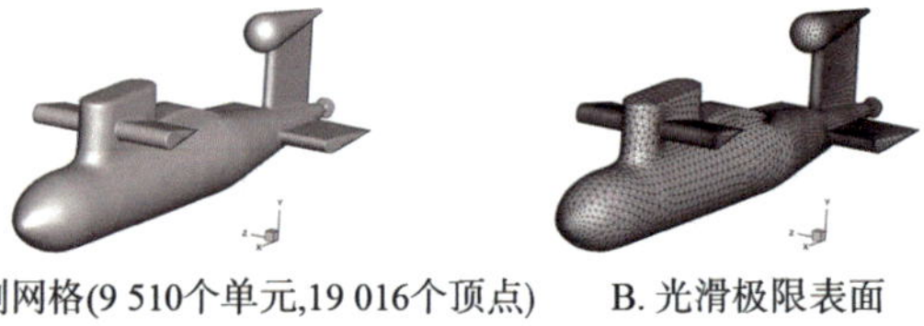

A. 初始控制网格(9 510个单元,19 016个顶点)　B. 光滑极限表面

图 5-16　潜艇模型

对于耦合系统，将平行于 xOy 面，半径为 10 m，以(20,0,0)为中心的几个测试点(即 $m=100$)处的声压值设置为输出量。采用 IGA-FEM/BEM 耦合算法计算结构表面散射声场在不同频率下的分布，结果如图 5-17 所示。

这里，将激励频率 $f\in[50\ \mathrm{Hz},55\ \mathrm{Hz}]$ 和潜艇薄壁厚度 $h\in[0.095\ \mathrm{m},0.105\ \mathrm{m}]$ 设置

为随机输入变量。首先，将两个变量随机组合生成初始采样点 $\boldsymbol{X}_\varepsilon \in \mathbb{R}^{N_\varepsilon}$ ($N_\varepsilon = 11^2$)，对应的输出响应 $\boldsymbol{Y}_\varepsilon \in \mathbb{R}^{N_\varepsilon}$ 可通过 IGA-FEM/BEM 计算得到。然后，采用 SVD-RBF 方法将初始数据集的规模从 $N_\varepsilon = 11^2$ 扩充到 $N_\eta = 40^2$。最后，将 N_η 个样本点作为 DNN 模型的训练数据来完成代理模型 SVD-RBF-DNN 的构建。只要再传入一些新的样本点 ${}^{M}\boldsymbol{X}_\xi \in \mathbb{R}^{N_\xi}$，SVD-RBF-DNN 代理模型就可快速实现声学响应预测。

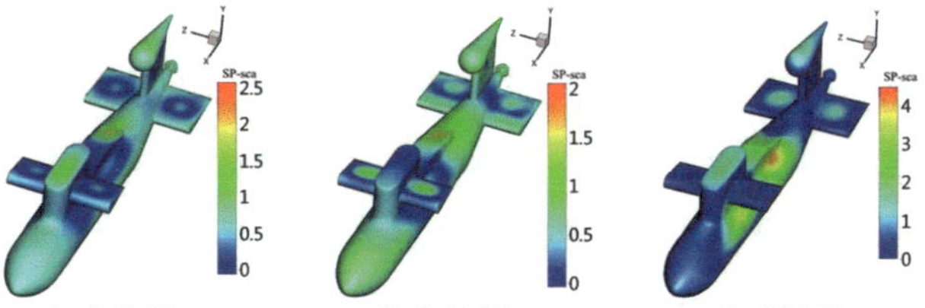

图 5-17　散射声场在潜艇表面的分布情况

图 5-18 给出了由 IGA-FEM/BEM 耦合算法计算与 SVD-RBF-DNN 预测得到的声压值。可以看出，两者吻合情况较好，同时也验证了 SVD-RBF-DNN 代理模型对复杂模型响应预测的准确性。

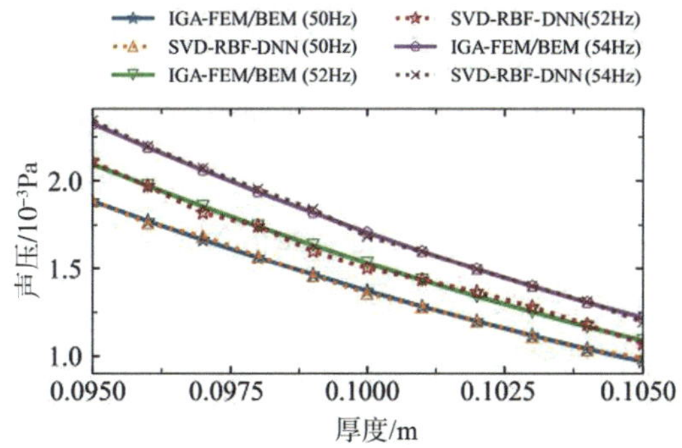

图 5-18　当某一输入变量固定时，通过 SVD-RBF-DNN 预测与基于 IGA-FEM/BEM 计算得到的(20,0,0)点处声压值的对比

5.2.5　小结

本节创造性地将 SVD-RBF 方法作为原始全阶模型与 DNN 模型之间的桥梁，能够从降阶模型中为 DNN 算法的学习准确高效地提供训练数据。只需 IGA-FEM/BEM 耦合算法提供一小部分初始采样点，SVD-RBF-DNN 组合代理模型就可通过两次样本点扩充实现声学响应的快速预测。

5.3 SVD-RBF-DNN-MCs 加速声振耦合系统的不确定性量化

5.3.1 MCs

传统 MCs 中最昂贵的操作在于求出所有样本点的解。假设需要 $\widetilde{N}$ 个样本点才能保证 MCs 的精度，对于声振耦合系统就需要 IGA-FEM/BEM 耦合算法迭代求解 $\widetilde{N}$ 次来获取系统响应。因此，构建能够加速 MCs 的代理模型是本节的重点。在介绍代理模型之前，先简短给出 MCs 的基本理论和操作流程。

MCs 又称随机抽样或统计试验方法，是不确定性量化中最简单、最直接的一种方法。其本质是通过抽取一定量的随机输入样本，并计算在这些样本点处的响应值，最终获得响应函数的统计特征（如期望和标准差）。$\widetilde{N}$ 个样本点的期望与标准差的计算公式如下：

$$\mathscr{E}[f(x)] \approx \frac{1}{\widetilde{N}} \sum_{\ell=1}^{\widetilde{N}} f(x^{(\ell)}) \quad , \tag{5-44}$$

$$\sigma_{\mathrm{r}}[f(x)] \approx \frac{1}{\widetilde{N}-1} \sum_{\ell=1}^{\widetilde{N}} (f(x^{(\ell)}) - \mathscr{E}[f(x)])^2 \text{。} \tag{5-45}$$

式中，$\mathscr{E}[f(x)]$ 和 $\sigma_{\mathrm{r}}[f(x)]$ 分别表示函数 $f(x)$ 的期望和标准差。可看出它们收敛速率的阶数为 $O(\widetilde{N}^{-1/2})$。

一般来说，结构-声学耦合分析中的 MCs 可按照以下步骤进行：

1）确定一系列的随机与确定的变量。这些变量是不确定性的来源。

2）确定随机变量的概率密度函数。通过使用随机数生成器参照式(5-5)生成一组样本作为输入参数。

3）采用合适的数值方法来评估每个样本的解。

4）计算声振耦合系统的期望和标准差。

值得注意的是，虽然 MCs 易于实现，并且适用于复杂的问题求解，但其统计精度仍然取决于样本点的数量。样本点数量越多，MCs 的精度越高，这就会导致计算量的剧增，尤其是对于第三步的数值求解过程。

5.3.2 数值算例分析——球模型

5.3.2.1 SVD-RBF-MCs 精度验证

本节采用点激励下的球模型进行不确定性量化，将球的半径 r_s 设为随机变量，采用

SVD-RBF 方法对响应预测的精度予以验证，构建了 SVD-RBF-MCs 代理模型来加速 MCs 的统计特征计算。为了更高效地加速 MCs，采用四种不同的方案来求解 5.2.3.1 节中 1 000 个采样点的响应，即 $\widetilde{N}=1\ 000$，并计算 MCs 的统计特征，具体方案如下。

方案 1：直接采用基于细分曲面法的 IGA-FEM/BEM 耦合算法计算响应，而这需要反复求解方程 1 000 次。

方案 2：如表 5-2 所示，选择合适的训练样本点。采用 SVD-RBF 方法得到初始 1 000 个样本的全阶 SVD 的近似解。

方案 3：在方案 2 的基础上，采用了带有子采样空间的降阶 SVD 方法。式(5-29)中矩阵 $\boldsymbol{\Sigma}$ 的维数取为 $\min(m,n)$。

方案 4：该方案中的操作方式与方案 3 相同。然而，矩阵 $\boldsymbol{\Sigma}$ 的维数需要根据 $\sigma_{\text{cat}}=10^{-0.7}\sigma_{\max}$ 来选择。

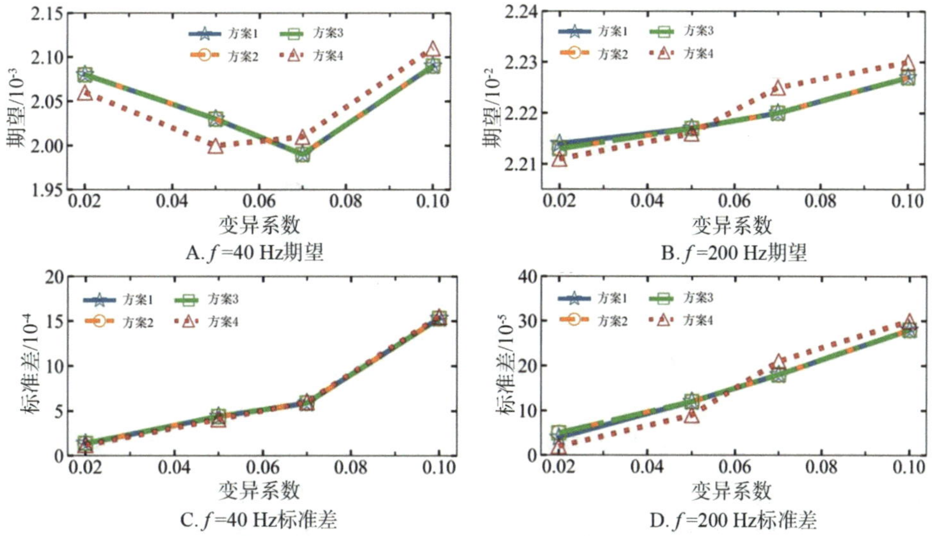

图 5-19　在不同频率和不同变异系数下，不同方案计算得到的期望值和标准差

图 5-19 显示了在不同频率和不同变异系数下，半径为 10 m 的圆上点(10,0,0)处声压响应的期望值和标准差。可以看出，方案 2 和方案 3 的声压的期望值和标准差都与方案 1 一致。然而，由于 SVD 的过度还原操作，方案 4 与方案 1 的值有很大偏差。方案 3 表现得非常好，它不仅满足了计算精度的要求，而且还有效地降低了计算量。因此，采用方案 3 的 SVD-RBE-MCs 代理模型可以更加高效地加速基于 MCs 的随机响应分析。

5.3.2.2　SVD-RBF-DNN-MCs **精度验证**

通过对 SVD-RBF-DNN 组合代理模型的精度验证，本节构建 SVD-RBF-DNN-MCs 代理模型来加速 MCs 的统计特征计算。

对于一维随机输入变量(表 5-4 中的 1-D)对应的两种情况，根据表 5-3 给出的范围和 3σ

原则生成新的测试数据 $\boldsymbol{X}_{\xi} \in \mathbb{R}^{\widetilde{N}}$，这里将式(5-44)和式(5-45)中的 $\widetilde{N}$ 值设为 10 000。图 5-20 显示了在不同频率下，采用全阶 MCs(方案 1)和 SVD-RBF-DNN-MCs(方案 2)得到的响应的期望值和标准差。可以看出，SVD-RBF-DNN-MCs 代理模型与全阶 MCs 计算的结果一致，这表明 SVD-RBF-DNN-MCs 代理模型具有对单个随机输入变量进行不确定性量化的能力。

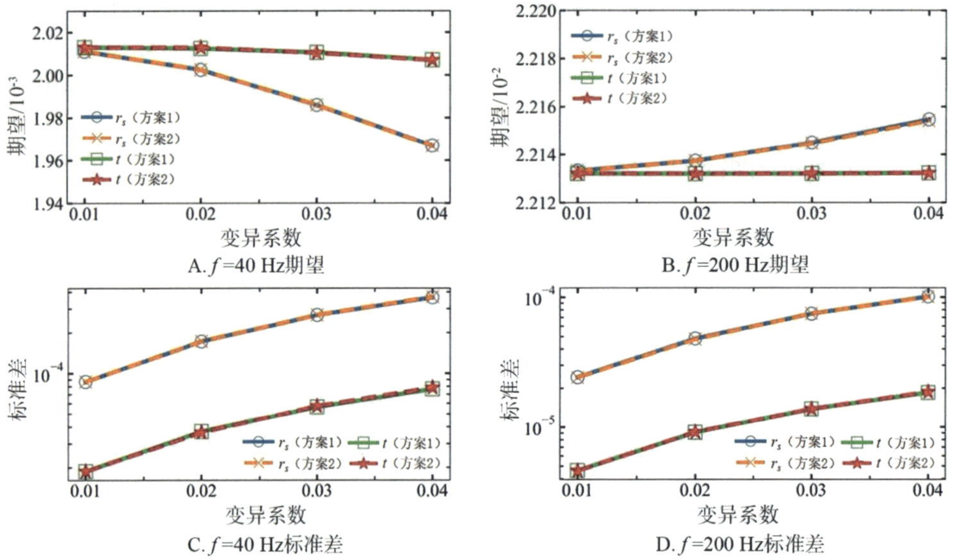

图 5-20　在不同频率和不同变异系数下，SVD-RBF-DNN-MCs 代理模型和全阶 MCs 计算得到的期望值和标准差

对于三维组合随机输入变量(表 5-4 中的 3-D)的情况，根据表 5-3 给出的范围和 3σ 原则生成新的测试数据 $\boldsymbol{X}_{\xi} \in \mathbb{R}^{\widetilde{N}}$，这里 $\widetilde{N}$ 值设为 27 000。这里考虑采用全阶 MCs(方案 1)，SVD-RBF-MCs(方案 2)和 SVD-RBF-DNN-MCs(方案 3)三种方案进行基于 MCs 的期望计算。表 5-5 给出了三种方案的样本点扩充过程。

表 5-5　多维输入变量不确定性量化的样本点扩充方案

方案	算法	样本点的扩充过程
方案 1	Full-MCs	$\widetilde{N} \to \widetilde{N}$
方案 2	SVD-RBF-MCs	$(N_{\epsilon}=8^3) \to \widetilde{N}$
方案 3	SVD-RBF-DNN-MCs	$(N_{\epsilon}=8^3) \to (N_{\eta}=133) \to (N_{\xi}=\widetilde{N})$

由图 5-21 可以看出，在不同变异系数下，三种方案计算得到的期望值基本吻合，验证了 SVD-RBF-DNN-MCs 代理模型具有对多维组合随机输入变量进行不确定性量化的能力。

通过一系列的分析和验证，可得出以下结论：SVD-RBF-DNN-MCs 代理模型能够实现

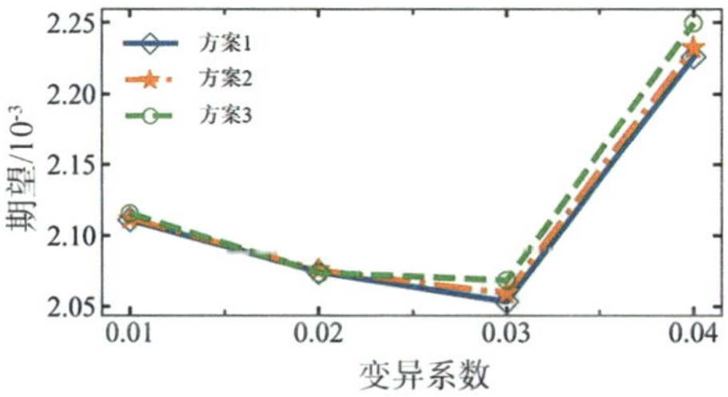

图 5-21 当 $f=40$ Hz 时，采用 Full-MCs，SVD-RBF-MCs 和 SVD-RBF-DNN-MCs 三种方案计算得到的响应的期望值

对大规模和多维随机输入变量的不确定性量化。该方法既能避免 IGA-FEM/BEM 耦合算法进行全阶采样的复杂性，又能消除 SVD-RBF 方法的“维数诅咒”问题。

5.3.2.3 SVD-RBF-DNN-MCs 效率验证

除了准确性以外，计算效率的考查也是验证所提方法有效性的重要指标。表 5-6 给出了每种方案时间消耗的组成成分。

表 5-6 每种方案的时间消耗构成

方案	算法	时间消耗构成
方案 1	Full-MCs	$T_1(\widetilde{N},\mathrm{DOFs})$
方案 2	SVD-RBF-MCs	$T_1(N_\varepsilon,\mathrm{DOFs})+T_2(N_\varepsilon,n,m,\widetilde{N})$
方案 3	DNN-MCs	$T_1(N_\eta,\mathrm{DOFs})+T_3(N_\eta,n,m,N_\xi)$
方案 4	SVD-RBF-DNN-MCs	$T_1(N_\varepsilon,\mathrm{DOFs})+T_2(N_\varepsilon,n,m,\widetilde{N})+T_3(N_\eta,n,m,N_\xi)$

对于方案 1，时间消耗函数可定义为

$$T_1(\widetilde{N},\mathrm{DOFs})=\widetilde{N}\times t_{\mathrm{IGA}}(\mathrm{DOFs})\ 。\tag{5-46}$$

该函数十分依赖样本点的数量和计算方法的 DOFs。其中，DOFs 影响 IGA-FEM/BEM 的单次计算时间 t_{IGA} (DOFs)。

对于方案 2，SVD-RBF 的时间消耗函数可定义为

$$T_2(N_\varepsilon,n,m,\widetilde{N})=K_{\text{SVD-RBF}}(N_\varepsilon,n,\widetilde{N})\times t_{\text{SVD-RBF}}(N_\varepsilon,m,\widetilde{N})\ 。\tag{5-47}$$

此函数十分依赖于式(5-35)中重复 SVD-RBF 操作的次数 $K_{\text{SVD-RBF}}$ 和单次 SVD-RBF 操作所需的时间 $t_{\text{SVD-RBF}}$。

对于方案 3，DNN-MCs 代表仅由 DNN 模型加速的 MCs。DNN 模型训练和预测的时间消耗函数可定义为：

$$T_3(N_\eta,n,m,N_\xi)=t_{\mathrm{DNN,train}}(N_\eta,n,m)+t_{\mathrm{DNN,eval}}(N_\xi,n,m)\ 。\tag{5-48}$$

式中，N_η 是满足 DNN 模型训练所需的样本点数。该函数十分依赖于 DNN 模型的训练时间 $t_{\mathrm{DNN,train}}$ 和响应的预测时间，$t_{\mathrm{DNN,eval}}$，这里 $N_\xi=\widetilde{N}$。

在上述方案中，单次 IGA-FEM/BEM 耦合算法计算消耗的时间如下：

$$\left.\begin{aligned}&\text{DOFs}=1\ 000, t_{\text{IGA}}(\text{DOFs})=10\ \text{s}。\\&\text{DOFs}=3\ 000, t_{\text{IGA}}(\text{DOFs})=90\ \text{s}。\\&\text{DOFs}=5\ 000, t_{\text{IGA}}(\text{DOFs})=250\ \text{s}。\end{aligned}\right\}\tag{5-49}$$

首先固定式(5-44)和式(5-45)中 MCs 的次数 $\widetilde{N}=30^3=27\ 000$，图 5-22 显示了在不同 DOFs 下，三种不同方案的时间消耗情况(这里因为方案 1 时间消耗太大超出图框，所以在图中未显示)。从图中可看出，随着 $\widetilde{N}$ 的增加，方案 4 是最有效的一种方案。此外，子图中显示每种方案的时间构成。从子图也可看出，方案 4 组合方案中 T_1、T_2 和 T_3 的时间和最小。图 5-22 中，子图中为每种方案的时间构成。

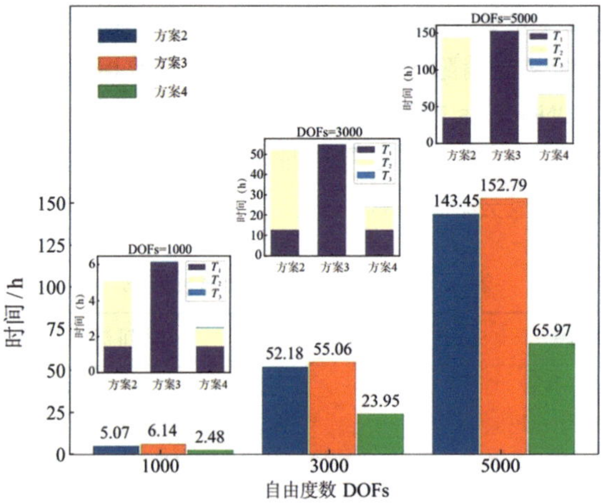

图 5-22　当 $\widetilde{N}=30^3$，不同方案消耗的时间随 DOFs 的变化

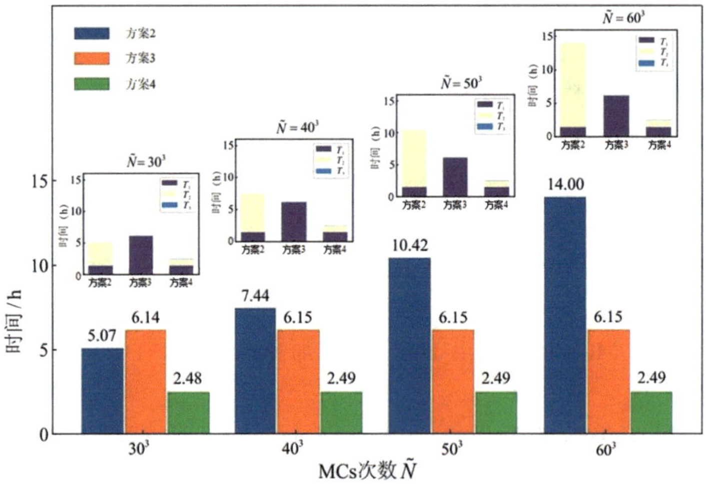

图 5-23　当 DOFs=1 000，不同方案消耗的时间随 MCs 次数 $\widetilde{N}$ 的变化

图 5-23 显示了固定 DOFs，进行 $\widetilde{N}$ 次 MCs 所对应的每种方案的时间消耗。从图中也可

看出，随着DOFs的增加，方案4是四种方案中最有效的。与图5-22相同，子图中显示每种方案的时间构成。从子图也可看出，方案4组合方案中 T_1、T_2 和 T_3 的时间和最小。图5-23中，子图中为每种方案的时间构成。

对比不同方案进行MCs所消耗的时间可得，采用SVD-RBF-DNN-MCs代理模型比全阶的MCs、单独使用SVD-RBF-MCs和单独使用DNN模型来加速基于MCs的随机响应分析更加高效。

5.3.3 数值算例分析——薄壳潜艇模型

值得注意的是，对于复杂的大型结构，影响其结构响应的随机参数更加复杂。这里先比较当 $\tilde{N}=50\ 000$ 时，全阶MCs和SVD-RBF-DNN-MCs代理模型从采样到进行统计特征计算所需的时间。其中通过全阶MCs需要消耗3 583.33 h，然而SVD-RBF-DNN-MCs代理模型仅需消耗8.83 h。

最后，基于5.3.2节所确定的最优代理模型SVD-RBF-DNN-MCs即可快速预测得到MCs的期望值和标准差。对于50 000个样本点，点(20,0,0)处的声压的期望值为 1.58×10^{-3}，标准差为 1.93×10^{-4}。

5.3.4 小结

本节提出一种新颖的加速声振耦合系统多维不确定性量化的代理模型SVD-RBF-DNN-MCs。该代理模型仅需IGA-FEM/BEM耦合算法提供少量的初始样本点，通过SVD-RBF方法与DNN模型的组合实现两次样本点扩充，大大提高了MCs的采样效率，加速了基于MCs的不确定性量化。

6 等几何边界元结构声学优化分析

多孔吸声材料因其卓越的吸声性能而在噪声控制领域得到了广泛应用，但由于经济条件的限制，在结构表面全部铺设多孔吸声材料不具备实际意义，所以在满足给定的噪声约束下，获得吸声材料的最优分布是非常必要的，这导致了一系列有关拓扑优化的问题。拓扑优化是指，将寻找结构的最优拓扑优化问题转化为在特定区域内寻找最优材料分布的问题。在吸声材料拓扑优化分析中，数值模拟方法起着至关重要的作用。其中，FEM 由于其通用性和高效率而成为最广为流传的数值方法，但考虑到声波通常在无限域内传播，它在声学中的应用似乎很麻烦。在处理无界声学介质时，FEM 必须将其截断为一个由人工边界围成的大有界域，其边界条件必须采用一些特殊的技术来仔细规定。声学分析中常用的一种方法是 BEM，该方法只需离散结构表面，自动满足无穷远处的边界条件[294-296]。BEM 通常采用传统 Lagrange 函数进行几何形状近似与物理场插值计算，虽然操作简单，但引入了几何误差，降低了声学宽频优化问题的计算精度。为了克服几何误差的缺点，Hughes 等[297]提出了 IGA。此外，由于与 CAD 具有相同的边界表示特征，BEM 可直接使用 CAD 曲面数据，这使得 BEM 在 IGA 中具有特别的优势。IGA-BEM 继承了传统 BEM 的降维特性，在保持几何精度的同时，很大程度上减少了与创建可分析模型相关的人工操作[298-300]。NURBS 因支持高阶曲面建模和灵活的裁剪操作而在 IGA 中得到了广泛应用。然而，对于含有间隙、连接处、开口处等复杂模型，NURBS 难以进行细分，这给数值分析带来了麻烦。为了克服这个问题，细分曲面法应运而生。细分曲面法可对任意多边形网格进行反复细化处理，产生更多新的控制点和多边形网格，直到达到细分收敛极限。该方法适合复杂结构的模型构建，而且操作简单易于实施[301]。因此，本章采用细分曲面 BEM 进行声学响应分析。

在实际应用中，激励声波通常具有较宽的频带。因 Green 函数是频率相关的，故在宽频段的每个频率点处需要重新构造 BEM 的系数矩阵，这是非常耗时的。为了克服这个缺点，消除频率依赖性是非常有必要的，其核心做法是利用幂级数来近似被积函数。虽然级数展开法在许多应用中取得了成功，但不适用于复杂结构问题的快速响应分析。

一种解决方法是使用 MOR 构建原始系统方程的低阶近似[302-303]。对于二阶线性系统，如控制声学的 Helmholtz 方程，一个有吸引力的替代方案是 Bai 和 Su[216] 提出的 SOAR。SOAR 将 FOM 投影到二阶 Krylov 子空间，并使用二阶 Arnoldi 法生成投影子空间的正交基，而且自适应 SOAR 法可自动确定展开点的位置和展开阶数[304]。该算法保留了原系统的二阶形式，具有简单、收敛速度快的优点[219-220]。因此，在大规模问题中，本章采用基于 Taylor 展开的自适应 SOAR 法(adaptive taylor-based second-order arnoldi，AT-SOAR)进行加速声学宽频分析。

6.1 级数展开加速基于 BEM 的二维声学宽频分析

6.1.1 基于 BEM 的单频分析

二维声学问题的 Helmholtz 方程：

$$\nabla^2 p(x)+k^2 p(x)=0,\quad \forall x\in\Omega。\tag{6-1}$$

式中，∇^2 为 Laplace 算子，$p(x)$ 为声压，$k=\omega/c$ 为波数，ω 为角频率，c 为声速。利用 Burton-Mille 法[305]可将式(6-1)转换为

$$\begin{aligned}&C(x)\,(p(x)+\alpha\,q(x))+\int_s F(x,y)\,p(y)\,\mathrm{d}S(y)+\\&\alpha\int_s H(x,y)\,p(y)\,\mathrm{d}S(y)=\int_s G(x,y)\,q(y)\,\mathrm{d}S(y)+\\&\alpha\int_s K(x,y)\,q(y)\,\mathrm{d}S(y)+\left[p_{\text{inc}}(x)+\alpha\,\frac{\partial p_{\text{inc}}(x)}{\partial \boldsymbol{n}(x)}\right]。\end{aligned}\tag{6-2}$$

式中：α 表示耦合常数，若 $k>1$，$\alpha=\mathrm{i}/k$，否则 $\alpha=\mathrm{i}$；x 是源点，y 是场点；$q(x)=\partial p(x)/\partial n(x)$ 是声压 p 的法向导数，$p_{\text{inc}}(x)$ 是点 x 处的入射声压。如果源点 x 位于光滑边界 S 上，系数 $C(x)=1/2$，则式(6-2)中的核函数及其法向导数定义如下：

$$\left.\begin{aligned}&G(x,y)=\frac{\mathrm{i}}{4}H_0^{(1)}(kr),\\&F(x,y)=\frac{\partial G(x,y)}{\partial \boldsymbol{n}(y)}=-\frac{\mathrm{i}k}{4}\,H_1^{(1)}(kr)\,\frac{\partial r}{\partial \boldsymbol{n}(y)},\\&K(x,y)=\frac{\partial G(x,y)}{\partial \boldsymbol{n}(x)}=-\frac{\mathrm{i}k}{4}\,H_1^{(1)}(kr)\,\frac{\partial r}{\partial \boldsymbol{n}(x)},\\&H(x,y)=\frac{\partial^2 G(x,y)}{\partial \boldsymbol{n}(x)\,\partial \boldsymbol{n}(y)}=\\&\qquad\frac{\mathrm{i}k}{4r}\,H_1^{(1)}(kr)\,\boldsymbol{n}_j(x)\,\boldsymbol{n}_j(y)-\frac{\mathrm{i}k^2}{4}H_2^{(1)}(kr)\,\frac{\partial r}{\partial \boldsymbol{n}(x)}\,\frac{\partial r}{\partial \boldsymbol{n}(y)}。\end{aligned}\right\}\tag{6-3}$$

采用常单元对结构表面的边界进行离散，推导出式(6-2)的离散化形式：

$$\boldsymbol{H}\ \boldsymbol{p}=\boldsymbol{G}\ \boldsymbol{q}+\boldsymbol{p}_{\text{inc}}。\tag{6-4}$$

式中，BEM 的系数矩阵 $\boldsymbol{H}$ 和 $\boldsymbol{G}$ 是密集的、非对称的、频率相关的。$\boldsymbol{p}$ 和 $\boldsymbol{q}$ 分别是 p 和 q 的向量，$\boldsymbol{p}_{\text{inc}}$ 是入射波的向量。引入阻抗边界条件 $q(x)=\mathrm{i}k\,\beta(x)\,p(x)$ 后，式(6-4)被重新表述为

$$[\boldsymbol{H}-\boldsymbol{G}\ \boldsymbol{B}]\boldsymbol{p}=\boldsymbol{p}_{\text{inc}}。\tag{6-5}$$

式中，$\boldsymbol{B}$ 是一个对角矩阵，即

$$\boldsymbol{B}=\mathrm{i}k\begin{bmatrix}\beta_1 & & & \\ & \beta_2 & & \\ & & \ddots & \\ & & & \beta_n\end{bmatrix}。\tag{6-6}$$

其中，β_i 表述第 i 个单元的归一化导纳值。如果计算过程中考虑了外声域，域内声压 $\boldsymbol{p}_f$ 表示为

$$\boldsymbol{p}_f=-[\boldsymbol{H}_f-\boldsymbol{G}_f\boldsymbol{B}]\boldsymbol{p}+\boldsymbol{p}_f^{\text{inc}}。\tag{6-7}$$

式中，$\boldsymbol{H}_f$ 和 $\boldsymbol{G}_f$ 是场点 y 位于外声域时的系数矩阵，与式(6-4)中的系数矩阵类似。

6.1.2 基于 BEM 的宽频分析

Green 函数 $G(x,y)$ 中的第一类 n 阶 Hankel 函数 $H_n^{(1)}(kr)$ 涉及波数 k，其在一个固定的频率展开点 $z_0=k_0r$ 处的 Taylor 展开[306] 表示为

$$H_n^{(1)}(z)=\sum_{m=0}^{\infty}\frac{(z-z_0)^m}{m!}[H_n^{(1)}(z)]_{z=z_0}^{m}。\tag{6-8}$$

其中，

$$[H_n^{(1)}(z)]_{z=z_0}^{m}=\frac{\mathrm{d}^m H_n^{(1)}(z)}{\mathrm{d}z^m}。$$

同样，分别用 kr 和 k_0r 代替 z 和 z_0，推导出式(6-3)中核函数的展开式。

在实际应用中，需要将无穷阶级数截断为有限阶，这就引入了近似误差。如果 Taylor 级数有 $M+1$ 项，则在一个边界单元 Γ_e 上基于 Lagrange 余数的误差界限表示为

$$\int_{\Gamma_e}\frac{[\mathrm{i}r(k-k_0)]^M}{M!}\mathrm{e}^{\mathrm{i}\tilde{k}r}\leqslant\frac{[\tilde{r}(k-k_0)]^M}{M!}\tilde{A}\leqslant\varepsilon。\tag{6-9}$$

式中，$\tilde{k}\in(\min(k_0,k),\max(k_0,k))$；$\tilde{r}$ 表示源点 x 和场点 y 之间的最大距离，受到基本结构形状的限制；$\tilde{A}$ 表示边界单元的面积；ε 指用户定义的容差。式(6-9)中的经验误差界限可预先用来估计达到所需精度所需的展开项数 M，并且此种评估行为是自动的。

如果采用频率范围的中点作为固定展开点，则 Taylor 级数展开的近似误差表示为

$$\max\left(\frac{|p(k_1)-\tilde{p}(k_1)|}{|p(k_1)|},\frac{|p(k_{\mathrm{u}})-\tilde{p}(k_{\mathrm{u}})|}{|p(k_{\mathrm{u}})|}\right)<\varepsilon。\tag{6-10}$$

式中，k_l 和 k_u 分别表示对应于最低和最高频率的波数；p 和 $\hat{p}$ 分别表示原始系统的声压和无穷 Taylor 级数截断后系统的声压；ε 也表示用户定义的容差。

如果式(6-10) 不成立，则频率范围自动被划分为两个子范围，并在每个子范围内进行类似的 Taylor 展开。重复进行这样的细分过程，直到式(6-10) 在所有频率子范围内都成立。详细过程见图 6-1，图中 k_ℓ^m 表示在第 ℓ 个子级上的第 m 个子范围的展开点。

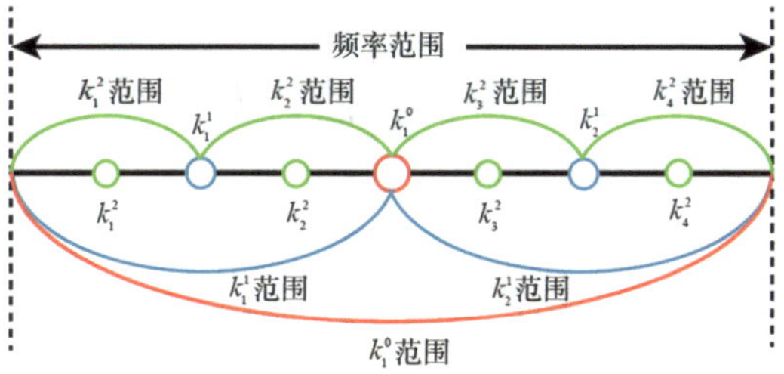

图 6-1　自适应频段分割技术

注意到推导出式(6-8)中 n 阶 Hankel 函数的 m 阶导数的显式表达式难度较大，故在本工作引入了一个 Hankel 函数的递归表达式：

$$\frac{\mathrm{d}H_n^{(1)}(z)}{\mathrm{d}z}=\frac{n}{z}H_n^{(1)}(z)-H_{n+1}^{(1)}(z)。\tag{6-11}$$

通过对式(6-11)关于变量 z 反复进行微分，推导出 n 阶 Hankel 函数的 m 阶导数的递归表达式，即

$$[H_n^{(1)}(z)]^{(m)}=\sum_{i=1}^{m}[H_n^{(1)}(z)]^{(m-i)}\frac{(-1)^{i+1}(m-1)!}{z^i(m-i)!}-[H_{n+1}^{(1)}(z)]^{(m-1)}。\tag{6-12}$$

将式(6-12)代入式(6-8)，并用 kr 和 k_0r 代替 z 和 z_0，可推导出在固定频率展开点 k_0 处 $H_n^{(1)}(kr)$ 展开式的解。

将式(6-8)代入式(6-2)中，推导出式(6-2)中的积分在固定频率点 k_0 处的展开式：

$$\left.\begin{aligned}
\int_s F(x,y)\,p(y)\,\mathrm{d}S(y)&=\sum_{m=0}^{\infty}\frac{(k-k_0)^m}{m!}I_1^m,\\
\int_s G(x,y)\,q(y)\,\mathrm{d}S(y)&=\sum_{m=0}^{\infty}\frac{(k-k_0)^m}{m!}kI_2^m,\\
\alpha\int_s H(x,y)\,p(y)\,\mathrm{d}S(y)&=\sum_{m=0}^{\infty}\frac{(k-k_0)^m}{m!}(kI_3^m+k^2I_4^m),\\
\alpha\int_s K(x,y)\,q(y)\,\mathrm{d}S(y)&=\sum_{m=0}^{\infty}\frac{(k-k_0)^m}{m!}k^2I_5^m。
\end{aligned}\right\}\tag{6-13}$$

其中，

$$\left.\begin{aligned}
I_1^m &= -\int_S \frac{\mathrm{i}r^{m-1}}{4}\left[z\,H_1^{(1)}(z)\right]_{z=k_0 r}^{(m)} \frac{\partial r}{\partial \boldsymbol{n}(y)}\,p(y)\,\mathrm{d}S(y),\\
I_2^m &= -\int_S \frac{\beta_i r^m}{4}\left[H_0^{(1)}(z)\right]_{z=k_0 r}^{(m)} p(y)\,\mathrm{d}S(y),\\
I_3^m &= \int_S \frac{\alpha\mathrm{i}r^{m-1}}{4}\left[H_1^{(1)}(z)\right]_{z=k_0 r}^{(m)} n_j(x)\,n_j(y)\,p(y)\,\mathrm{d}S(y),\\
I_4^m &= \int_S \frac{\alpha\mathrm{i}r^{m}}{4}\left[H_2^{(1)}(z)\right]_{z=k_0 r}^{(m)} \frac{\partial r}{\partial \boldsymbol{n}(x)}\frac{\partial r}{\partial \boldsymbol{n}(y)}\,p(y)\,\mathrm{d}S(y),\\
I_5^m &= \int_S \frac{\alpha\beta_i r^{m}}{4}\left[H_1^{(1)}(z)\right]_{z=k_0 r}^{(m)} \frac{\partial r}{\partial \boldsymbol{n}(y)}\,p(y)\,\mathrm{d}S(y)。
\end{aligned}\right\}\tag{6-14}$$

在 I_1^m 积分中，函数 $z\,H_1^{(1)}(z)$ 的 m 阶导数

$$\left[z\,H_1^{(1)}(z)\right]^{(m)} = m\left[H_1^{(1)}(z)\right]^{(m-1)} + z\left[H_1^{(1)}(z)\right]^{(m)}。\tag{6-15}$$

将式(6-13)代入具有阻抗边界条件 $q(x)=\mathrm{i}k\,\beta(x)\,p(x)$ 的式(6-2)，可得到

$$C(x)\,p(x)\,(1+\alpha\mathrm{i}k\,\beta(x)) + \sum_{m=0}^{\infty}\frac{(k-k_0)^m}{m!}\left[I_1^m + k(-I_2^m + I_3^m) + k^2(I_4^m - I_5^m)\right] = \left[p_{\mathrm{inc}}(x) + \alpha\frac{\partial p_{\mathrm{inc}}(x)}{\partial \boldsymbol{n}(x)}\right]。\tag{6-16}$$

由于式(6-2)中的核函数及其法向导数是奇异的，故式(6-14)中具有一系列展开式的边界积分也是奇异的。这些积分可利用 Cauchy 主值和 Hadamard 有限部分积分法来求解，具体内容详见 6.1.3 节。

用配点法和常单元将式(6-16)离散，可得到

$$\boldsymbol{C}\,\boldsymbol{p} + k\,\bar{\boldsymbol{C}}\,\boldsymbol{p} + \sum_{m=0}^{\infty}\frac{(k-k_0)^m}{m!}\left[\boldsymbol{I}_1^m + k\boldsymbol{I}_2^m + k^2\boldsymbol{I}_3^m\right]\boldsymbol{p} = \boldsymbol{p}_{\mathrm{inc}}。\tag{6-17}$$

其中，

$$\boldsymbol{C} = \begin{bmatrix} C_1 & & & \\ & C_2 & & \\ & & \ddots & \\ & & & C_N \end{bmatrix},$$

$$\bar{\boldsymbol{C}} = \alpha\mathrm{i}\begin{bmatrix} \beta_1 C_1 & & & \\ & \beta_2 C_2 & & \\ & & \ddots & \\ & & & \beta_N C_N \end{bmatrix}。$$

将矩阵 $\tilde{\boldsymbol{I}}_1^m$ 和 $\tilde{\boldsymbol{I}}_2^m$ 定义为：

$$\tilde{\boldsymbol{I}}_1^m = \begin{cases} \boldsymbol{C} + \boldsymbol{I}_1^0, & m=0; \\ \boldsymbol{I}_1^m, & m\neq 0。\end{cases}\tag{6-18}$$

$$\tilde{\boldsymbol{I}}_2^m = \begin{cases} \bar{\boldsymbol{C}} + \boldsymbol{I}_2^0, & m = 0; \\ \boldsymbol{I}_2^m, & m \neq 0。\end{cases} \tag{6-19}$$

然后，令 $\boldsymbol{I}_3^m = \tilde{\boldsymbol{I}}_3^m$，则式(6-17)可重新表达为

$$\left[\sum_{m=0}^{M} \frac{(k-k_0)^m}{m!}(\tilde{\boldsymbol{I}}_1^m + k\tilde{\boldsymbol{I}}_2^m + k^2\tilde{\boldsymbol{I}}_3^m)\right]\boldsymbol{p} = \tilde{\boldsymbol{p}}_{\text{inc}}。 \tag{6-20}$$

其中仅保留了 Taylor 展开的前 M 项。

值得注意的是，系数矩阵 $\tilde{\boldsymbol{I}}_1^m$、$\tilde{\boldsymbol{I}}_2^m$ 和 $\tilde{\boldsymbol{I}}_3^m$ 是与频率无关的，对于多频或宽频声学分析只需计算一次，故解决了重复计算与频率有关的式(6-5)导致的计算成本高的问题。

6.1.3 BEM 计算过程中奇异积分处理

在式(6-14)中，核函数的边界积分可分解为

$$\int_S f(y)\,\mathrm{d}S(y) = \underbrace{\int_{S\backslash S_x} f(y)\,\mathrm{d}S(y)}_{\text{non-singular}} + \underbrace{\int_{S_x} f(y)\,\mathrm{d}S(y)}_{\text{singular}}。 \tag{6-21}$$

其中，$S\backslash S_x$ 表示除了边界 S_x 之外的边界 S，S_x 表示包含源点 x 的边界单元。在边界 $S\backslash S_x$ 处，积分是非奇异的(具体可以看式(6-21) 中右边的第一项)，故该积分可用 Gauss 积分来求解。然而，边界 S_x 处积分(即式(6-21) 中右边的第二项) 具有奇异性，为了便于数值计算需要进行特殊处理。对于 $y \in S_x$ 来说，由于 $\dfrac{\partial r}{\partial \boldsymbol{n}(x)} = \dfrac{\partial r}{\partial \boldsymbol{n}(y)} = 0$，$I_1^m$、$I_4^m$ 和 I_5^m 也是 0，式(6-14) 中的奇异积分只出现在 I_2^m 和 I_3^m 中。

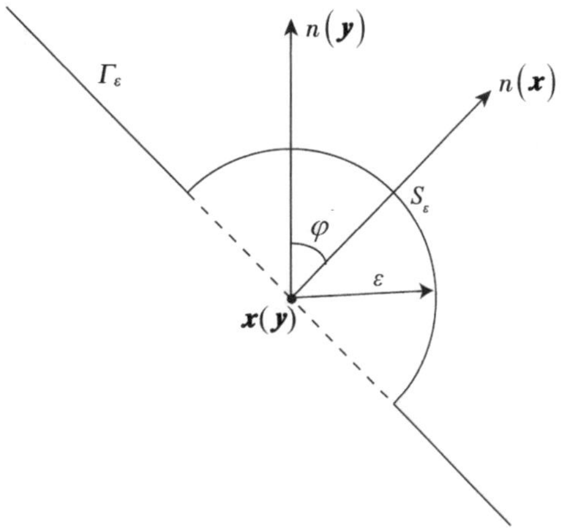

图 6-2　在常单元 S_x 上的无穷小的半圆域

在本工作中，采用 Cauchy 主值和 Hadamard 有限部分积分法来求解奇异积分[307]。如图 6-2 所示，假设 S_ε 表示半径为 ε 的半圆，Γ_ε 表示 $S_x\backslash S_\varepsilon$，$\boldsymbol{n}(x)$ 表示在源点 x 处的导数，

$\boldsymbol{n}(y)$ 表示在场点 y 处的导数。因此，式(6-21) 中的奇异积分项可重新表示为

$$\int_{S_x} f(y)\,\mathrm{d}S(y)=\lim_{\varepsilon\to 0}\left(\int_{\Gamma_\varepsilon} f(y)\,\mathrm{d}S(y)+\int_{S_\varepsilon} f(y)\,\mathrm{d}S(y)\right)。\tag{6-22}$$

假设 $D(y)$ 是与函数 $f(y)$ 奇异性同阶的简单函数，并将奇异函数的积分拆分成两部分，式(6-22)可重新表示为

$$\int_{S_x} f(y)\,\mathrm{d}S(y)=\underbrace{\lim_{\varepsilon\to 0}\int_{\Gamma_\varepsilon}[f(y)-D(y)]\,\mathrm{d}S(y)}_{\text{nonsingular}}+\underbrace{\lim_{\varepsilon\to 0}\int_{S_\varepsilon} f(y)\,\mathrm{d}S(y)}_{\text{singular}}+\underbrace{\lim_{\varepsilon\to 0}\int_{\Gamma_\varepsilon} D(y)\,\mathrm{d}S(y)}_{\text{singular}}。\tag{6-23}$$

为便于推导，将在 I_2^m 和 I_3^m 被积函数中的奇异项分别记为 f_2^m 和 f_3^m。

$$\left.\begin{aligned}f_2^m&=r^m\,[H_0^{(1)}(z)]_{z=k_0 r}^{(m)},\\ f_3^m&=r^{m-1}\,[H_1^{(1)}(z)]_{z=k_0 r}^{(m)}。\end{aligned}\right\}\tag{6-24}$$

根据式(6-23)，在边界 S_x 中的奇异 f_2^m 和 f_3^m 可以表示为：

$$\left.\begin{aligned}\int_{S_x} f_2^m\,\mathrm{d}S(y)&=\underbrace{\lim_{\varepsilon\to 0}\int_{\Gamma_\varepsilon}[f_2^m-D_2^m]\,\mathrm{d}r}_{\text{nonsingular}}+\underbrace{\lim_{\varepsilon\to 0}\{[-2rD_2^m]_{r=\varepsilon}\}}_{g_2^m}+\underbrace{\lim_{\varepsilon\to 0}\int_{\Gamma_\varepsilon} D_2^m\,\mathrm{d}r}_{d_2^m},\\ \int_{S_x} f_3^m\,\mathrm{d}S(y)&=\underbrace{\lim_{\varepsilon\to 0}\int_{\Gamma_\varepsilon}[f_3^m-D_3^m]\,\mathrm{d}r}_{\text{nonsingular}}+\underbrace{\lim_{\varepsilon\to 0}\{[-2rD_3^m]_{r=\varepsilon}\}}_{g_3^m}+\underbrace{\lim_{\varepsilon\to 0}\int_{\Gamma_\varepsilon} D_3^m\,\mathrm{d}r}_{d_3^m}。\end{aligned}\right\}\tag{6-25}$$

在边界 S_x 中，$\mathrm{d}r=\mathrm{d}S(y)$，$\boldsymbol{n}_j(x)\,\boldsymbol{n}_j(y)=1$，式(6-25) 中的非奇异项可利用 Gauss 积分来求解，同时推导出了 d_2^m 和 d_3^m 的表达式。注意到 $H_0^{(1)}(z)$ 的奇异部分是 $\frac{2\mathrm{i}}{\pi}\ln z$，$H_1^{(1)}(z)$ 的奇异部分是 $-\frac{2\mathrm{i}}{\pi z}+\frac{\mathrm{i}z}{\pi}\ln z$，因此 f_2^m 和 f_3^m 积分中的奇异项 d_2^m 和 d_3^m 可表示为

$$d_2^m=\begin{cases}\dfrac{2\mathrm{i}}{\pi}\ln k_0 r, & m=0;\\ O(r^0), & m\neq 0。\end{cases}\tag{6-26}$$

$$d_3^m=\begin{cases}-\dfrac{2\mathrm{i}}{\pi}k_0^{-1}r^{-2}+\dfrac{\mathrm{i}k_0}{\pi}\ln k_0 r, & m=0;\\ \dfrac{2\mathrm{i}}{\pi}k_0^{-2}r^{-2}+\dfrac{i}{\pi}\ln k_0 r, & m=1;\\ -\dfrac{2\mathrm{i}}{\pi}(-1)^m k_0^{-(m+1)}r^{-2}m!, & m\geqslant 2。\end{cases}\tag{6-27}$$

式(6-26)表示当 $m=0$ 时 d_2^m 为弱奇异，否则为非奇异；而式(6-27) 中 d_3^m 为超奇异。将式(6-26) 代入到式(6-25) 的第一个方程，则式(6-25) 中的两个奇异项 g_2^0 和 d_2^0 可表示为

$$\left.\begin{aligned} g_2^0 &= 0, \\ d_2^0 &= \frac{2\mathrm{i}L}{\pi}\left[\ln(k_0 L/2) - 1\right]。\end{aligned}\right\} \tag{6-28}$$

式中，L 是单元长度。

类似地，将式(6-27)代入到式(6-25)中第二个方程可得到奇异项 g_3^m 和 d_3^m 的表达式：

$$g_3^m = \lim_{\varepsilon\to 0}\left[\frac{4\mathrm{i}}{\pi}(-1)^m k_0^{-(m+1)} m!\,\frac{1}{\varepsilon}\right]。\tag{6-29}$$

$$d_3^m = \begin{cases} \dfrac{8\mathrm{i}}{\pi k_0 L} + \dfrac{\mathrm{i}k_0 L}{\pi}\left[\ln(k_0 L/2) - 1\right] - \lim\limits_{\varepsilon\to 0}\dfrac{4\mathrm{i}}{\pi k_0 \varepsilon}, & m = 0; \\ \dfrac{-8\mathrm{i}}{\pi k_0^2 L} + \dfrac{\mathrm{i}L}{\pi}\left[\ln(k_0 L/2) - 1\right] + \lim\limits_{\varepsilon\to 0}\dfrac{4\mathrm{i}}{\pi k_0^2 \varepsilon}, & m = 1; \\ \dfrac{8\mathrm{i}}{\pi L}(-1)^m k_0^{-(m+1)} m! - \lim\limits_{\varepsilon\to 0}\left[\dfrac{4\mathrm{i}}{\pi}(-1)^m k_0^{-(m+1)} m!\,\dfrac{1}{\varepsilon}\right], & m \geqslant 2。\end{cases} \tag{6-30}$$

将式(6-29)和式(6-30)组合到一起可推导出

$$g_3^m + d_3^m = \begin{cases} \dfrac{8\mathrm{i}}{\pi k_0 L} + \dfrac{\mathrm{i}k_0 L}{\pi}\left[\ln(k_0 L/2) - 1\right], & m = 0; \\ \dfrac{-8\mathrm{i}}{\pi k_0^2 L} + \dfrac{\mathrm{i}L}{\pi}\left[\ln(k_0 L/2) - 1\right], & m = 1; \\ \dfrac{8\mathrm{i}}{\pi L}(-1)^m k_0^{-(m+1)} m!, & m \geqslant 2。\end{cases} \tag{6-31}$$

至此，本节推导出了奇异积分的一般形式（即式(6-28)、式(6-31)），其理论上适应于任意阶的 Lagrange 多项式单元。

6.1.4 数值算例分析

本节以无限长刚性圆柱体和直立型声屏障为例，采用 Fortran 90 语言在 Intel(R)Core(TM)i5-10400 处理器和 4 GiB 内存的台式计算机上进行数值模拟，验证 Taylor 展开的准确性和有效性。在所有数值模拟中，都采用常边界单元对结构表面进行离散化。

6.1.4.1 无限长刚性圆柱体的声散射分析

首先考虑平面波作用下具有 Neumann 边界条件的无限长刚性圆柱体，它的声散射可简化为一个二维问题（见图 6-3）。幅值 $p_0 = 1$ 的平面波 $p_{\mathrm{inc}} = p_0\,\mathrm{e}^{\mathrm{i}kr\cos\theta}$ 沿着 x 轴正方向传播，圆柱的横截面圆以(0,0)为圆心，以 $r_0 = 1$ m 为半径。将圆离散为360个常边界元，观测点位于(2.5,0)，数值模拟的其他参数见表 6-1。

无限长刚性圆柱体在任意极坐标(r,θ)处的声压解析解[308]可表示为

$$p(r,\theta) = -\sum_{n=0}^{\infty}\varepsilon_n\,\mathrm{i}^n\,\frac{n\,J_n(kr_0) - kr_0\,J_{n+1}(kr_0)}{n\,H_n^{(1)}(kr_0) - kr_0\,H_{n+1}^{(1)}(kr_0)}\,H_n^{(1)}(kr)\cos n\theta。\tag{6-32}$$

式中，ε_n 表示 Neumann 符号，对于 $n=0$，$\varepsilon_n=1$，否则 $\varepsilon_n=2$。在计算过程中，解析解的截断项设为 50，在观测点处 $\theta=0$。

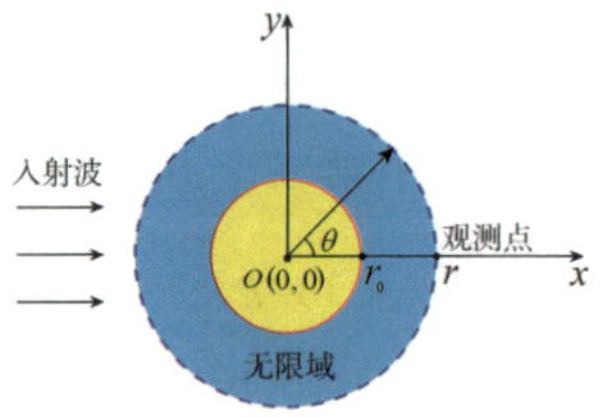

图 6-3 无限长刚性圆柱声散射的设计域

表 6-1 圆模型(无限长方形圆柱体的横截面)相关参数

参数	量值	参数	量值
空气介质密度	$\rho_f=1.21\ \mathrm{kg/m^3}$	声速	$c_{air}=343\ \mathrm{m/s}$
吸声系数	$\beta=0.0$	频率步长	$f_{step}=1.0\ \mathrm{Hz}$

为了验证 Taylor 展开在本节所提方法中的计算精度和收敛情况，在观测点处得到的解析解与数值解之间的相对误差，定义为

$$\delta_r=\left(\sum_{i=1}^{N}\left|p_n(x_i)-p_e(x_i)\right|^2\right)^{1/2}\Big/\left(\sum_{i=1}^{N}\left|p_e(x_i)\right|^2\right)^{1/2}。\tag{6-33}$$

式中，$p_e(x_i)$ 和 $p_n(x_i)$ 分别表示声压的解析解和数值解，x_i 表示域内的计算点。$N=360$ 为计算点的数目，其均匀地分布在半径 $r=2.5$ m 的圆边界上，如图 6-3 所示。

图 6-4 给出了在(2.5,0)处利用本节所提方法计算得到的声压结果，并与解析解进行了比较。数值模拟中考虑了[100,200]Hz、[200,300]Hz 两个不同的频率范围，设置中间点 $(f_l+f_u)/2$ 作为初始频带$[f_l,f_u]$的固定频率展开点。模拟中采用了不同数目的 Taylor 展开项。“Taylor_03”意味着在本节所提方法中保留了 Taylor 展开的前 3 项。类似地，“Taylor_06”和“Taylor_10”分别表示保留前 6 项和前 10 项。

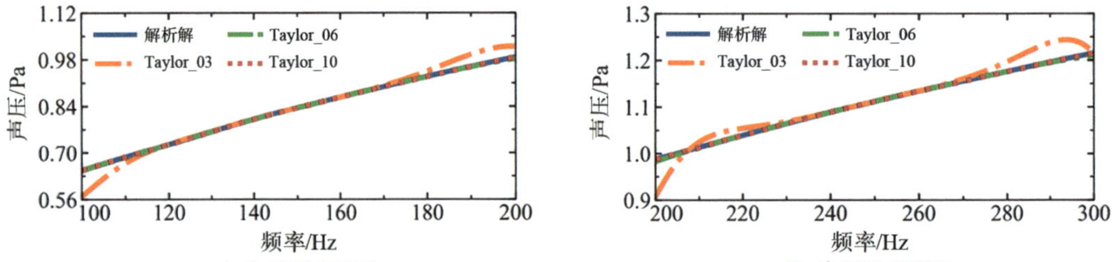

A. f=[100,200] Hz　　B. f=[200,300] Hz

图 6-4 在计算点(2.5,0)处不同频率范围的声压

如图 6-4 所示，在不同展开项数下，利用本节所提方法计算得到的声压结果与解析解基本吻合，但在频段范围的两端存在较大差异。这主要是因为固定频率展开点位于频率范围

的中点，距离固定频率展开点越远，数值结果越不准确。因此，为了减小数值结果与解析解的偏差，将[100,200]Hz 的频率范围划分为[100,150]Hz 和[150,200]Hz 两个频率子范围，并在这两个子范围内重新进行数值模拟。在[200,300]Hz 的频率范围内也做了类似的工作。重复对频率范围进行分割直到式(6-10)对所有频段都满足，自适应频段分割技术的详细过程如图 6-1 所示。

图 6-5 给出了由解析解与将频段自动划分为四个子范围的方法计算得到的声压结果的比较。结果显示，数值计算结果与解析解基本吻合。它们之间的相对误差绘制在图 6-6 中。由图中可得出结论：当展开项个数大于 6 时，相对误差足够小，并且变化不大。

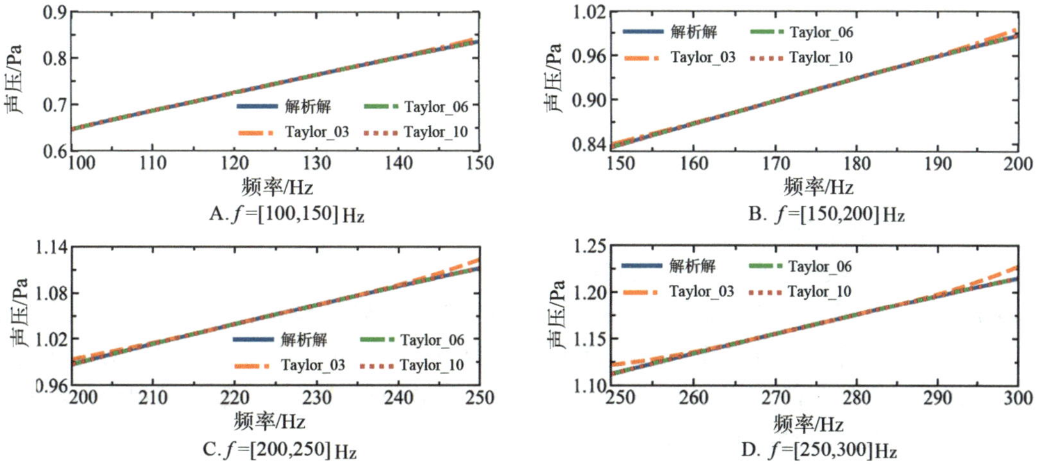

图 6-5　在计算点(2.5,0)处不同频率范围的声压结果

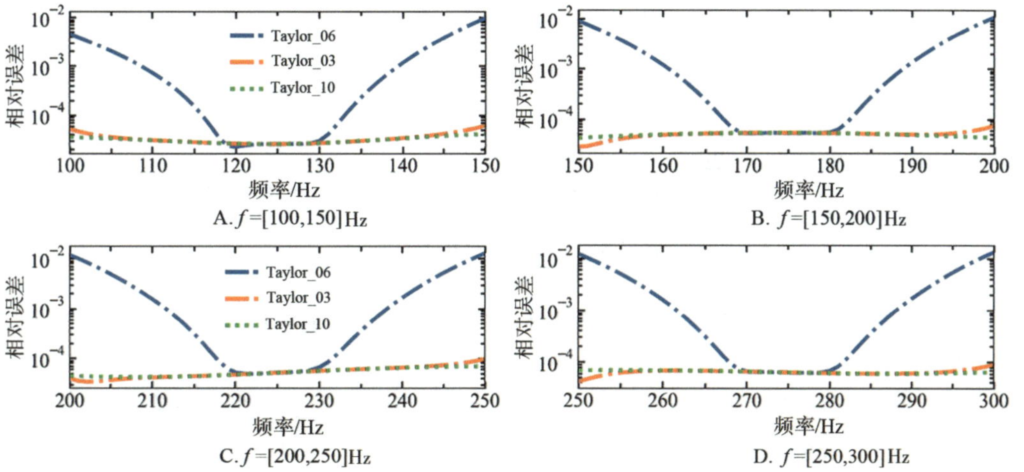

图 6-6　在计算点(2.5,0)处声压的相对误差

图 6-7 给出了利用本节所提方法和传统 BEM(标记为“CBEM”)进行宽频计算所耗费的

CPU 时间。频率范围[100,200]Hz 内的扫频次数设置为 1 000。从图中可看出,本节所提方法在宽频计算中所花费的 CPU 时间比 CBEM 要少得多,而且 Taylor 展开项数目的增加会导致计算成本增加。因 Taylor 展开项个数大于 6 时,相对误差变化不大(见图 6-7),故建议在数值模拟中使用 6 个展开项来减少数值模拟所需的 CPU 时间。

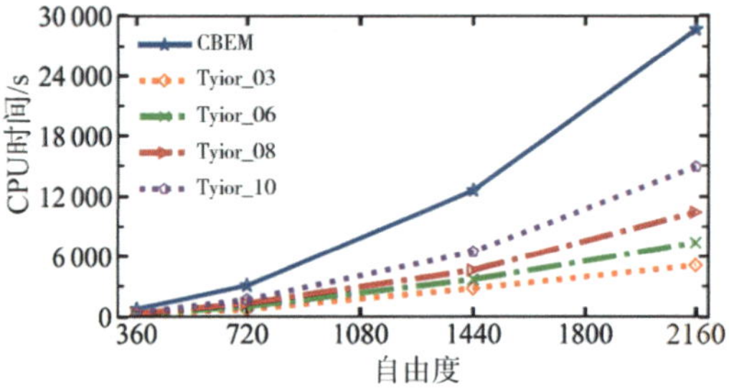

图 6-7 宽频计算中使用 CBEM 和基于 Taylor 展开的 BEM 所消耗的 CPU 时间

6.1.4.2 直立型声屏障的声散射分析

交通噪声污染已经成为影响人们日常生活的一个重要问题,因此由吸声材料覆盖的声屏障结构被广泛用于噪声控制。图 6-8 给出了直立型声屏障模型的设计域,其中,单位振幅的入射平面波沿着正 x 轴传播,被直立型声屏障散射。本节利用本节所提方法对直立型声屏障的声散射进行分析,计算观测点(15,2)处对应的响应(即声压)。数值模拟中的部分参数与 6.1.4.1 节中的参数相同,如表 6-1 所示。

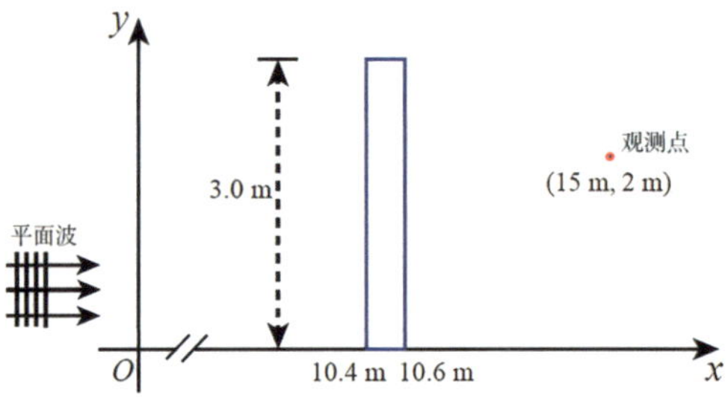

图 6-8 直立型声屏障的设计域

图 6-9 描述了用该方法得到的声压结果(包括声压实部、虚部和幅值),其收敛于展开项数。然而,从图中也可看出声压在不同展开项之间的差异,特别是在频率范围的两端。因此,本节采用自适应频段细分技术(如图 6-1 所示)将[100,300]Hz 的频率范围划分为两个子区间重新进行数值模拟,固定的 Taylor 展开点 $k_0=150,250$ Hz 位于子区间的中点,新的数值模拟结果绘制在图 6-10 中。

由图 6-10 可看出,无论展开项数如何,两个子区间的声压结果几乎相同,这验证了所提出的自适应频段分割技术的有效性。

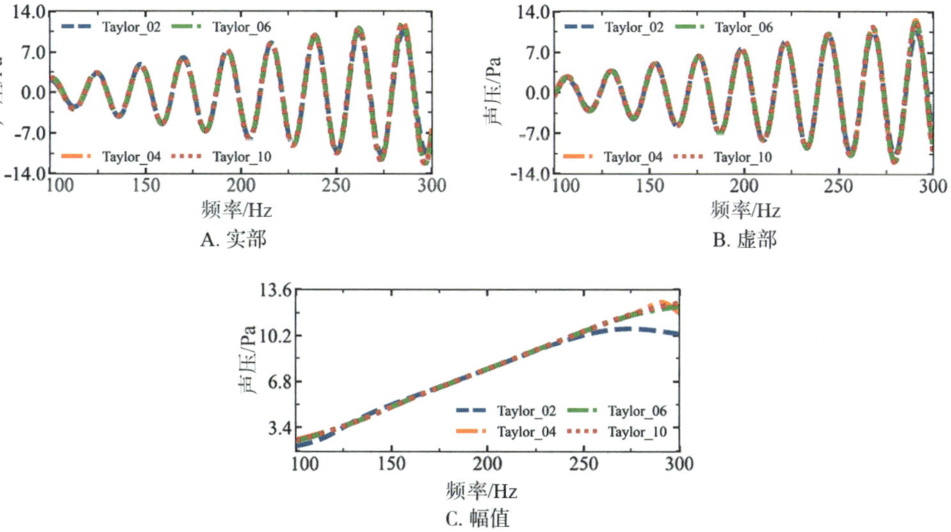

图 6-9　在计算点(15,2)处的声压结果

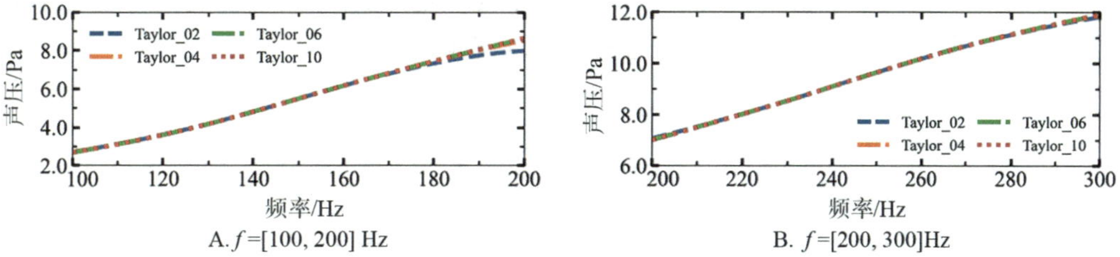

图 6-10　在计算点(15,2)处的声压幅值

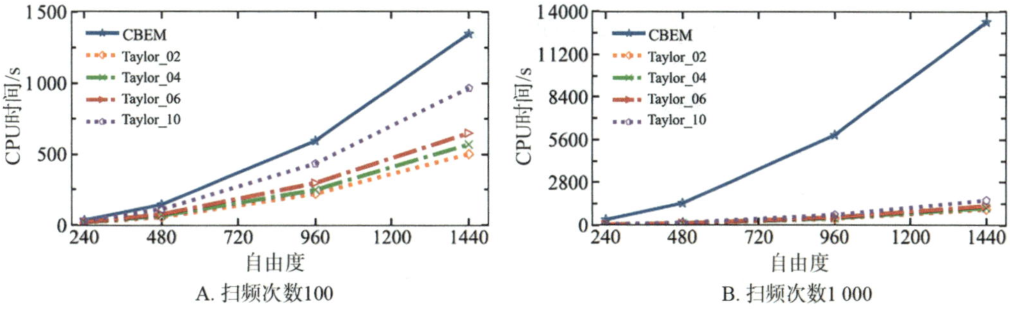

图 6-11　利用 CBEM 和基于 Taylor 展开的 BEM 进行数值模拟所花费的 CPU 时间

在[100,200]Hz 频率范围内,对于两种不同的频率扫描次数(即 100 和 1 000),利用本节所提方法和 CBEM 进行宽频计算所花费的 CPU 时间如图 6-11 所示。从图中可看出,本节所提方法占用的 CPU 时间比 CBEM 少得多,但会随着 Taylor 展开项的增加而增加。此

外，如果扫描次数增加，执行 Taylor 展开所需的时间就会更少，这将大大减少利用本节所提方法进行宽频计算所占用的 CPU 时间。与 6.1.4.1 节中的例子类似，当展开项个数为 6 时，利用 Taylor 展开来模拟声屏障声散射具有良好的精度和效率。因此，在直立型声屏障的数值模拟中，可使用 6 个展开项进行优化分析。

6.1.5 小结

本节采用 BEM 进行宽频响应分析，并引入了一种提高计算效率的方法。首先，利 Burton-Milier 法将常规 BIE 和超奇异 BIE 线性组合，解决了非唯一解的问题。然后，应用 Taylor 展开理论将 BEM 中的被积函数分解为频率相关项和频率无关项的乘积，消除了系数矩阵的频率依赖性。接着，用 Cauchy 主值和 Hadamard 有限部分积分法求解奇异积分，获得了无奇异性的边界积分展开式。最后，通过数值算例验证了本节所提方法的准确性和高效性。以无限长刚性圆柱数值算例为例：自适应频段分割后解析解与数值解之间的相对误差不超过 1×10^{-2}；当 DOFs 为 1 440 时，相比于 CBEM 效率提高了 50%左右。而且，随着展开项的增加计算成本也会增加。

从 6.1.4 节中两个数值模拟结果可看出，本节应用的 Taylor 展开在模拟传统二维结构声学响应方面是准确有效的，这有助于进一步实现宽频优化。

6.2 AT-SOAR 法加速基于 IGA-BEM 加速的三维声学宽频分析

6.2.1 基于 Catmull-Clark 细分曲面的三维等几何边界元

6.2.1.1 三维声学问题的 BIE

在三维声散射问题中，Burton-Milier 公式可表示为

$$
\begin{aligned}
&C(x)\,(p(x)+\alpha\, q(x))+\int_s F(x,y)\,p(y)\,\mathrm{d}S(y)+\\
&\alpha\int_s H(x,y)\,p(y)\,\mathrm{d}S(y)=\int_s G(x,y)\,q(y)\,\mathrm{d}S(y)+\\
&\alpha\int_s K(x,y)\,q(y)\,\mathrm{d}S(y)+\left[p_{\mathrm{inc}}(x)+\alpha\,\frac{\partial p_{\mathrm{inc}}(x)}{\partial \boldsymbol{n}(x)}\right]。
\end{aligned}
\tag{6-34}
$$

式中：α 表示耦合常数，若 $k>1$，$\alpha=\mathrm{i}/k$，否则 $\alpha=\mathrm{i}$；x 是源点，y 是场点；q 是声压 p 的法向导数，$q(x)=\partial p(x)/\partial \boldsymbol{n}(x)$；如果源点 x 位于光滑边界 S 上，系数 $C(x)=1/2$；$p_{\mathrm{inc}}(x)$ 是点 x 处的入射声压。Green 函数 $G(x,y)$ 及其归一化导数表示为：

$$\left.\begin{aligned}
&G(x,y)=\frac{\mathrm{e}^{\mathrm{i}kr}}{4\pi r},\\
&F(x,y)=\frac{\partial G(x,y)}{\partial \boldsymbol{n}(y)}=-\frac{\mathrm{e}^{\mathrm{i}kr}}{4\pi r^2}(1-\mathrm{i}kr)\frac{\partial r}{\partial \boldsymbol{n}(y)},\\
&K(x,y)=-\frac{\mathrm{e}^{\mathrm{i}kr}}{4\pi r^2}(1-\mathrm{i}kr)\frac{\partial r}{\partial \boldsymbol{n}(x)},\\
&H(x,y)=\frac{\mathrm{e}^{\mathrm{i}kr}}{4\pi r^3}\Big[(3-3\mathrm{i}kr-k^2r^2)\frac{\partial r}{\partial \boldsymbol{n}(y)}\frac{\partial r}{\partial \boldsymbol{n}(x)}+\\
&\qquad(1-\mathrm{i}kr)\,\boldsymbol{n}_i(x)\,\boldsymbol{n}_i(y)\Big]。
\end{aligned}\right\} \tag{6-35}$$

式中，$r=|x-y|$ 为场点与源点之间的距离，k 为波数，$\mathrm{i}=\sqrt{-1}$ 为虚数单位。

为了模拟结构表面粘附吸声材料的吸声特性，本节引入阻抗边界条件：

$$q(y)=\mathrm{i}k\,\beta(y)\,p(y)。$$

将阻抗边界条件代入式(6-34)，推导出

$$\begin{aligned}
&(1+\alpha\mathrm{i}k\,\beta(x))\,C(x)\,p(x)+\int_\Gamma[F(x,y)+\alpha\,H(x,y)]\,p(y)\,\mathrm{d}\Gamma(y)=\\
&\int_\Gamma \mathrm{i}k\,\beta(y)\,[G(x,y)+\alpha\,K(x,y)]\,p(y)\,\mathrm{d}\Gamma(y)+p_{\mathrm{inc}}(x)+\alpha\frac{p_{\mathrm{inc}}(x)}{\partial \boldsymbol{n}(x)}。
\end{aligned}\tag{6-36}$$

6.2.1.2 Catmull-Clark 细分曲面

国外学者 Catmull 和 Clark 最早在 1978 年提出了一种细分方案来构造光滑的表面[309]。自 20 世纪 70 年代以来，这一技术在动画产业、多分辨率分析和实际工程中得到了广泛应用。实际上，可将 Catmull-Clark 细分曲面看作由 Lane-Riesenfeld 细分算法构造的两条曲线的张量积。该算法从一个初始控制多边形开始依次细化一条曲线，通过一系列细分，Lane-Riesenfeld 细分算法的极限曲线与三次 B 样条曲线相同。细分曲面法的具体实现过程如下。

1) 初始网格的 Catmull-Clark 细分。利用 Catmull-Clark 细分曲面构建几何图形的第一步是构建初始网格，这是一个具有四边形单元的多边形网格，其顶点称为控制点或控制顶点(黑点)。然后，对初始网格进行细分。在该过程中，引入了新的控制点(红点)，并且更新了现有控制点的位置，如图 6-12 所示。最后，对多边形网格进行递归性的重复细分，直到得到最终收敛的网格。

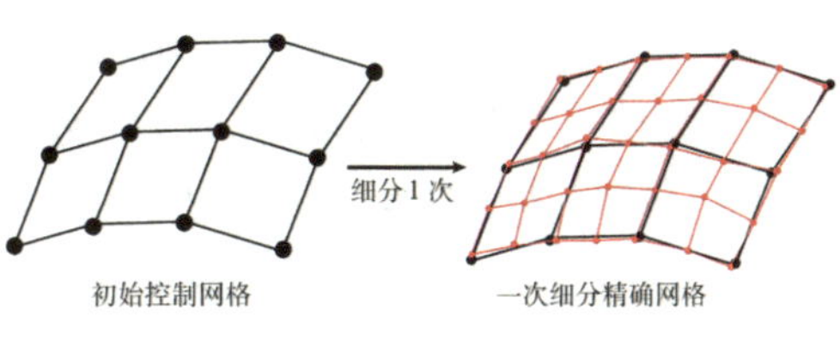

图 6-12 曲面 Catmull-Clark 细分算法

2）规则单元的评估。如果 Catmull-Clark 细分曲面单元的所有顶点的价都为 4，则称为规则单元，即如图 6-13A 所示的彩色单元，其中含有 9 单元和 16 顶点。此外，这个规则单元中的每一个点的评估需要形成一个包含与目标单元共享顶点的所有单元的单元块。一个参数坐标为(ξ,η)的曲面点可通过插值具有 16 个基函数的控制点来评估。

$$x(\xi,\eta)=\sum_{\ell=0}^{15}N_{\ell}(\xi,\eta)\,B_{\ell}。\tag{6-37}$$

式中，x 表示控制点的 Descartes 坐标，B_{ℓ} 表示控制点，N_{ℓ} 表示基函数[309]。

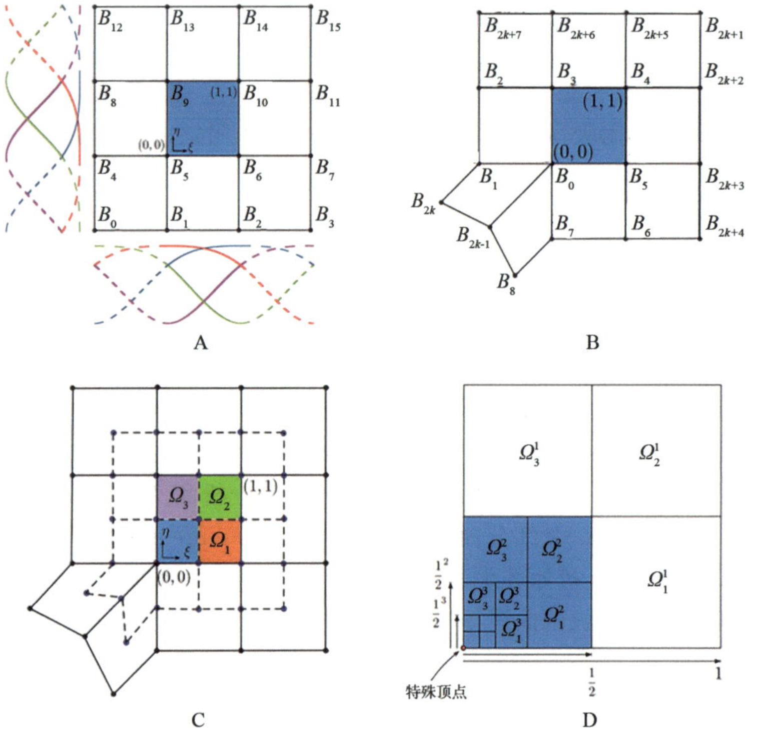

图 6-13　Catmull-Clark 细分单元的单元块的评估策略

3）一个具有特殊顶点的单元的评估。价不等于 4 的顶点称为不规则顶点，包含至少一个不规则顶点的单元称为不规则单元。与 CAD 中其他竞争者相比，细分曲面的一个优点是它能够通过保证曲面上的有界曲率来处理异常点。为了计算不规则单元，重新计算图 6-13B 中的控制点。假设利用参数坐标为(ξ,η)来计算目标点的 Descartes 坐标，该坐标位于左下角包含一个特殊顶点的单元中。然后，通过细分 1 次，不规则单元划被分为四个子单元，其中三个子单元 Ω_1、Ω_2 和 Ω_3 是规则的，还有一个子单元仍然具有不规则顶点，如图 6-13C 所示。如果待估目标点在这个不规则子单元中，反复细分此子单元，直到该点成为一个规则子单元，如图 6-13D 所示。然后，规则子单元中的一个曲面点可计算为

$$x(\xi,\eta)=\sum_{\ell=0}^{2\chi+7}\hat{N}_{\ell}(\xi,\eta)\,B_{\ell}。\tag{6-38}$$

式中，χ 是特殊顶点的价，$\hat{N}$ 表示不规则单元的 Catmull-Clark 细分曲面基函数[285-309]。如果 $\chi=4$，则 $\hat{N}$ 与 N 是一样的。

6.2.1.3 Catmull-Clark 细分曲面等几何边界元

在 IGA 的框架下，用于几何曲面构造的基函数也被用于物理场近似。因此，可对每个单元进行物理场近似，如下所示：

$$p_e=\sum_{\ell=0}^{2\chi+7}\hat{N}_{\ell}(\xi,\eta)\,\tilde{p}_{\ell}^{e}。\tag{6-39}$$

式中，p_e 表示位于第 Γ_e 单元中的点(ξ,η)处的声压，$\tilde{p}_{\ell}^{e}$ 表示与第 ℓ 个控制点相关联的节点参数，这里用于离散单元块 Γ_e 中的声压场。

对式(6-36)进行离散化，得到如下形式：

$$(1+\alpha\mathrm{i}k\,\beta(x))\;C(x)\;p(x)+\sum_{e=1}^{N_e}\sum_{\ell=0}^{2\chi+7}\tilde{p}_{\ell}^{e}\int_{\Gamma_e}\hat{N}_{\ell}(\xi,\eta)\,[F(x,y)+\alpha\,H(x,y)]\,\mathrm{d}\Gamma=$$
$$\sum_{e=1}^{N_e}\sum_{\ell=0}^{2\chi+7}\tilde{p}_{\ell}^{e}\int_{\Gamma_e}\mathrm{i}k\,\beta(y)\;\hat{N}_{\ell}(\xi,\eta)\,[G(x,y)+\alpha\,K(x,y)]\,\mathrm{d}\Gamma+p_{\mathrm{inc}}(x)+\alpha\,\frac{\partial p_{\mathrm{inc}}(x)}{\partial \boldsymbol{n}(x)}。\tag{6-40}$$

其中，具有核函数 $G(x,y)$、$F(x,y)$、$K(x,y)$ 和 $H(x,y)$ 的边界积分是具有奇异性的。因此，为了得到准确的数值结果，对奇异积分进行特殊处理是有必要的，具体操作与 6.1.3 节类似。

在本节中，配置点指的是具有对应于细分曲面基函数的最大值的参数坐标的点。首先，在结构表面一系列离散的配置点上对源点 x 进行采样。接着，令 $C(x)=1$，$\alpha=0$，在配点处执行 BIE(式(6-40))后形成了下列矩阵形式的方程组

$$[\boldsymbol{H}-\boldsymbol{G}\,\boldsymbol{Y}]\,\tilde{\boldsymbol{p}}=\boldsymbol{p}_{\mathrm{inc}}。\tag{6-41}$$

式中，$\boldsymbol{H}$ 和 $\boldsymbol{G}$ 是 IGBEM 的系数矩阵，$\tilde{\boldsymbol{p}}$ 表示包含与边界声压场离散控制点相关的节点参数的列向量，$\boldsymbol{p}_{\mathrm{inc}}$ 表示在配置点处收集入射波声压的向量，$\boldsymbol{Y}$ 为导纳矩阵。

$$\boldsymbol{Y}=\mathrm{i}k\begin{bmatrix}\beta_1 & & & \\ & \beta_2 & & \\ & & \ddots & \\ & & & \beta_{N_e}\end{bmatrix}。\tag{6-42}$$

在求解式(6-41)后，声域内观测点 x_0 处的声压 $\mathrm{p}(\boldsymbol{x}_0)$可通过以下显式表达式求出：

$$p(x_0)=-\sum_{e=1}^{N_e}\sum_{\ell=0}^{2\chi+7}\tilde{p}_{\ell}^{e}\Big[\int_{\Gamma_e}\hat{N}_{\ell}(\xi,\eta)\;F(x_0,y)\;\mathrm{d}\Gamma+$$
$$\int_{\Gamma_e}\mathrm{i}k\,\beta(y)\;\hat{N}_{\ell}(\xi,\eta)\;G(\boldsymbol{x}_0,\boldsymbol{y})\;\mathrm{d}\Gamma\Big]+p_{\mathrm{inc}}(\boldsymbol{x}_0)。\tag{6-43}$$

接着，对式(6-43)进行离散，域内声压 $p(x_0)$ 可写成如下的矩阵形式：

$$\boldsymbol{p}(\boldsymbol{x}_0)=-[\boldsymbol{H}_0-\boldsymbol{G}_0\boldsymbol{Y}]\tilde{\boldsymbol{p}}+\boldsymbol{p}_{\text{inc}}(\boldsymbol{x}_0)。\tag{6-44}$$

其中，$\boldsymbol{H}_0$ 表示一个收集式(6-43)右边第一项的行向量，$\boldsymbol{G}_0\boldsymbol{Y}$ 由右边第二项的系数构造而成。

6.2.2 基于 AT-SOAR 的模型降阶技术

6.2.2.1 频率解耦技术

BEM 中的系数矩阵具有频率依赖性，这将导致在宽频计算中系数矩阵需要重复构造，从而出现储存量增加和计算效率降低的问题。此外，系数矩阵的频率依赖性源于 Green 函数 $G(x,y)$ 与波数 k 有关。为了提高宽频计算效率，将频率变量从 Green 函数表达式中分离出来，然后系数矩阵就可转化为与频率无关项与频率相关项的乘积。Taylor 理论有望实现这一分解，具体做法是利用 Taylor 定理在固定频率展开点 k_0 将 Green 函数中包含频率相关的项 $\mathrm{e}^{\mathrm{i}kr}$ 分解为

$$\mathrm{e}^{\mathrm{i}kr}=\mathrm{e}^{\mathrm{i}k_0r}\sum_{m=0}^{\infty}\frac{(\mathrm{i}r)^m(k-k_0)^m}{m!}。\tag{6-45}$$

在实际应用中，需要将无穷阶级数截断为有限阶，因此产生的近似误差可利用式(6-9)和(6-10)来计算，具体细节见 6.1.2 节。

接下来，将式(6-45)代入式(6-36)，推导出 Green 函数的积分展开式：

$$\left.\begin{aligned}
&\int_\Gamma \mathrm{i}k\,\beta(y)\,G(x,y)\,p(y)\,\mathrm{d}\Gamma(y)=\sum_{m=0}^{\infty}\frac{(k-k_0)^m}{m!}kI_g^m,\\
&\int_\Gamma F(x,y)\,p(y)\,\mathrm{d}\Gamma(y)=\sum_{m=0}^{\infty}\frac{(k-k_0)^m}{m!}[I_{f_1}^m+kI_{f_2}^m],\\
&\int_\Gamma \mathrm{i}k\,\beta(y)\alpha\,K(x,y)\,p(y)\,\mathrm{d}\Gamma(y)=\sum_{m=0}^{\infty}\frac{(k-k_0)^m}{m!}[kI_{k_1}^m+k^2I_{k_2}^m],\\
&\int_\Gamma \alpha H(x,y)\,p(y)\,\mathrm{d}\Gamma(y)=\sum_{m=0}^{\infty}\frac{(k-k_0)^m}{m!}[I_{h_1}^m+kI_{h_2}^m+k^2I_{h_3}^m]。
\end{aligned}\right\}\tag{6-46}$$

其中，

$$\left.\begin{aligned}
&I_g^m=\int_\Gamma\frac{\mathrm{i}\beta\,\mathrm{e}^{\mathrm{i}k_0r}(\mathrm{i}r)^m}{4\pi r}p(y)\,\mathrm{d}\Gamma(y),\\
&I_{f_1}^m=\int_\Gamma\frac{-\mathrm{e}^{\mathrm{i}k_0r}(\mathrm{i}r)^m}{4\pi r^2}\frac{\partial r}{\partial\boldsymbol{n}(y)}p(y)\,\mathrm{d}\Gamma(y),\\
&I_{f_2}^m=\int_\Gamma\frac{\mathrm{e}^{\mathrm{i}k_0r}(\mathrm{i}r)^{m+1}}{4\pi r^2}\frac{\partial r}{\partial\boldsymbol{n}(y)}p(y)\,\mathrm{d}\Gamma(y),\\
&I_{k_1}^m=\int_\Gamma\frac{-\mathrm{i}\alpha\beta\,\mathrm{e}^{\mathrm{i}k_0r}(\mathrm{i}r)^m}{4\pi r^2}\frac{\partial r}{\partial\boldsymbol{n}(x)}p(y)\,\mathrm{d}\Gamma(y),
\end{aligned}\right\}\tag{6-47A}$$

$$\left.\begin{aligned}
I_{k_2}^m &= \int_\Gamma \frac{\mathrm{i}\alpha\beta\ \mathrm{e}^{\mathrm{i}k_0 r}(\mathrm{i}r)^{m+1}}{4\pi r^2}\frac{\partial r}{\partial \boldsymbol{n}(x)}p(y)\ \mathrm{d}\Gamma(y),\\
I_{h_1}^m &= \int_\Gamma \frac{\alpha\ \mathrm{e}^{\mathrm{i}k_0 r}(\mathrm{i}r)^{m}}{4\pi r^3}\left[3\frac{\partial r}{\partial \boldsymbol{n}(x)}\frac{\partial r}{\partial \boldsymbol{n}(y)}+\boldsymbol{n}_i(x)\ \boldsymbol{n}_i(y)\right]p(y)\ \mathrm{d}\Gamma(y),\\
I_{h_2}^m &= \int_\Gamma \frac{\alpha\ \mathrm{e}^{\mathrm{i}k_0 r}(\mathrm{i}r)^{m+1}}{4\pi r^3}\left[-3\frac{\partial r}{\partial \boldsymbol{n}(x)}\frac{\partial r}{\partial \boldsymbol{n}(y)}-\boldsymbol{n}_i(x)\ \boldsymbol{n}_i(y)\right]p(y)\ \mathrm{d}\Gamma(y),\\
I_{h_3}^m &= \int_\Gamma \frac{-\alpha\ \mathrm{e}^{\mathrm{i}k_0 r}(\mathrm{i}r)^{m}}{4\pi r}\frac{\partial r}{\partial \boldsymbol{n}(x)}\frac{\partial r}{\partial \boldsymbol{n}(y)}p(y)\ \mathrm{d}\Gamma(y)。
\end{aligned}\right\}\tag{6-47B}$$

若将式(6-46)代入式(6-36),系统方程组以等价形式重新表述为

$$(1+\alpha\mathrm{i}k\,\beta(x))\,C(x)\ p(x)+\sum_{m=0}^{\infty}\frac{(k-k_0)^m}{m!}\left[(I_{f_1}^m+I_{h_1}^m)+k(I_{f_2}^m+I_{h_2}^m-I_g^m-I_{k_1}^m)+\right.$$

$$\left.k^2(I_{h_3}^m-I_{k_2}^m)\right]=\ p_{\mathrm{inc}}(x)+\alpha\frac{p_{\mathrm{inc}}(x)}{\partial\boldsymbol{n}(x)}。\tag{6-48}$$

将式(6-48)进行离散可得到如下矩阵形式:

$$\boldsymbol{C}\,\tilde{\boldsymbol{p}}+k\,\bar{\boldsymbol{C}}\,\tilde{\boldsymbol{p}}+\sum_{m=0}^{\infty}\frac{(k-k_0)^m}{m!}\left[\boldsymbol{I}_1^m+k\boldsymbol{I}_2^m+k^2\boldsymbol{I}_3^m\right]\tilde{\boldsymbol{p}}=\boldsymbol{P}_{\mathrm{inc}}。\tag{6-49}$$

其中,

$$\boldsymbol{C}=\begin{bmatrix}C_1 & & & \\ & C_2 & & \\ & & \ddots & \\ & & & C_N\end{bmatrix}。\tag{6-50}$$

$$\bar{\boldsymbol{C}}=\alpha\mathrm{i}\begin{bmatrix}\beta_1 C_1 & & & \\ & \beta_2 C_2 & & \\ & & \ddots & \\ & & & \beta_N C_N\end{bmatrix}。\tag{6-51}$$

然后,构造新矩阵:

$$\tilde{\boldsymbol{I}}_1^m=\begin{cases}\boldsymbol{C}+\boldsymbol{I}_1^0, & m=0;\\ \boldsymbol{I}_1^m, & m\neq 0。\end{cases}\tag{6-52}$$

$$\tilde{\boldsymbol{I}}_2^m=\begin{cases}\bar{\boldsymbol{C}}+\boldsymbol{I}_2^0, & m=0;\\ \boldsymbol{I}_2^m, & m\neq 0。\end{cases}\tag{6-53}$$

利用式(6-52)和式(6-53),并令 $\tilde{\boldsymbol{I}}_3^m=\boldsymbol{I}_3^m$,式(6-49)可重新表示为

$$\left[\sum_{m=0}^{\infty}\frac{(k-k_0)^m}{m!}(\tilde{\boldsymbol{I}}_1^m+k\tilde{\boldsymbol{I}}_2^m+k^2\tilde{\boldsymbol{I}}_3^m)\right]\tilde{\boldsymbol{p}}=\tilde{\boldsymbol{P}}_{\mathrm{inc}}。\tag{6-54}$$

值得注意的是,系数 $\tilde{\boldsymbol{I}}_1^m$、$\tilde{\boldsymbol{I}}_2^m$ 和 $\tilde{\boldsymbol{I}}_3^m$ 与频率无关,对于多频问题来说只需要求解一次。因此,克

服了 CBEM 系数矩阵的频率依赖性。但是，由于 $\tilde{\boldsymbol{I}}_1^m$、$\tilde{\boldsymbol{I}}_2^m$ 和 $\tilde{\boldsymbol{I}}_3^m \in \mathbb{C}^{N\times N}$，具有 M 截断项的式(6-54) 需要 $O(3(M+1)N^2)$ 的存储容量。此外，式(6-54) 中系统的状态空间维数 N 往往很大。因此，有必要得到一个能充分反映原 BE 系统重要性质的降阶模型。

很容易看出，式(6-54)是一个关于频率的二阶系统方程。在文献[310]中给出了一种有效的二阶 Arnoldi(SOAR)降维技术，它是一种基于二阶 Krylov 子空间的投影方法。在本节中，利用这种方法构造了另一个具有相同二阶形式但状态空间维数更小的系统。利用式(6-54) 中的频率无关系数 $\tilde{\boldsymbol{I}}_1^m$、$\tilde{\boldsymbol{I}}_2^m$ 和 $\tilde{\boldsymbol{I}}_3^m$ 迭代构造一个频率无关的标准正交基来实现自适应 SOAR 算法，具体的实施过程见 6.2.2.2 节。

6.2.2.2　基于自适应 SOAR 的模型降阶技术

在本节中，采用自适应 SOAR 法进行模型降阶，具体细节如下。

可注意到，式(6-54) 中与频率相关的向量 $\tilde{\boldsymbol{P}}_{\mathrm{inc}}$ 使得直接使用式(6-54) 难以构造与频率无关的标准正交基，而且重复构造标准正交基所花费的时间甚至比重复求解原系统方程所花费的时间还要长。为了弥补这个缺点，本节首先利用 Taylor 理论将波数 k 从式(6-54) 中向量 $\tilde{\boldsymbol{P}}_{\mathrm{inc}}$ 解耦出来。假设入射平面波沿着 x 轴正方向传播，向量 $\tilde{\boldsymbol{P}}_{\mathrm{inc}}$ 中第 j 个元素 $\tilde{\boldsymbol{P}}_{\mathrm{inc}}^j$ 可表示为

$$\tilde{\boldsymbol{P}}_{\mathrm{inc}}^j = \mathrm{e}^{\mathrm{i}kx_1^j}\left(1+\alpha \mathrm{i}k\,\frac{\partial x_1^j}{\partial \boldsymbol{n}(x)}\right)。\tag{6-55}$$

其中，x_1^j 表示在第 j 个配点处的 x 轴坐标。

在固定展开点，k_0 处项 $\mathrm{e}^{\mathrm{i}kr}$ 的 Taylor 展开形式可表示为

$$\mathrm{e}^{\mathrm{i}kr} = \mathrm{e}^{\mathrm{i}k_0 r}\sum_{\bar{m}=0}^{\infty}\frac{(\mathrm{i}r)^{\bar{m}}(k-k_0)^{\bar{m}}}{\bar{m}!}。\tag{6-56}$$

将式(6-56)代入到式(6-55)，保留前 $\bar{M}$ 阶展开项，可得

$$\tilde{\boldsymbol{P}}_{\mathrm{inc}}^j = \sum_{\bar{m}=0}^{\bar{M}}\frac{(k-k_0)^{\bar{m}}}{\bar{m}!}\underbrace{\left[\mathrm{e}^{\mathrm{i}k_0x_1^j}(\mathrm{i}x_1^j)^{\bar{m}}\right]}_{\tilde{\boldsymbol{P}}_{\mathrm{inc}}^{1,j}} + \sum_{\bar{m}=0}^{\bar{M}}\frac{\alpha \mathrm{i}k(k-k_0)^{\bar{m}}}{\bar{m}!}\underbrace{\left[\mathrm{e}^{\mathrm{i}k_0x_1^j}(\mathrm{i}x_1^j)^{\bar{m}}\,\frac{\partial x_1^j}{\partial \boldsymbol{n}(x)}\right]}_{\tilde{\boldsymbol{P}}_{\mathrm{inc}}^{2,j}}。\tag{6-57}$$

式中，展开项的数目($\bar{M}$)可能与式(6-20) 中的 M 不一致。因此，式(6-54) 中 $\tilde{\boldsymbol{P}}_{\mathrm{inc}}$ 可重新表述为

$$\tilde{\boldsymbol{P}}_{\mathrm{inc}} = \sum_{\bar{m}=0}^{\bar{M}}\frac{(k-k_0)^{\bar{m}}}{\bar{m}!}\tilde{\boldsymbol{P}}_{\mathrm{inc}}^{1,\bar{m}} + \sum_{\bar{m}=0}^{\bar{M}}\frac{\alpha \mathrm{i}k(k-k_0)^{\bar{m}}}{\bar{m}!}\tilde{\boldsymbol{P}}_{\mathrm{inc}}^{2,\bar{m}}。\tag{6-58}$$

式中，$\tilde{\boldsymbol{P}}_{\mathrm{inc}}^{1,\bar{m}}$ 和 $\tilde{\boldsymbol{P}}_{\mathrm{inc}}^{2,\bar{m}}$ 与波数 k 无关。由于 BEM 系统方程是线性的，故式(6-20)的解可简单地表示为

$$\boldsymbol{P} = \sum_{\bar{m}=0}^{\bar{M}}\frac{(k-k_0)^{\bar{m}}}{\bar{m}!}\boldsymbol{P}_1^{\bar{m}} + \sum_{\bar{m}=0}^{\bar{M}}\frac{\alpha \mathrm{i}k(k-k_0)^{\bar{m}}}{\bar{m}!}\boldsymbol{P}_2^{\bar{m}}。\tag{6-59}$$

式中，$\boldsymbol{P}_1^{\bar{m}}$ 和 $\boldsymbol{P}_2^{\bar{m}}$ 是分别对应于 $\tilde{\boldsymbol{P}}_{\mathrm{inc}}^{1,\bar{m}}$ 和 $\tilde{\boldsymbol{P}}_{\mathrm{inc}}^{2,\bar{m}}$ 的解。那么，式(6-20)可改写为

$$\left[\sum_{m=0}^{M}\frac{(k-k_0)^m}{m!}(\tilde{\boldsymbol{I}}_1^m+k\tilde{\boldsymbol{I}}_2^m+k^2\tilde{\boldsymbol{I}}_3^m)\right]\boldsymbol{P}_j^{\overline{m}}=\tilde{\boldsymbol{P}}_{\text{inc}}^{j,\overline{m}},\quad j=1,2。\tag{6-60}$$

为了得到一系列频率无关的标准正交基,将系数 m 设为 0,式(6-60)可重新表述为

$$(\tilde{\boldsymbol{I}}_1^0+k\tilde{\boldsymbol{I}}_2^0+k^2\tilde{\boldsymbol{I}}_3^0)\ \boldsymbol{P}_j^{\overline{m}}=\tilde{\boldsymbol{P}}_{\text{inc}}^{j,\overline{m}}。\tag{6-61}$$

通过用变量 $k-\tilde{k}_0$ 代替 k,式(6-61)可重新表述为

$$[\tilde{\boldsymbol{I}}_5^0+(k-\tilde{k}_0)\tilde{\boldsymbol{I}}_4^0+(k-\tilde{k}_0)^2\tilde{\boldsymbol{I}}_3^0]\ \boldsymbol{P}_j^{\overline{m}}=\tilde{\boldsymbol{P}}_{\text{inc}}^{j,\overline{m}}。\tag{6-62}$$

若将式(6-62)代入到式(6-61)中,可推导出

$$\tilde{\boldsymbol{I}}_5^0=\tilde{k}_0^2\tilde{\boldsymbol{I}}_3^0+\tilde{k}_0\tilde{\boldsymbol{I}}_2^0+\tilde{\boldsymbol{I}}_1^0,$$

$$\tilde{\boldsymbol{I}}_4^0=2\tilde{k}_0\tilde{\boldsymbol{I}}_3^0+\tilde{\boldsymbol{I}}_2^0。$$

利用文献中提出的 SOAR 算法,本节得到了二阶 Krylov 子空间 $\mathscr{G}_n(\boldsymbol{A},\boldsymbol{B};\boldsymbol{r}_0)(n\ll N)$ 的一系列标准正交基 $\boldsymbol{Q}_j^{\overline{m}}\in\mathbb{C}^{N\times n}$:

$$\text{span}\{\boldsymbol{Q}_j^{\overline{m}}\}=\mathscr{G}_n(\boldsymbol{A},\boldsymbol{B};\boldsymbol{r}_0)=\text{span}\{\boldsymbol{r}_0,\boldsymbol{r}_1,\boldsymbol{r}_2,\cdots,\boldsymbol{r}_{n-1}\}。\tag{6-63}$$

其中:

$$\left.\begin{aligned}&\boldsymbol{A}=-(\tilde{\boldsymbol{I}}_5^0)^{-1}\tilde{\boldsymbol{I}}_4^0;\\&\boldsymbol{B}=-(\tilde{\boldsymbol{I}}_5^0)^{-1}\tilde{\boldsymbol{I}}_3^0;\\&\boldsymbol{r}_0=(\tilde{\boldsymbol{I}}_5^0)^{-1}\tilde{\boldsymbol{P}}_{\text{inc}}^{j,\overline{m}};\\&\boldsymbol{r}_1=\boldsymbol{A}\boldsymbol{r}_0;\\&\boldsymbol{r}_l=\boldsymbol{A}\boldsymbol{r}_{\ell-1}+\boldsymbol{B}\boldsymbol{r}_{l-2},\quad l\geqslant 2。\end{aligned}\right\}\tag{6-64}$$

然后,利用由标准正交基 $\boldsymbol{Q}_j^{\overline{m}}$ 的一系列非零列张成的子空间构造投影子空间,即式(6-60)的降阶系统方程。

此外,式(6-60)两边同时左乘 $\sum_{m=0}^{M}\frac{(k-k_0)^m}{m!}(\tilde{\boldsymbol{I}}_1^m+k\tilde{\boldsymbol{I}}_2^m+k^2\tilde{\boldsymbol{I}}_3^m)$ 的逆矩阵,可得

$$\boldsymbol{P}_j^{\overline{m}}=\left[\sum_{m=0}^{M}\frac{(k-k_0)^m}{m!}(\tilde{\boldsymbol{I}}_1^m+k\tilde{\boldsymbol{I}}_2^m+k^2\tilde{\boldsymbol{I}}_3^m)\right]^{-1}\tilde{\boldsymbol{P}}_j^{\overline{m}},\quad j=1,2。\tag{6-65}$$

因此,关于频率展开点 $\tilde{k}_0$ 的降阶系统方程可表示为:

$$\hat{\boldsymbol{P}}_j^{\overline{m}}=\boldsymbol{Q}_j^{\overline{m}}\left[\sum_{m=0}^{M}\frac{(k-\tilde{k}_0)^m}{m!}(\hat{\boldsymbol{I}}_1^m+k\hat{\boldsymbol{I}}_2^m+k^2\hat{\boldsymbol{I}}_3^m)\right]^{-1}[\boldsymbol{Q}_j^{\overline{m}}]^{\mathrm{T}}\tilde{\boldsymbol{P}}_j^{\overline{m}},\quad j=1,2。\tag{6-66}$$

其中,$\hat{\boldsymbol{I}}_1^m=[\boldsymbol{Q}_j^{\overline{m}}]^{\mathrm{T}}\tilde{\boldsymbol{I}}_1^m\boldsymbol{Q}_j^{\overline{m}}$,$\hat{\boldsymbol{I}}_2^m=[\boldsymbol{Q}_j^{\overline{m}}]^{\mathrm{T}}\tilde{\boldsymbol{I}}_2^m\boldsymbol{Q}_j^{\overline{m}}$,$\hat{\boldsymbol{I}}_3^m=[\boldsymbol{Q}_j^{\overline{m}}]^{\mathrm{T}}\tilde{\boldsymbol{I}}_3^m\boldsymbol{Q}_j^{\overline{m}}$,$\hat{\boldsymbol{P}}_j^{\overline{m}}$ 是 $\boldsymbol{P}_j^{\overline{m}}$ 关于固定展开点 $\tilde{k}_0$ 的 n 阶 Padé 型近似[311]。

$$\boldsymbol{P}_j^{\overline{m}}=\hat{\boldsymbol{P}}_j^{\overline{m}}+O((k-\tilde{k}_0)^n)。\tag{6-67}$$

在降阶模型中,$\hat{\boldsymbol{I}}_1^m$、$\hat{\boldsymbol{I}}_2^m$ 和 $\hat{\boldsymbol{I}}_3^m$ 是 $n\times n$ 阶矩阵,其中 $n\ll N$,显著提高了计算效率。此外,结构表面配点处的声压和声域中任意一点的声压可分别由式(6-66)和式(6-44)求得。

值得注意的是,式(6-66)的计算精度受到展开点的位置(即展开点的数目)和标准正交基的阶数的影响,在提高计算精度的同时会降低计算效率。因此,提出了一种自适应降阶技

术从而自动确定正交基的阶数 n 和展开点 $\bar{k}_0$ 的位置。

为了衡量降阶模型的计算精度，本节选择降阶模型与全阶模型之间的响应（即声压）相对误差作为衡量降阶模型预测精度的指标。在式(6-65)中原系统的精确解 $P_N(s)$ 可表示为

$$P_N(s)=\left[\sum_{m=0}^{M}\frac{(k-k_0)^m}{m!}(\tilde{\boldsymbol{I}}_1^m+k\tilde{\boldsymbol{I}}_2^m+k^2\tilde{\boldsymbol{I}}_3^m)\right]^{-1}\tilde{\boldsymbol{P}}_j^{\bar{m}},\quad j=1,2。\tag{6-68}$$

类似地，原系统在式(6-65)中的近似解 $P_n(s)$ 表示为

$$P_n(s)=\boldsymbol{Q}_j^{\bar{m}}\left[\sum_{m=0}^{M}\frac{(k-k_0)^m}{m!}(\hat{\boldsymbol{I}}_1^m+k\hat{\boldsymbol{I}}_2^m+k^2\hat{\boldsymbol{I}}_3^m)\right]^{-1}[\boldsymbol{Q}_j^{\bar{m}}]^{\mathrm{T}}\tilde{\boldsymbol{P}}_j^{\bar{m}},\quad j=1,2。\tag{6-69}$$

接下来，首先定义一个直接相对误差

$$\delta_{\mathrm{r}}=\frac{|P_N(s)-P_n(s)|}{|P_N(s)|}。\tag{6-70}$$

式中，$P_N(s)$ 和 $P_n(s)$ 分别表示原系统模型和降阶模型的响应。需要注意的是，为了得到式(6-70)中的相对误差，需要对原始系统模型进行宽频计算，将导致在大规模问题中计算效率降低。因此，本节提出了一种实用的策略来评估使用 SOAR 法得到的 ROM 和 FOM 之间的相对误差。该策略自动选择下一步使用的参数（展开点的数目和标准正交基的阶数），最终实现了自适应的 MOR。

利用 SOAR 法计算展开点处的相对误差：

$$\hat{\delta}_{\mathrm{r}}=\frac{|P_r^{(1)}(s)-P_{r+p}^{(2)}(s)|}{|P_r^{(1)}(s)|}。\tag{6-71}$$

其中，$P(s)$ 表示 ROM 的近似解，下标 $r+p$ 表示 ROM 的维数，上标(1)和(2)表示两组不同的 ROMs。

整个自适应降阶过程如图 6-14 所示，详细步骤分条列出如下。

第 1 步：假设每个展开点处标准正交基的初始阶数为 r，步长为 p 和标准正交基最大阶数为 Maxorder。相对误差 $\hat{\delta}_{\mathrm{r}}(s)$ 的终止容差设为 Tol，通常 $\mathrm{Tol}=1\times10^{-3}$。假设频率范围 $[f_{\min},f_{\max}]$ 内的展开点是 $f_{\mathrm{mid}}=(f_{\min}+f_{\max})/2$，并建立集合 $S_1=\{f_{\min}\}$ 和 $S_2=\{f_{\max}\}$。

第 2 步：利用 SOAR 法获得在展开点 f_{a} 处的 r 阶标准正交基。

$$\boldsymbol{T}_r(f_{\mathrm{a}})=\mathrm{span}\{\boldsymbol{r}_0(f_{\mathrm{a}}),\boldsymbol{r}_1(f_{\mathrm{a}}),\cdots,\boldsymbol{r}_{r-1}(f_{\mathrm{a}})\},\quad f_{\mathrm{a}}=\max\{S_1\}。\tag{6-72}$$

第 3 步：使用标准正交基 $\boldsymbol{T}_r(f_{\mathrm{a}})$ 计算声压在频率展开点 f_{b} 处的近似解 $P_r^{(1)}$。

$$P_r^{(1)}=\left[\sum_{m=0}^{M}\frac{(k-k_0)^m}{m!}(\tilde{\boldsymbol{I}}_1^m+(f-f_{\mathrm{a}})\tilde{\boldsymbol{I}}_2^m+(f-f_{\mathrm{a}})^2\tilde{\boldsymbol{I}}_3^m)\right]^{-1}\tilde{\boldsymbol{p}}_j^{\bar{m}},\quad j=1,2。\tag{6-73}$$

第 4 步：根据步长 p 增加频率点 f_{a} 处的标准正交基的数量。

$$\boldsymbol{T}_{r+p}(f_{\mathrm{a}})=\mathrm{span}\{\boldsymbol{r}_0(f_{\mathrm{a}}),\boldsymbol{r}_1(f_{\mathrm{a}}),\cdots,\boldsymbol{r}_{r+p-1}(f_{\mathrm{a}})\}。\tag{6-74}$$

接下来，利用 $\boldsymbol{T}_{r+p}(f_{\mathrm{a}})$ 计算展开点 f_{b} 处声压 $P_{r+p}^{(2)}$ 的近似解，用式(6-71)计算相对误差。如果 $\hat{\delta}_r(f_{\mathrm{b}})>\mathrm{Tol}$ 且 $r+p>\mathrm{Maxorder}$，则增加展开频率点 f_{mid} 并移动到集合 S_1 中，然后返回第 2 步。

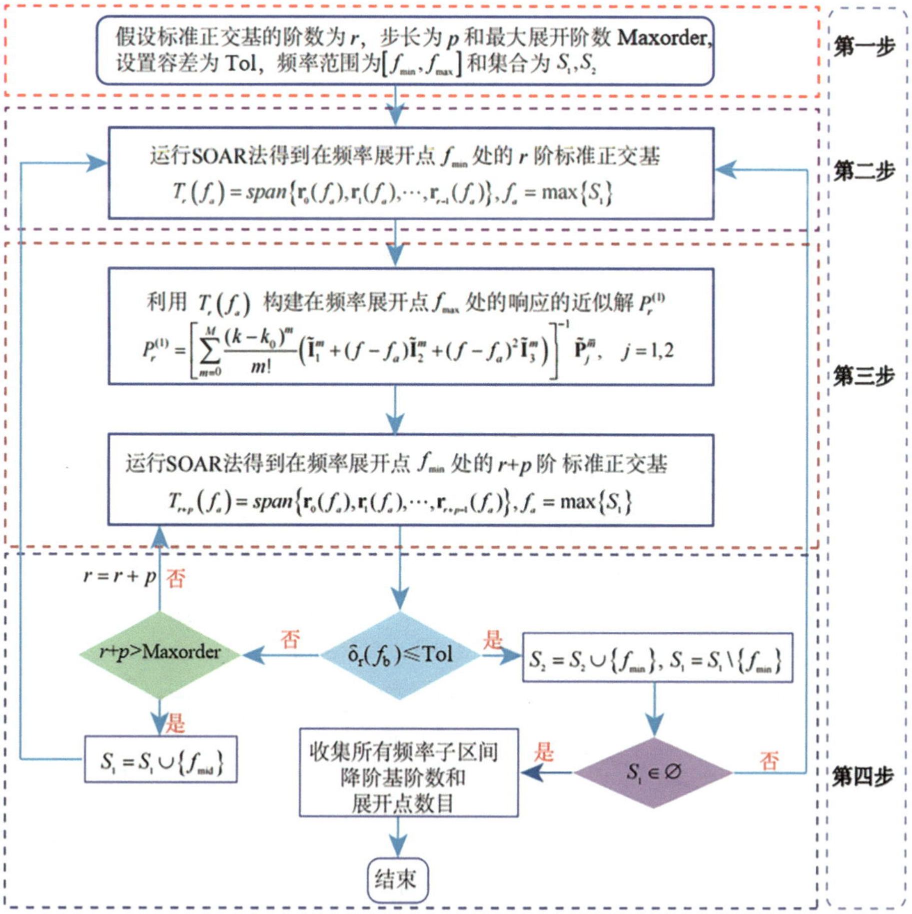

图 6-14　自适应 SOAR 策略

$$S_1=S_1\cup\{f_{mid}\}。\tag{6-75}$$

如果$\hat{\delta}_r(f_b)\leqslant Tol$，则将集合$S_1$中的频率点$f_b$移动到集合$S_2$中。如果移除频率点后集合$S_1$为空，则收集所有频率子区间中的频率展开点$f\in S_2$和标准正交基的阶数$r$，过程将会终止。

$$S_2=S_2\cup\{f_{min}\},\quad S_1=S_1\backslash\{f_{min}\}。\tag{6-76}$$

总之，该策略使用一个误差指示器来增加估计误差大于给定容差 ROM 的阶数和展开点数目，从而依次细化 ROM。

6.2.3 数值算例

在本节中，基本框架是使用 Fortran 90 语言进行编程，并在一台配备 Intel(R) Core

(TM)i7-7700 CPU 和 128 GiB 内存的台式机上运行。通过两个实例验证 AT-SOAR 算法的准确性和有效性。第一个算例是一个刚性球体被沿正 x 轴传播的单位振幅的入射平面波散射,第二个算例是一个飞机模型被一个沿正 x 轴传播的单位振幅的入射平面波散射。

6.2.3.1 刚性散射球

在本节中,考虑平面波被半径为 1 m 的刚性球散射的问题,如图 6-15A 所示。这是一个具有解析解的经典基准问题。假设平面波沿正 x 轴传播,振幅为 1。其中,具有 24 个单元和 26 个顶点的球体模型的初始控制网格中存在不规则点。事实上,这些不规则点并没有随着细分操作而消失,而是被转移到下一层网格中,文献[285,309]给出了一个特殊顶点曲面的精确求值。

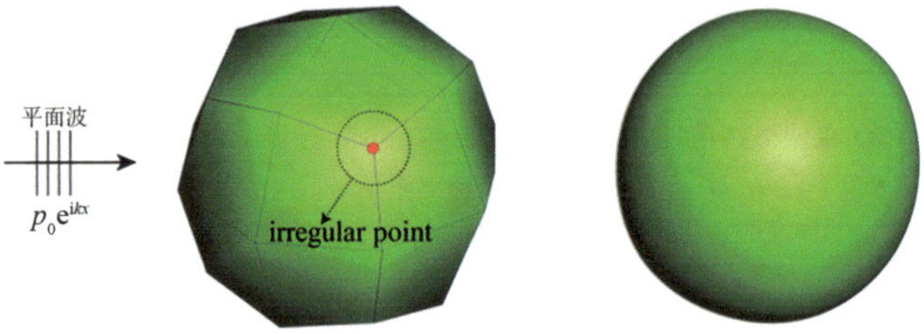

A. 初始网络　　B. 有限光滑模型

图 6-15　球模型细分过程示意图

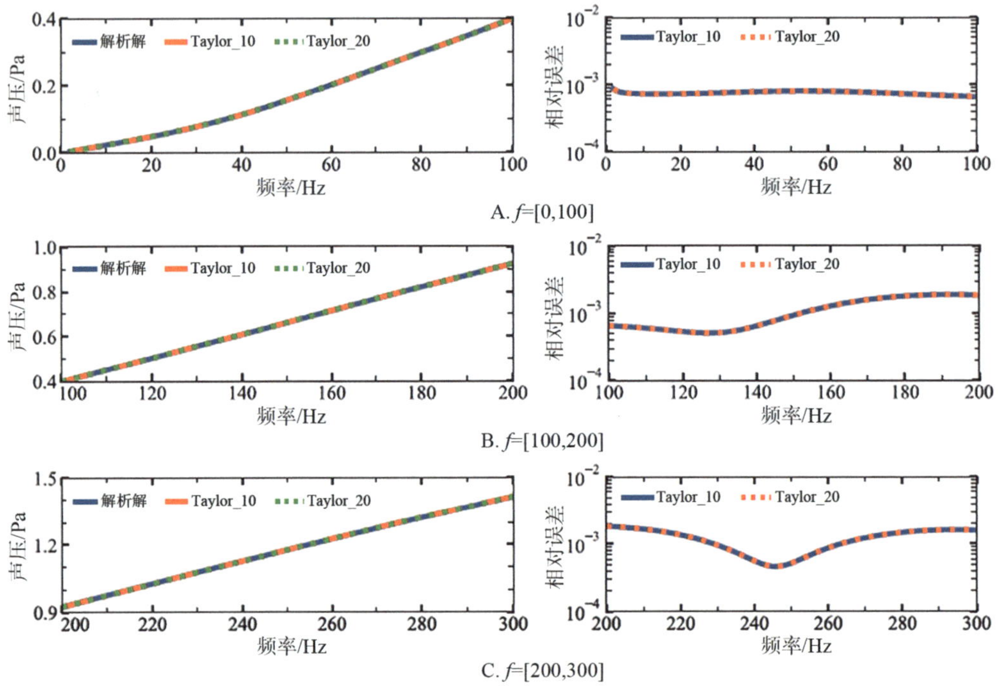

A. f=[0,100]

B. f=[100,200]

C. f=[200,300]

图 6-16　采用解析法和基于 Taylor 展开的 BEM 得到计算点处关于频率的声压结果

接下来，采用 1 536 个 Catmull-Clark 细分单元和 1 538 个顶点进行数值求解。Taylor 展开结果与解析解结果的对比如图 6-16 所示，这里采用三个不同频率范围[2,100]Hz、[100,200]Hz 和[200,300]Hz 进行基于 Taylor 展开的数值求解。频率步长设为 1 Hz。在频率范围为[f_l,f_u]内的固定频率展开点设为(f_l+f_u)/2。

图 6-16 中左边子图分别为利用解析法和基于 Taylor 展开的 BEM 得到的计算点(2,0,0)处的声压值。其中，"Taylor_10"表示利用基于 $M=10$ 截断项的 Taylor 展开的 BEM 得到的数值解。类似地，"Taylor_20"表示具有 $M=20$ 截断项的数值解。从左边子图中可以发现，基于 Taylor 展开的数值解与解析解是一致的，进一步的误差分析结果绘制在右边的子图中。从图中可以发现，截断项为 10 的解与截断项为 20 的相对误差也是基本一致的。由 6.1 节可知截断项越多计算成本越高，因此在接下来的分析中，我们利用 10 个截断项进行 Taylor 展开。结果验证了本节所提出的算法的精确性。

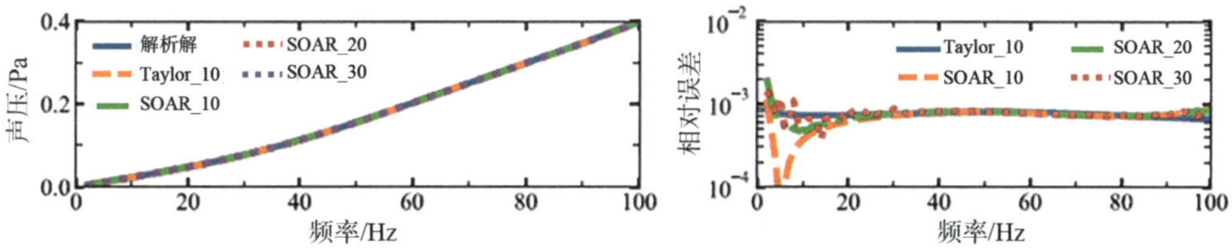

A. f=[0,100]

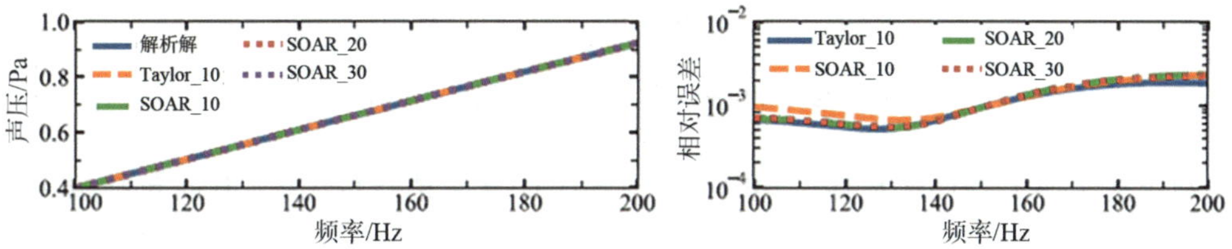

B. f=[100,200]

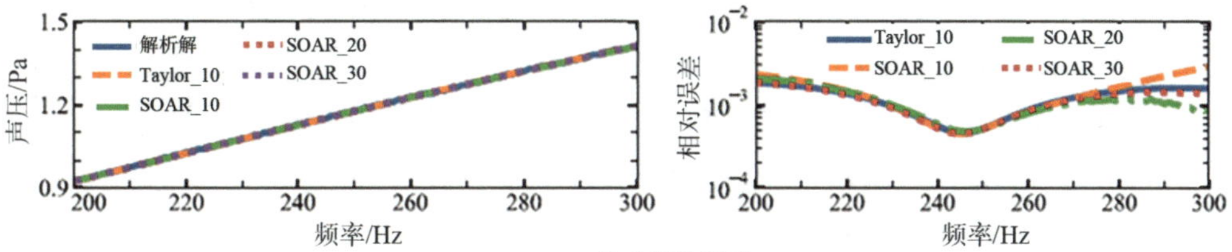

C. f=[200,300]

图 6-17 在计算点处关于频率的声压结果

利用 Taylor 展开将频率变量从 Green 函数中分离出来，生成了一个与频率无关的系数矩阵。该操作虽然避免了 BEM 中系数矩阵的重复构造，但求解初始的大型方程组时需要进行稠密矩阵的多次求和，这一步特别耗时。因此，本节利用子空间投影技术基本框架，推导出一个降阶系统方程(式(6-66))，其矩匹配特性如式(6-67)所示。为了生成一种具有 $n \ll N$ 特性的标准正交基 $\mathscr{G}_n(\boldsymbol{A},\boldsymbol{B};\boldsymbol{r}_0)$，本节提出了一种基于 AT-SOAR 法的模型降阶技术。因此，有必要研究降阶空间参数 n 对逼近精度的影响，如图 6-17 所示。从图中可发现，基于阶

数 $n=10,20,30$ 的自适应 SOAR 法的数值解与解析解基本一致。虽然相对误差在频率范围两端变化很大,但总体误差水平仍然很低。事实上,这种现象是符合规律的。因为展开点位于频率范围的中点,所考查频率点越接近展开点,理论上结果越准确,否则就越不准确。结果再次验证了本节所提出的加速算法的准确性。

众所周知,研究所提算法的计算效率是有必要的。将频率范围设为[100,200]Hz,频率步长设为 1 Hz。图 6-18 给出了求解 100 个不同频率处 BE 方程组的宽频计算所耗费的时间。其中,CBEM 表示用传统 BEM 重复求解全阶系统方程组。从图中可看出,在同样的 DOFs 下,应用"CBEM"求解系统响应耗费的时间比应用自适应 SOAR 法更长。此外,随着阶数的增加,应用自适应 SOAR 法耗费的时间也会增加。结果表明,基于自适应 SOAR 过程的模型阶数降阶技术有效地降低了宽频计算的时间。

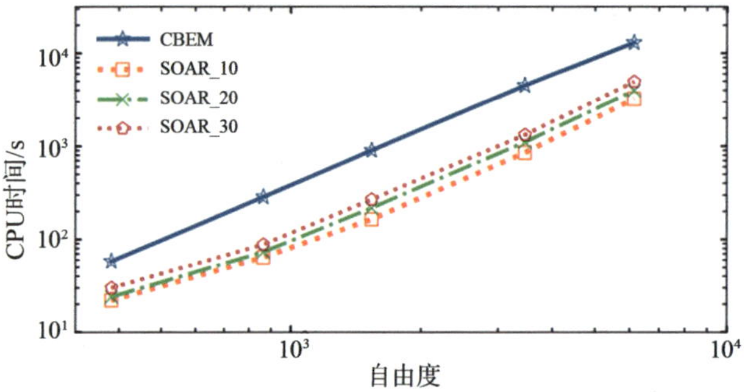

图 6-18 与 DOFs 有关的宽频计算所消耗的 CPU 时间

利用基于 AT-SOAR 程序的 BEM 进行宽频计算所消耗的 CPU 时间包括以下几个方面:

1) 求解式(6-54)中具有 $O(3(M+1)N^2)$ 计算量的系数矩阵 $\tilde{\boldsymbol{I}}_1^m$、$\tilde{\boldsymbol{I}}_2^m$ 和 $\tilde{\boldsymbol{I}}_3^m$。$\tilde{\boldsymbol{I}}_1^m,\tilde{\boldsymbol{I}}_2^m,\tilde{\boldsymbol{I}}_3^m \in \mathbb{C}^{N\times N}$。这一步用 T1 表示。

2) 求解式(6-62)中的 $\tilde{\boldsymbol{I}}_5^0$ 逆矩阵。$\tilde{\boldsymbol{I}}_5^0 \in \mathbb{C}^{N\times N}$。这一步用 T2 表示。

3) 构造具有状态空间维数 $n(n \ll N)$ 的二阶 Krylov 子空间 $\mathcal{G}_n(\boldsymbol{A},\boldsymbol{B};\boldsymbol{r}_0)$ 的一系列标准正交基 $\boldsymbol{Q}_j^m$。$\boldsymbol{Q}_j^m \in \mathbb{C}^{N\times n}$。这一步用 T3 表示。

4) 构造系数矩阵 $\hat{\boldsymbol{I}}_1^m$、$\hat{\boldsymbol{I}}_2^m$ 和 $\hat{\boldsymbol{I}}_3^m \in \mathbb{C}^{n\times n}$ 来生成二阶降维系统方程组(式(6-66)),并在宽频范围内求解式(6-66)。这一步用 T4 表示。

图 6-19 给出了每一个过程中计宽频计算所消耗时间的对比。值得注意的是,对于宽频分析来说,T1、T2、T3 只需要在一个固定的频率展开点上计算一次,故所消耗的时间一般比较少。T4 的取值由需要计算的频率点个数决定,由于求解的是简化的小规模的方程组,所以 T4 不占用主要的计算量。

接下来,利用传统 BEM 和 IGA-BEM 两种不同的方法计算了在[800,1000]Hz 范围内的声压,并与解析解做了比较,结果如图 6-20 所示。从图中可发现,采用等几何分析有效地

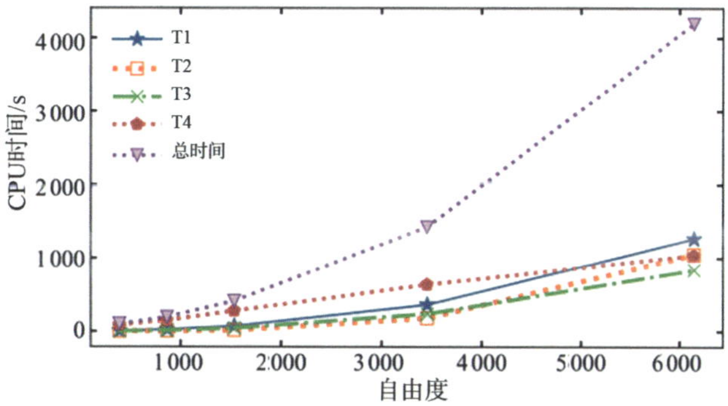

图 6-19 基于带 AT-SOAR 程序的 BEM 的宽频计算所消耗的 CPU 时间

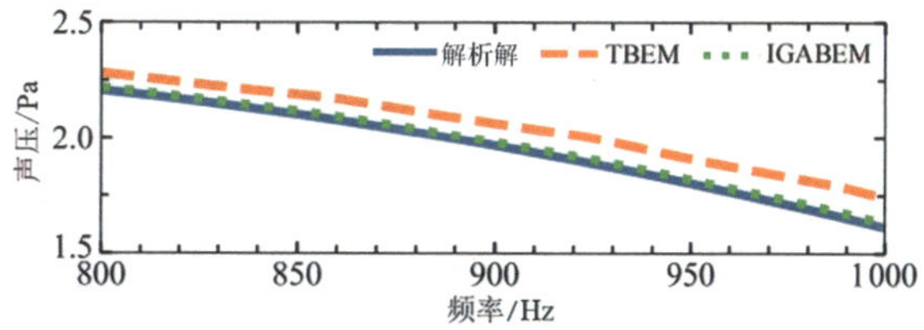

图 6-20 在频率范围[800,1000] Hz 内等几何和传统 BEM 的结果对比

提高了中频范围内基于 Taylor 展开的 BEM 的计算精度。

6.2.3.2 **飞机模型的散射**

随着科学技术的快速发展,大型客机的飞行量显著增加。飞机出行次数的明显增加给

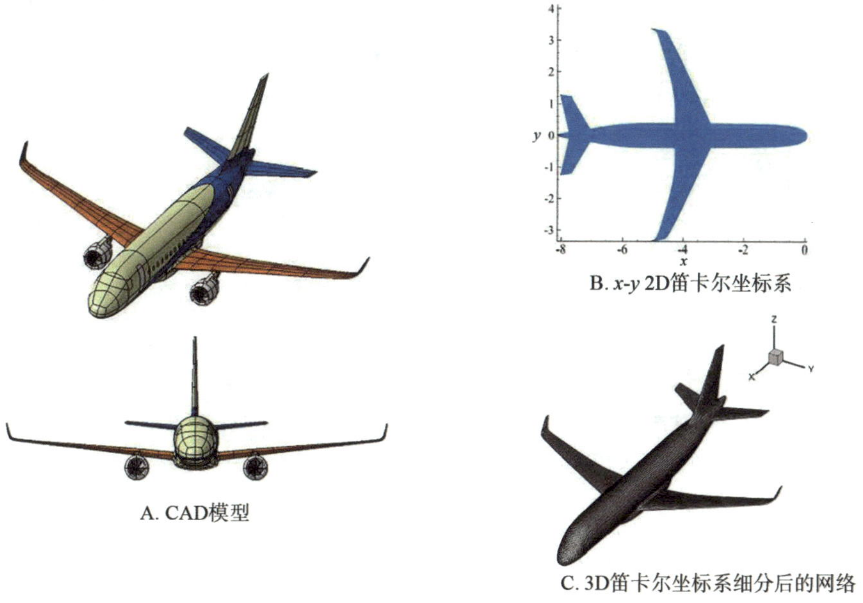

图 6-21 飞机的 CAD 模型和网格划分

人们出行带来了便利和安全，但在另一方面，也带来了严重的交通噪声污染。因此，研究复杂结构的声响应分析方法就显得尤为重要。

在本节中，考虑了图 6-21 所示的飞机模型，飞机的外边框尺寸为 8.194 m×6.734 m×2.28 m。该模型采用 66 436 个 Catmull-Clark 细分单元，具有 66 438 个顶点。为了简化计算，在使用 IGA-BEM 进行模型离散化时，忽略了该模型机翼下的发动机结构。本算例主要计算了单位振幅入射平面波沿正 x 轴传播并被飞机模型散射的声压，目的是评估本节提出的基于自适应 SOAR 法的宽频计算加速算法在复杂模型中的性能。

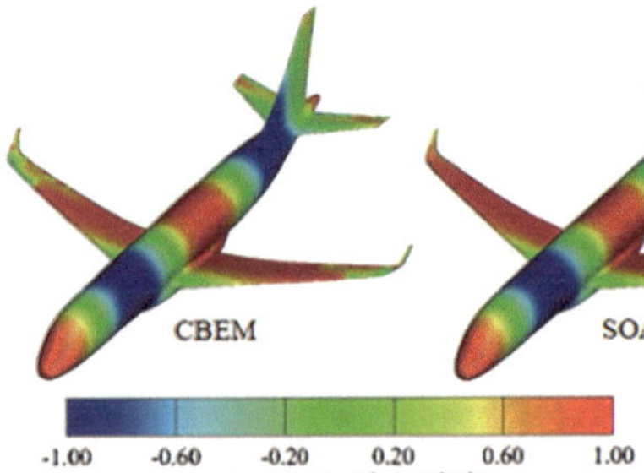

A. 80 Hz，声压实部

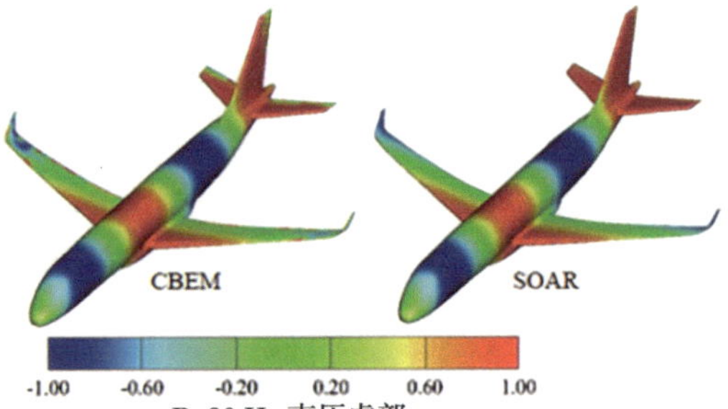

B. 80 Hz，声压虚部

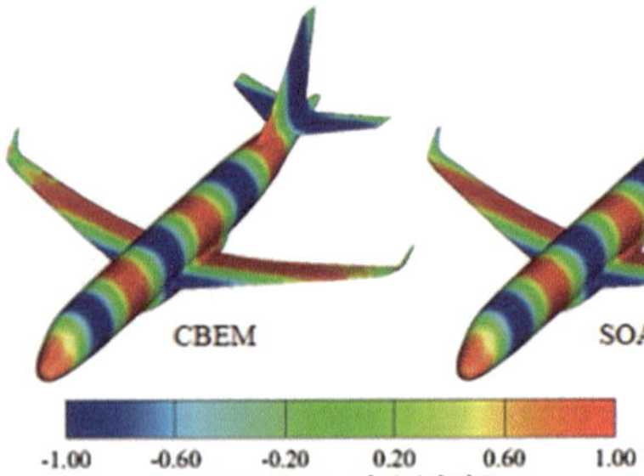

C. 160 Hz，声压实部

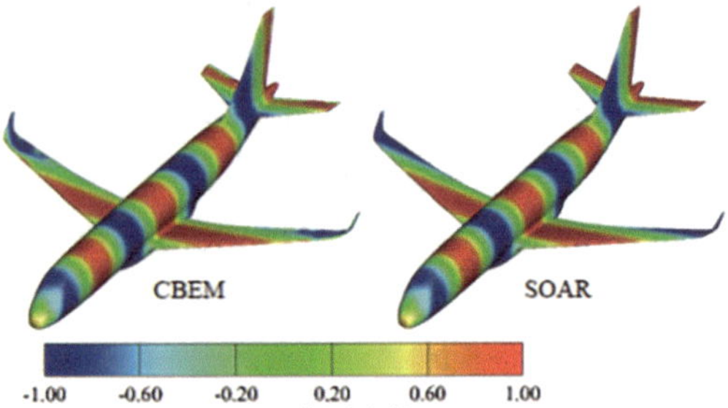

D. 160 Hz，声压虚部

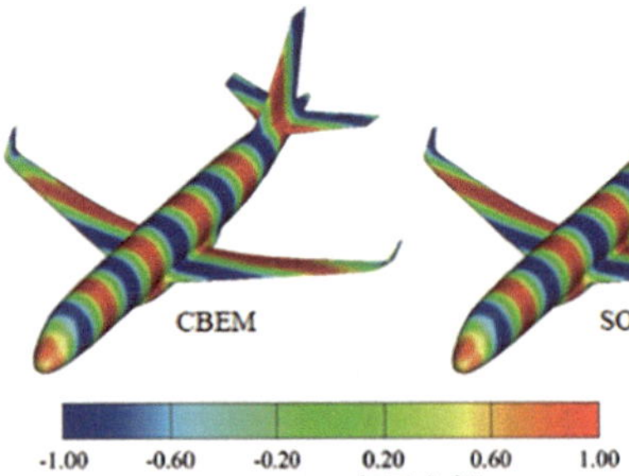

E. 240 Hz，声压实部

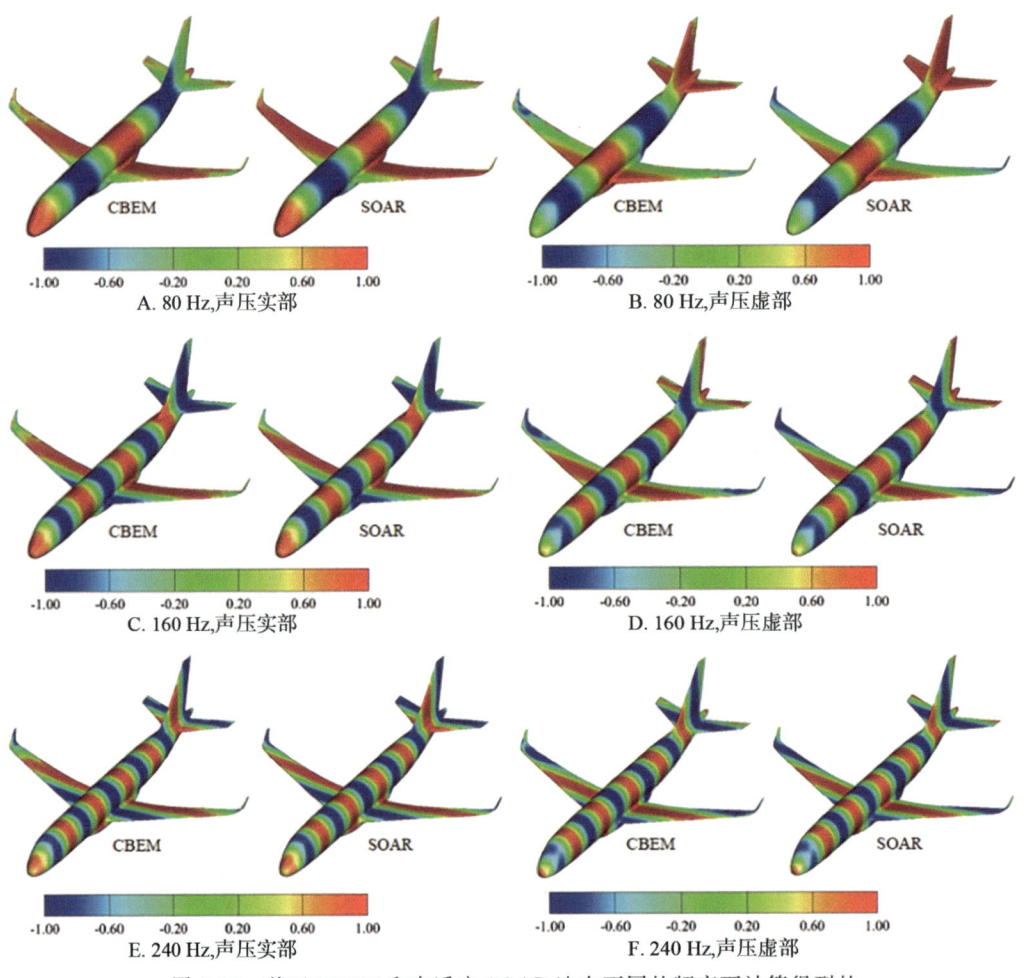

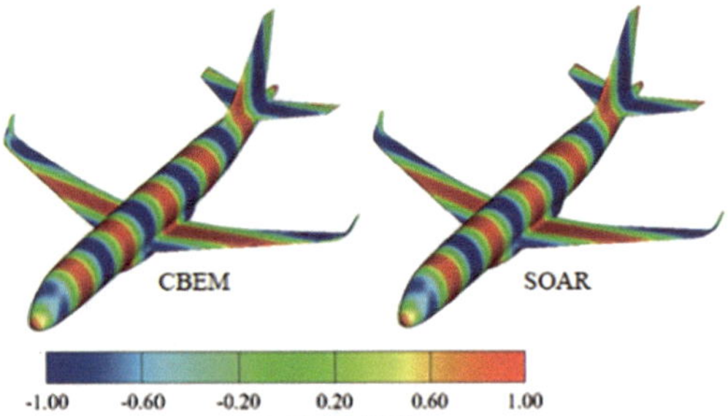

F. 240 Hz，声压虚部

图 6-22　基于 CBEM 和自适应 SOAR 法在不同的频率下计算得到的飞机模型表面的声压分布

图 6-22 给出了飞机表面在 80 Hz、160 Hz 和 240 Hz 三种不同计算频率下的声压结果的实部和虚部。从图中可看出，不同频率下声压分布是不同的，具有频率依赖性。

图 6-23 给出了飞机散射在表面上的声压云图。其中，位于曲面上的计算点在 z 轴上的

坐标为 20，飞机模型位于计算平面的左下方。对于基于 Taylor 展开和自适应 SOAR 法的 BEM 来说，分别选择 50 Hz、100 Hz 和 200 Hz 作为求解 80 Hz、160 Hz 和 240 Hz 的频率展开点。值得注意的是，在这幅图中观察到了频率依赖现象（即不同频率处的声压云图是不同的），因此，有必要开发高效、快速的宽频分析计算方法。此外，基于自适应 SOAR 法的计算结果与 CBEM 的计算结果一致，这说明本节提出的算法适用于复杂工程模型。

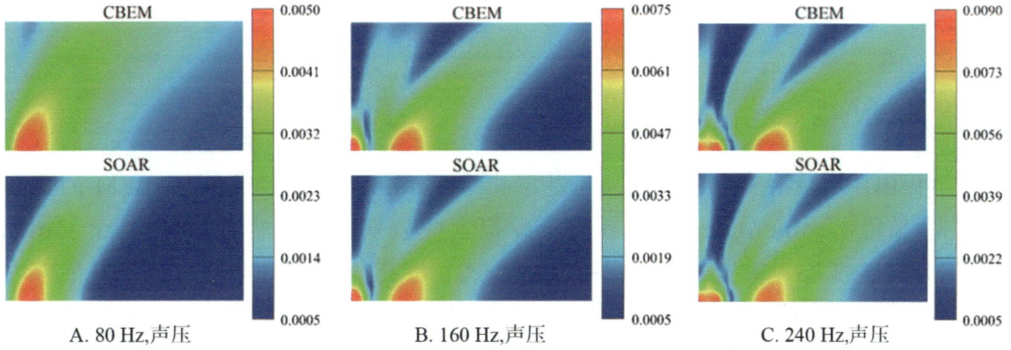

图 6-23　垂直于 z 轴的表面上声压分布的幅值

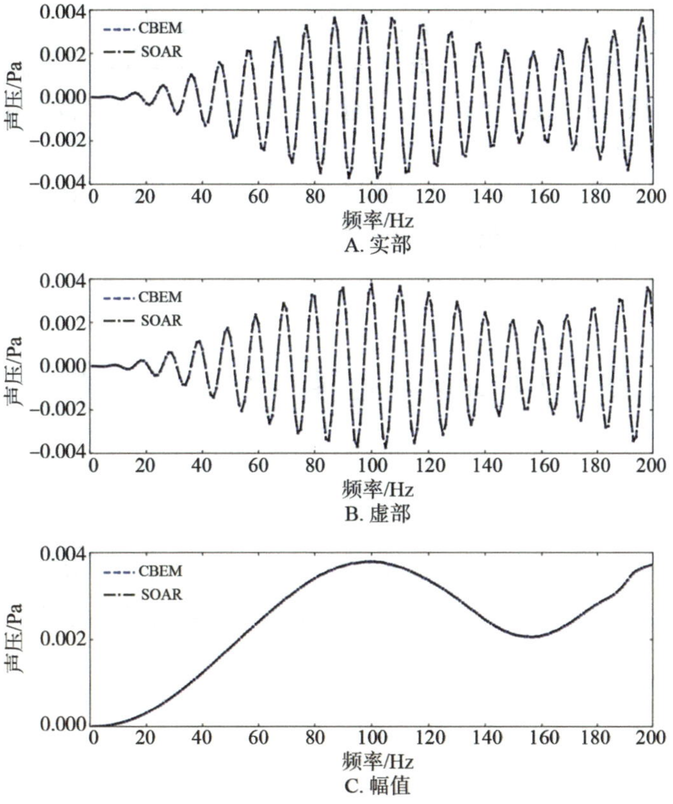

图 6-24　在计算点(20,20,20)处关于频率的声压结果

分别利用 CBEM 和自适应 SOAR 法计算了在[0,200]Hz 范围内的声压，结果如图 6-24 所示。在图 6-24 中，整个频率范围 1～200 Hz 被分为四个子区间，展开点 $\bar{k}_0$ 位于子区间的中点。对于飞机模型来说，在满足设定容差的条件下，根据经验将每个展开点的 Taylor 级数截断项设为 $M=40$。图 6-24 给出了坐标为(20,20,20)的计算点处声压的实部、虚部和幅值。其中，频率增量设为 1 Hz。同样，自适应 SOAR 法在 $n=80$ 时的解与 CBEM 的解是一致的。

6.2.4 小结

本节提出应用 AT-SOAR 法来加速基于三维 Catmull-Clark 细分曲面 BEM 的宽频分析。首先，采用 Burton-Miller 公式解决了虚拟本征频率问题。然后，利用基于 Catmull-Clark 细分曲面的 IGA 来离散 Burton-Miller 公式。接着，为了避免全尺寸模拟并能够大幅减少总体计算负荷，充分利用了一般动力学方程中物理上不同子矩阵的特定形状和基本属性：利用 Taylor 展开定理将频率依赖项从 BEM 的被积函数中解耦出来；使用 SOAR 算法生成频率无关的标准正交降阶基，进一步给出了一种基于 SOAR 的简单、高效的自适应方案。最后，用两个算例验证了该加速算法的有效性和精确性，结论如下：

1）与 CBEM 相比，利用 AT-SOAR 法进行宽频分析(即快速扫描分析)所消耗的时间和占用的内存非常有限，相对误差也在规定的范围之内，并对相对高频范围和大尺寸结构的标准正交基阶数提出了建议。

2）本节所建立的模型降阶技术可直接与 IGA-BEM 相结合，对日益复杂的系统进行高保真和宽频分析，大大降低数值模拟的计算量，有助于进一步进行声学宽频优化分析。

6.3 AT-SOAR 法加速吸声材料的宽频优化分析

6.3.1 构建拓扑优化模型

为了在限制材料体积的同时降低观测点处的声压，将目标函数 Π 表示为观测点处关于频率的声压 $p(f)$ 的实函数，并建立一个吸声材料分布问题的优化模型：

$$\left.\begin{aligned}&\min \Pi=\Pi(p(f));\\&\text{s.t.}\quad \sum_{i=1}^{n}\varphi_i v_i-\bar{\varphi}\sum_{i=1}^{n}v_i\leqslant 0,\\&0\leqslant\varphi_{\min}\leqslant\varphi_i\leqslant 1,\\&i=1,\cdots n。\end{aligned}\right\}\tag{6-77}$$

式中，φ_i 和 v_i 分别表示粘附在第 i 个单元的吸声材料的体积分数和第 i 个单元的体积。$\bar{\varphi}$ 表示在整个设计域内吸声材料的总体积分数，$\varphi_{\min}$ 是体积分数的下限，以避免在计算中出现奇异值，n 是指结构边界上的单元数。

由于声压函数 $p(f)$ 是频率相关的，目标函数 Π 也是频率相关的。因此，优化求解只在进行优化的特定频率下有效，但在其他频率下可能效果较差或者无效。为了解决这个问题，将目标函数修正为一个频带 $[f_l, f_u]$ 内的函数，即

$$\Pi_{\text{new}}=\frac{1}{f_u-f_l}\int_{f_l}^{f_u}\Pi(p(f))\,\mathrm{d}f\approx\frac{1}{f_u-f_l}\sum_{n=1}^{n_f}\Delta f_n\,\Pi(p(f_n^g))。\tag{6-78}$$

式中，n_f 是一个足够大的整数，并且

$$\left.\begin{aligned}&\Delta f_n=f_{n+1}-f_n,\\&f_n^g=\frac{1}{2}(f_{n+1}-f_n),\\&1\leqslant n\leqslant n_f。\end{aligned}\right\}\tag{6-79}$$

在本工作中，利用 BEM 来求解在每一个频率处的目标函数 $\Pi(p(f_n^g))$（二维和三维问题的目标函数具体求解过程分别见 6.1 节和 6.2 节）。

6.3.2 拓扑优化过程

6.3.2.1 声灵敏度分析

在拓扑优化问题中，式(6-77)中的目标函数 Π 定义为 $\boldsymbol{p}_f^*\boldsymbol{p}_f$，其中向量 $\boldsymbol{p}_f$ 为观测点处的声压，$\boldsymbol{p}_f^*$ 是向量 $\boldsymbol{p}_f$ 的共轭转置。本节采用基于 AVM 的灵敏度分析方法计算目标函数的灵敏度。基于梯度信息，采用 MMA 方法求解优化问题[312]。

目标函数 Π 关于设计变量 φ_i 的导数可分成三个部分：

$$\frac{\partial\Pi}{\partial\varphi_i}=\mathrm{Re}\left\{\boldsymbol{z}_1^{\mathrm{T}}\frac{\partial\boldsymbol{p}}{\partial\varphi_i}+\boldsymbol{z}_2^{\mathrm{T}}\frac{\partial\boldsymbol{p}_f}{\partial\varphi_i}+\boldsymbol{z}_3\right\}。\tag{6-80}$$

式中，$\mathrm{Re}\{\square\}$ 表示一个复数的实部，$\boldsymbol{z}_1^{\mathrm{T}}$、$\boldsymbol{z}_2^{\mathrm{T}}$ 和 $\boldsymbol{z}_3$ 表示辅助变量。为了考虑式(6-5)、(6-7)或者式(6-41)、(6-44)的残差，将目标函数 Π 修正为

$$\bar{\Pi}=\Pi+\mathrm{Re}\{\boldsymbol{\lambda}_1^{\mathrm{T}}[(\boldsymbol{H}-\boldsymbol{G}\boldsymbol{B})\boldsymbol{p}-\boldsymbol{p}_{\text{inc}}]+\boldsymbol{\lambda}_2^{\mathrm{T}}[\boldsymbol{p}_f+(\boldsymbol{H}_f-\boldsymbol{G}_f\boldsymbol{B})\boldsymbol{p}-\boldsymbol{p}_f^{\text{inc}}]\}。\tag{6-81}$$

式中，$\boldsymbol{\lambda}_1^{\mathrm{T}}$ 和 $\boldsymbol{\lambda}_2^{\mathrm{T}}$ 是满足伴随方程 $\boldsymbol{z}_2^{\mathrm{T}}+\boldsymbol{\lambda}_2^{\mathrm{T}}=0$ 和 $\boldsymbol{z}_1^{\mathrm{T}}+\boldsymbol{\lambda}_1^{\mathrm{T}}(\boldsymbol{H}-\boldsymbol{G}\boldsymbol{B})+\boldsymbol{\lambda}_2^{T}(\boldsymbol{H}_f-\boldsymbol{G}_f\boldsymbol{B})=0$ 的两种伴随变量。式(6-81)中修正的目标函数关于设计变量 φ_i 的导数可表示为：

$$\begin{aligned}\frac{\partial\bar{\Pi}}{\partial\varphi_i}=&\frac{\partial\Pi}{\partial\varphi_i}+\mathrm{Re}\left\{\frac{\partial\boldsymbol{\lambda}_1^{\mathrm{T}}}{\partial\varphi_i}[(\boldsymbol{H}-\boldsymbol{G}\boldsymbol{B})\boldsymbol{p}-\boldsymbol{p}_{\text{inc}}]+\frac{\partial\boldsymbol{\lambda}_2^{T}}{\partial\varphi_i}[\boldsymbol{p}_f+(\boldsymbol{H}_f-\boldsymbol{G}_f\boldsymbol{B})\boldsymbol{p}-\boldsymbol{p}_f^{\text{inc}}]\right\}+\\&\mathrm{Re}\left\{\boldsymbol{\lambda}_1^{\mathrm{T}}\left[\left(\frac{\partial\boldsymbol{H}}{\partial\varphi_i}-\frac{\partial\boldsymbol{G}}{\partial\varphi_i}\boldsymbol{B}-\boldsymbol{G}\frac{\partial\boldsymbol{B}}{\partial\varphi_i}\right)\boldsymbol{p}+(\boldsymbol{H}-\boldsymbol{G}\boldsymbol{B})\frac{\partial\boldsymbol{p}}{\partial\varphi_i}-\frac{\partial\boldsymbol{p}_{\text{inc}}}{\partial\varphi_i}\right]\right\}+\\&\mathrm{Re}\left\{\boldsymbol{\lambda}_2^{\mathrm{T}}\left[\frac{\partial\boldsymbol{p}_f}{\partial\varphi_i}+\left(\frac{\partial\boldsymbol{H}_f}{\partial\varphi_i}-\frac{\partial\boldsymbol{G}_f}{\partial\varphi_i}\boldsymbol{B}-\boldsymbol{G}_f\frac{\partial\boldsymbol{B}}{\partial\varphi_i}\right)\boldsymbol{p}+(\boldsymbol{H}_f-\boldsymbol{G}_f\boldsymbol{B})\frac{\partial\boldsymbol{p}}{\partial\varphi_i}-\frac{\partial\boldsymbol{p}_f^{\text{inc}}}{\partial\varphi_i}\right]\right\}。\end{aligned}\tag{6-82}$$

注意，由于系数矩阵 $\boldsymbol{G}$、$\boldsymbol{H}$、$\boldsymbol{G}_f$ 和 $\boldsymbol{H}_f$ 与设计变量无关，它们关于设计变量 φ_i 的导数是 0。此外，假设在优化过程中外部激励保持恒定，即 $\partial \boldsymbol{p}_{\text{inc}}/\partial \varphi_i=0$ 和 $\partial \boldsymbol{p}_f^{\text{inc}}/\partial \varphi_i=0$。因此，式(6-82)简化为

$$\frac{\partial \bar{\Pi}}{\partial \varphi_i}=\frac{\partial \Pi}{\partial \varphi_i}+\operatorname{Re}\left\{\boldsymbol{\lambda}_1^{\mathrm{T}}\left[(\boldsymbol{H}-\boldsymbol{G}\boldsymbol{B})\frac{\partial \boldsymbol{p}}{\partial \varphi_i}-\boldsymbol{G}\frac{\partial \boldsymbol{B}}{\partial \varphi_i}\boldsymbol{p}\right]\right\}+$$
$$\operatorname{Re}\left\{\boldsymbol{\lambda}_2^{\mathrm{T}}\left[\frac{\partial \boldsymbol{p}_f}{\partial \varphi_i}+(\boldsymbol{H}_f-\boldsymbol{G}_f\boldsymbol{B})\frac{\partial \boldsymbol{p}}{\partial \varphi_i}-\boldsymbol{G}_f\frac{\partial \boldsymbol{B}}{\partial \varphi_i}\boldsymbol{p}\right]\right\}。\tag{6-83}$$

将式(6-83)和伴随方程 $\boldsymbol{z}_2^{\mathrm{T}}+\boldsymbol{\lambda}_2^{\mathrm{T}}=0$、$\boldsymbol{z}_1^{\mathrm{T}}+\boldsymbol{\lambda}_1^{\mathrm{T}}(\boldsymbol{H}-\boldsymbol{G}\boldsymbol{B})+\boldsymbol{\lambda}_2^{\mathrm{T}}(\boldsymbol{H}_f-\boldsymbol{G}_f\boldsymbol{B})=0$ 代入到式(6-80)中得

$$\frac{\partial \Pi}{\partial \varphi_i}=\frac{\partial \bar{\Pi}}{\partial \varphi_i}=\operatorname{Re}\left\{\boldsymbol{z}_3-\boldsymbol{\lambda}_1^{\mathrm{T}}\boldsymbol{G}\frac{\partial \boldsymbol{B}}{\partial \varphi_i}\boldsymbol{p}+\boldsymbol{\lambda}_2^{\mathrm{T}}\boldsymbol{G}_f\frac{\partial \boldsymbol{B}}{\partial \varphi_i}\boldsymbol{p}\right\}。\tag{6-84}$$

6.3.2.2 插值方案和迭代准则

根据 Delany-Bazley-Miki 模型[313]，吸声材料的归一化阻抗

$$\bar{z}=1+0.0699\left(\frac{f}{\sigma}\right)^{-0.632}+\mathrm{i}\,0.1071\left(\frac{f}{\sigma}\right)^{-0.632}。\tag{6-85}$$

式中，f 表示为频率，σ 表示材料的流动阻力。假设归一化表面导纳

$$\beta_i=\beta_0 f(\varphi_i)。\tag{6-86}$$

式中，$\beta_0=1/\bar{z}\coth(-\mathrm{i}\bar{k}d)$ 表示刚性结构表面覆盖吸声材料时的归一化导纳值。引入 SIMP 插值函数[314]，有

$$f(\varphi_i)=\varphi_i^{\eta}。\tag{6-87}$$

式中，η 表示惩罚因子，一般情况下 $\eta\geqslant 3$。本节中设 $\eta=3$。

将 MMA[312]应用于声学优化问题的求解，更新设计变量的迭代收敛准则 τ 如下所示：

$$\left|\frac{\Pi^{j+1}-\Pi^{j}}{\Pi^{j}}\right|<\tau。\tag{6-88}$$

式中，Π^j 表示第 j 迭代步的目标函数值。

6.3.3 数值算例分析

6.3.3.1 飞机模型吸声材料分布优化

6.2 节用飞机模型验证了 AT-SOAR 算法的有效性，本节考虑其优化问题。为了使服从材料体积约束的计算点处的声压最小，吸声材料分布优化问题的数学表达式在式(6-77)中给出，基于伴随变量法的目标函数灵敏度推导见 6.3.2.1 节，材料插值方案见 6.3.2.2 节。设计变量初值设为 1，体积分数约束 $f_{\mathrm{v}}=0.5$。接下来，对多孔材料进行优化设计，使观测点处的声压最小。

将飞机模型细分为 66 436 个单元，因为这个网格提供了可接受的精度。精细的离散化需要更高的计算成本，但不能显著提高精度。此外，更多的设计变量导致更灵活的设计空

间，并可能导致更好的解决方案，但在最优解中也容易出现棋盘格现象，缺乏工程实际意义。因此，本节采用滤波半径为 $r_{\min}=0.2$ m 的灵敏度滤波技术来抑制棋盘格问题，降低优化分析的网格依赖性，并利用式(6-78)计算优化过程中各个迭代步的目标函数，结果如图 6-25 所示。在初始迭代步中，由于吸声材料粘贴在整个结构表面，目标函数值最低。从第 2 步开始，由于约束函数 $f_v=0.5$ 的限制，目标函数的值迅速增加。然后，通过不断优化，目标函数快速下降直到稳定收敛。

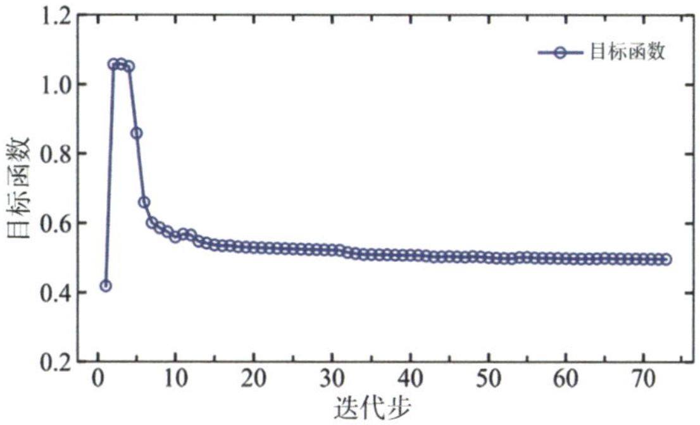

图 6-25　在频率范围[10,200]Hz 关于迭代步的目标函数

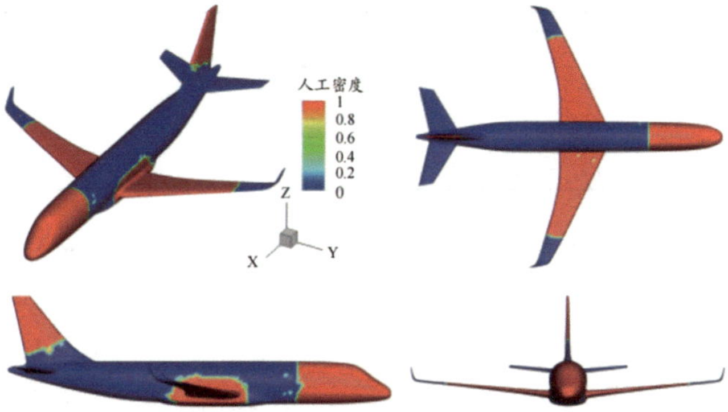

图 6-26 飞机模型表面粘附的吸声材料在[10,200]Hz 频率范围内的优化分布

本节利用 AT-SOAR 法加速宽频优化得到最终吸收材料布局，如图 6-26 所示。可以看出，飞机结构模型表面粘附的吸声材料分布具有良好的对称性，这反映了本节提出的加速算法对复杂结构优化问题的高度适用性。

6.3.3.2　音叉型声屏障吸声材料分布优化

在 6.2.4 节中讨论过声屏障通常具有比直立型更复杂的结构，如图 6-27 所示的音叉型声屏障结构。为了提高声屏障的降噪效果，可以从声屏障的形状、尺寸和结构表面的吸声性能等方面进行优化设计，目前大部分学者都进行了相关研究[315-318]。但是这些工作大多都是对形状和尺寸的优化，对于吸声材料的分化没有给出合适的优化设计方法。本节采用所提出的拓扑优化方法对吸声材料在该声屏障上的分布进行优化设计。

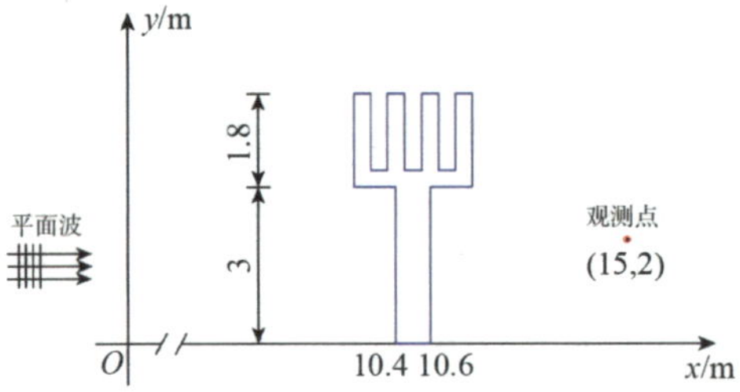

图 6-27　平面波激励下音叉型声屏障的设计域

数值模拟所用参数如表 6-2 所示。音叉型声屏障的上部结构宽度为 0.1 m，下部结构宽为 0.2 m，激励频率 $f_p=200$ Hz。设计变量初始值，即吸声材料体积分数为 $\varphi_i=\bar{\varphi}_0=0.5$。总体积分数比的约束，即初始整体体积分数与当前整体体积分数 $\varphi_i/\bar{\varphi}_0$ 的比值设为 0.5，迭代收敛容差 τ 设为 1×10^{-4}。需要注意的是，利用 BEM 计算音叉型声屏障模型的系统响应时引入了奇异积分，解决方法详见 6.2.3 节。

表 6-2　音叉型声屏障模型相关参数

参数	量值	参数	量值
空气介质密度	$\rho_f=1.21\ \mathrm{kg/m^3}$	声速	$c_{air}=343$ m/s
流阻率	$\sigma=10^4\ \mathrm{N\cdot s/m^4}$	滤波半径	$r_{min}=0.1$ m
频率步长	$f_{step}=1.0$ Hz		

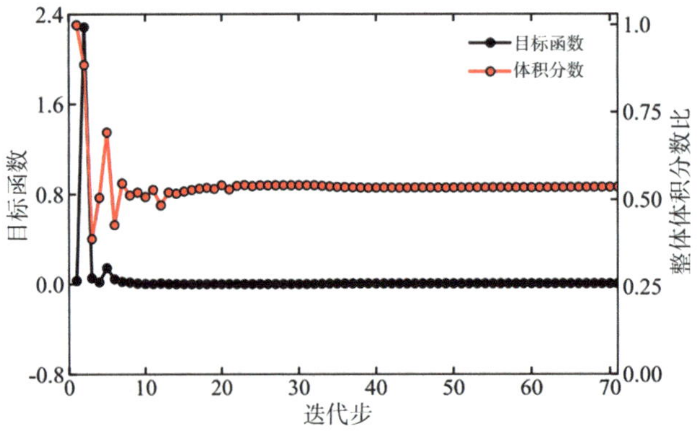

图 6-28　在 200 Hz 处优化的不同迭代步骤的目标函数 Π 和总体积分数比 $\bar{\varphi}/\bar{\varphi}_0$

利用 MMA 得到了目标函数值和总体积分数比，如图 6-28 所示。可以看出，优化后的目标函数相比于初始值有明显的降低，最终收敛后的体积分数比初始值要低。因此，目标函数与材料总体积分数比具有快速收敛性。在迭代过程中，较小的总体积分数比可能并不对应较小的目标函数值，这意味着在声屏障表面覆盖更多的吸声材料并不会导致声压越小。

图 6-29 和图 6-30 给出了目标函数收敛前后的灵敏度值，迭代过程中设计变量的分布绘制在图 6-31 中。收敛前，迭代步为 60 时大多数单元的灵敏度值为零，部分单元为非零。而且，收敛后灵敏度值非零的单元数量远远大于收敛前。可以注意到，"零灵敏度"实际上是一个非常小的值，它接近但不等于零，原因在于通过设置设计变量 φ_i 的上下限来防止计算中出现奇异值。

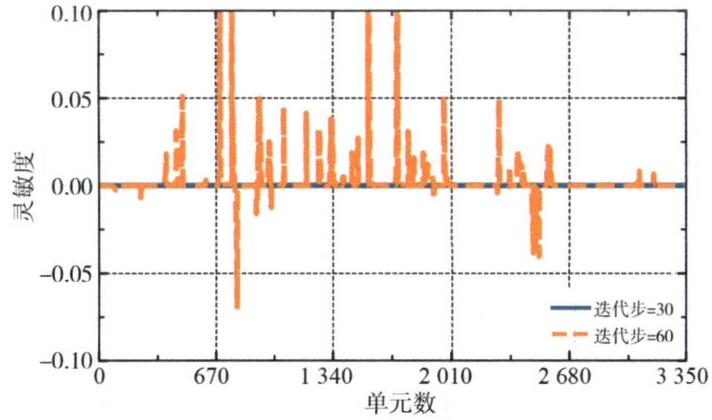

图 6-29　200 Hz 处两个不同迭代步的目标函数灵敏度

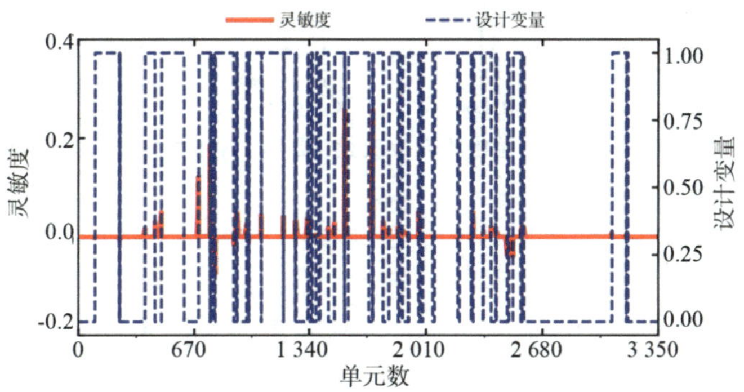

图 6-30　优化收敛后的目标函数灵敏度与设计变量

图 6-31 给出了在 100 Hz、200 Hz、400 Hz、600 Hz 和 800 Hz 这五个不同频率下优化的音叉型声屏障结构表面的声压分布云图。从图中可看出，声压实部和虚部随优化频率的不同而有显著差异，具有频率依赖性。图 6-32 给出了优化设计变量（即吸声材料体积分数）在 5 个不同频率处的分布情况，也表现出明显的频率依赖性。在不同的频率处。需要注意的是，声屏障结构表面的声压并不能反映吸声性能，因为本工作的优化目标是使位于声屏障右侧观察点的声压最小。

在图 6-33 中，通过两次单频优化（分别在 100 Hz 和 400 Hz 处）得到的两种设计的目标函数值与宽频优化（在[100，600]Hz 频率区间内）以及参考初始设计（这里假设音叉型声屏障表面覆盖的吸声材料的体积分数是均匀的，即 $\varphi_i=0.5$）的目标函数值进行比较。结果表

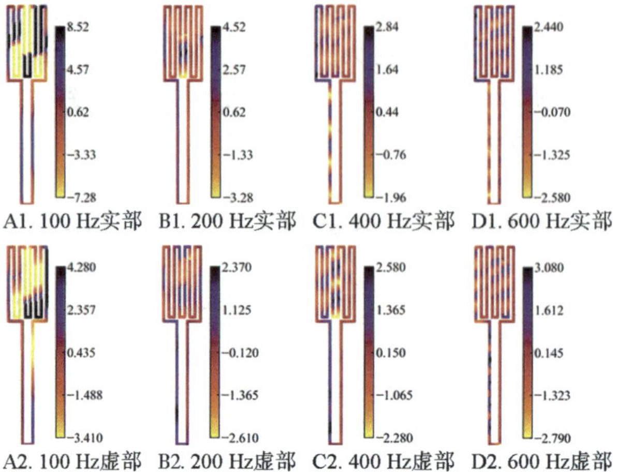

图 6-31 不同频率下优化的音叉型声屏障模型表面声压分布

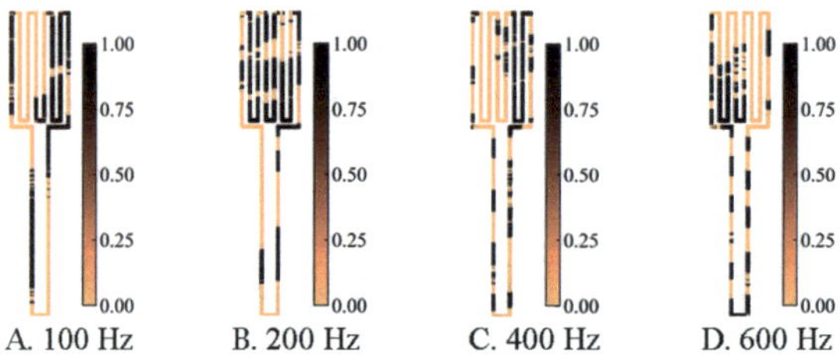

图 6-32 在不同频率下优化的设计变量(吸声材料体积分数)的分布情况

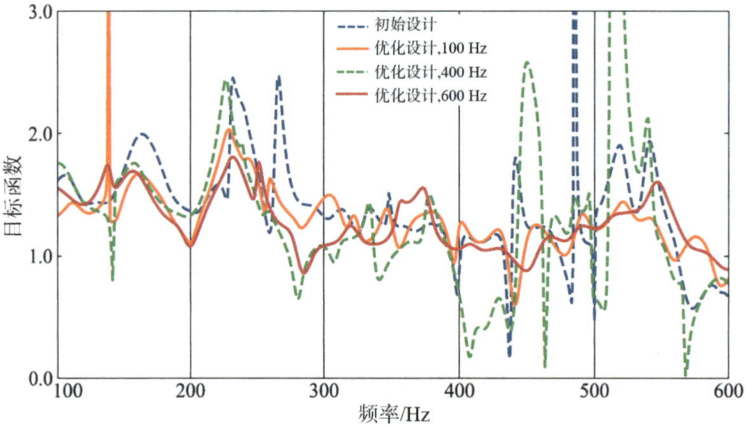

图 6-33 单频优化设计、宽频优化设计和初始设计的目标函数曲线

明,在相应的优化频率下,单频优化可明显降低目标函数的值,但在其他频率下可能不是最优的,甚至不如初始设计。虽然单频优化在其优化频率处也可能会有一个良好的设计,如在 600 Hz 处优化的结果,但是在优化之前预先选择一个合适的优化频率几乎是不可能的。宽

频优化结果似乎在几乎整个优化频段内都是最优的，较低的目标函数值证明了这个结果。总之，宽频优化克服了传统单频优化的局限性，故在一个宽频带内的吸声材料优化设计具有重要意义。

为了进一步定量评价不同优化设计的性能，本节提出了在一个频段$[f_l, f_u]$范围内的均值和标准差，定义如下：

$$\left.\begin{aligned}\bar{E}(\Pi) &= \frac{1}{f_u - f_l}\int_{f_l}^{f_u} \Pi(p(f))\,\mathrm{d}f \approx \frac{1}{f_u - f_l}\sum_{n=1}^{n_f} \Delta f_n \Pi(p(f_n^g)), \\ \sigma &= \sqrt{\sigma^2} = \sqrt{\frac{1}{n_f}\sum_{n=1}^{n_f} (\Pi - \bar{E}(\Pi))^2}\,。\end{aligned}\right\} \tag{6-89}$$

其中，$\bar{E}(\Pi)$和σ分别为目标函数Π的均值和标准差。$\mathscr{E}[\Pi]$值越小表示优化设计的吸声性能越好，而σ值越小优化设计的吸声性能越稳定。

接下来，定义目标函数的不满足度来评估目标函数的最优值不满足其预期上限时的不满足度。该上限通常对应于工程应用中允许的最大声压：

$$\left.\begin{aligned}\kappa &= \sqrt{\mathscr{E}[\Pi(f)]} = \sqrt{\frac{1}{f_u - f_l}\sum_{n=1}^{n_f} \Delta f_n \Pi(p(f_n^g))}\,。\\ \tilde{\Pi}(f) &= \begin{cases}\Pi(f) - \Pi_0, & \text{if } \Pi(f) - \Pi_0 > 0; \\ 0, & \text{if } \Pi(f) - \Pi_0 \leqslant 0。\end{cases}\end{aligned}\right\} \tag{6-90}$$

其中，κ为目标函数的不满足度，Π_0为期望的目标函数上限，$\tilde{\Pi}(f)$是一个描述目标函数的优化值是否满足允许的上限Π_0的函数。如果目标函数小于整个优化频带范围内允许的上限，$\kappa = 0$，否则κ为正值。此外，κ值越大，优化设计越差。

表 6-3 列出了目标函数在给定观测点(15,2)的平均值、标准差和不满足度。由于不满足度取决于Π_0，故分别使用$\Pi_0 = 1.8$和$\Pi_0 = 2.0$来计算。由表 6-3 可以看出，只有在 600 Hz 时单频优化设计和宽频优化设计才表现出良好且稳定的吸声性能。如图 6-33 所示，其他单频优化设计可能在其优化频率下是最优的，但是，它们在所研究的频段内整体性能不佳，甚至比初始设计更差，如表 6-3 中目标函数的平均值、标准差和不满足度所示。这些结果证明了宽频优化技术的有效性，并说明了其在宽频范围内吸声结构优化中具有广泛的应用前景。

表 6-3　在给定观测点(15,2)处目标函数的均值、标准差和不满足度

设计情况	$\bar{E}(\Pi)$	σ	$\kappa(\Pi_0=1.8)$	$\kappa(\Pi_0=2.0)$
初始设计	1.302 2	6.478 4	0.565 8	0.549 1
100 Hz	1.669 5	0.271 8	0.095 1	0.067 4
200 Hz	1.308 3	0.286 8	0.110 2	0.055 8
400 Hz	1.578 5	3.872 5	0.606 2	0.587 4
600 Hz	1.239 8	0.238 6	0.021 6	0.0
100～600 Hz	1.277 5	0.233 7	0.005 7	0.0

6.3.3.3 蘑菇形声屏障吸声材料分布优化

为了进一步验证所提出的优化算法，特别是对于复杂的屏障结构，本节考虑了一个蘑菇形状的声屏障结构，如图 6-34 所示。它的相关参数类似于音叉形状的声屏障结构(见表 6-2)。

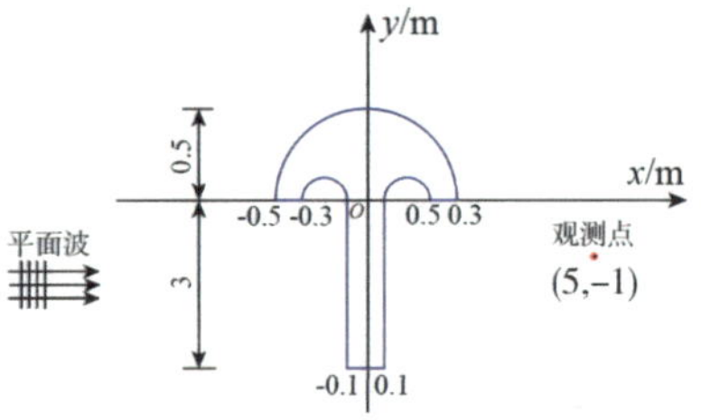

图 6-34 平面波激励下的蘑菇形声屏障的设计域

激励频率 f_{p} 设为 100 Hz，设计变量(即吸声材料的体积分数)的初始值为 $\varphi_i=\bar{\varphi}_0=0.5$。总体积分数比 $\bar{\varphi}/\bar{\varphi}_0$ 的约束设为 1.0，迭代收敛公差 τ 设为 1×10^{-4}。优化过程中目标函数值和总体积分数比如图 6-35 所示，从中可见目标函数和总体积分数比率收敛速度较快。在迭代过程中，较小的总体积分数比并不一定对应着较小的目标函数值，这意味着在声屏障表面覆盖更多的吸声材料并不会导致声压变小。因此，为了得到观测点处的最小声压，需要进行吸声材料的拓扑优化设计。

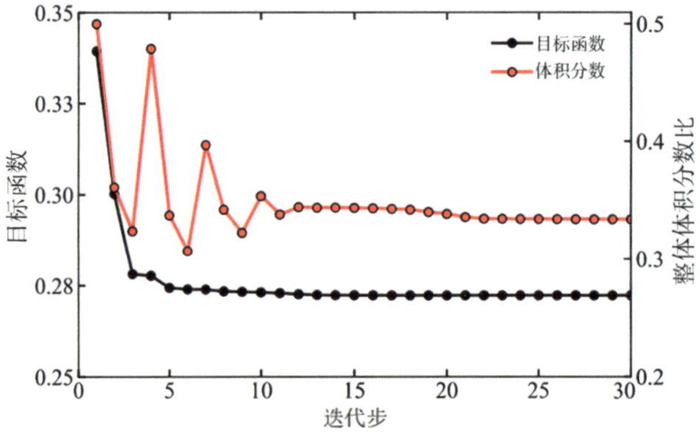

图 6-35 100 Hz 下不同迭代步的目标函数和总体积分数比值 $\bar{\varphi}/\bar{\varphi}_0$

图 6-36 给出了目标函数在不同迭代步下的灵敏度值。在迭代过程中，一些单元的灵敏度为非零，而其他单元为零。收敛后，只有少数单元的灵敏度非零，如图 6-37 所示。可以注意到，“零灵敏度”是一个非常小的值，尽管它接近于零，但并不等于零，具体原因与 6.3.3.2 节一致。

图 6-38 给出了优化后的蘑菇形声屏障结构表面的声压分布云图。可以看出，不同频率下声压的分布是不一致的，具有频率依赖性。为了进一步研究频率对优化分布的影响，在不同频率 $f=100$ Hz、300 Hz、500 Hz 和 600 Hz 下对蘑菇形声屏障表面粘附的吸声材料进行优化设计，如图 6-39 所示。结果表明，声压分布随优化频率变化较大，这是由于波长随频率

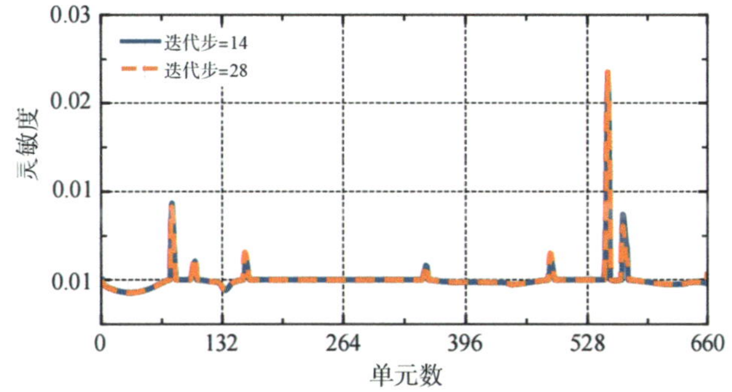

图 6-36　100 Hz 下两种不同迭代步的目标函数灵敏度

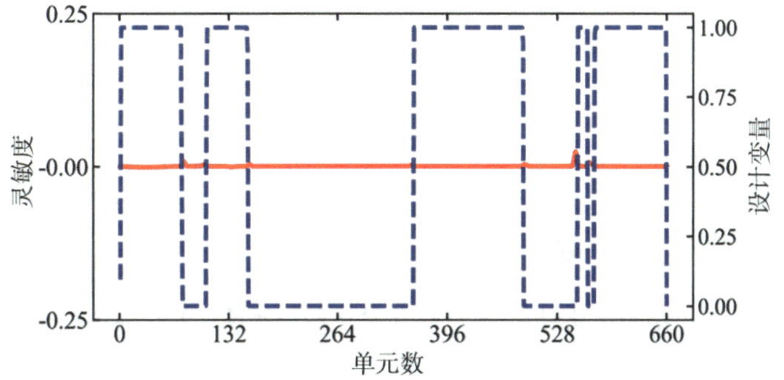

图 6-37　优化收敛后的目标函数灵敏度与设计变量

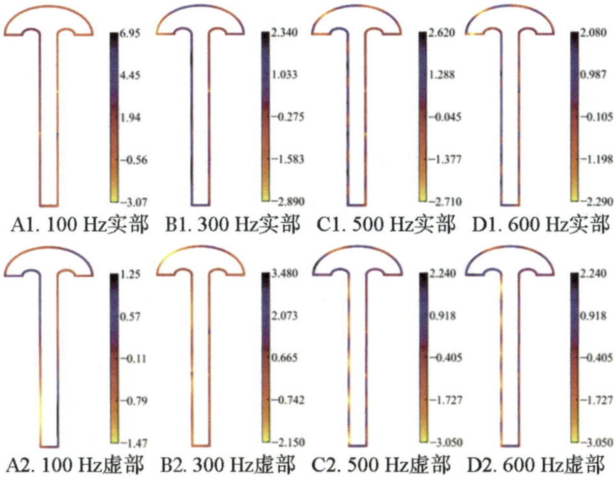

图 6-38　不同频率下蘑菇形声屏障模型表面声压分布

变化，影响了结构表面的声干涉。

图 6-40 将三个单频优化设计(分别在 100 Hz、500 Hz 和 600 Hz 进行优化)和宽频优化

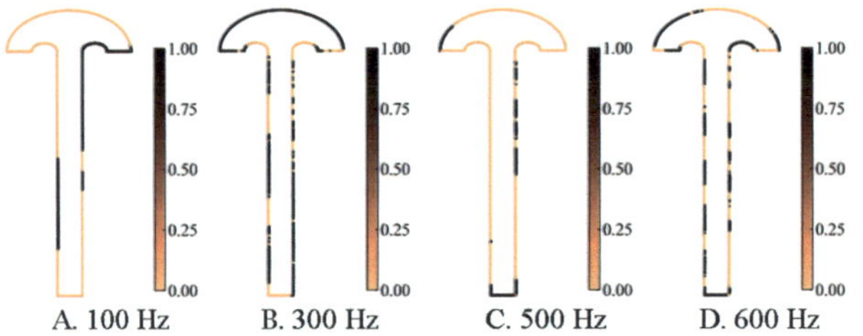

图 6-39　设计变量(吸声材料体积分数)在不同频率下的分布优化

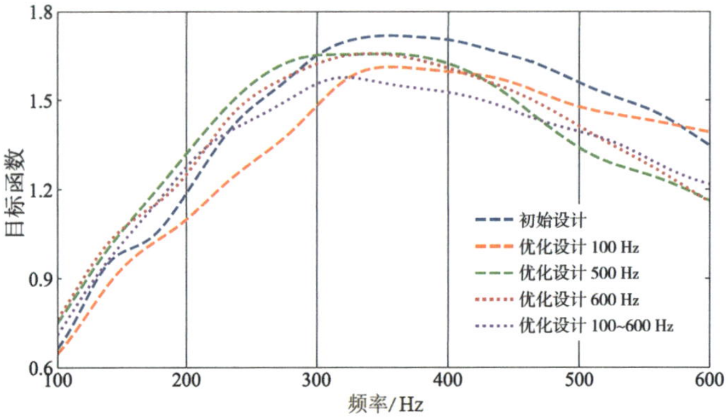

图 6-40　单频优化设计、宽频优化设计和初始设计的目标函数曲线

设计(在[100,600]Hz 中优化)的目标函数值与初始设计(如 6.3.3.2 节的定义)的目标函数值进行了比较。结果表明,单频优化设计在相应的优化频率下是最优的,甚至优于初始设计,但在[100,600]Hz 的频率范围内,与宽频优化相比,其他频率的优化设计并不理想。在某些频率下,单频优化设计效果甚至比初始设计更差,例如在 100 Hz 处优化设计的目标函数值比在 600 Hz 处初始设计的目标函数值大。此外,宽频优化目标函数的总体水平似乎是最好的。为了定量评价这些优化设计的性能,本节利用式(6-89)和(6-90)来计算其对应的目标函数在一个观察点(5,−1)处的均值、标准差和不满足度,并列于表 6-4 中。

表 6-4　在给定观测点(5,−1)处目标函数的均值、标准差和不满足度

设计情况	$\bar{E}(\Pi)$	σ	$\kappa(\Pi_0=1.4)$	$\kappa(\Pi_0=1.6)$
初始设计	1.442 8	0.279 9	0.374 9	0.175 9
100 Hz	1.351 4	0.259 6	0.273 8	0.027 6
200 Hz	1.381 2	0.233 0	0.306 7	0.085 9
400 Hz	1.394 3	0.237 1	0.311 7	0.112 8
600 Hz	1.393 5	0.228 7	0.304 1	0.093 0
100～600 Hz	1.352 3	0.208 2	0.230 9	0.0

由于目标函数的不满足度 κ 取决于预期上限 Π_0,故分别使用两个不同的值 $\Pi_0=1.4$ 和

1.6 来计算 κ。由表 6-4 可看出，除了 100 Hz 时单频优化的均值之外，宽频优化的目标函数的均值、标准差和不满足度均低于单频优化和初始设计。因此，可得出结论：宽频优化设计的整体性能优于单频优化设计，故宽频优化设计在未来的工程实践中具有巨大的优势。

6.3.4 消声器的宽频拓扑优化

6.3.4.1 消声器的基本原理

图 6-41 给出了膨胀室消声器模型，该模型由膨胀室、进口和出口三个同心部件组成。消声器内壁嵌有吸声多孔材料层。声场域 Ω 的边界 Γ 由四部分组成，即入口 Γ_{inlet}、出口 Γ_{outlet}、颈部 Γ_{neck}、膨胀室 Γ_{c}。

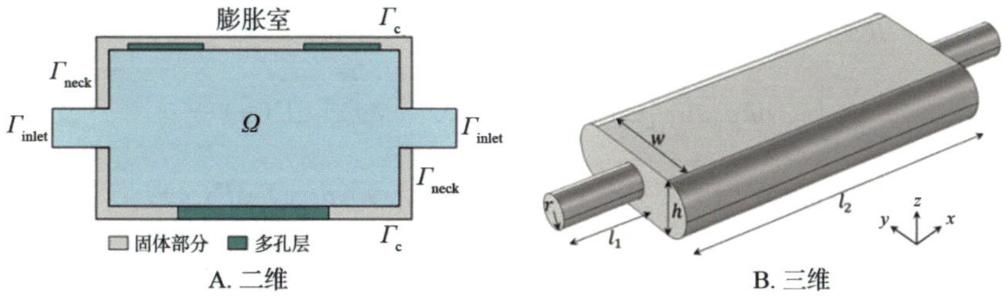

图 6-41　一种具有多孔层的简单同心膨胀室消声器

入射功率与传输功率之比，也称为传输损失(TL)，这是用于衡量消声器的性能的一个重要指标。Wu 等[319]提出了一种在数值模拟中计算 TL 的方法(即改进四极参数法)：

$$\mathrm{TL}=20\log\left(\frac{1}{2}\mid A+B\mid\right)+10\log\frac{S_1}{S_2}。\tag{6-91}$$

其中，S_1 和 S_2 分别表示入口和出口部分的横截面面积，四极参数 A 和 B 可通过以下公式计算得到：

$$\left.\begin{aligned}A&=\bar{p}_1/\bar{p}_2,\\B&=\rho_0 c/\bar{p}_2。\end{aligned}\right\}\tag{6-92}$$

其中，ρ_0 表示空气密度，c 表示空气中的声速，$\bar{p}_1$ 和 $\bar{p}_2$ 分别表示入口和出口处的平均声压。如图 6-41 所示，可在膨胀室内使用吸声材料(例如多孔层)来增大 TL。在确定多孔层的最优分布时，选择膨胀室的内表面作为设计域，以确定多孔层的最佳分布。

为了描述多孔层的厚度变化，本节将单元厚度 h_e 作为设计变量。为了获得最大的 TL 值，需要找到最佳的单元厚度分布，因此优化问题可定义为：

$$\left.\begin{aligned}&\text{Find } \boldsymbol{h}=[h_1,h_2,\cdots,h_n]\text{ to maximize TL},\\&\text{subject to: } (\overline{\boldsymbol{H}}-\overline{\boldsymbol{G}}\,\overline{\boldsymbol{Y}})\widetilde{\boldsymbol{P}}=\boldsymbol{P}_{\text{inc}},\\&0\leqslant h_e\leqslant 1。\end{aligned}\right\}\tag{6-93}$$

其中，$\boldsymbol{h}$ 是厚度向量，而 h_e 是多孔层的相对于最初指定给第 e 个单元最大厚度($h_{\max}$)的相对厚度。

6.3.4.2 基于 AT-SOAR 的消声器状态分析

为了解决 6.3.4.1 节中定义的声学问题，引入质点速度 v 边界条件：

$$\left.\begin{aligned} &v(y)=v_1, \quad \text{for } y \in \Gamma_{\text{inlet}}, \\ &v(y)=0, \quad \text{for } y \in \Gamma_{\text{neck}}, \\ &v(y)=v_2, \quad \text{for } y \in \Gamma_{\text{outlet}}, \\ &v(y)=Y(y)\,p(y), \quad \text{for } y \in \Gamma_{\text{c}}。\end{aligned}\right\} \tag{6-94}$$

其中，v_1 和 v_2 分别表示质点在入口和出口部分的速度。在这种情况下，v_1 设为 1，v_2 设为 0，$Y(y)$表示点 y 处的声导纳。

考虑上述边界条件，Kirchhoff-Helmholtz 边界积分程(式(6-36))可重新表述为

$$\begin{aligned}(1+\alpha \mathrm{i}k\,\beta(x))\;C(x)\;p(x)+\int_{\Gamma}[F(x,y)+\alpha\,H(x,y)]p(y)\,\mathrm{d}\Gamma(y)=\\ \int_{\Gamma_{\text{inlet}}} \mathrm{i}k\rho_0 c v_1\,[G(x,y)+\alpha\,K(x,y)]\,\mathrm{d}\Gamma(y)+\\ \int_{\Gamma_{\text{e}}} \mathrm{i}k\rho_0 c\;Y(\boldsymbol{y})\,[G(x,y)+\alpha\,K(x,y)]\;p(y)\,\mathrm{d}\Gamma(x)。\end{aligned} \tag{6-95}$$

其中，$\beta=\rho_0 cv/p$。

利用配点法对式(6-95)进行离散，可得到

$$(\overline{\boldsymbol{H}}-\overline{\boldsymbol{G}}\,\overline{\boldsymbol{Y}})\widetilde{\boldsymbol{P}}=\boldsymbol{P}_{\text{inc}}。 \tag{6-96}$$

其中，$\overline{\boldsymbol{H}}$ 和 $\overline{\boldsymbol{G}}$ 是 BEM 的系数矩阵，通常是不对称的和频率相关的，而对角矩阵 $\overline{\boldsymbol{Y}}$ 是由声导纳生成的(见 6.3.4.3 节)。$\widetilde{\boldsymbol{P}}$ 是与控制点相关的未知节点参数向量，用于离散流体进、出口两个边界处的声压。$\boldsymbol{P}_{\text{inc}}$ 是在前面提到的两个边界处给定的声质点速度向量。值得注意的是，式(6-96)中的 $\boldsymbol{P}_{\text{inc}}$ 是通过对式(6-95)等号右边的第一项进行离散得到的，而且与式(6-41)中的 $\boldsymbol{P}_{\text{inc}}$ 不同，后者是由入射波的作用引起的。实际上，吸声属性(例如多孔层的材料属性)只影响矩阵 $\overline{\boldsymbol{Y}}$ 而不影响矩阵 $\overline{\boldsymbol{H}}$ 或 $\overline{\boldsymbol{G}}$。因此，在优化过程中只需要重新组装矩阵 $\overline{\boldsymbol{Y}}$，这将导致其成本远低于组装矩阵 $\overline{\boldsymbol{H}}$ 或 $\overline{\boldsymbol{G}}$，整个计算过程非常高效。

值得注意的是式(6-96)的系数是频率相关的。另外，本节采用 6.2 节所介绍的基于自适应 SOAR 程序的 MOR 来实现多频和宽频问题的快速求解。首先，将式(6-45)代入到式(6-95)，然后对边界积分进行离散，可得到与式(6-54)相似的方程。在本节算例中，式(6-58)重新表述为

$$\boldsymbol{P}_{\text{inc}}=\sum_{\overline{m}=0}^{\overline{M}}\frac{k(k-k_0)^{\overline{m}}}{\overline{m}!}(\boldsymbol{P}_{\text{inc}}^{1,\overline{m}})+\sum_{\overline{m}=0}^{\overline{M}}\frac{k^2(k-k_0)^{\overline{m}}}{\overline{m}!}\boldsymbol{P}_{\text{inc}}^{2,\overline{m}}。 \tag{6-97}$$

其中，$\boldsymbol{P}_{\text{inc}}^{1,j}$ 和 $\boldsymbol{P}_{\text{inc}}^{2,j}$ 分别表示向量 $\boldsymbol{P}_{\text{inc}}^{1,\overline{m}}$ 和 $\boldsymbol{P}_{\text{inc}}^{2,\overline{m}}$ 的第 j 个单元，而且重新表示为

$$\left.\begin{aligned}\boldsymbol{P}_{\text{inc}}^{1,j}&=\int_{\Gamma_{\text{inlet}}}\frac{\mathrm{i}\rho_0 c v_1\;\mathrm{e}^{\mathrm{i}k_0 r}\,(\mathrm{i}r)^m}{4\pi r}\,\mathrm{d}\Gamma(y)+\int_{\Gamma_{\text{inlet}}}\frac{-\mathrm{i}\rho_0 c v_1\alpha\;\mathrm{e}^{\mathrm{i}k_0 r}\,(\mathrm{i}r)^m}{4\pi r^2}\frac{\partial r}{\partial \boldsymbol{n}(x)}\,\mathrm{d}\Gamma(y);\\ \boldsymbol{P}_{\text{inc}}^{2,j}&=\int_{\Gamma_{\text{inlet}}}\frac{\mathrm{i}\rho_0 c v_1\alpha\;\mathrm{e}^{\mathrm{i}k_0 r}\,(\mathrm{i}r)^{m+1}}{4\pi r^2}\frac{\partial r}{\partial \boldsymbol{n}(x)}\,\mathrm{d}\Gamma(y)。\end{aligned}\right\} \tag{6-98}$$

其中，$r=|x^j-y|$。

由于 BE 系统方程的线性化，式(6-96)中 $\widetilde{\boldsymbol{P}}$ 的解可推导为

$$\widetilde{\boldsymbol{P}}=\sum_{\bar{m}=0}^{\bar{M}}\frac{k(k-k_0)^{\bar{m}}}{\bar{m}!}\widetilde{\boldsymbol{P}}_1^{\bar{m}}+\sum_{\bar{m}=0}^{\bar{M}}\frac{k^2(k-k_0)^{\bar{m}}}{\bar{m}!}\widetilde{\boldsymbol{P}}_2^{\bar{m}}。\tag{6-99}$$

其中，$\widetilde{\boldsymbol{P}}_1^{\bar{m}}$ 和 $\widetilde{\boldsymbol{P}}_2^{\bar{m}}$ 表示系统方程(式(6-60))的解。这里，更新后的矩阵 $\widetilde{\boldsymbol{I}}_1^m$、$\widetilde{\boldsymbol{I}}_2^m$、$\widetilde{\boldsymbol{I}}_3^m$ 和式(6-61)中的向量是通过对式(6-95)进行 Taylor 展开离散得到的。在数值模拟中，采用从式(6-61)到式(6-66)的一系列方程来加速消声器模型 BE 系统方程的求解。

6.3.4.3　声导纳矩阵的生成

为了更好地描述目标函数 TL，引入导纳矩阵 $\bar{\boldsymbol{Y}}$。

$$Y_e=\frac{1}{Z\coth(-\tilde{k}h_e h_{\max})}。\tag{6-100}$$

其中，Y_e 表示矩阵 $\bar{\boldsymbol{Y}}$ 中的第 e 个主对角线元素，Z 和 $\tilde{k}$ 利用下面的 Delany-Bazley-Miki 经验模型来计算[320]。

$$\left.\begin{aligned}\frac{\tilde{k}}{k}&=1+0.109\,3\left(\frac{f}{R}\right)^{-0.618}+\mathrm{i}\,0.159\,7\left(\frac{f}{R}\right)^{-0.618},\\ \frac{Z}{\rho_0 c}&=1+0.069\,9\left(\frac{f}{R}\right)^{-0.632}+\mathrm{i}\,0.107\,1\left(\frac{f}{R}\right)^{-0.632}。\end{aligned}\right\}\tag{6-101}$$

其中，$f=\tilde{k}_0 c/2\pi$ 表示频率(单位为 Hz)，R 表示流阻(单位为 $\mathrm{N\cdot s/m^4}$)。

6.3.4.4　消声器的数值算例

假设多孔层嵌入消声器内壁中(如图 6-41A)，这意味着在多孔层厚度变化过程中离散域保持不变。消声器壁厚($h_{\max}$)设为 0.02 m，流阻率为 17 378 $\mathrm{N\cdot s/m^4}$。

首先，分别在频率为 150 Hz、300 Hz、450 Hz 和 600 Hz 处进行拓扑优化。其中，多孔材料与膨胀室的体积比被限定为小于 50%，所有设计变量的初始值设为 0.5，容差 τ 设为 10^{-4}。由图 6-42 可看出，优化收敛速度很快。而且，与初始体积比(0.5)相比，优化设计使用的多孔材料较少，但目标函数 TL 更好。

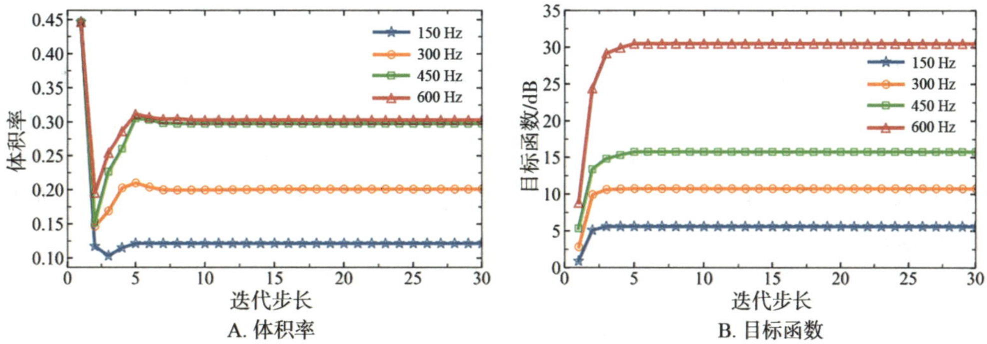

图 6-42　在 150、300、450 和 600 Hz 处的优化历史

图 6-43 给出了 100 Hz、200 Hz、300 Hz、400 Hz、500 Hz 和 600 Hz 六个单频下优化设计变量的分布。可以看出，不同的频率导致不同的优化设计，且随着频率的增加，多孔块的分布趋于复杂。

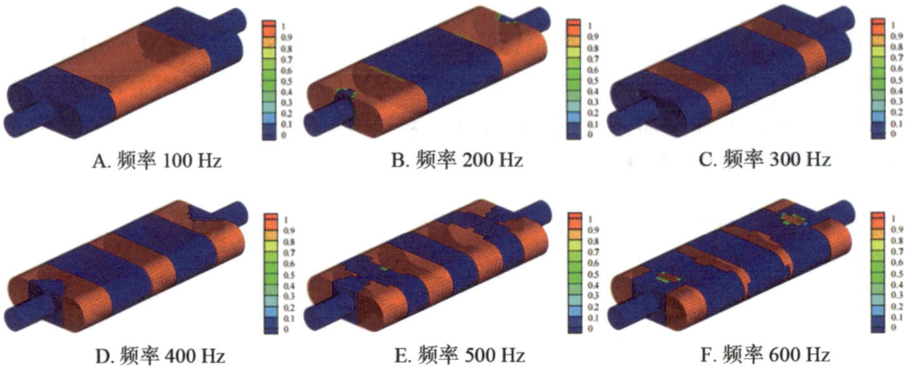

图 6-43　优化设计变量（吸声材料体积分数）在六种不同频率处的分布

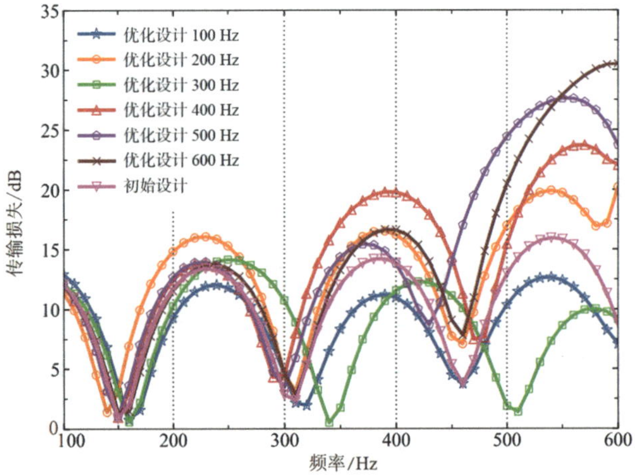

图 6-44　在不同频率时优化设计和初始设计的传输损耗

然后，分析了六种优化设计和初始设计的 TL，如图 6-44 所示。一般来说，优化设计只在其优化频率下提供了最佳 TL，这表明需要进行优化来提高 TL。此外，优化结果具有很高的频率依赖性，也就是说，在单一频率下得到的多孔层的最优分布很可能在其他频率下无法产生良好的 TL。因此，有必要进行式(6-78)所示的频段优化，其中选择频率平均 TL 值作为新的目标函数。

接下来，主要研究了[150，300]Hz、[300，450]Hz 和[450，600]Hz 三个频段。其中，将这些频段划分为 150 个区间，设计目标是使平均 TL 最大化，并采用自适应 SOAR 法加速平均 TL 的求解。固定频率展开点设为$(f_{\text{low}}+f_{\text{up}})/2$，频率范围为$[f_{\text{low}}, f_{\text{up}}]$。

图 6-45 给出了三个频段多孔层的优化分布，频率步长为 1 Hz。可以看出，随着频率的

A. 频率范围 [150,300]Hz　　A 频率范围 [300,450]Hz　　C. 频率范围 [450,600]Hz

图 6-45 宽频优化设计的比较

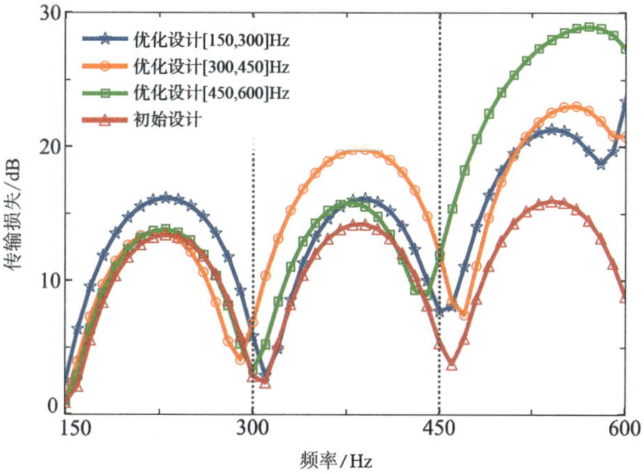

图 6-46 在三个不同频段的优化设计及初始设计($h=0.5$)处的传输损耗

增加，多孔材料块的分布变得更加复杂。图 6-46 给出了三种频段优化设计的 TL，由该图可以看出，与单频优化相似，优化后的分布在其优化频段内 TL 值最高。

6.3.5 小结

本节采用细分曲面 BEM 和 MMA 法进行了声学问题的宽频拓扑优化，并提出了一些加速技术。BEM 只需要离散结构表面即可求解无界域的外声问题。此外，将 IGA 应用于 BEM 中，消除了网格代入和几何误差。采用基于密度的拓扑优化方法优化结构表面吸声材料的布局，并通过两种技术加速了仿真和拓扑优化：

1) 引入阻抗边界条件来表示吸声材料，然后利用 Taylor 级数展开将频率项从包括与阻抗边界条件相关项的边界积分中解耦；

2) 利用自适应 SOAR 法对系统模型进行降阶。利用自适应 SOAR 方法构造保持原始模型基本属性和关键特性的降阶模型，提高了大规模问题的计算效率。

参 考 文 献

[1] HUGHES T J R,COTTRELL J A,BAZILEVS Y. Isogeometric analysis:CAD,finite elements,NURBS exact geometry and mesh refinement[J]. Comput Method Appl M,2005,194(39-41):4135-4195.

[2] XU G, MOURRAIN B, DUVIGNEAU R, et al. Constructing analysis-suitable parameterization of computational domain from CAD boundary by variational harmonic method[J]. J Comput Phys,2013,252:275-289.

[3] GALLIGO D A. Optimal analysis-aware parameterization of computational domain in 3D isogeometric analysis[J]. Comput Aided Design, 2013, 45(4).

[4] BREBBIA C. The boundary element method for engineers[M]. London:Pentech Press,1980.

[5] SIMPSON R N,BORDAS S P A,TREVELYAN J,et al. A two-dimensional isogeometric boundary element method for elastostatic analysis[J]. Comput Method Appl M,2012,209:87-100.

[6] SIMPSON R N,BORDAS S P A,LIAN H J,et al. An isogeometric boundary element method for elastostatic analysis:2D implementation aspects[J]. Comput Struct,2013,118:2-12.

[7] SIMPSON R N,SCOTT M A,TAUS M,et al. Acoustic isogeometric boundary element analysis [J]. Comput Method Appl M,2014,269:265-290.

[8] PIEGL L,TILLER W. 非均匀有理 B 样条[M]. 北京:清华大学出版社,2010.

[9] BAZILEVS Y, MICHLER C, CALO V M, et al. Isogeometric variational multiscale modeling of wallbounded turbulent flows with weakly enforced boundary conditions on unstretched meshes[J]. Comput Method Appl M,2010,199(13-16):780-790.

[10] NGUYEN-THANH N,KIENDL J,NGUYEN-XUAN H,et al. Rotation free isogeometric thin shell analysis using PHT-splines[J]. Comput Method Appl M,2011,200(47-48):3410-3424.

[11] WANG P,XU J L,DENG J S,et al. Adaptive isogeometric analysis using rational PHT-splines [J]. Comput Aided Design,2011,43(11):1438-1448.

[12] CIRAK F,SCOTT M J,ANTONSSON E K,et al. Integrated modeling,finite-element analysis, and engineering design for thin-shell structures using subdivision[J]. Comput Aided Design, 2002,34(2):137-148.

[13] COTTRELL J A,HUGHES T J R,REALI A. Studies of refinement and continuity in isogeometric

structural analysis[J]. Comput Method Appl M,2007, 196(41-44):4160-4183.

[14] TAYLOR R L. Isogeometric analysis of nearly incompressible solids[J]. Int J Numer Meth Eng,2011, 87(1-5):273-288.

[15] BAZILEVS Y,GOHEAN J R,HUGHES T J R,et al. Patient-specific isogeometric fluid structure interaction analysis of thoracic aortic blood flow due to implantation of the Jarvik 2000 left ventricular assist device[J]. Comput Method Appl M,2009,198(45-46):3534-3550.

[16] TAKIZAWA K,WRIGHT S,MOORMAN C,et al. Fluid-structure interaction modeling of parachute clusters[J]. Int J Numer Meth Fl,2011,65(1-3):286-307.

[17] NAGY A P,ABDALLA M M,GÜRDAL Z. Isogeometric sizing and shape optimisation of beam structures[J]. Comput Method Appl M,2010,199(17-20): 1216-1230.

[18] ZHANG W H,WANG D,YANG J G. A parametric mapping method for curve shape optimization on 3D panel structures[J]. Int J Numer Meth Eng,2010, 84(4):485-504.

[19] SEO Y-D,KIM H-J,YOUN S-K. Isogeometric topology optimization using trimmed spline surfaces [J]. Comput Method Appl M,2010,199(49-52): 3270-3296.

[20] COTTRELL J,REALI A,BAZILEVS Y,et al. Isogeometric analysis of structural vibrations[J]. Comput Method Appl M,2006,195(41-43):5257-5296.

[21] BENSON D J,BAZILEVS Y,HSU M C,et al. Isogeometric shell analysis:the Reissner-mindlin shell [J]. Comput Method Appl M,2010,199(5-8):276-289.

[22] de LORENZIS L,TEMIZER I,WRIGGERS P,et al. A large deformation frictional contact formulation using NURBS-based isogeometric analysis[J]. Int J Numer Meth Eng,2011,87(13):1278-1300.

[23] NGUYEN V P,KERFRIDEN P,BRINO M,et al. Nitsche's method for two and three dimensional NURBS patch coupling[J]. Comput Mech,2014,53(6):1163-1182.

[24] KHAJAH T,ANTOINE X,BORDAS S P A. Isogeometric finite element analysis of time-harmonic exterior acoustic scattering problems:10. 48550/arXiv. 1610. 01694[P]. 2016-10-06.

[25] BAZILEVS Y,CALO V M,ZHANG Y,et al. Isogeometric fluid-structure interaction analysis with applications to arterial blood flow[J]. Comput Mech,2006,38(4-5):310-322.

[26] BORDEN M,SCOTT M,EVANS J,et al. Isogeometric finite element data structures based on Bézier extraction of NURBS[J]. Int J Numer Meth Eng,2011,87(1-5):15-47.

[27] 高效伟,彭海峰,杨恺,等. 高等边界元法:理论与程序[M]. 北京:科学出版社,2014.

[28] 姚振汉,王海涛. 边界元法[M]. 北京:高等教育出版社,2010.

[29] CRUSE T A,RIZZO F. A direct formulation and numerical solution of the general transient elastodynamic problem. I[J]. J Math Anal Appl,1968,22(1): 244-259.

[30] BANERJEE P K,CATHIE D N. A direct formulation and numerical implementation of the boundary element method for two-dimensional problems of elastoplasticity[J]. Int J Mech Sci,1980,22(4): 233-245.

[31] CRUSE T A. BIE fracture mechanics analysis:25 years of developments[J]. Comput Mech,1996,18 (1):1-11.

[32] SEYBERT A,SOENARKO B,RIZZO F,et al. An advanced computational method for radiation and scattering of acoustic waves in three dimensions[J]. J Acoust Soc Am,1985,77(2):362-368.

[33] SILVA R J J . Acoustic and elastic wave scattering using boundary elements[M]. Boston:Comput Mech Publications,1994.

[34] CHEW W C,SONG J M,CUI T J,et al. Review of large scale computing in electromagnetics with fast integral equation solvers[J]. CMES,2004, 5(4):361-372.

[35] CHEN X Y,XU Y M,ZHAO J,et al. Sensitivity analysis of structural-acoustic fully-coupled system using isogeometric boundary element method[J]. Front Physiol,2022,10:1237.

[36] CHEN L L,MARBURG S,et al. An adjoint operator approach for sensitivity analysis of radiated sound power in fully coupled structural-acoustic systems[J]. J Comput Acoust,2017,25(1):1750003.

[37] CHEN L L,LIAN H J,LIU Z,et al. Structural shape optimization of three dimensional acoustic problems with isogeometric boundary element methods[J]. Comput Method Appl M,2019,355:926-951.

[38] HU J,YAO S,HUANG X D. Topology optimization of dynamic acoustic-mechanical structures using the ersatz material model[J]. Comput Method Appl M,2020,372:113387.

[39] LI K,QIAN X P. Isogeometric analysis and shape optimization via boundary integral[J]. Comput Aided Design,2011,43(11):1427-1437.

[40] LIAN H J,KERFRIDENP,BORDAS S. Implementation of regularized isogeometric boundary element methods for gradient-based shape optimization in two-dimensional linear elasticity [J]. Int J Numer Meth Eng,2016,106(12):972-1017.

[41] CHEN L L,LU C,LIAN H J,et al. Acoustic topology optimization of sound absorbing materials directly from subdivision surfaces with isogeometric boundary element methods[J]. Comput Method Appl M,2020,362:112806.

[42] LIAN H J,KERFRIDEN P,BORDAS S. Shape optimization directly from CAD: an isogeometric boundary element approach using T-splines[J]. Comput Method Appl M,2017,317:1-41.

[43] POLITIS C G,PAPAGIANNOPOULOS A,BELIBASSAKIS K A,et al. An isogeometric BEM for exterior potential-flow problems around lifting bodies[C]//ŌNATE E,OLIVER J,HUERTA A. Proceeding of ECCM Ⅴ.[S. l.]:[s. n.],2014:2433 - 2444.

[44] AN Z L,YU T T,BUI T Q,et al. Implementation of isogeometric boundary element method for 2-D steady heat transfer analysis[J]. Adv Eng Softw,2018,116:36-49.

[45] WANG W Y,ZHANG Y J,SCOTT M A,et al. Converting an unstructured quadrilateral mesh to a standard T-spline surface[J]. Comput Mech,2011,48:477-498.

[46] WANG Q,ZHOU W,CHENG Y G,et al. ANURBS-enhanced improved interpolating boundary elementfree method for 2D potential problems and accelerated by fast multipole method [J]. Eng Anal Bound Elem,2019,98:126-136.

[47] NGUYEN B H,TRAN H,ANITESCU C,et al. An isogeometric symmetric galerkin boundary element method for two-dimensional crack problems[J]. Comput Method Appl M,2016,306:252-275.

[48] PENG X,ATROSHCHENKO E,KERFRIDEN P,et al. Linear elastic fracture simulation directly from CAD:2D NURBS-based implementation and role of tip enrichment [J]. Int J Fracture,2017,204(1):55-78.

[49] GU J M,YU T T,TANAKA S,et al. Crack growth adaptive XIGA simulation in isotropic and

orthotropic materials[J]. Comput Method Appl M,2020, 365:113 016.

[50] GINNIS A I,KOSTAS K V,POLITIS C G,et al. Isogeometric boundary-element analysis for the waveresistance problem using T-splines[J]. Comput Method Appl M,2014,279:425-439.

[51] BEER G,MARUSSIG B,ZECHNER J,et al. Isogeometric boundary element analysis with elastoplastic inclusions:Part1 plane problems[J]. Comput Method Appl M,2016,308:552-570.

[52] WU Y H, DONG C Y,YANG H S. Isogeometric FE-BE coupling approach for structural-acoustic interaction[J]. J Sound Vib,2020,481:115436.

[53] SIMPSON R, LIU Z W, VAZQUEZ R, et al. An isogeometric boundary element method for electromagnetic scattering with compatible B-spline discretizations[J]. J Comput Phys, 2018, 362: 264-289.

[54] LI S,TREVELYAN J,WU Z,et al. An adaptive SVD-krylov reduced order model for surrogate based structural shape optimization through isogeometric boundary element method[J]. Comput Method Appl M,2019,349:312-338.

[55] KEUCHEL S, HAGELSTEIN N C, ZALESKI O V, et al. Evaluation of hypersingular and nearly singular integrals in the isogeometric boundary element method for acoustics[J]. Comput Method Appl M,2017,325:488-504.

[56] CHEN L L,MARBURG S,ZHAO W C,et al. Implementation of isogeometric fast multipole boundary element methods for 2D half-space acoustic scattering problems with absorbing boundary condition[J]. J Theor Comput Acous,2019, 27(2): 1850024.

[57] CHEN L L,ZHAO W C,LIU C,et al. Isogeometric fast multipole boundary element method based on burton-miller formulation for 3D acoustic problems[J]. Arch Acoust, 2019,44(3):475-492.

[58] LIU C,CHEN L L,ZHAO W C,et al. Shape optimization of sound barrier using an isogeometric fast multipole boundary element method in two dimensions[J]. Eng Anal Bound Elem,2017,85:142-157.

[59] 刘程,赵文畅,陈磊磊,等. 基于等几何边界元法的声学敏感度分析[J]. 计算力学学报,2018,35(5): 603-610.

[60] 陈磊磊,申晓伟,刘程,等. 基于等几何边界元法的声屏障结构形状优化分析[J]. 振动与冲击,2019.

[61] 公颜鹏,董春迎. 等几何边界元位势问题中的边界层效应[J]. 力学与工程应用,2016,16.

[62] 程长征,韩志林,胡宗军,等. 等几何边界元法中几乎奇异积分的计算[C]//力学与工程——数值计算和数据分析 2019 学术会议论文集. 北京:北京力学会,2019.

[63] GAO X W,DAVIES T G. Boundary element programming in mechanics[M]. Cambridge:Cambridge University Press,2002.

[64] GAO X W. Boundary element analysis in thermoelasticity with and without internal cells[J]. Int J Numer Meth Eng,2003,57(7):975-990.

[65] BECKER A. The boundary element methods in engineering[M]. New York: McGraw-Hill Book Company,1987.

[66] KANE J H. Boundary element analysis in engineering continuum mechanics[M]. Englewood Cliffs, NJ:Prentice Hall,1994.

[67] CRUSE T A. Boundary integral equation method for three-dimensional elastic fracture mechanics analysis[R]. Springfield:NTIS,1975:1-59.

[68] RIZZO F J, SHIPPY D J. An advanced boundary integral equation method for three-dimensional thermoelasticity[J]. Int J Numer Meth Eng,1977, 11(11): 1753-1768.

[69] TAN C L. Boundary integral equation stress analysis of a rotating disc with a corner crack[J]. Arch Dis Child,1983,18(4):231-237.

[70] DANSON D J. A boundary element formulation of problems in linear isotropic elasticity with body forces[G]//Boundary element methods. Berlin:Springer,1981:105-122.

[71] HENRY D P,PAPE D A,BANERJEE P K. New axisymmetric BEM Formulation for body forces using particular integrals[J]. J Eng Mech,1987,113(5):671-688.

[72] BANERJEE P K,WILSON R B,MILLER N. Advanced elastic and inelastic three-dimensional analysis of gas turbine engine structures by BEM[J]. Int J Numer Meth Eng,1988.

[73] NARDINI D,BREBBIA C A. A new approach to free vibration analysis using boundary elements[J]. Appl Math Model,1983,7(3):157-162.

[74] PARTRIDGE P W, BREBBIA C A, WROBEL L C. The dual reciprocity boundary element method [M]. Comput Mech Publications Southampton ,1992.

[75] GOLBERG M A,CHEN C S,BOWMAN H. Some recent results and proposals for the use of radial basis functions in the BEM[J]. Eng Anal Bound Elem,1999, 23(4):285-296.

[76] CHENG AH D, YOUNG D L, TSAI C C. Solution of poissonsequation by iterative DRBEM using compactly supported, positive definite radial basis function[J]. Eng Anal Bound Elem,2000,24(7-8): 549-557.

[77] POWER H,MINGO R. The DRM subdomain decomposition approach to solve the two-dimensional navier-stokes system of equations[J]. Eng Anal Bound Elem,2000,24(1):107-119.

[78] NOWAK A J,BREBBIA C A. The multiple-reciprocity method:a new approach for transforming BEM domain integrals to the boundary[J]. Eng Anal Bound Elem, 1989,6(3):164-167.

[79] NEVES A C,BREBBIA C A. The multiple reciprocity boundary element method in elasticity: a new approach for transforming domain integrals to the boundary[J]. Int J Numer Meth Eng,2010,31(4): 709-727.

[80] OCHIAI Y,Nisitani H,Sekiyaet T,et al. Stress analysis with arbitrary body force by boundary element method[J]. Eng Anal Bound Elem,1996,17:295-302.

[81] FANG W H,AN Z L,YU T T,et al. Isogeometric boundary element analysis for two-dimensional thermoelasticity with variable temperature[J]. Eng Anal Bound Elem, 2020,110:80-94.

[82] WEN P H,ALIABADI M H,ROOKE D P. A new method for transformation of domain integrals to boundary integrals in boundary element method[J]. Commun Numer Meth En, 2010, 14(11): 1055-1065.

[83] CHENG A-D,CHEN C,GOLBERG M,et al. BEM for theomoelasticity and elasticity with body force: a revisit[J]. Eng Anal Bound Elem,2001,25:377-387.

[84] GAO X W. Boundary only integral equations in boundary element analysis[C]//Proceedings of the International Conference on Boundary Element Techniques. [S. l.]:[s. n.],2001:16-18.

[85] GAO X W,HUI R,TIAN Z. Classification of CT brain images based on deep learning networks[J]. Cmput Meth Prog Bio,2017,138:49-56.

[86] GAO X W. The radial integration method for evaluation of domain integrals with boundary-only discretization[J]. Eng Anal Bound Elem,2002,26(10):905-916.

[87] GAO X W. A boundary element method without internal cells for two-dimensional and three-dimensional elastoplastic problems[J]. J Appl Mech,2002,69(2):154.

[88] CATMULL E,CLARK J. Recursively generated B-spline surfaces on arbitrary topological m-eshes[J]. Comput Aided Design,1978,10(6):350-355.

[89] DOO D, SABIN M. Behaviour of recursive division surfaces near extraordinary points[J]. Comput Aided Design,1978,10(6):356-360.

[90] DYN N,LEVINE D,GREGORY J A. A butterfly subdivision scheme for surface interpolation with tension control[J]. TOG,1990,9(2):160-169.

[91] LAI M J. Fortran subroutines for B-nets of box splines on three- and four-directional meshes [J]. Numer Algorithms,1992,2(1):33-38.

[92] ZORIN D, SCHRODER P, SWELDENS W. Interpolating Subdivision for meshes with arbitrary topology[C]. SIGGRAPH. New York:ACM,1996: 189-192.

[93] JOS S. Exact evaluation of loop subdivision surfaces at arbitrary parameter values[C]. SIGGRAPH Course Note. New York:ACM,1998:111-124.

[94] CIRAK F, ORTIZ M. Fully C1-conforming subdivision elements for finite deformation thin-shell analysis[J]. Int J Numer Meth Eng,2001,51(7): 813-833.

[95] CIRAK F,ORTIZ M,SCHRODER P. Subdivision surfaces:a new paradigm for thin-shell finite-element analysis[J]. Int J Numer Meth Eng,2000, 47(12):2039-2072.

[96] GREEN S, TURKIYYAH G, STORTI D W. Subdivision-based multilevel methods for large scale engineering simulation of thin shells[C]. Acm Symposium on Solid Modeling and Applications. New York:ACM,2002:265-272.

[97] BANDARA K, CIRAK F, STEINBACH O, et al. Boundary element based multiresolution shape optimisation in electrostatics[J]. J Comput Phys,2015,297:584-598.

[98] BANDARA K,RUBERG T,CIRAK F. Shape optimisation with multiresolution subdivision surfaces and immersed finite elements[J]. Comput Method Appl M,2016,300:510-539.

[99] 李桂清. 细分曲面造型及应用[D]. 北京:中国科学院计算技术研究所,2001.

[100] 周海. 细分曲面造型技术研究[D]. 南京:南京航空航天大学,2005.

[101] 周怡. 细分曲面造型技术研究与实现[D]. 杭州:浙江大学,2008.

[102] 朱巍. 细分曲面理论及其应用问题的研究[D]. 合肥:中国科学技术大学,2011.

[103] 庄超. 基于细分曲面造型的边界元法及后处理开发研究[D]. 长沙:湖南大学,2013.

[104] ZHANG J M,LIN W C,DONG Y Q,et al. A double-layer interpolation method for implementation of BEM analysis of problems in potential theory[J]. Appl Math Model,2017,51: 250-269.

[105] ZHANG J M, QIN X Y, HAN X, et al. A boundary face method for potential problems in three dimensions[J]. Int J Numer Meth Eng,2009,80(3):320-337.

[106] 文立华,王卫祥,张敏玉. 表面细分技术在二维声辐射和声散射中的应用[J]. 应用声学, 2006,25(1): 13-18.

[107] 覃先云,张见明,庄超. 基于参数曲面三维势问题的边界面法[J]. 计算力学学报,2011,28(3):

326-331.

[108] MORI T, TANAKA K. Average stress in matrix and average elastic energy of materials with misfitting inclusions[J]. Acta metallurgica,1973,21(5):571-574.

[109] DOGHRI I, OUAAR A. Homogenization of two-phase elasto-plastic composite materials and structures:Study of tangent operators, cyclic plasticity and numerical algorithms[J]. Int J Solids Struct,2003,40(7):1681-1712.

[110] MILTON G,KOHN R. Variational bounds on the effective moduli of anisotropic composites [J]. J Mech Phys Solids,1988,3(6):597-629.

[111] WALPOLE L J. On bounds for the overall elastic moduli of inhomogeneous systems- Ⅰ [J]. J Mech Phys Solids,1966,14(3):151-162.

[112] BUDIANSKY B. Micromechanics[J]. Comput Struct,1983,16(1-4):3-12.

[113] HILL R. A self-consistent mechanics of composite materials[J]. J Mech Phys Solids,1965,13(4):213-222.

[114] HERNÁNDEZ J A,OLIVER J,HUESPE A E,et al. High-performance model reduction techniques in computational multiscale homogenization[J]. Comput Method Appl M,2014,276:149-189.

[115] SMIT R J M,BREKELMANS W A M,MEIJER H E H. Prediction of the mechanical behavior of nonlinear heterogeneous systems by multi-level finite element modeling[J]. Comput Method Appl M, 1998,155(1-2):181-192.

[116] FEYEL F,CHABOCHE J. FE2 multiscale approach for modelling the elastoviscoplastic behaviour of long fibre SiC/Ti composite materials[J]. Comput Method Appl M,2000,183(3-4):309-330.

[117] TAN V B C,RAJU K,LEE H P. Direct FE2 for concurrent multilevel modelling of heterogeneous structures[J]. Comput Method Appl M,2020,360: 112694.

[118] XU J H,LI P,POH L H,et al. Direct FE2 for concurrent multilevel modeling of heterogeneous thin plate structures[J]. Comput Method Appl M,2022,392: 114658.

[119] ZHI J,RAJU K,TAY T-E,et al. Transient multi-scale analysis with micro-inertia effects using direct FE method[J]. Comput Mech,2021,67(6):1645-1660.

[120] ZHI J,RAJU K,TAY T-E,et al. Multiscale analysis of thermal problems in heterogeneous materials with Direct FE2 method[J]. Int J Numer Meth Eng,2021,122(24):7482-7503.

[121] KOYANAGI J,KAWAMOTO K,HIGUCHI R,et al. Direct FE2 for simulating strainrate dependent compressive failure of cylindrical CFRP[J]. Composites Part C:Open Access,2021, 5:100165.

[122] RAJU K,TAY T-E,TAN V B C. A review of the FE2 method for composites[J]. Multiscale Multi Mod,2021,4:1-24.

[123] RAJU K,ZHI J,SU Z,et al. Analysis of nonlinear shear and damage behaviour of angle-ply laminates with Direct FE2[J]. Compos Sci Technol,2021,216:109050.

[124] EVERSTINE G C, HENDERSON F. Coupled finite element/boundary element approach for fluid-structure interaction[J]. J Acoust Soc Am,1990,87(5): 1938-1947.

[125] BRUNNER D,JUNGE M,GAUL L. A comparison of FE - BE coupling schemes for large-scale problems with fluid - structure interaction[J]. Int J Numer Meth Eng,2009,77(5):664-688.

[126] 石先杰,李春丽,蒋华兵. 复杂边界条件下圆柱壳-环板耦合结构振动特性分析[J]. 振动工程学报,

2018,31(1):118-124.

[127] 高丹妮,余海廷,华宏星.流体激励下泵喷推进器声振耦合响应数值分析[J].噪声与振动控制,2018,38(5):34-39.

[128] 刘文玺,周其斗,谭路,等.尾后轴承刚度对潜艇结构声辐射特性的影响[J].船舶力学,2018,22(2):235 247.

[129] ZHAO W C,CHEN L L,CHEN H B,et al. Topology optimization of exterior acoustic-structure interaction systems using the coupled FEM-BEM method[J]. Int J Numer Meth Eng,2019,82:1-28.

[130] 陈乐佳,骆东平,关珊珊,等.潜艇双层壳体振动特性与声辐射性 FEM/BEM 分析[C]//第十届船舶水下噪声学术讨论会论文集.北京:中国造船工程学会,2005:108-114.

[131] 石焕文,盛美萍,孙进才,等.加纵肋平底圆柱壳振动和声辐射的 FEM/BEM 研究[J].振动与冲击,2006(2):88-92.

[132] 方斌,李瀚钦,金哲民,等.水下结构声辐射 FEM/BEM 简化计算方法研究[J].海军工程大学学报,2019,31(1):74-79.

[133] FRITZE D, MARBURG S,HARDTKE H-J. FEM-BEM-coupling and structural-acoustic sensitivity analysis for shell geometries[J]. Comput Struct,2005,83(2):143-154.

[134] MASCOTTO L,MELENK J M,PERUGIA I,et al. FEM - BEM mortar coupling for the helm-holtz problem in three dimensions[J]. Comput Math Appl,2020, 80(11):2351-2378.

[135] HUGHEST T J R,REALI A,SANGALLI G. Efficient quadrature for NURBS-based isogeometric analysis[J]. Comput Method Appl M,2010,199(5-8):301-313.

[136] BEER G,DUENSER C. Isogeometric boundary element analysis of problems in potential flow[J]. Comput Method Appl M,2019,347:517-532.

[137] ZANG Q S,LIU J,YE W B,et al. Isogeometric boundary element for analyzing steady-state heat conduction problems under spatially varying conductivity and internal heat source[J]. Comput Math Appl,2020,80(7):1767-1792.

[138] TAUS M,RODIN G J,HUGHES T J R,et al. Isogeometric boundary element methods and patch tests for linear elastic problems: formulation, numerical integration, and applications[J]. Comput Method Appl M,2019,357:112591.

[139] PENG X,ATROSHCHENKO E,KERFRIDEN P,et al. Isogeometric boundary element methods for three dimensional static fracture and fatigue crack growth[J]. Comput Method Appl M,2017,316:151-185.

[140] SIMPSON R N,BORDAS S P A,TREVELYAN J,et al. An isogeometric boundary element method for elastostatic problems[J]. Comput Methods Appl M,2012,209-212:87-100.

[141] VENÅS J V,KVAMSDAL T. Isogeometric boundary element method for acoustic scattering by a submarine[J]. Comput Method Appl M,2020,359: 112 670.

[142] LI J, DAULT D, LIU B,et al. Subdivision based isogeometric analysis technique for electric field integral equations for simply connected structures[J]. J Comput Phys, 2016,319:145-162.

[143] PAN Q,RABCZUK T,XU G,et al. Isogeometric analysis for surface PDEs with extended loop subdivision[J]. J Comput Phys,2019,398:108892.

[144] LIU Z W,MAJEED M,CIRAK F,et al. Isogeometric FEM-BEM coupled structural-acoustic analysis

of shells using subdivision surfaces[J]. Int J Numer Meth Eng,2018,113(9):1507-1530.

[145] HU W F,CHOI K K,CHO H. Reliability-based design optimization of wind turbine blades for fatigue life under dynamic wind load uncertainty[J]. Struct Multidiscip O,2016,54(4):953-970.

[146] LI H X, CHO H, SUGIYAMA H, et al. Reliability-based design optimization of wind turbine drivetrain with integrated multibody gear dynamics simulation considering wind load uncertainty[J]. Struct Multidiscip O,2017,56:183-201.

[147] TANG T, ZHOU T. Recent developments in high order numerical methods for uncertainty quantification[J]. Sci ChinaMath,2015,58(7):891.

[148] HURTADO J E,BARBAT A H. Monte Carlo techniques in computational stochastic mechanics[J]. Arch Comput Method E,1998,5(1):3-29.

[149] SPANOS P D,ZELDIN B A. Monte Carlo treatment of random fields:a broad perspective[J]. Appl Mech Rev,1998,51(3):219-237.

[150] HAMMERSLEY J. Monte Carlo methods for solving multivariable problems[J]. Ann NY Acad Sci, 1960,86(3):844-874.

[151] SEILA A. Simulation and the Monte Carlo method[J]. Technometrics,1982,24(2):167-168.

[152] NIEDERREITER H. Random number generation and Quasi-Monte Carlo methods[M]. Philadelphia: SIAM,1992.

[153] HAMDIA K M,GHASEMI H,ZHUANG X, et al. Multilevel Monte Carlo method for topology optimization of flexoelectric composites with uncertain material properties[J]. Eng Anal Bound Elem, 2022,134:412-418.

[154] ZHANG Y M,CHEN S H, LIU Q L,et al. Stochastic perturbation finite elements[J]. Comput Struct,1996,59(3):425-429.

[155] KAMIЙSKI M. Generalized perturbation-based stochastic finite element method in elastostatics[J]. Comput Struct,2007,85(10):586-594.

[156] KAMIЙSKI M. The stochastic perturbation method for Comput Mech[M]. [S. l.]: John Wiley Sons Inc,2013.

[157] DING C,TAMMA K K,CUI X Y,et al. An nth high order perturbation-based stochastic isogeometric method and implementation for quantifying geometric uncertainty in shell structures[J]. Adv Eng Softw,2020,148:102866.

[158] GHANEM R G,SPANOS P D. Stochastic finite eements:a spectral approach[M]. Berlin: Springer Verlag, 1992.

[159] RASMUSSEN C E, WILLIAMS C K I. Gaussian processes for machine learning[C]// Adaptive computation and machine learning. Cambridge,MA:The MIT Press,2022.

[160] TRIPATHY R, BILIONIS I, GONZALEZ M. Gaussian processes with builtin dimensionality reduction:applications to high-dimensional uncertainty propagation[J]. J Comput Phys, 2016, 321: 191-223.

[161] BILIONIS I,ZABARAS N. Multi-output local Gaussian process regression:applications to uncertainty quantification[J]. J Comput Phys,2012,231(17):5718-5746.

[162] CHEN P,ZABARAS N,BILIONIS I. Uncertainty propagation using infinite mixture of gaussian

processes and variational bayesian inference[J]. J Comput Phys, 2015,284:291-333.

[163] XIU D B,KARNIADAKIS G E. Modeling uncertainty in flow simulations via generalized polynomial chaos[J]. J Comput Phys,2003,187(1):137-167.

[164] XIU D B, KARNIADAKIS G E. Modeling uncertainty in steady state diffusion problems via generalized polynomial chaos[J]. Comput Method Appl M, 2002,191(43):4927-4948.

[165] LIAO Q Z,ZHANG D X. Constrained probabilistic collocation method for uncertainty quantification of geophysical models[J]. Comput Geosci,2015,19(2):311-326.

[166] PARK J,SANDBERG I W. Universal approximation using radial-basis-function networks [J]. Neural Comput,1991,3(2):246-257.

[167] REGIS R G,SHOEMAKER C A. A stochastic radial basis function method for the gobal optimization of expensive functions[J]. Informs J Comput,2007,19(4):497-509.

[168] TRIPATHY R, BILIONIS I. Deep UQ: learning deep neural network surrogate models for high dimensional uncertainty quantification[J]. J Comput Phys,2018,375: 565-588.

[169] ZHU Y H, ZABARAS N. Bayesian deep convolutional encoder-decoder networks for surro-gate modeling and uncertainty quantification[J]. J Comput Phys,2018, 366:415-447.

[170] GUO M W,HESTHAVEN J S. Data-driven reduced order modeling for time-dependent problems[J]. Comput Method Appl M,2019,345:75-99.

[171] KERFRIDEN P,GOURY O,RABCZUK T,et al. A partitioned model order reduction approach to rationalise computational expenses in nonlinear fracture mechanics[J]. Comput Methods Appl M, 2013,256:169-188.

[172] XIAO D,HEANEY C,MOTTET L,et al. A reduced order model for turbulent flows in the urban environment using machine learning[J]. Build Environ,2019,148:323-337.

[173] LIAN H J,WANG Z W,HU H W,et al. Monte Carlo simulation of fractures using Isogeometric boundary element methods based on POD-RBF[J]. CECS,2021,128(1):1-20.

[174] 蒋伟康,吴海军. 声学边界元方法及其快速算法[M]. 北京:科学出版社,2019.

[175] BREBBIA C A. The boundary element method in engineering practice[J]. EA, 1984,1(1):3-12.

[176] JASWON M A,PONTER A R,JONES H. An integral equation solution of the torsion problem[J]. P Roy Soc Lonnd A:Math Phys Sci,1963,273(1353):237-246.

[177] JASWON M A,JONES H. Integral equation methods in potential theory: I [J]. P Roy Soc Lonnd A: Math Phys Sci,1963,275(1360): 23-32.

[178] SYMM G T,JONES H. Integral equation methods in potential theory: II [J]. P Roy Soc Lonnd A: Math Phys Sci,1963,275(1360):33-46.

[179] RIZZO,F. An integral equation approach to boundary value problems of classical elastostatics[J]. Q Appl Math,1967,25(1):83.

[180] POLITIS C,GINNIS A I, KAKLIS P D,et al. An isogeometric BEM for exterior potential-flow problems in the plane [C]//Proceedings of the 2009 ACM Symposium on Solid and Physical Modeling. New York:Association for Computing Machinery, 2009:349-354.

[181] SIMPSON R,TREVELYAN J. Evaluation of J1 and J2 integrals for curved cracks using an enriched boundary element method[J]. Eng Fract Mech,2011,78(4):623-637.

[182] SCOTT M A,SIMPSON R N,EVANS J A,et al. Isogeometric boundary element analysis using unstructured T-splines[J]. Comput Method Appl M,2013, 254:197-221.
[183] LI S,TREVELYAN J,ZHANG W,et al. Accelerating isogeometric boundary element analysis for 3-dimensional elastostatics problems through black-box fast multipole method with proper generalized decomposition[J]. Int J Numer Meth Eng,2018,114(9):975-998.
[184] CRUSE T A. BIE fracture mechanics analysis:25 years of developments[J]. Comput Mech,1996,18(1):1-11.
[185] 葛仁余,牛忠荣,程长征,等.边界元法分析二维线弹性裂纹扩展[J].计算物理,2015,32(3): 310.
[186] BONTINCK Z, CORNO J, de GERSEM H, et al. Recent advances of isogeometric analysis in computational electromagnetics: arXiv:1709.06004[A]. arXiv preprint,2017.
[187] LEE S-W, LEE J, CHO S. Isogeometric shape optimization of ferromagnetic materials in magnetic actuators[J]. IEEE T Magn,2015,52(2):1-8.
[188] SILVA J J. Acoustic and elastic wave scattering using boundary elements[M]. Boston:Computational Mechanics Publications,1994.
[189] PEAKE M J, TREVELYAN J, COATES G. Extended isogeometric boundary element method (XIBEM) for three-dimensional medium-wave acoustic scattering problems[J]. Comput Method Appl M,2015,284:762-780.
[190] ZHAO W C,ZHENG C,CHEN H B. Acoustic topology optimization of porous material distribution based on an adjoint variable FMBEM sensitivity analysis[J]. Eng Anal Bound Elem,2019,99:60-75.
[191] 郑昌军.三维声学敏感度分析的宽频快速多极边界元法研究[D].合肥:中国科学技术大学,2011.
[192] 陈磊磊.快速多极边界元与有限元耦合分析结构声学敏感度的算法研究[D].合肥:中国科学技术大学,2014.
[193] 赵文畅.基于快速多极边界元的声学及声振拓扑优化设计[D].合肥:中国科学技术大学,2019.
[194] 董春迎,公颜鹏,孙芳玲.等几何边界元法及其在一些领域里的应用[C]//中国力学大会 2017 暨庆祝中国力学学会成立 60 周年大会论文集.北京:中国力学学会,2017.
[195] MARBURG S. The Burton and Miller method:unlocking another mystery of its coupling parameter[J]. J Comput Acoust,2016,24(1):1550016.
[196] CHEN L L,ZHENG C J,CHEN H B. A wideband FMBEM for 2D acoustic design sensitivity analysis based on direct differentiation method[J]. Comput Mech,2013,52(3): 631-648.
[197] GUIGGIANI M, GIGANTE A. A general algorithm for multidimensional Cauchy principal value integrals in the boundary element method[J]. J Appl Mech,1990,57:906.
[198] WU T, LI W L, SEYBERT A F. An efficient boundary element algorithm for multifrequency acoustical analysis[J]. J Acoust Soc Am, 1993,94(1):447-452.
[199] VANHILLE C, LAVIE A. An efficient tool for multi-frequency analysis in acoustic scattering or radiation by boundary element method[J]. Acta Acust United Ac,1998,84(5): 884-893.
[200] MALHOTRA M, PINSKY P. Efficient computation of multi-frequency far-field solutions of the helmholtz equation using Padé approximation[J]. J Comput Acoust, 2000, 08(1):223-240.
[201] ZHANG Q L, MAO Y J, QI D T, et al. An improved series expansion method to accelerate the multifrequency acoustic radiation prediction[J]. J Comput Acoust,2015, 23(1):1450015.

[202] KIRKUP S, HENWOOD D J. Methods for speeding up the boundary element solution of acoustic radiation problems[J]. J Vib Acoust, 1992, 114(3): 374-380.

[203] LI S. An efficient technique for multi-frequency acoustic analysis by boundary element method[J]. J Sound Vib, 2005, 283(3): 971-980.

[204] WANG Z Z, ZHAO Z G, LIU Z X, et al. A method for multi-frequency calculation of boundary integral equation in acoustics based on series expansion[J]. Appl Acoust, 2009, z70(3): 459-468.

[205] XIE X, ZHENG H, JONCKHEERE S, et al. Adaptive model reduction technique for large-scale dynamical systems with frequency-dependent damping[J]. Comput Method Appl M, 2018, 332: 363-381.

[206] PANAGIOTOPOULOS D, DECKERS E, DESMET W. Krylov subspaces recycling based model order reduction for acoustic BEM systems and an error estimator[J]. Comput Method Appl M, 2020, 359: 112755.

[207] PEARSON K. On lines and planes of closest fit to systems of points in space[J]. Philos Mag Ser1, 1901, 2(11): 559-572.

[208] CHATTERJEE A. An introduction to the proper orthogonal decomposition[J]. Curr Sci, 2000, 78(7): 808-817.

[209] CHINESTA F, LADEVÈ ZE P. Separated representations and PGD-based model reduction[J]. Fundamentals and Applications, International Centre for Mechanical Siences: Courses and Lectures, 2014, 554: 24.

[210] GRIMME E. Krylov projection methods for model reduction[M]. Urbana-Champaign: University of Illinois at Urbana-Champaign, 1997.

[211] ANTOULAS A C. Approximation of large-scale dynamical systems: an overview[J]. IFAC PROC vol, 2004, 37(11): 19-28.

[212] RYCKELYNCK D, HERMANNS L, CHINESTA F, et al. An efficient 'a priori' model reduction for boundary element models[J]. Eng Anal Bound Elem, 2005, 29(8): 796-801.

[213] KEUCHEL S, BIERMANN J, von Estorff O. A combination of the fast multipole boundary element method and Krylov subspace recycling solvers[J]. Eng Anal Bound Elem, 2016, 65: 136-146.

[214] BAI Z J, SU Y F. Second-order krylov subspace and arnoldi procedure[J]. J Shanghai Univ, 2004, 8(4): 378-390.

[215] BAI Z J, SU Y F. SOAR: A second-order arnoldi method for the solution of the quadratic eigenvalue problem[J]. SIAM J Matrix Anal A, 2005, 26(3): 640-659.

[216] BAI Z, SKOOGH D. A projection method for model reduction of bilinear dynamical systems [J]. Linear Algebra Appl, 2006, 415(2-3): 406-425.

[217] YANG C. Solving large-scale eigenvalue problems in SciDAC applications[J]. J Phys Conf Ser, 2005, 16: 425-434.

[218] PURI R S, MORREY D. A comparison of one-and two-sided Krylov-Arnoldi projection methods for fully coupled, damped structural-acoustic analysis[J]. J Comput Acoust, 2013, 21(2): 1350004.

[219] XIE X, LIU Y J. An adaptive model order reduction method for boundary element-based multifrequency acoustic wave problems[J]. Comput Method Appl M, 2021, 373: 113532.

[220] XIE X, LIU Y J. Efficient multi-frequency solutions of FE-BE coupled structural-acoustic problems using Arnoldi-based dimension reduction approach[J]. Comput Method Appl M, 2021, 386: 114126.
[221] COX M G. The numerical evaluation of B-splines[J]. IMA Journal of Applied Mathematics, 1972, 10 (2): 134-1492.
[222] BOOR C D. On calculating with B-splines[J]. Journal of Approximation Theory, 1972, 6(1): 50-62.
[223] ROGERS D F. An introduction to NURBS: with historical perspective[M]. [S. l.]: Elsevier, 2000.
[224] CRUSE T A. Numerical solutions in three dimensional elastostatics[J]. Int J Solids Struct, 1969, 5 (12): 1259-1274.
[225] RIZZO F. An integral equation approach to boundary value problems of classical elastostatics[J]. Q Appl Math, 1967, 25(1): 83-95.
[226] GREVILLE T N E. Numerical procedures for interpolation by spline functions[J]. SIAM SerB: Numer Anal, 1964, 1(1): 53-68.
[227] JOHNSON R W. Higher order B-spline collocation at the Greville abscissae[J]. Appl Numer Math, 2005, 52(1): 63-75.
[228] HONG H K, CHEN J T. Derivations of integral equations of elasticity[J]. J Eng Mech, 1988, 114(6): 1028-1044.
[229] TELLES J C F. A self-adaptive co-ordinate transformation for efficient numerical evaluation of general boundary element integrals[J]. Int J Numer Meth Eng, 1987, 24(5): 959-973.
[230] RUDOLPHI T F. The use of simple solutions in the regularization of hypersingular boundary integral equations[J]. Math Comput Model, 1991, 15(3-5): 269-278.
[231] LIU Y, RUDOLPHI TJ. Some identities for fundamental solutions and their applications to non singular boundary element formulations[J]. Eng Anal Bound Elem, 1991, 8(6): 301-311.
[232] GUIGGIANI M, KRISHNASAMY G, et AL TR. A General Algorithm for the Numerical Sol-ution of Hypersingular Boundary Integral Equations[J]. J Appl Mech, 1992, 59(3): 604-614.
[233] SIMPSON R, TREVELYAN J. A partition of unity enriched dual boundary element method for accurate computations in fracture mechanics[J]. Comput Method Appl M, 2011, 200(1-4): 1-10.
[234] YAU J F, WANG S S, CORTEN H T. A mixed-mode crack analysis of isotropic solids using conservation laws of elasticity[J]. J Appl Mech, 1980, 47(2).
[235] ERDOGAN F, SIH G. On the Crack extension in plates under pane loading and transverse shear[J]. J Basic Eng, 1963, 85(4): 519.
[236] LAGRECA R L, DANIEL M, BAC A. Local deformation of NURBS curves[J]. Math Methods Curves Surf Tromso, 2005, 2004: 243-252.
[237] PALUSZNY A, ZIMMERMAN R W. N, umerical fracture growth modeling using smooth surface geometric deformation[J]. Eng Fract Mech, 2013, 108: 19-36.
[238] DÖLZ J, KURZ S, SCHÖPS S, et al. Isogeometric boundary elements in electromagnetism: rigorous analysis, fast methods, and examples[J]. SIAM J Sci Comput, 2019, 41(5): B983-B1010.
[239] SNEDDON I. Fourier Transforms[M]. New York: McGraw-Hill, 1951.
[240] LO L W. Interaction of growing cracks in hydraulic fracturing[D]. Arlington: The University of Texas at Arlington, 2014.

[241] BRUNO M S, NAKAGAWA F M. Pore pressure influence on tensile fracture propagation in sedimentary rock[J]. Int J Rock Mech Min Sci,1991,28(4):261-273.

[242] DOUCET A,FREITAS N,GORDON N. Sequential Monte Carlo methods in practice[M]. [S. l.]: Springer,1999.

[243] SMITH D J,AYATOLLAHI M R,PAVIER M J. The role of T-stress in brittle fracture for linear elastic materials under mixed-mode loading[J]. Fatigue Fract Eng M,2001,24(2):137-150.

[244] WANG D H, WU Z P, FEI Y, et al. Structural design employing a sequential approximation optimization approach[J]. Comput Struct,2014,134(apr.):75-87.

[245] MOËS N, DOLBOW J, BELYTSCHKO T. A finite element method for crack growth without remeshing[J]. Int J Numer Meth Eng,1999.

[246] ZHAO W C,CHEN L L,ZHENG C J,et al. Design of absorbing material distribution for sound barrier using topology optimization[J]. Struct Multidiscip O, 2017, 56(2):315-329.

[247] ZHAO W C,ZHENG C,CHEN H B. Acoustic topology optimization of porous material distribution based on an adjoint variable FMBEM sensitivity analysis[J]. Eng Anal Bound Elem,2019,99:60-75.

[248] ZHAO W C,ZHENG C J,LIU C,et al. Minimization of sound radiation in fully coupled structural acoustic systems using FEM-BEM based topology optimization[J]. Struct Multidiscip O,2018,58(1): 115-128.

[249] 陈磊磊,卢闯,徐延明,等. 细分曲面边界元法的粘附吸声材料结构拓扑优化分析[J]. 力学学报,2019-03-11:1-9.

[250] RAHAMAN M N,JONGHE L,CHU M. Effect of Green density on densification and creep during sintering[J]. J Am Ceram Soc,1991,74(3):514-519.

[251] BIANCOLI A,FANCHER C M,JONES J L,et al. Breaking of macroscopic centric symmetry in paraelectric phases of ferroelectric materials and implications for flexoelectricity[J]. Nat Mater,2015, 14(2):224-229.

[252] CHEN P,YI K,LIU J,et al. Effects of density inhomogeneity in green body on the structure and properties of ferroelectric ceramics[J]. J Mater Sci:Mater El,2021,32(12):16554-16564.

[253] 郭亮. 压电结构的力学问题求解方法研究[J]. 科技广场,2017(5):14-18.

[254] BENJEDDOU A. Advances in piezoelectric finite element modeling of adaptive structural elements:a survey[J]. Comput Struct,2000,76(1):347-363.

[255] LV N,ZHONG C,WANG L K. Bending vibration characteristics of the piezoelectric composite double laminated vibrator[J]. Ceram Int,2021,47(22):31259-31267.

[256] JIA H R,YANG S,ZHU W T,et al. Improved piezoelectric properties of $Pb(Mg_{1/3}Nb_{2/3})O_3$-$PbTiO_3$ textured ferroelectric ceramics via Sm-doping method[J]. J Alloy Compd, 2021,881:160666.

[257] CHEN P,LIU J,ZHANG H F,et al. Increase of capacitance of thick dielectrics by fringe effect [J]. IEEE T Dielect El In,2019,26:1716-1719.

[258] CHEN P, ZHOU W F, ZHANG H F, et al. Large Thermal-electrical response and rectifying conduction behavior in asymmetrically reduced ferroelectric ceramics[J]. ACS Appl Electro Mater, 2019,1.

[259] HAERTLING G. Ferroelectric Ceramics:History and Technology[J]. J Am Ceram Soc,1999,82(4):

797-818.

[260] MACKRELL A. Multiscale composite analysis in abaqus: theory and motivations[J]. Reinf Plast, 2017, 61(3): 153-156.

[261] BISHAY P L, DONG L T, ATLURI S N. Multi-physics computational grains (MPCGs) for direct numerical simulation (DNS) of piezoelectric composite/porous materials and structures[J]. Comput Mech, 2014, 54(5): 1129-1139.

[262] LENGLET E, HLADKY-HENNION A-C, DEBUS J-C. Numerical homogenization techniques applied to piezoelectric composites[J]. J Acoust Soc Am, 2003, 113(2): 826-833.

[263] OTERO J A, CASTILLERO J B, RAMOS R R. Homogenization of heterogeneous piezoelectric medium[J]. Mech Res Commun, 1997, 24(1): 75-84.

[264] AMMOSOV D, VASILYEVA M, NASEDKINA, et al. Generalized multiscale finite element method for piezoelectric problem in heterogeneous media[J]. Eng Anal Bound Elem, 2022, 135: 12-25.

[265] FISH J, WAGNER G, KETEN S. Mesoscopic and multiscale modelling in materials[J]. Nat Mater, 2021, 20: 774-786.

[266] FEYEL F. Amultilevel finite element method FE2 to describe the response of highly non-linear structures using generalized continua[J]. Comput Method Appl M, 2003, 192(28): 3233-3244.

[267] TIKARROUCHINE E, BENAARBIA A, CHATZIGEORGIOU G, et al. Non-linear FE2 mul-tiscale simulation of damage, micro and macroscopic strains in polyamide 66-woven composite structures: Analysis and experimental validation[J]. Composite Structures, 2021, 255: 112926.

[268] TIKARROUCHINE E, CHATZIGEORGIOU G, PRAUD F, et al. Three-dimensional FE2 method for the simulation of non-linear, rate-dependent response of composite structures [J]. Composite Structures, 2018, 193: 165-179.

[269] YANG J S. The Mechanics of Piezoelectric Structures[M]. Singapore: WORLD SCIENTIFIC, 2006.

[270] HAUSEUX P, HALE J S, BORDAS S. Accelerating Monte Carlo estimation with derivatives of high-level finite element models[J]. Comput Method Appl M, 2017, 318: 917-936.

[271] CHEN W J, TAN V B C, ZENG X G, et al. FE2 methodology for discrete cohesive crack propagation in heterogenous materials[J]. Eng Fract Mech, 2022, 269: 108537.

[272] ABEL J F, SHEPHARD M S. An algorithm for multipoint constraints in finite element analysis[J]. Int J Numer Meth Eng, 1979, 14(3): 464-467.

[273] JUNGER M. Sound Scattering by Thin Elastic Shells[J]. J Acoust Soc Am, 1952, 24(4): 366-373.

[274] LIU Y J. On the BEM for acoustic wave problems[J]. Eng Anal Bound Elem, 2019, 107: 53-62.

[275] LIU Z W, ANDREW M, PRASHANT S, et al. Assessment of an isogeometric approach with Catmull-Clark subdivision surfaces using the Laplace-Beltrami problems[J]. Comput Mech, 2020, 66(4): 851-876.

[276] XIU D B, KARNIADAKIS G E. The Wiener-Askey polynomial chaos for stochastic differential equations[J]. SIAM J Sci Comput, 2002, 24(2): 619-644.

[277] CIRAK F, ORTIZ M, SCHRÖDER P. Subdivision surfaces: a new paradigm for thin-shell finite-element analysis[J]. Int J Numer Meth Eng, 2000, 47(12): 2039-2072.

[278] CHEN L L, LU C, ZHAO W C, et al. Subdivision surfaces-boundary element accelerated by fast

multipole for the structural acoustic problem[J]. J Theor Comput Acous, 2020, 28(2): 2050011.

[279] CHEN L L, LIAN H J, LIU Z W, et al. Bi-material topology optimization for fully coupled structural acoustic systems with isogeometric FEM-BEM[J]. Eng Anal Bound Elem, 2022, 135: 182-195.

[280] BURTON A J, MILLER G F. The application of integral equation methods to the numerical solution of some exterior boundary value problems[J]. P Roy Soc Lond A: Math Phys Sci, 1971, 323: 201-210.

[281] MARBURG S. The Burton and Miller method: unlocking another mystery of its coupling parameter [J]. J Comput Acoust, 2016, 24(1): 1550016.

[282] MARBURG S. Developments in structural-acoustic optimization for passive noise control [J]. Arch Comput Method E, 2002, 9(4): 291-370.

[283] ZHENG C, CHEN H B, GAO H F, et al. Is the Burton-Miller formulation really free of fictitious eigenfrequencies? [J]. Eng Anal Bound Elem, 2015, 5: 43-51.

[284] CHEN L L, LIU C, ZHAO W C, et al. An isogeometric approach of two dimensional acoustic design sensitivity analysis and topology optimization analysis for absorbing material distribution[J]. Comput Method Appl M, 2018, 336: 507-532.

[285] CHEN L L, ZHANG Y, LIAN H, et al. Seamless integration of computer-aided geometric modeling and acoustic simulation: Isogeometric boundary element methods based on Catmull-Clark subdivision surfaces[J]. Adv Eng Softw, 2020, 149: 102879.

[286] NISHIMURA N. Fast multipole accelerated boundary integral equation methods[J]. Appl Mech Rev, 2002, 55(4): 299-324.

[287] ZHENG C J, MATSUMOTO T, TAKAHASHI T, et al. A wideband fast multipole boundary element method for three dimensional acoustic shape sensitivity analysis based on direct differentiation method [J]. Eng Anal Bound Elem, 2012, 36(3): 361-371.

[288] TAKAHASHI T, MATSUMOTO T. An application of fast multipole method to isogeometric boundary element method for Laplace equation in two dimensions[J]. Eng Anal Bound Elem, 2012, 36 (12): 1766-1775.

[289] SIMPSON R N, LIU Z. Acceleration of isogeometric boundaryelement analysis through a blackbox fast multipole method[J]. Eng Anal Bound Elem, 2016, 66: 168-182.

[290] JUNGER M, FEIT D. Structures and their Interaction[M]. Cambridge, MA: The MIT Press, 1986.

[291] ABDI H, WILLIAMS L. Principal component analysis[J]. Wires Comput Stat, 2010, 2(4): 433-459.

[292] WU Z P, WANG D H, PATRICK O N, et al. Unified estimate of Gaussian kernel width for surrogate models[J]. Neurocomputing, 2016, 203: 41-51.

[293] CHEN L L, CHEN H B, ZHENG C J, et al. Structural-acoustic sensitivity analysis of radiated sound power using a finite element/discontinuous fast multipole boundary element scheme[J]. Int J Numer Meth Fl, 2016, 82(12): 858-878.

[294] MARBURG S. Developments in structural-acoustic optimization for passive noise control [J]. Arch Comput Method E, 2002, 9(4): 291-370.

[295] LIU Y J. On the BEM for acoustic wave problems[J]. Eng Anal Bound Elem, 2019, 107: 53-62.

[296] ZHANG J M, LIN W C, SHU X M, et al. A dual interpolation boundary face method for exterior

acoustic problems based on the Burton-Miller formulation[J]. Eng Anal Bound Elem，2020，113：219-231.

[297] HUGHES T J R，COTTRELL J A，BAZILEVS Y. Isogeometric analysis：toward integration of CAD and FEA[M]. [S. l.]：John Wiley&Sons，2009.

[298] SUN D Y，DONG C Y. Shape optimization of heterogeneous materials based on isogeometric boundary element method[J]. Comput Method Appl M，2020，370：113279.

[299] TAKAHASHI T，SATO D，ISAKARI H，et al. A shape optimisation with the isogeometric boundary element method and adjoint variable method for the three-dimensional Helmholtz equation[J]. Comput Aided Design，2022，142：103126.

[300] COOX L，ATAK O，VANDEPITTE D，et al. An isogeometric indirect boundary element method for solving acoustic problems in open-boundary domains[J]. Comput Method Appl M，2017，316(APR. 1)：186-208.

[301] 陈磊磊，王中王，卢闯，等. Catmull-Clark细分曲面边界元法的结构声学拓扑优化分析[J]. 振动与冲击，2020，39：97-105.

[302] JELICH C，BAYDOUN S K，VOIGT M，et al. A greedy reduced basis algorithm for structural acoustic systems with parameter and implicit frequency dependence[J]. Int J Numer Meth Eng，2021，122(4)：7409-7430.

[303] BAYDOUN S K，VOIGT M，JELICH C，et al. A greedy reduced basis scheme for multi-frequency solution of structural acoustic systems[J]. Int J Numer Meth Eng，2019，121(2)：187-200.

[304] 李玉韦. 复杂薄壁结构动力学优化与模型修正的高保真模型降阶方法研究[D]. 大连：大连理工大学，2020.

[305] BURTON A J，MILLER G F. The application of integral equation methods to the numerical solution of some exterior boundary-value problems[J]. P Roy Soc Lonnd A：Math Phys Sci，1971，323(1553)：201-210.

[306] ZHOU H Y，LIU Y，WANG J. Optimizing orthogonal-octahedron finite-difference scheme for 3D acoustic wave modeling by combination of Taylor-series expansion and Remez exchange method[J]. Explor Geophys，2021，52(3)：335-355.

[307] GUIGGIANI M，CASALINI P. Direct computation of Cauchy principal value integrals in advanced boundary elements[J]. Int J Numer Meth Eng，1987，24(9)：1711-1720.

[308]JUNGER M C，FEIT D. Sound，structures，and their interaction[M]. Cambridge，MA：The MIT Press，1986.

[309] HALSTEAD M，KASS M，DEROSE T. Efficient，fair interpolation using Catmull-Clark surfaces [C]//Proceedings of the 20th Annual Conference on Computer Graphics and Interactive Techniques. Denver：ACM，1993：35-44.

[310] BAI Z J，SU Y F. Dimension reduction of large-scale second-order dynamical systems via a second-order arnoldi method[J]. SIAM J Sci Comput，2004，26：1692-1709.

[311] BAI Z，YE Q. Error estimation of the Padé approximation of transfer functions via the Lanczos process [J]. Electron T NumerAna，1998，7：1-17.

[312] SVANBERG K. The method of moving asymptotes：a new method for structural optimization[J]. Int J

Numer Meth Eng,1987,24(2):359-373.

[313] BERARDI U,IANNACE G. Predicting the sound absorption of natural materials:Best-fit inverse laws for the acoustic impedance and the propagation constant[J]. Appl Acoust, 2017,115:131-138.

[314] BENDSØE M P,SIGMUND O. Material interpolation schemes in topology optimization[J]. Arch Appl Mech,1999,69(9):635-654.

[315] BAULAC M, DEFRANCE J, JEAN P. Optimisation with genetic algorithm of the acoustic performance of T-shaped noise barriers with a reactive top surface[J]. Appl Acoust, 2008,69(4):332-342.

[316] DUHAMEL D. Shape optimization of noise barriers using genetic algorithms[J]. J Sound Vib,2006,297(1):432-443.

[317] GREINER D,AZNÁREZ J J, MAESO O,et al. Single and multi-objective shape design of Y-noise barriers using evolutionary computation and boundary elements[J]. Adv Eng Softw,2010,41(2):368-378.

[318] TOLEDO R,AZNÁREZ J,GREINER D,et al. Shape design optimization of road acoustic barriers featuring top-edge devices by using genetic algorithms and boundary elements[J]. Eng Anal Bound Elem,2016,63:49-60.

[319] WU T,ZHANG P,CHENG C R. Boundary element analysis of mufflers with an improved method for deriving the four-pole parameters[J]. J Sound Vib,1998,217(4): 767-779.

[320] MIKI Y. Acoustical properties of porous materials-Modifications of Delany-Bazley models [J]. J Acoust Soc Jpn (E),1990,11(1):19-24.

致 谢

在这本书的创作过程中，我们受到了许多人的支持与帮助，在此我要向所有支持过我们的人表示最诚挚的感谢。

首先要感谢“黄淮学院天中学者奖励计划”对本书的支持与资助，没有他们的支持，这本书将无法完成。同时也要感谢学院领导的大力支持，他们为我们提供了良好的工作环境和资源。

特别要感谢太原理工大学廉浩杰副研究员和研究生王佳晨、钟森浩，他们在本书的创作中发挥了至关重要的作用。他们的经验和知识为本书的内容质量提供了坚实的基础，并且他们始终以合作的态度和精神与我携手合作，使得本书得以顺利完成。

还要感谢河南大学出版社的编校人员，是他们的专业加工和精湛技艺让本书的语言更加通畅、形式更加规范，保障了内容的科学性和知识性。

最后，我要感谢所有参与本书创作的同事，是你们的辛勤工作和付出，使得这本书得以顺利完成。

再次感谢所有支持过我们的人，谢谢你们！

陈磊磊

2024-04-29